U0852962

高等学校新文科教材
数字化管理系列

数字人力资源管理

赵　晨 / 编著

DIGITAL HUMAN RESOURCE MANAGEMENT

中国人民大学出版社
·北京·

前言

党的二十大报告指出："加快发展数字经济，促进数字经济和实体经济深度融合，打造具有国际竞争力的数字产业集群。""必须坚持科技是第一生产力、人才是第一资源、创新是第一动力，深入实施科教兴国战略、人才强国战略、创新驱动发展战略，开辟发展新领域新赛道，不断塑造发展新动能新优势。"数字经济的快速发展需要大量的高素质人才来驱动，而在当前的数字化时代，人才的培养和管理也需要与数字技术深度融合，实现更高效、更精准的人才策略和决策。因此，数字人力资源管理不仅是对传统人力资源管理模式的升级和完善，更是响应国家战略，促进数字经济和人才发展的重要手段。

本书以数字化转型为背景，从不同层面分析数字技术给人力资源管理带来的变革，整合当前数字人力资源理论，明确数字人力资源的概念与内涵，搭建数字人力资源管理内容体系。在组织数字化转型的背景下，作为组织的重要职能，人力资源管理的各个环节也正经历着数字化重构。先进的数字技术和工具不仅能够提升人力资源管理效率，而且能够通过对数字信息进行深度学习和智能分析，逐渐具备趋势预测和自主决策的能力，是对人力资源管理工作的全面革新。

首先，本书将人力资源管理的经典理论与数字技术的应用结合起来，并与传统的人力资源模块进行对比，不仅回答了人力资源管理的具体职能模块该如何实现数字化转型的问题，而且阐述了人力资源管理各职能模块如何形成一体化的实践应用。其次，本书具体分析了近年来中国企业践行人力资源管理数字化转型的成功案例，引导读者思考，帮助读者加深理解，增强读者的民族自信心与自豪感。再次，本书深入探讨了数字人力资源管理时代的创新产物，如人力资源 SaaS、人力分析等实践形式，以期带给读者全新的视角。最后，本书还对数字化人力资源管理的具体实施给出了指导建议。

本书共 10 章，分为三个部分。第一部分为第 1 章—第 3 章，主要探讨人力资源管理数字化转型的背景，以及适应数字化时代的人力资源管理的管理思维和部门架构。第二部分为第 4 章—第 8 章，主要从职位分析与评价、招聘、绩效管理、薪酬管理、人才管理这五方面，详细介绍数字化时代人力资源管理的具体职能，以及这些具体职能如何利用数字化手段更好地实现人力资源管理战略目标。第三部分为第 9 章—第 10 章，主要探讨人力分析和人力资源 SaaS，详细介绍数字人力资源管理的最新技术手段与软硬件系统架构，展现数字人力资源管理对组织的支持和贡献。

第 1 章为“数字人力资源管理的背景”。本章从数字化的时代背景、从企业到国家不同层面的数字化转型、人力资源管理数字化转型三个方面，系统介绍了人力资源管理这一重要职能开展数字化转型的背景，概要勾勒出了数字人力资源管理的主要特征和整体框架。

第 2 章为“数字化时代人力资源管理思维”。本章从产品化思维、场景化思维、一体化思维、数智化思维四个方面，全面介绍了各种数字技术应用给人力资源管理带来的思维方式变革，以及数字技术如何助力人力资源管理新思维的应用落地。

第 3 章为“人力资源三支柱模型”。本章从人力资源三支柱模型建立的背景、人力资源三支柱模型的理论与实践基础、人力资源三支柱模型的内容、人力资源三支柱模型的发展与面临的挑战四个方面，详细介绍了适应数字化时代的人力资源管理部门架构。

第 4 章为“数字化时代的职位分析与评价”。本章从职位分析与评价概述、职位分析与评价的传统方法、数字化时代的职位分析与评价三个方面，详细介绍了职位分析与评价在人力资源管理体系中的基础性作用以及数字化时代的发展变化。

第 5 章为“数字化赋能招聘”。本章从数字化招聘的概念与发展、数字化招聘的渠道与实施、招聘评估及改进三个方面，详细介绍了数字化招聘的运行模式，以及数字化技术如何与招聘相结合产生最佳的应用效果。

第 6 章为“数据驱动的绩效管理”。本章从绩效管理概述、绩效评价的技术与工具、目标管理和目标与关键结果、数字化绩效管理的最新应用四个方面，详细介绍了如何基于多来源数据开展绩效管理，以及一些最新的目标管理工具如 OKR 等。

第 7 章为“数据驱动的薪酬管理”。本章从薪酬管理概述、基于职位的薪酬体系、基于人的薪酬体系、数字化员工福利管理、数字化薪酬管理的发展方向五个方面，深入介绍了如何从全面薪酬的角度搭建适应数字化时代的新型薪酬体系。

第 8 章为“面向未来的数字化人才管理”。本章从培训与职业发展、人才盘点与晋升体系、人才地图与人才梯队建设三个方面，详细介绍了如何通过技术赋能人才管理，建立以人才为核心的数字人力资源管理体系。

第 9 章为“人力分析”。本章从人力分析概述、人力分析的实施、人力分析的应用场景、人力分析面临的挑战与展望四个方面，详细介绍了在人力分析中如何利用数据挖掘、预测分析和情境分析等技术，使管理者能够更好地做出与员工相关的决策。

第 10 章为“人力资源 SaaS”。本章从人力资源 SaaS 概述、人力资源 SaaS 的设计、人力资源 SaaS 的实施、人力资源 SaaS 的竞争格局和未来趋势四个方面，详细介绍了如何在云端提供全套的人力资源功能和服务，从而为组织带来前所未有的便利和效率。

数字人力资源管理不仅是一个充满未知的研究主题，而且是一个快速发展的实践主题。因笔者水平有限，书中难免会出现个别疏漏和待改进之处，我们将在后续版本中逐步完善。欢迎广大读者不吝赐教。

赵晨

于北京邮电大学

目录

// 第1章 //

数字人力资源管理的背景

学习导图

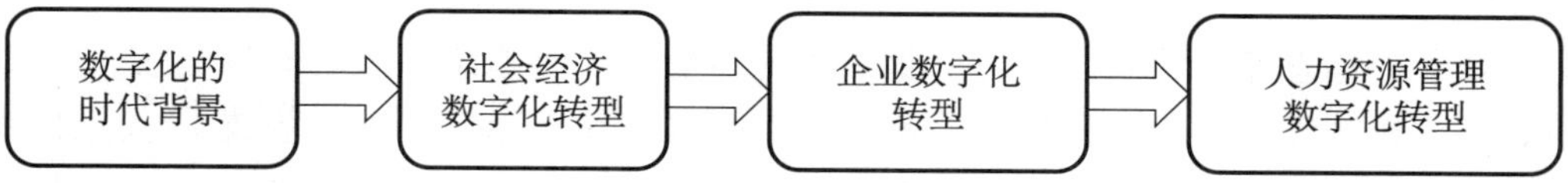

学习目标

通过本章的学习，你将：

1. 了解数字化的时代背景；
2. 认识数字经济的发展历程；
3. 掌握企业数字化转型的要点；
4. 熟悉人力资源管理数字化转型的重点与难点。

第1节　数字化的时代背景

一、数字文明

在人类历史上，从远古火的使用到现代数字技术的应用，无不彰显着技术与文明相互交织、共同演进的特征。技术的每一次跃进不仅推动了生产力的发展，更深刻地影响了我们的思维方式、社交习惯和文化传统。在这漫长的历史长河中，技术与文明就如同DNA的双螺旋，相互缠绕、互为因果，共同塑造了我们今天所熟知的人类社会（见图1-1）。每一次技术的革新都是对人类潜能的挖掘，而文明的进步则是对这些潜能的最佳诠释。

在农业文明时代，技术的核心在于支持和增强农业生产。人类从游牧生活转向农耕，开始使用初级的农具种植作物和驯养动物。在中国，黄河流域和长江流域的粟和水稻种植为文明的发展奠定了基础。中国古代的水利工程，如都江堰和灵渠等，支持了大片土地的农业生产。中国的农业技术，如轮作、深犁和育种，也在这一时期得到了发展。这种稳定的食物供应促使人类定居下来，形成了永久性的村落和城市，开启了城市文明。

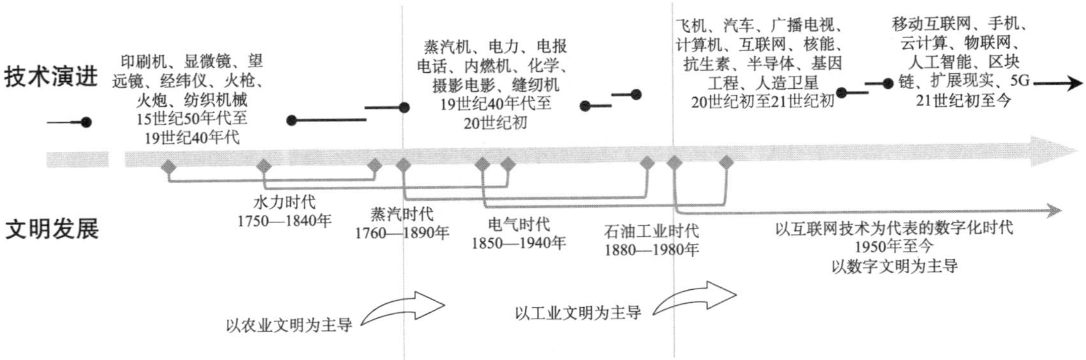

图 1-1　技术演进与文明发展

随着社会结构的复杂化，专业分工、政府和宗教机构逐渐出现。造纸术和印刷术的发明进一步促进了知识的记录和传播，为后续的文明发展奠定了基础。

工业革命标志着从农业文明向工业文明的转变。工业革命中出现的核心技术，如蒸汽机、纺织机械和铁路，彻底改变了人类的生产方式和交通方式。这些技术的应用促进了生产效率的巨大提升，使得商品得以大规模生产并被迅速运输到远方。随着工业生产的集中，大量的农民涌入城市，寻找新的工作机会，加速了城市化的进程。工业生产的盈余和铁路、蒸汽船的发明促进了国际贸易发展和殖民扩张。社会结构也发生了深刻的变革，出现了新的社会阶层——工人阶级，同时也带来了社会不平等和工人运动。

数字文明的兴起始于计算机技术和互联网的发展。计算机为数据处理和存储提供了前所未有的能力。互联网的出现连接了全球的计算机，为信息的即时传输和共享提供了平台。随后，移动设备的普及和社交媒体的兴起彻底改变了人们的交流方式和生活习惯。这一时期，全球化进程进一步加速，信息、文化和商品的流通变得更为快速和广泛。知识和信息逐渐成为经济增长的关键驱动力，推动了知识经济的兴起。以算法、大数据、人工智能为代表的数字技术，正以新理念、新业态、新模式全面融入经济、政治、文化和社会各个领域，从而对人类文明的形态进行着重塑。

文明的进程催生了管理的进步，从最初的部落领袖对资源的简单分配，到城邦和帝国时代的官僚制度，管理的理念和方法都在不断地演变。随着工业革命的到来，企业和组织开始规模化、系统化地运作，对人的管理也从简单的任务分配细化成人力资源管理，涉及员工的招聘、培训、绩效评估和激励等多个方面。进入 21 世纪，随着数字技术的飞速发展，我们又迎来了数字人力资源管理时代。在这个时代，数据分析、算法预测和自动化工具被广泛应用于人才的招聘、培养和管理，使得人力资源管理更加精准、高效和人性化。

然而，要真正理解和掌握数字人力资源管理，我们不能仅仅停留在表面的技术应用上，而应深入分析其背后的背景和驱动力。数字经济的崛起意味着数据成为新的生产要素，企业的数字化转型不仅仅是技术的升级，更是商业模式和组织文化的深刻变革。在这个背景下，人力资源管理数字化转型也不再是一种选择，而是一种必然。它要求我们重新思考如何吸引、培养和留住数字化时代的人才，如何通过数据和技术提高人力资源管理的效率和效果，以及如何在数字化和人性化之间找到最佳的平衡。这是一个充满挑战和机遇的新时代，也是人力资源管理进入新高度的关键时期。

二、数字经济

在数字化时代下，我们正生活在一个被称为“VUCA”的环境中，即环境是易变的（volatile）、不确定的（uncertain）、复杂的（complex）和模糊的（ambiguous）。这四个特征准确地描述了数字化时代的核心挑战。随着技术的迅速迭代和全球化进程的深入，市场和技术环境变得越来越不稳定，未来的发展方向充满了不确定性。同时，数字经济的生态系统异常复杂，由各种技术、参与者和市场交织而成，使得决策过程更加困难。此外，许多新的数字化概念和商业模式的出现使得传统的思维和方法亟待更新。在这样的背景下，企业和个人都需要持续地学习、创新和适应，以便在数字化时代迎接挑战，找到自己的定位和方向。

（一）数字经济的发展历程

在数字技术的推动下，社会各个领域都发生着深刻变革，数字技术正重塑着我们的社会结构、就业观念和文化价值等方方面面。因此，了解数字化时代不仅要关注数字经济，更要理解一个全新的社会形态。

数字经济是继农业经济、工业经济之后的主要经济形态，是以数据资源为关键要素，以现代信息网络为主要载体，以信息通信技术融合应用、全要素数字化转型为重要推动力，促进公平与效率更加统一的新经济形态。数字经济的迅猛崛起，对生产、生活、生态产生了全面而深刻的影响，进一步促进了信息在市场主体之间的传递，数据的作用日益凸显，意味着经济范式正在深层次上发生着转变①。其中，核心生产要素的变化驱动了传统产业升级和新产业的诞生②。数字经济呈现出三个重要特征：信息化、开放化和泛在化。信息技术推动各个行业的数字化并积累起大量的数据资源，这些资源通过网络实现共享和汇聚，变成信息技术继续发展的基础，进而使行业与数字技术深度融合③。而数据网络通过开放和共享，能够促进不同组织间的合作，提升价值链的整体质量。此外，无处不在的信息基础设施，按需服务的云模式和各种商贸、金融等服务平台降低了参与经济活动的门槛，使得数字经济出现“人人参与、共建共享”的普惠格局。

1. 数字经济的起源与发展

“数字经济”这一概念并没有一个明确的、公认的提出日期。我们通常认为数字经济的兴起与互联网技术的发展是密切相关的。互联网为信息的快速、低成本传播提供了平台，从而促进了新的商业模式和服务的出现。特别是在 20 世纪 90 年代中后期，随着电子商务的兴起和互联网公司的迅速发展，数字经济开始受到广泛关注。例如，唐·塔普斯科特在 1996 年出版的《数字经济时代》（*The Digital Economy*）一书中④，探讨了数字技术如何改变商业和社会。

如果再向前追溯互联网技术的发展历程，那么又可以细分为几个关键阶段，每个阶段同样伴随着某些经济现象或社会变革。在 20 世纪 40—60 年代，计算机与基础网络的

---

① 戚聿东，肖旭．数字经济时代的企业管理变革［J］．管理世界，2020，36（6）．

② 张辉，石琳．数字经济：新时代的新动力［J］．北京交通大学学报（社会科学版），2019，18（2）．

③ 褚晓．美国数字经济发展历程及对我国数字经济发展的启示［J］．新经济导刊，2022（3）．

④ TASCOTT D. The digital economy：promise and peril in the age of networked intelligence［M］．New York：McGraw-Hill，1996．

诞生标志着数字经济的萌芽，特别是第一台电子计算机的出现和阿帕网（ARPANET）的建立。随后，在20世纪70—80年代，随着个人计算机如Apple Ⅱ和IBM PC的普及，以及微软视窗操作系统（Microsoft Windows）的发布和互联网TCP/IP协议的标准化，数字经济进入了个人计算机与商业化的阶段。到了20世纪90年代，互联网初期的标志性事件如万维网（WWW）的诞生和网景浏览器的发布，以及亚马逊、eBay等初创公司的成立，为数字经济注入了新的活力。进入21世纪，随着个人计算机计算速度提升和智能手机的出现，历史进入了移动互联网时代。移动通信领域技术的不断突破升级让互联网平台迅速发展壮大，社交网络平台和共享经济平台开始引领互联网发展潮流，脸书（Facebook）和推特（Twitter）相继崛起。2010年后，大数据、云计算和人工智能开始主导数字经济的发展，特别是云服务的普及、深度学习技术的突破和人工智能机器人阿尔法围棋（AlphaGo）战胜人类围棋世界冠军。此外，我们还见证了物联网设备的大规模部署和数字货币（如比特币）、区块链技术的兴起，共享经济平台开始引领互联网发展的新潮流。数字经济正日趋成熟，数字经济与传统经济的深度融合成为数字经济发展的新特征[①]。

2. 中国数字经济的发展

中国的数字经济同样经历了一个迅速发展的过程，从初级的互联网应用到当前的全面数字化转型，中国已经成为全球数字经济的重要参与者和引领者。自20世纪末互联网进入中国以来，中国迅速拥有了超过10亿的网民，成为全球最大的互联网用户群体。这为数字经济的崛起奠定了坚实的市场基础。特别是在电子商务领域，阿里巴巴和京东等电商巨头已经在全球产生了深远的影响，而且“双十一”购物节的销售额也屡次创下全球纪录。与此同时，移动支付在中国得到了普及。支付宝和微信支付等平台已经成为人们日常生活中不可或缺的部分，覆盖了从大城市到农村的广大地区。在数字技术创新方面，华为、百度和腾讯等企业在移动通信技术、人工智能、大数据和云计算等领域都有着卓著的研发成果并使之得到广泛应用。中国政府对数字经济的发展也给予了高度的重视。通过实施“互联网+”行动计划、数字丝绸之路、数字中国等重要举措，中国政府旨在促进数字技术的研发和广泛应用。此外，5G、物联网和数据中心等关键的数字基础设施在国内得到了迅速的部署。2019年中国5G投入商用，5G为实现生产、分配、交换和消费的互联互通提供了关键信息技术基础[②]。目前，5G通信技术被应用在国家安全、远程医疗、自动驾驶等多个场景，逐渐成为数字经济的一个重要支撑技术。总体来看，庞大的市场规模、创新驱动的企业和政府的有力支持共同推动了我国数字经济的快速发展。随着技术的持续进步和更广泛的应用，中国在数字经济领域的主导地位将更加凸显。

（二）数字经济成为新动能

数字经济逐渐成为推动中国经济社会发展的新动能。根据中国信通院发布的《全球数字经济白皮书（2022年）》，2021年全球数字经济增加值规模为38.1万亿美元，占全球GDP比重为45%，且仍在持续上升[③]。根据中国信通院发布的《中国数字经济发展研

---

① 何苏燕．数据生产要素化及其价值创造机制研究［J］．企业经济，2023，42（1）．

② 张辉，石琳．数字经济：新时代的新动力［J］．北京交通大学学报（社会科学版），2019，18（2）．

③ 李红英．数字经济赋能产业结构升级的机理与路径［J］．产业创新研究，2023（2）．

究报告（2023 年）》，2022 年，中国数字经济规模首次突破 50 万亿元，达到 50.2 万亿元，同比名义增长 10.3%，已连续 11 年显著高于同期 GDP 名义增速，数字经济占 GDP 比重相当于第二产业占国民经济比重，达到 41.5%。近几年中国数字经济规模及数字经济占 GDP 比重如图 1－2 所示。党的二十大报告进一步提出了“加快发展数字经济，促进数字经济和实体经济深度融合，打造具有国际竞争力的数字产业集群”的任务。因此，有必要进一步发展数字经济，全力推动各产业数字经济领域的探索，促进经济赶超①。产业数字化转型对于我国以数字经济新优势构筑国家竞争新优势、推动产业结构走向合理化与高级化具有战略意义。

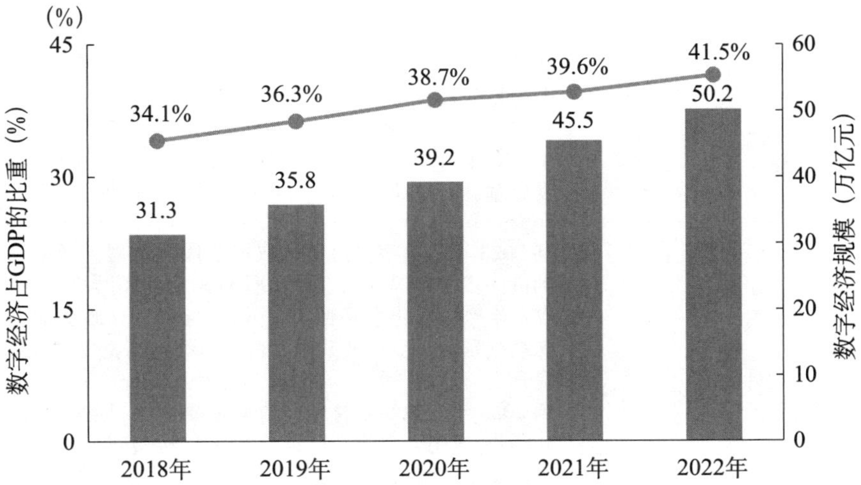

图 1－2　2018—2022 年中国数字经济规模及数字经济占 GDP 比重

（三）数字经济的政策支撑

在数字经济逐渐成为我国经济社会发展的重要支柱的背景下，2022 年后，中央及各地方政府陆续出台了 137 部数字经济相关政策。其中，中央出台了 9 部政策文件，地方政府出台了 128 部政策文件。在中央出台的政策文件中，数字政府、促进中小企业数字化转型、社会治理和民生数字赋能、数据安全均为发展重点（见表 1－1 ）。在中共中央政治局集体学习时，习近平总书记强调：“数字经济事关国家发展大局，要做好我国数字经济发展顶层设计和体制机制建设，加强形势研判，抓住机遇，赢得主动。”②

表 1－1　近年来中央出台的有关数字经济的政策文件

政策名称	发布时间	预期目标
《关于加快推进国有企业数字化转型工作的通知》	2020 年 9 月	推动新一代信息技术与制造业深度融合，打造数字经济新优势，促进国有企业数字化、网络化、智能化发展，增强竞争力、创新力、控制力、影响力、抗风险能力，提升产业基础能力和产业链现代化水平

① 褚晓．美国数字经济发展历程及对我国数字经济发展的启示［J］．新经济导刊，2022（3）．

② 习近平在中共中央政治局第三十四次集体学习时强调 把握数字经济发展趋势和规律 推动我国数字经济健康发展［N］．人民日报，2021－10－20（1）．

续表

政策名称	发布时间	预期目标
《关于银行业保险业数字化转型的指导意见》	2022 年 1 月	到 2025 年，银行业保险业数字化转型取得明显成效。数字化金融产品和服务方式广泛普及，基于数据资产和数字化技术的金融创新有序实践，个性化、差异化、定制化产品和服务开发能力明显增强，金融服务质量和效率显著提高。数字化经营管理体系基本建成，数据治理更加健全，科技能力大幅提升，网络安全、数据安全和风险管理水平全面提升
《“十四五”数字经济发展规划》	2021 年 12 月	到 2025 年，数字经济迈向全面扩展期，数字经济核心产业增加值占 GDP 比重达到 10%，数字化创新引领发展能力大幅提升，智能化水平明显增强，数字技术与实体经济融合取得显著成效，数字经济治理体系更加完善，我国数字经济竞争力和影响力稳步提升 展望 2035 年，数字经济将迈向繁荣成熟期，力争形成统一公平、竞争有序、成熟完备的数字经济现代市场体系，数字经济发展基础、产业体系发展水平位居世界前列
《数字乡村发展行动计划（2022—2025 年）》	2022 年 1 月	到 2023 年，数字乡村发展取得阶段性进展。网络帮扶成效得到进一步巩固提升，农村互联网普及率和网络质量明显提高，农业生产信息化水平稳步提升，“互联网＋政务服务”进一步向基层延伸，乡村公共服务水平持续提高，乡村治理效能有效提升 到 2025 年，数字乡村发展取得重要进展。乡村 4G 深化普及、5G 创新应用，农业生产经营数字化转型明显加快，智慧农业建设取得初步成效，培育形成一批叫得响、质量优、特色显的农村电商产品品牌，乡村网络文化繁荣发展，乡村数字化治理体系日趋完善
《关于加强数字政府建设的指导意见》	2022 年 6 月	到 2025 年，与政府治理能力现代化相适应的数字政府顶层设计更加完善、统筹协调机制更加健全，政府数字化履职能力、安全保障、制度规则、数据资源平台支撑等数字政府体系框架基本形成 到 2035 年，与国家治理体系和治理能力现代化相适应的数字政府体系框架更加成熟完备，整体协同、敏捷高效、智能精准、开放透明、公平普惠的数字政府基本建成，为基本实现社会主义现代化提供有力支撑
《中小企业数字化转型指南》	2022 年 11 月	助力中小企业科学高效推进数字化转型，提升为中小企业提供数字化产品和服务的能力，为有关负责部门推进中小企业数字化转型工作提供指引
《关于构建数据基础制度更好发挥数据要素作用的意见》	2022 年 12 月	充分发挥中国海量数据规模和丰富应用场景优势，激活数据要素潜能，做强做优做大数字经济，增强经济发展新动能，构筑国家竞争新优势
《关于加快推进银行函证规范化、集约化、数字化建设的通知》	2023 年 1 月	数字化回函与纸质回函具有同等法律效力和证明力；银行函证平台应当坚持安全可控、标准规范、开放兼容的原则，稳步推动银行函证数字化工作等，进一步推进银行函证规范化、集约化、数字化，提升审计质量和效率

续表

政策名称	发布时间	预期目标
《关于加快住房公积金数字化发展的指导意见》	2023 年 1 月	到 2025 年，住房公积金数字化发展新模式基本确立，数据资源体系和平台支撑体系更加健全，数字化管理新机制、服务新模式、监管新局面、安全新防线等初步形成，数字化管理服务能力和水平显著提升，智慧住房公积金发展取得新突破，服务事项“网上办、掌上办、就近办、一次办”更加好办易办，住房公积金事业高质量发展取得明显成效
《数字中国建设整体布局规划》	2023 年 2 月	到 2025 年，基本形成横向打通、纵向贯通、协调有力的一体化推进格局，数字中国建设取得重要进展。数字基础设施高效联通，数据资源规模和质量加快提升，数据要素价值有效释放，数字经济发展质量效益大幅增强，政务数字化智能化水平明显提升，数字文化建设跃上新台阶，数字社会精准化普惠化便捷化取得显著成效，数字生态文明建设取得积极进展，数字技术创新实现重大突破，应用创新全球领先，数字安全保障能力全面提升，数字治理体系更加完善，数字领域国际合作打开新局面 到 2035 年，数字化发展水平进入世界前列，数字中国建设取得重大成就。数字中国建设体系化布局更加科学完备，经济、政治、文化、社会、生态文明建设各领域数字化发展更加协调充分，有力支撑全面建设社会主义现代化国家

中央发布的政策中，《“十四五”数字经济发展规划》和《数字中国建设整体布局规划》具体规划了 2025 年与 2035 年这两个重要时间点数字经济发展的阶段目标和总体目标，并提出了实现总体目标的政策措施。

此外，在金融方面，国家出台了《关于银行业保险业数字化转型的指导意见》和《关于加快推进银行函证规范化、集约化、数字化建设的通知》，对金融业的数字化转型提出了要求并提供了政策推动，大力推进金融业服务数字化转型、金融机构运营数字化、构建安全的数字化金融生态。主要内容包括：推动金融科技产业发展，设立专项资金和给予政策扶持；促进金融机构数字化转型、金融创新和金融服务升级；完善监管制度，进一步加强对金融科技的监管；保障金融市场稳定，防范金融风险；加强数据管理，建设金融信息共享平台；建立金融科技人才培养及创新体系，增强科技创新能力，培育金融科技人才和企业；等等。

作为数字经济平稳发展的重要保障，信息安全、网络安全也是中央重点关注的对象，《“十四五”数字经济发展规划》等政策多次提及增强网络安全防护能力，强化落实网络安全技术措施同步规划、同步建设、同步使用的要求，确保重要系统和设施安全有序运行；提升数据安全保障水平，建立健全数据安全治理体系，研究完善行业数据安全管理政策；切实有效防范各类风险，强化数字经济安全风险综合研判，防范各类风险叠加可能引发的经济风险、技术风险和社会稳定问题。

与数字化建设相关的民生问题也得到了国家的重点关注。数字经济时代也是体验的时代，要让数字经济切实为人民提供更加人性化和便捷的服务，促进社会稳定和谐。为此，中央相继出台了《数字乡村发展行动计划（2022—2025 年）》《关于加强数字政府建设的指导意见》《关于加快住房公积金数字化发展的指导意见》等政策文件，深耕数字化民生领域，从填补城市与乡村间的“数字鸿沟”到建设提升政府服务效率和质量、开放共享的数字政府，从数字经济的角度提升了民众的幸福感。

此外，企业的数字化转型也是政府的重点关注对象。为适应数字技术的发展给市场带来的重塑，帮助企业通过数字化转型提高数字经济时代的核心竞争力，工业和信息化部发布《中小企业数字化转型指南》，加大对中小企业数字化转型的支撑力量①。《中小企业数字化转型指南》明确提出：要发挥地方政府专项资金作用，支持对中小企业转型带动作用明显的“链主”企业和转型成效突出的“链星”中小企业；鼓励金融机构研制面向中小企业数字化转型的专项产品服务，设立中小企业数字化转型专项贷款，拓宽中小企业转型融资渠道。这些政策举措再一次强调了企业的数字化转型对数字经济高质量发展的重要作用，反映了数字经济时代企业数字化转型的必要性。

三、数字社会

（一）人口结构发生变化

近年来，中国的人口结构经历了两大显著变化：生育率持续下降和人口老龄化加快。根据国家统计局公布的数据，2022 年，中国人口比 2021 年减少 85 万人；2023 年，中国人口比 2022 年减少 208 万人。随着中国人口出生率连年下降，社会的老龄化程度也在不断加深。从 65 岁及以上人口占比来看，中国已经进入深度老龄化社会。这些变化是由多种因素驱动的，包括现代医疗技术的进步、人均寿命的提高、经济和社会压力的增大，以及过去的计划生育政策的实施。老龄化不仅会带来养老、医疗和社会保障系统的压力，还可能导致劳动力短缺，从而增加劳动成本。与此同时，生育率的下降意味着劳动力市场的供应可能会受到限制，这对经济增长和企业创新都构成了挑战。

对于企业经营而言，上述人口结构的变化带来了一系列挑战。生育率下降意味着市场的消费者结构正在发生变化，这要求企业灵活地调整市场策略。而随着老年消费者人数的增加，企业需要调整其产品和服务策略以满足这一群体的特定需求。总之，企业需要预见到这些变化对劳动力供应、劳动成本和市场需求的长期影响，并据此制定相应的战略和策略。

（二）新就业群体变化

近年来，随着“90 后”和“00 后”逐渐进入劳动力市场，我们可以明显观察到新的就业群体和就业模式的形成。这些变化不仅对劳动力市场的结构和规则产生了深远的影响，而且为企业带来了新的挑战和机遇。

首先，“90 后”和“00 后”的择业观念与前几代人存在显著差异。他们更加重视工作与生活的平衡，追求个人成长和发展的机会。与此同时，受益于数字化和互联网的蓬勃发展，新兴的职业如直播、短视频创作等为他们提供了更广阔的发展天地。传统的、稳定的、长期的全职雇佣关系不再受到青睐，他们更推崇灵活的工作时间、地点和合同形式。这种多元化的职业选择反映了他们对自我实现和价值追求的高度关注。

其次，现代劳动力市场也呈现出更为灵活的用工模式。灵活用工，如兼职、远程工

① 工信部．工信部印发《中小企业数字化转型指南》[J]. 中国计量，2022（12）.

作等，已经成为一种趋势。它不仅为企业带来了运营上的便利，还满足了新一代员工对工作自由度的需求。更为新颖的“共享员工”模式，甚至允许多家企业“共享”员工。这种模式既可以降低企业的用工成本，也为员工提供了更为丰富的工作经验。

最后，新的就业群体具有鲜明的特点。他们通常拥有强大的数字化技能和创新思维，能够迅速适应变化的工作环境。此外，他们的教育背景、工作经验和文化观念都更为多元，为企业带来了丰富的创新资源。

因此，面对新的劳动力群体和就业模式，企业需要重新审视其人力资源策略，以更为开放和灵活的方式吸引和留住这些年轻的、充满活力的员工。

（三）突发事件加速数字化进程

过去几年的新冠肺炎疫情虽然造成了巨大的损失，但也客观上加速了社会的数字化转型，并且对社会进程产生了长期和深远的影响。这种影响既体现在日常生活的各个方面，也渗透到更深层的社会结构和文化价值中。

首先，疫情改变了人们的社交与沟通方式。线下社交活动的限制使得数字平台成为主要的沟通、交流和社交手段。这种转变不仅加速了社交媒体和即时通信工具的普及，还催生了新的社交习惯和文化。同时，教育领域也经历了深刻的转型。传统的面对面教育方式受到挑战，而远程在线教育和自主学习逐渐成为主流。其次，消费模式和日常生活方式也发生了显著的变化。在线购物、无接触配送和数字支付得到了广泛应用。这不仅改变了消费者的行为模式，还对传统的零售和服务业产生了深远的影响。再次，政府和公共机构也开始大力推进数字化，以期提供更为高效和透明的公共服务。最后，在文化与娱乐领域，传统活动如电影和音乐会受到限制，而在线直播、虚拟现实等新形式迅速崭露头角，为公众提供了全新的文化体验。同时，随着线上和线下的更多交融，人们的社会关系和身份认同变得更加复杂和多元。

新冠疫情给企业运营带来了前所未有的挑战，特别是在人力资源管理方面。首先，疫情迫使企业重新审视其办公模式，导致远程办公工具和平台迅速普及。这不仅促进了企业对数字化办公环境的接受，还为员工提供了更为灵活的工作方式。其次，由于传统的线下招聘、面试、入职和培训流程受到了限制，企业开始大力投资于线上平台和工具，从而提高了招聘和培训的效率，同时也为企业带来了更广泛的人才库。此外，员工的健康和福利在疫情期间也成为企业的首要关注点。为了确保员工的健康和安全，数字化健康追踪、在线健康咨询和远程医疗服务逐渐成为企业福利的新趋势。与此同时，疫情也加速了企业对数据和分析工具的依赖，使得人力资源管理更加受数据驱动。这种转变不仅有助于企业更精准地进行人才规划和绩效评估，还促进了员工的个人发展和成长。最后，面对远程办公和数字化转型的挑战，企业文化和领导力也开始发生变革。在这种新的工作环境中，领导者需要学会如何在虚拟环境中建立信任、鼓励团队合作，并维持员工的士气和积极性。

四、数字技术

在当前的数字化浪潮中，新兴数字技术包括人工智能、云计算、大数据、物联网、区块链和 5G 通信技术等（见表 1 - 2）。这些技术为企业发展提供了前所未有的机会。人工智能使企业能够实现自动化决策、优化工作流程和提供个性化的客户体验；云计算为企业提供了弹性、可扩展的 IT 资源，使其能够快速响应市场变化；大数据技术使企业能够基于海量数据做出有价值的洞察，从而更好地理解客户需求和市场趋势；物联网技术将物理世界与数字世界连接起来，为企业提供了实时的数据流和新的业务模式；区块链提供了一个去中心化、透明且安全的数据存储和交易平台；而 5G 通信技术则为所有这些技术提供了高速、低延迟的连接基础。在产业数字化中，这些技术正在重塑整个产业链，覆盖从供应链管理到生产、销售和客户服务等各个环节，为企业带来了提升效率、降低成本和实现新的增长等的机会。

表 1-2　数字技术

技术名称	技术释义	企业数字化中的应用
人工智能	用计算机模拟人类智力活动的理论和技术，如归纳与演绎推理过程、学习过程、探索过程、理解过程、形成并使用概念模型的能力、对模型分类的能力、模式识别及环境适应、进行医疗诊断等	用于自动化决策、客户服务机器人、智能分析、产品推荐、生产优化等
云计算	由位于网络中央的一组服务器把其算力、存储、数据等资源以服务的形式提供给请求者，以完成信息处理任务的方法和过程	提供弹性的 IT 资源、数据存储和备份、远程办公支持、应用程序托管等
大数据	具有体量巨大、来源多样、生成极快且多变等特征，并且难以用传统数据体系结构有效处理的包含大量数据集的数据	用于市场趋势分析、客户行为分析、风险管理、产品优化等
物联网	万物相连的互联网。把人或各种物品通过射频识别、红外感应器、全球定位系统、激光扫描器等信息传感设备与互联网连接起来，进行信息交换和通信，实现智能化识别、定位、跟踪、监控和管理，或者提供相应服务	用于智能家居、工业自动化、健康监测、智能交通、农业资源配置优化等
区块链	区块链是一种分布式数据库，通过去中心化的方式，让参与者集体维护数据库，每个参与节点都是平等的，都保存着整个数据库，在任何一个节点写入/读取数据，都会同步到所有节点，但单一节点无法窜改任何一个记录	用于提升供应链透明度、智能合约、数据安全和完整性验证、跨境支付等
5G 通信技术	4G 通信技术的演进，以高数据速率、减少延迟、节省能源、降低成本、提高系统容量和大规模设备连接为性能目标的最新一代移动通信技术	支持远程办公、实时数据传输、增强虚拟现实和增强现实应用、智能制造等

数字经济、数字社会和数字技术三者紧密交织，共同构筑了当代的数字化时代背景。数字经济以数据为核心，推动了新的商业模式和产业变革，为经济增长注入了新的活力。数字社会则反映了人们的生活方式、沟通模式和价值观在数字化浪潮下的巨大转变，使得社会更加互联、开放和多元。而数字技术，如人工智能、云计算和物联网等，为这一切提供了基础支撑，它们的快速发展和广泛应用是推动数字经济和数字社会形成的关键因素。这三者相辅相成，共同塑造了一个日益数字化的世界，为个人和组织带来了无数新的机遇和挑战。

第 2 节　数字化转型

一、数字化转型的层面和范围

从社会经济的整体视角来看，数字化转型可以分为不同的层面和范围。这些数字化转型都是为了实现更高的效率、提供更好的服务和拥有更强的竞争力，但它们的焦点、应用领域和实施策略可能会有所不同。同时，各个层面和范围的数字化转型都是相互关联和相互促进的，共同推动社会经济的数字化转型。

（一）国家数字化

国家数字化是指一个国家在全国范围内采纳和推广数字技术，以优化政府服务、提高公共管理效率、促进经济发展和增强国家竞争力。它涉及数字政府、数字经济、数字教育、数字医疗等多个领域，目的是为公民提供更好的生活和工作环境，同时确保国家的持续发展和安全。

（二）城市数字化

城市数字化是指在城市范围内采用数字技术，以提高城市管理效率、优化城市服务、促进城市可持续发展。它涉及智慧交通、智慧能源、智慧医疗等多个领域，目的是为城市居民提供更加便捷、高效和安全的生活环境。

（三）产业数字化

产业数字化更多聚焦于经济活动的核心环节，即生产、分配、交换、消费等具体的产业过程的数字化转型升级。它包括上游、中游和下游的所有环节，目的是促进整个产业链的协同和优化，创造新的产业价值，并推动产业升级和创新。产业数字化可能导致新的产业生态系统的形成，以及跨行业的合作和竞争。

海尔集团在产业数字化方面的探索和实践是国内外众多企业的典范。作为全球的家电巨头，海尔集团深度布局工业互联网，致力于推动自身乃至整个产业链的数字化转型。其创建的卡奥斯工业互联网平台，是这一转型的核心载体。它允许消费者直接参与到产品的定制化生产中，从而实现了生产的高效与个性化。在生产环节，海尔建立的智能工厂采用了自动化、机器人、物联网和大数据分析等前沿技术，确保了生产过程的智能化、柔性化。而在创新方面，海尔坚持开放合作的策略，与全球的合作伙伴、研究机构乃至创业公司深度合作，共同推进产业创新。此外，海尔还通过其工业互联网平台提供一系列的增值服务，如远程维护和智能升级，进一步增强了与消费者的连接。在全球化布局上，海尔并不局限于国内，还在美国、欧洲等地建立研发中心和智能工厂，与当地的企业和研究机构进行深度合作。最终，海尔通过卡奥斯工业互联网平台，成功构建了一个涵盖供应商、分销商、服务商及消费者的全产业数字化生态圈。

（四）行业数字化

行业数字化涉及某一特定行业内多数或所有企业共同采纳的数字技术、形成的行业内部的数字化趋势或标准，目的是推动整个行业的创新、提高行业整体的运营效率、满足行业客户不断变化的需求，并应对行业内外部的竞争和挑战。行业数字化可能导致行业内的标准化、新业务模式的出现，以及对行业内传统业务模式的颠覆。实际上，几乎每个行业都在经历数字化转型，每个转型都有其独特的技术和应用场景，表 1-3 列出了一些典型的数字化转型的行业应用场景。

表 1-3　数字化转型的行业应用场景

行业场景	数字化转型	数字技术的应用
制造企业	与“工业 4.0”或“灯塔工厂”相关，涉及智能制造和自动化	物联网、机器学习、智能制造、自动化
零售和电商	与“智慧零售”或“无人零售”相关，提供增强的购物体验	大数据、人工智能推荐系统、增强现实/虚拟现实技术
金融	与“金融科技”相关，涉及支付、贷款和投资等	区块链、人工智能、大数据
医疗健康	与“数字健康”和“医疗科技”相关，提供远程医疗服务	人工智能医疗影像分析、远程医疗、穿戴式健康监测设备
交通与物流	与“智慧交通”和“智慧物流”相关，涉及自动驾驶和物流优化	自动驾驶汽车、物联网追踪货物、优化物流路径
农业	与“智慧农业”相关，涉及作物生长监测和资源优化	传感器、无人机、大数据、人工智能
能源	与“智慧能源”或“智慧电网”相关，涉及能源分配和设备监控	传感器、人工智能、能源分配优化、设备健康监控
矿山	与“智慧矿山”相关，涉及矿产资源的高效、安全开采，环境友好	传感器、无人机、自动化设备、远程监控、3D 建模、大数据

（五）企业数字化

企业数字化是指单一企业内部采用和整合数字技术，如云计算、大数据、人工智能等，对其业务流程、产品、服务和工作方式进行优化和创新。这种转型的目的是提高企业的运营效率、增强其市场竞争力，以更好地满足客户需求，进而探索和开发新的商业模式。企业数字化可能涉及企业的各个部门，覆盖从生产、供应链管理到销售和客户服务等各个环节。有关企业数字化的内容将在本章后面部分进行详细探讨。

（六）区别和联系

上述五种数字化之间既存在区别，也存在联系。首先，从层面与范围上看，企业数字化关注的是单一企业的转型，行业数字化关注的是某一行业的整体趋势，产业数字化涉及跨行业或整个产业链的转型，城市数字化主要聚焦于城市范围内的各种服务和管理，而国家数字化则是在国家层面进行的全面数字化转型。

其次，从目的与应用上看，企业和行业数字化主要关注经济效益和市场竞争力，产业数字化更多地关注产业链的整体优化和创新，城市数字化旨在提高城市居民的生活质量和城市管理效率，国家数字化则更多地关注国家治理、公共服务和国家安全。

最后，各个层面的数字化是相互关联和影响的。例如，一个企业的数字化转型可能受到其所在城市或国家的数字化政策和环境的影响，而多个行业的数字化转型又可能共同推动整个产业的数字化进程；一个城市的数字化进程可能受益于其所在国家的数字化策略和资源支持，而国家的数字化策略又可能基于不同产业、行业和企业的数字化趋势和需求。

总的来说，不同层面和范围的数字化都是为了实现更高的效率、提供更好的服务和拥有更强的竞争力，但它们的焦点、应用领域和实施策略可能会有所不同。同时，各个层面的数字化都是相互关联和相互促进的，它们共同推动社会经济的数字化转型。

二、企业数字化转型的具体介绍与分析

由于本书所要探讨的人力资源管理数字化直接嵌入企业数字化转型之中，因此重点对企业数字化转型进行探讨①。根据埃森哲发布的《2022 中国企业数字化转型指数研究报告》，面对复杂变化的环境，近六成企业表示将在未来 1～2 年内加大数字化投资力度，其中 33%的企业计划大幅增加数字化投资。数字化转型正在得到广泛关注和认可②。

（一）开展数字化转型的企业类型

根据其起源、发展历程和对数字技术的采纳程度，可以把开展数字化转型的企业归入不同的类别，如表 1－4 所示。这一分类有助于我们更好地理解企业在数字化转型过程中的位置和所面临的挑战。

表 1－4　对数字技术采纳程度不同的企业

类型	类型的解释	举例	转型的适应程度和困难程度
数字原生企业	这类企业从一开始就在数字环境中成立和运营。它们的业务模型、运营流程和与客户的互动都基于数字技术	在数字环境中创立和运营的企业，如谷歌、腾讯、字节跳动等	适应程度高，因为它们从一开始就是在数字环境中运营；困难程度低，因为它们的基础架构和文化都是为数字化而生
传统企业	这类企业在数字技术广泛应用之前就已存在。它们面临的挑战是如何进行数字化转型，以适应新的市场环境和满足客户的新需求	传统零售商、制造企业等	适应程度低至中等，因为它们需要对现有的业务模型和流程进行重大调整；困难程度高，因为它们可能需要克服文化和技术方面的障碍
数字迁移企业	这类企业介于数字原生企业和传统企业之间。它们可能起初是传统企业，但在某个时点开始积极采纳和整合数字技术，目标是彻底转型为类似数字原生企业的企业	一些传统媒体公司开始转型为数字媒体平台	适应程度中等，因为它们已经开启了数字化的进程，但仍然需要进一步转型；困难程度中等，因为它们已经有了一些数字化的基础，但仍然需要进一步的整合和创新

---

① 肖土盛，孙瑞琦，袁淳，等．企业数字化转型、人力资本结构调整与劳动收入份额［J］．管理世界，2022，38（12）．

② 张辉，石琳．数字经济：新时代的新动力［J］．北京交通大学学报（社会科学版），2019，18（2）．

续表

类型	类型的解释	举例	转型的适应程度和困难程度
数字扩展企业	这类企业的核心仍然是传统业务，但它们通过数字技术扩展了其业务范围或增加了新的收入来源，致力于通过数字化更好地服务于传统业务	一个传统的制造商通过物联网技术为其产品提供新的服务或功能	适应程度中等，因为它们的核心仍然是传统业务，但它们已经开始利用数字技术；困难程度中等，因为它们需要在扩展其业务的同时，确保核心业务的稳定
混合型企业	这类企业在其业务模型中结合了传统元素和数字元素，并将长期保持这种混合状态	一个零售商同时拥有实体店和线上商店，或者一个教育机构同时提供线下课程和在线课程	适应程度中等至高，因为它们已经在某种程度上实现了数字化；困难程度中等，因为它们需要在传统元素和数字元素之间找到平衡

总的来说，数字化转型并非“一刀切”的解决方案，企业在进行数字化转型时，必须进行深入的自我分析，明确自己的需求和目标，选择最适合自己的路径。同时，企业还需要根据企业的特定情境和需求进行定制和调整，而不应简单地复制其他企业的成功经验或采纳市场上的通用解决方案。

（二）企业数字化转型的阶段

企业的数字化转型是一个复杂且持续的过程，涉及技术、文化、组织结构和业务模式等多个方面的变革。从企业管理的角度，数字化转型可以大致分为初始探索、功能扩展、整体转型、创新与颠覆，以及数字生态构建这五个阶段。每个阶段对应不同的特点，采用不同层级的数字技术和手段，如表1－5所示。

表1－5　企业数字化转型的阶段

阶段名称	特点	应用
初始探索	企业开始认识到数字技术的重要性，可能会进行一些小规模的试验和项目，但仅是局部应用	基础的IT系统、办公自动化、简单的在线业务等
功能扩展	企业在更多业务领域应用数字技术，但应用往往是孤立的，缺乏整体规划	客户关系管理（CRM）、企业资源计划（ERP）、电子商务、移动应用等
整体转型	企业从战略层面考虑数字化，进行全面的数字化规划，实现业务流程的无缝衔接	云计算、大数据、物联网、人工智能等
创新与颠覆	企业完全实现数字化运营，利用数字技术进行业务模式的创新，甚至颠覆传统业务模式	新的数字化产品和服务、平台化经营等
数字生态构建	企业与合作伙伴、供应商、客户等构建数字生态系统，共同创造价值	开放API、生态系统合作、共享经济模式等

（三）企业数字化转型的模式

鉴于企业数字化转型是一个高度复杂的、差异化的、需要企业各方面协同配合的过程，选取适合的数字化转型模式对转型成功至关重要。根据数字化资源投入和组织适应性的不同，可以将企业数字化转型模式分成四类①。

1. 效率提升驱动的数字化转型模式

传统企业在数字化转型中最为明显的特征是通过技术提升运营效率并降低人员投入。这种转型模式主要通过数字技术来优化生产流程和产品架构，进而提升整体运营效率。例如，安阳钢铁集团通过数字化运营的转型模式，实现无人工干预的智能一键式自动化炼钢，大大提高了生产效率和产品质量。这种转型不仅减少了人工操作的误差，还确保了生产过程的稳定性和连续性。通过引入先进的数据分析和机器学习技术，该集团能够实时监控生产数据，预测和解决潜在的生产问题，从而确保了炼钢过程的高效和稳定。此外，数字化运营还帮助该集团实现了资源的优化配置，降低了生产成本，提高了市场竞争力。

2. 业务变革驱动的数字化转型模式

业务增长和业务重构是传统企业数字化转型的重要目标。阿里巴巴提出“一切业务数据化，一切数据业务化”，认为企业数字化转型是一个从业务到数据、再让数据回到业务的过程。基于此，业务中台互联网化和数据智能化、业务化是实现这一目标的可选择的转型模式。例如，青岛红领集团为了实现从传统服装定制向大规模智能定制的数字化转型，以业务变革为核心，采取了数字化产品创新、智能化平台搭建和运用大数据创造价值等数字化转型模式，实现了客户需求直达智能工厂；以需求驱动生产，把互联网、物联网等信息技术融入柔性化制造中，实现了以工业化的手段、效率和成本制造个性化的产品。

3. 客户体验驱动的数字化转型模式

增强客户体验是传统企业数字化转型的根本出发点。例如，韩都衣舍基于天猫电商平台，通过时尚的产品，借助个性化推荐、高效物流服务、社交互动式购物等手段，积极为客户打造创新和领先的数字化、智能化体验；中国银行以提升客户体验为数字化转型的核心，基于“数字化”主轴，搭建业务与技术两大架构，打造云计算、大数据、人工智能三大平台，聚焦业务与数字技术的融合，以增强客户的数字化服务体验。

4. 商业模式创新驱动的数字化转型模式

数字化转型背景下的商业模式创新体现在传统企业对价值主张、价值创造、要素获取和价值网络的全面创新。以商业模式创新驱动的数字化转型模式强调价值共创、合作共赢。华为公司数字化转型实践围绕“生态与可持续”的目标，调整组织架构、构建公共服务平台，打造了一种全新的商业模式价值逻辑来引领与推动行业的数字化转型。海尔集团基于“人单合一”和“链群合约”的价值主张，实现用户价值和员工价值有效统一的商业模式创新，开启了全面数字化转型。在这一模式下，海尔将用户需求直接对接到员工，形成了一种用户参与、员工自主创新的工作机制。这不仅提高了员工的工作效率，还确保了产品和服务更加贴合用户需求。同时，“链群合约”模式进一步强化了供应链的协同效应，使得各环节更加紧密地为创造用户价值而努力。这类以商业模式创新驱动的数字化转型，使海尔集团在全球家电市场中保持了持续的竞争优势。

---

① 王永贵，汪淋淋. 传统企业数字化转型战略的类型识别与转型模式选择研究 [J]. 管理评论，2021，33(11).

（四）企业数字化转型的影响

1. 数字化转型对工作的影响

数字化转型不可避免地影响了工作岗位和工作内容。一方面，企业数字化转型带来的生产技术升级将引导企业加大对高技能劳动的投入，从而将更多资源倾斜至数字技术相关的岗位。另一方面，企业数字化转型也可能直接替换部分常规性、重复性的低技能工作岗位，即通过挤出部分低技能劳动的方式优化人力资本结构，这样的后果是一些岗位难免会被数字技术挤压甚至被"淘汰"①。此外，数字化转型还会对工作场所的人机关系产生重大影响，人们更加依赖数字技术，某些岗位的职责由亲力亲为变成利用数字技术进行处理和监控。

2. 数字化转型对员工的影响

在数字化转型的过程中，企业对员工的需要也逐渐与数字技术相关。企业的数字化转型在为员工提供新岗位、新机会的同时，也对劳动者的数字素养提出了新的要求。根据中央网信办 2021 年印发的《提升全民数字素养与技能行动纲要》，数字素养是国民顺应数字化时代的关键因素，也是促进劳动者适应新就业环境乃至推动数字经济高质量发展的关键环节。今后，企业管理的对象不再仅仅是企业中的员工，而是由具有强大智能的数字技术以及被数字技术赋能的员工构成的复杂系统。为此，企业需要更多的交叉人才，这类人才在承担岗位一般性职责的同时，还具有数字技术的基本处理能力、应用能力和数字转化能力。

3. 数字化转型对组织结构与文化的影响

随着数字化转型的深入，企业组织结构也将经历从传统的层级式向更为扁平、灵活的网络型转变。这种转变意味着决策过程更加迅速、高效，企业能够更好地响应市场变化。数字化转型还推动企业文化的变革，即强调开放、协作、创新和学习。在这样的文化氛围下，员工被鼓励积极探索新技术、新方法，跨部门、跨团队的合作也变得更加频繁。此外，随着数据的普及和透明度的提升，员工对企业的认知和参与度也得到了提高，从而形成了一种更加紧密、更有凝聚力的组织文化。这种文化不仅有助于吸引和留住数字化时代的人才，还能够激发员工的创新潜能、推动企业持续发展。

（五）企业数字化转型的成效

企业数字化转型的成效体现所需的时间因企业的具体情况、转型策略、所处行业和市场环境等多种因素而异。在转型的初期，通常在几个月到一年时间内，企业可以通过自动化、流程优化等措施迅速实现生产和运营效率的提升。数字化工具和技术，如云计算、大数据分析等，使企业能够更精确地分析成本并找到节约的机会。此外，数字化的客户服务和交互界面可以迅速提升客户满意度和忠诚度；与此同时，数字化工具也简化了员工的工作流程，从而提高了他们的工作满意度。

然而，真正产生深远的影响和价值往往需要较长的时间，通常会超过一年。随着企业提供更多的数字化产品和服务，它们可能会吸引到更多的客户并增加市场份额。数字

---

① 肖土盛，孙瑞琦，袁淳，等．企业数字化转型、人力资本结构调整与劳动收入份额［J］．管理世界，2022，38（12）．

化转型可能导致企业探索和实施全新的商业模式，如订阅服务、数据驱动的产品等。这种转型为企业提供了更多的数据和工具，支持其持续创新。较长过程的数字化转型可能还会推动企业的文化和组织结构发生深刻变革，使其更加灵活并且对市场的响应更加迅速。因此，企业在进行数字化转型时需要有耐心，并持续投资和优化，以确保转型的成功且实现长期的价值。

第 3 节　人力资源管理数字化转型

企业数字化转型是一个全面的过程，涉及企业所有部门和功能，目的是利用数字技术改进业务流程、增强客户体验、创新产品和服务，并实现更高的运营效率。企业数字化转型包括很多子集。其中，运营数字化转型关注生产、供应链和库存管理的数字化，利用物联网技术和预测分析工具来优化流程。销售和市场营销数字化转型则通过数字渠道如社交媒体、电子邮件和搜索引擎营销来吸引潜在客户。为了提供更高效的客户支持，客户服务数字化转型采用了在线聊天机器人、自助服务门户和增强现实技术。在财务方面，财务数字化转型使用自动化工具和实时分析工具来优化财务流程。此外，研发数字化转型利用数字仿真和建模工具加速产品开发，而 IT 数字化转型则致力于采用云计算、边缘计算和网络安全技术来支持整体的数字策略。数据和分析数字化转型聚焦于大数据技术、数据湖和人工智能算法，以从庞大的数据中提取有价值的信息。这些子集不仅相互关联，而且相互依赖，共同推动企业实现其数字化转型的目标，确保企业在数字化时代保持竞争力。

人力资源管理数字化转型是企业数字化转型的一个子集，致力于使用数字技术来优化和增强人力资源管理的各个方面，如招聘、培训、绩效评估、员工福利和员工关系管理。一方面，人力资源管理数字化转型是企业数字化转型的一个重要组成部分。为了实现整体的企业数字化转型，公司需要确保其人力资源部门也进行数字化转型，以推进整体的转型策略。无论企业数字化转型还是人力资源管理数字化转型，最终的目标都是提高效率、提升员工体验与客户体验、创新并保持竞争力。

另一方面，人力资源部门，作为企业管理的核心部门，其自身的数字化转型不仅是企业数字化转型在人力资源管理领域的具体落实，而且对实现企业整体的数字化转型目标有重要的促进作用。具体体现在以下几个方面：首先，员工是数字化转型的关键。无论企业采用了多么先进的技术，如果员工不接受或不懂得如何使用这些技术，转型就都无法成功。人力资源部门负责员工的招聘、培训和发展，因此它在确保员工准备好进行数字化转型方面起着关键作用。其次，数字化转型不仅是技术的变革，更是文化的变革。人力资源部门在塑造和推动这种文化变革中起着中心作用，它确保员工对新的工作方式持开放态度，并鼓励他们进行创新和合作。再次，数字技术需要与人结合。虽然数字化转型涉及大量的技术实施，但最终这些技术都是为人服务的。无论是客户关系管理系统、自动化工具还是人工智能助手，它们的目标都是帮助员工更有效地完成工作。人力资源部门确保这些工具与员工的需求和能力相匹配。最后，提升员工体验与客户体验是数字化转型的关键。在数字化转型中，提供卓越的客户体验是关键，但同样重要的是员工体验。满意、受到赋能的员工更有可能为客户提供高质量的服务。人力资源部门通过数字化工具和策略来提升员工的工作体验。

因为人力资源管理数字化转型对企业数字化转型具有重要意义，所以企业普遍重视人力资源管理数字化转型。下面对人力管理资源数字化转型进行概括性介绍，并在本书后续章节中详细展开。

一、人力资源管理数字化历程

人力资源管理在其发展历程中主要经历了三个时期即 1.0 时期、2.0 时期和 3.0 时期，如表 1－6 所示。人力资源管理 1.0 时期主要集中在 20 世纪 90 年代之前，这一时期的人力资源部门主要是行政导向的，重点关注工资、福利的发放和员工的招聘等基本行政任务。它的特点是反应性强，通常在问题出现后才采取行动，而不是预防性地行动。流程在这一时期是标准化的，针对个体的定制很少。此外，由于技术支持有限，大多数任务都是手工完成的，计算机技术的应用非常有限。在这个时期，人力资源部门被视为“纸面工作”和公司政策的执行者。

表 1－6　人力资源管理数字化历程

	时间	管理特征	角色	数字化
人力资源管理 1.0 时期	20 世纪 90 年代之前	● 行政导向：重点关注基本行政任务 ● 反应性强：在问题出现后采取行动 ● 标准化流程：流程标准化，很少有针对个体的定制	“纸面工作”和公司政策的执行者	● 以手工处理为主 ● 数字化主要体现在基本的计算机化系统上，如电子表格和简单的数据库，用于记录员工信息和进行基本的薪酬管理 ● 数字化帮助简化了一些基本的人力资源管理任务，如薪酬计算和假期跟踪
人力资源管理 2.0 时期	20 世纪 90 年代初至 21 世纪初	● 战略伙伴：与公司其他部门一起参与决策 ● 技术驱动：许多流程实现了自动化 ● 员工发展：关注员工的职业发展和培训 ● 绩效管理：实施绩效管理系统，以评估和激励员工	从行政执行者转变为战略伙伴和变革推动者	● 企业开始采用人力资源信息系统和人力资源管理系统 ● 这些系统不仅用于数据存储，还提供了各种功能，如招聘管理、绩效评估、员工自助服务门户等 ● 技术开始驱动人力资源的策略决策，数据分析也开始在人力资源决策中发挥作用
人力资源管理 3.0 时期	21 世纪初至今	● 数据驱动：大数据和分析在决策中起着关键作用 ● 员工体验：为员工创造积极的工作体验 ● 多样性和包容性：确保所有员工受到公平对待 ● 技术集成：人工智能、云计算和其他先进技术被集成到人力资源管理中	企业战略的核心部分，此外还包括业务驱动者和创新者	● 进入数据驱动的时代，大数据、人工智能和机器学习技术开始被应用到人力资源管理中 ● 数据分析帮助企业更好地理解员工需求、预测人才流失、优化招聘策略等 ● 数字技术如云计算和移动应用也使得人力资源管理变得更加灵活和实时

人力资源管理 2.0 时期从 20 世纪 90 年代初延续到 21 世纪初。在这一时期，人力资

源部门开始被视为业务的战略伙伴，与公司的其他部门一起参与决策。技术在这一阶段起到了关键作用，人力资源信息系统和其他技术开始被广泛应用，许多流程实现了自动化。此外，这一时期的人力资源部门更加关注员工的职业发展和培训，同时开始实施绩效管理系统，以评估和激励员工。在这个时期，人力资源部门的角色从行政执行者转变为战略伙伴和变革推动者。

最后，我们进入了人力资源管理 3.0 时期，即从 21 世纪初至今。这一时期的人力资源部门是由数据驱动的，大数据分析在决策中起着关键作用。人力资源分析师使用数据来预测和优化人力资源活动。员工体验在这一时期受到了前所未有的关注，人力资源部门致力于为员工创造一个涵盖从招聘到退休整个职业生涯的积极的工作体验。多样性和包容性也成为这一时期的核心议题，确保所有员工都受到公平对待。技术在这一时期得到了进一步的集成，人工智能、云计算和其他先进技术被广泛应用到人力资源管理中，以提高效率和效果。在这个时期，人力资源管理者从战略伙伴转变为业务驱动者和创新者。

从人力资源管理 1.0 时期开始，数字化就已经开始渗透到人力资源管理中，尽管在早期阶段，这种数字化可能相对较为初级。随着技术的进步和企业需求的变化，人力资源管理数字化也在不断深化和扩展。随着技术、社会和经济环境的不断发展和变化，人力资源管理很可能会进入新的时期，即使现在还没有明确的“人力资源管理 4.0 时期”。

二、人力资源管理数字化转型的整体架构

在借鉴了多家大型企业人力资源管理数字化转型的经验后，基于对国内外最新行业趋势的研究，张月强和路江涌提出了中国企业人力资源数智化转型“145”模型（见图 1－3）。

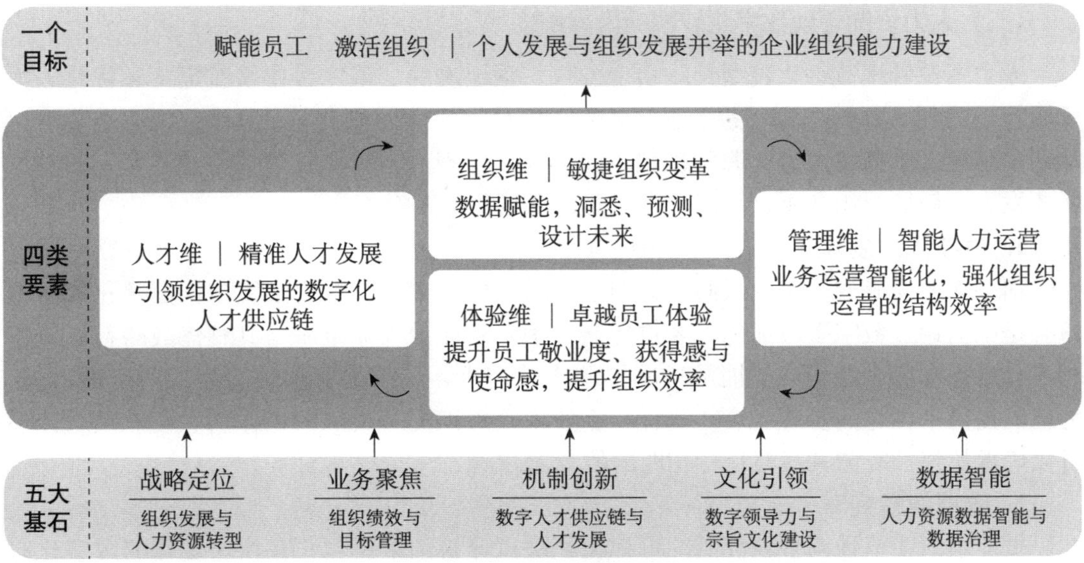

图 1－3　中国企业人力资源数智化转型“145”模型

资料来源：张月强，路江涌．智能时代的人力资源管理“智效合一”转型［J］．清华管理评论，2023（5）．

（一）人力资源管理数字化转型的总体目标

人力资源管理数字化转型并非仅仅是简单地应用新技术或将现有的管理数字化，其深层次的目标是确保企业能够实现高质量的发展并强化组织的核心能力。这种转型的核心在于如何将人的绩效与组织的绩效紧密结合，以及如何确保人才的能力与企业的业务需求完美匹配。

高质量的企业发展并非仅仅追求规模的扩张或短期的利润。它更多地关注长期、可持续和有价值的增长。数字化转型在这里起到了关键作用，为企业提供了丰富的数据和深刻的洞察，使其能够更加深入地理解市场、客户和员工的真实需求。这种深入的理解使企业能够做出更为明智的决策，同时，数字化工具和技术也提高了企业的运营效率、灵活性和创新能力。

组织能力建设是另一个关键领域，它涉及企业如何建立和强化其核心能力以支持其长期战略并应对外部环境的快速变化。数字化转型为组织提供了一系列新的工具和方法，这些工具和方法可以帮助企业更有效地培养人才、优化工作流程以及创新产品和服务。例如，数据分析可以帮助企业更好地了解员工的需求和潜能，从而为他们提供更有针对性的培训和发展机会。

实现这一目标的表现可以概括为“一个统一”和“一个匹配”。“一个统一”即人的绩效与组织绩效统一，这意味着人的绩效（例如员工的工作表现、技能和态度）与组织的绩效（例如企业的盈利、增长和市场份额）是紧密相关的。数字化转型为企业提供了一系列工具和方法，使其能够更加客观、公正和及时地评估员工的绩效，从而确保人的绩效与组织的绩效是一致的。“一个匹配”即人才的能力和特长与企业的业务需求紧密匹配。数字化转型在这里起到了关键作用，为企业提供了丰富的数据和工具，使其能够更好地了解和匹配人才与业务的需求。这不仅提高了员工的工作满意度，还改善了组织的整体绩效。

（二）人力资源管理数字化转型的内容维度

人力资源管理数字化转型是一个全方位、深层次的变革，旨在重新定义和优化人力资源管理的各个方面，从而更好地应对数字化时代的挑战和机遇。具体来说，企业可以从四个维度入手搭建人力资源管理数字化体系，实现人力资源管理数字化转型，即精准人才发展、敏捷组织变革、智能人力运营、卓越员工体验。

1. 精准人才发展

精准人才发展成为企业战略目标与组织绩效的桥梁。在这个维度中，数字化转型的核心是如何通过数字手段优化人才供应链，确保企业的人才策略与其整体战略目标紧密相连。这意味着企业不仅要能够准确预测人才需求，还要能够评估和激发员工的潜能，为他们提供个性化的发展机会。这样，企业不仅可以提升员工的工作满意度和绩效，还可以确保始终拥有与其战略目标相匹配的人才。

2. 敏捷组织变革

敏捷组织变革强调管理价值的可视化和决策分析的数据化。在快速变化的数字化时代，企业必须具备敏捷性，能够迅速适应外部环境的变化。通过数据化的决策分析，在人员结构、人才质量、人力运营、人效分析的基础上，在一体化平台中融合财务、业务数据，获取更全面的经营状况分析信息，企业能够更快、更准确地做出决策，从而提高其变革的速度和效果。

3. 智能人力运营

智能人力运营关注的是如何通过先进的技术和工具提高组织运营效率。这包括应用人工智能、大数据和云计算等技术完成机械重复性的任务、提供更加个性化的服务，并实时监控和优化运营效率。例如，人工智能可以用于筛选简历，预测哪些候选人最有可能成功，甚至预测哪些员工可能会离职。这种预测性分析可为人力资源团队提供更多的洞见，使他们能够更加主动地管理人才流动。

4. 卓越员工体验

卓越员工体验是人力资源管理数字化转型的另一个关键维度。在这个维度中，企业需要关注如何通过数字化和智能化手段提升员工的敬业度和获得感。通过搭建"员工在线、服务在线、协作在线"的数字化与智能化基础设施，企业不仅能提供高效、个性化的服务，还能实时收集和分析员工的反馈，从而不断优化员工的体验。

（三）人力资源管理数字化转型的基础保障

企业需要从战略定位、业务聚焦、机制创新、文化引领、数据智能这五个方面进行深入的探索和建设，为实现人力资源管理数字化转型提供基础保障。

1. 战略定位

探索人力资源管理数字化转型，企业首先需要明确其数字化转型的目标和战略。这意味着人力资源部门应与企业的总体战略紧密结合，确保人力资源管理战略与企业的发展目标和方向一致。此外，这也要求人力资源部门持续更新和调整其战略和实施策略，以适应市场和技术的快速变化，确保企业在数字化转型中始终保持竞争力和领先地位。

2. 业务聚焦

在数字化转型中，人力资源管理需要更加聚焦于业务的核心需求。这意味着人力资源部门不仅要关注员工的个人发展，还要关注他们如何为企业创造价值。通过数据分析和绩效管理，企业可以确保员工的工作与组织的整体目标和战略相一致。

3. 机制创新

数字化时代要求企业创新人才管理的机制和方法。这涉及如何利用数字化工具和平台优化人才的招聘、培训和发展过程，以及如何为员工提供更加灵活和个性化的工作环境。此外，企业还需要考虑如何利用人工智能和云计算等先进技术提高人力资源管理的效率和效果。

4. 文化引领

数字化转型不仅是技术的变革，更是文化的变革。企业需要培养一种支持创新和数字化的组织文化，确保所有员工都认同和支持这一转型。这涉及如何培养员工的数字化思维和能力，以及如何通过培训和沟通确保员工了解和接受数字化转型的价值和意义。

5. 数据智能

在数字化时代，数据是企业的宝贵资产。企业需要利用数据赋能，确保人力资源管理的决策基于准确、及时和全面的数据。这涉及如何收集、分析和应用数据，以及如何利用人工智能、机器学习等先进技术提高数据的价值。例如，人力分析可以帮助企业深入了解员工的需求和期望，从而为他们提供更加个性化的服务。

三、人力资源管理数字化转型的未来趋势

（一）更加深入的技术集成

从 20 世纪 70 年代至今，人力资源管理技术的应用经历了从简单的记录系统到高度集成的生产力工具的演变。在最初的阶段，企业的核心需求是自动化事务处理和记录员工信息。但随着技术的进步和企业需求的变化，焦点逐渐从单纯的记录转向了如何更有效地进行人才管理，包括招聘、培训和绩效评估等。

在技术的早期阶段，各个职能部门都有自己独立的系统，这导致了大量的碎片化应用。但随着企业对一致性和效率的追求，市场上逐渐出现了一体化的人力资源系统。这些系统，如 Workday、SAP、Oracle、用友、北森和易路等，致力于提供一站式的解决方案，以优化员工的整体体验。图 1－4 展示的是用友系统提供的数字人力资源管理一体化解决方案。

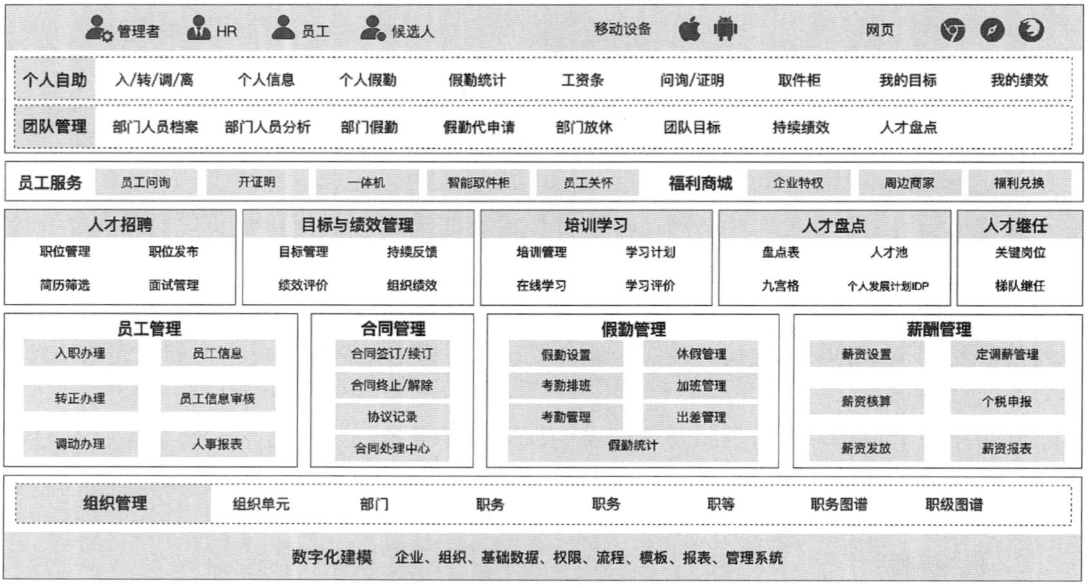

图 1－4　数字人力资源管理一体化解决方案

资料来源：根据用友官网资料整理。

在新时代背景下，许多企业逐渐将智能化、数字化作为转型方向，凭借技术优势，并通过结合自身的战略规划、业务特点等，统筹协调整体人力资源管理工作[①]。这种更深入的技术集成，不但是为了自动化，而且是为了更好地满足企业的战略目标和员工的需求。例如，天猫的智能超市，使用高度智能化的机器人和算法助推传统劳动力在组织中的价值重构；飞书建立了游戏化的目标与关键结果平台，以期用强社交、游戏化的互动模式来提升员工的工作体验，显示了其在激励实践上的创新[②]。通过打造数字化工作场所，采取智能化的员工服务优化员工工作体验，逐步打造满足企业战略发展需要的人力

① 任盼盼．人力资源管理数字化转型：要素、模式与路径［J］．产业创新研究，2022（22）．

② 谢小云，左玉涵，胡琼晶．数字化时代的人力资源管理：基于人与技术交互的视角［J］．管理世界，2021，37（1）．

资源供应链，实现企业人力资源管理科学化、流程化发展。

近年来，一个显著的趋势是，人力资源技术的核心已经从仅仅服务于人力资源部门转变为服务于整个组织的所有员工。这意味着现代的人力资源系统不仅是管理工具，更是生产力工具。它不仅需要提供传统的人力资源管理功能，如薪酬发放、员工招聘和绩效管理，还需要集成通信、问卷调查、案例研究、知识管理等方面的辅助，以满足员工的日常工作需求。员工的这些需求得到了技术提供商的响应，很多创新科技如智能聊天机器人、视频会议、学习和发展推荐、语音和视频分析，甚至是组织网络分析等开始进入人力资源系统，带来了诸多人机协同的管理实践。

此外，随着企业结构和文化的变革，技术也需要进行相应的调整。现代企业越来越多地采用项目化、团队化的工作方式，这要求人力资源工具和系统必须简洁、直观，并能够无缝地融入员工的日常工作中。例如，一些基于表单的传统系统已经显得过时，而更加新颖的工具，如 Teams、Slack、钉钉和飞书等，已经成为员工日常工作的重要组成部分，助力企业实现数字化转型。总体而言，数字技术使得组织活动变得更加高效快速，塑造了新的控制、协调和合作模式，也使人工智能、机器人等数字技术融入了组织内部的互动关系网络，重新定义了人力资源管理的对象①。

（二）更为友好的使用体验

在数字化时代，员工期望的不仅是一个功能齐全的系统，更需要的是这个系统能够简化他们的日常工作流程，为他们提供良好的工作体验②。例如，当员工想请假时，他们不希望浪费时间在复杂的系统中寻找相关功能，而是更希望能够像与同事聊天一样简单地与系统交互。因此，现代的人力资源系统越来越多地采用智能聊天机器人、视频会议和其他创新技术来增强员工体验。例如，Microsoft Workplace Analytics 这样的工具可以通过分析员工的工作时间分配，为他们提供有针对性的建议，从而提高他们的工作效率。

在这个数字化的时代，员工的期望和需求正在发生变化。他们希望能够使用更加先进、更加集成的工具来完成他们的工作。例如，在线会议和企业即时通信软件等工具已经成为员工日常工作的一部分。这就要求人力资源系统不仅提供功能强大的工具，还要确保这些工具能够融入员工的日常工作流程中。同样，单一的功能门户已经不能满足现代企业的需求。企业需要一个集成了各种工具和应用的平台，以满足员工的各种需求。这就是为什么像 Workday、Oracle、SAP 和北森这些系统都在努力打造一站式的员工体验平台。此外，随着移动设备的普及，员工的工作方式也在发生变化。他们不再只是在办公室使用电脑完成工作，而是随时随地使用手机或平板电脑进行工作。这就要求人力资源系统必须能够适应这种变化，提供移动端优先的设计。

为了满足这些需求，人力资源科技公司正在采用一些新的设计理念。它们不再只是从人力资源管理的角度来设计系统，而是从员工的角度出发，考虑他们的实际需求和期望。这意味着，人力资源系统不仅要提供传统的人力资源管理功能，还要提供与员工日

---

①　周琦玮，刘鑫，李东红．企业数字化转型的多重作用与开放性研究框架［J］．西安交通大学学报（社会科学版），2022，42（3）．

②　BERSIN J. HR technology 2021：the definitive guide［EB/OL］．［2023 - 08 - 23］．https：//joshbersin. com/wp-content/uploads/2021/04/HR _ TechMarket _ 2021 _ v7. pdf.

常工作相关的功能，而且这些功能要尽量自然融入工作流程，而不必要求员工刻意应用。总的来说，随着技术的发展和员工需求的变化，人力资源系统正在经历一场深刻的变革。未来的人力资源系统不仅要提供功能强大的工具，还要确保这些工具能够融入员工的日常工作流程，为其提供良好的使用体验。只有这样，人力资源系统才能真正地为员工提供价值，帮助他们更加高效地完成工作。

（三）更加灵活的工作模式

人力资源管理数字化转型的另一趋势是为员工提供更加灵活的工作模式。疫情的暴发无疑加速了远程工作的普及，但真正的推动力源自数字技术的进步。大型科技公司如推特和脸书已经允许员工选择永久远程工作。这不仅有助于吸引全球的顶尖人才，还能大大减少办公用地和其他相关成本。为了支持这种工作模式，人力资源部门必须确保员工能够熟练使用 Zoom、腾讯会议、钉钉、飞书等数字化工具，并为他们提供相应的培训和支持。

随着全球化进程的深入，企业的业务和合作伙伴已经遍布全球，员工需要能够灵活地调整自己的工作时间，以适应不同时区的需求。例如，一家总部位于中国的公司可能需要与欧洲和拉丁美洲的供应商进行沟通，这就要求员工能够在非传统的工作时间进行工作。此外，每位员工都有自己独特的工作习惯和偏好。为了满足这些需求，数字化的人力资源系统需要能够为员工提供个性化的工作模式，如灵活的工作地点、工作时间和工作方式等。这种个性化的工作模式不仅可以提升员工的工作满意度，还可以提高他们的工作效率。

数字化转型催生了对员工能力结构的全新要求，强调从单一技能向多元能力的转变，以及角色的灵活多变性。一方面，传统的以生成制造为代表的经济模式已经转变为以服务和交付为中心的模式。例如，IBM 已通过多轮变革，从传统制造企业转变为 IT 服务企业。阿里巴巴、腾讯、字节跳动等，是服务公司，是交付公司，也是软件公司。另一方面，尽管层级架构在理论上依然存在，但我们已经不再能像过去那样清晰地描述管理角色和劳动角色了。在一定意义上说，我们都在不同程度上扮演服务角色。例如一名人力资源业务伙伴（human resource business partner，HRBP）的工作职责和工作任务范围很广，不仅需要掌握传统的人力资源管理技能，还需要具备数据分析、技术项目管理和数字化策略规划等技能。此外，他还需要与业务部门、IT 部门以及数据科学家紧密合作，确保人力资源策略与企业的整体数字化策略相一致。这意味着员工的角色不再是固定和重复的，而是基于项目和角色的。这种变化要求员工具备一系列复杂的能力素质，而不仅仅是简单的技能。为了支持员工的发展，人力资源部门需要提供培训、辅导、轮岗和外派等机会，帮助员工持续地培养这些能力。而且，随着工作的复杂性增强，企业需要确保员工的技能和能力与他们的角色相匹配。这需要人力资源部门使用数字化工具来识别每个角色所需的能力，并为员工提供相应的培训和支持。

（四）更为多元的雇佣关系

员工与组织关系（employee-organization relationship，EOR）是雇佣关系的重要组成部分，是雇员与雇主之间正式或非正式的、经济的、文化的和心理上的联系。员工与组织关系作为企业经营中重要的社会关系，同时影响着员工个人的工作意愿和企业的绩效结果。企业要想确保战略目标达成，就必须重视员工的态度和状态，努力塑造良好的员工与组织关系。

人力资源管理数字化转型对员工与组织关系可能会起到积极的促进作用，也可能带来一些新的摩擦和冲击。引入结果的好坏具体体现在在职员工的体验上。在积极作用方面，人力资源管理数字化转型的核心理念是“重视员工体验”。交互体验的提升会激励员工保持积极的工作态度，使其增强对组织的认同感，促进其与组织进行良好互动。所以，当人力资源管理数字化转型可以为员工提供更好的支持和更好的体验时，其会对员工与组织关系产生积极的影响。但是不可避免的是，人力资源管理数字化转型也会伴随一些风险。部分员工可能无法接受由智能设备评价自己的工作状态，当评价结果对自己不利时，很可能会认为数字人力资源管理存在偏差。同时，正如前文多次提及的，数字化设备收集数据仍然存在隐私问题争议。但是，人力资源管理数字化转型在效率提升等方面的优势足以使组织与员工双方获益，其在组织生活中总体而言有利于员工与组织关系的发展。

数字经济的快速发展及平台组织的蓬勃兴起，不仅带动了“自由职业＋灵活用工”的新型就业趋势的出现，还推进了以人本价值为核心发展驱力的“人本经济”的崛起。越来越多的员工由传统雇佣模式下听命于企业的“上班族”和“打工人”转变为以“平台主”和“创客”为代表的企业的合作伙伴。这种员工身份的转变与灵活用工的推行能赋予组织高度的灵活性以应对日益复杂的环境及需求。但是在这场转变中，组织“自上而下”单方面控制员工的传统管理思维仍未改变，致使员工与组织的合作出现不平等且易受市场效益支配等问题，导致员工蒙受劳动关系难以认定、长期利益缺乏保障等风险①。

然而，在数字经济时代，虚拟雇员等新就业形态的自由职业者越发常见，员工的价值需要以更加灵活、弹性的方式释放，灵活雇佣和去组织化是这类新出现的数字化工作的最大特征。数字经济时代下的员工更像组织的伙伴而不是组织的附庸者，相较于职位固定、雇佣关系明确的传统隶属关系，数字劳动者与组织的关系更加平等，员工与组织更像是价值创造过程中的合伙人。数字劳动者通过数字技术激发数字资料蕴含的价值，这个过程需要调动数字劳动者的积极性和创新精神，特别是在互联网多元文化的熏陶下，新一代员工更具个性分明、思维开放、创造力强等特点，越发重视在工作场所中获得被与管理层平等对待的公平待遇②。这意味着在传统用工模式下，组织对员工施加控制的工具性思维将对员工的潜能激发造成阻碍，取而代之的应该是组织与员工建立共同目标，合作应对挑战的伙伴关系③。因此，在人力资源管理数字化转型过程中，深入贯彻和推广工作场所伙伴关系的管理理念，不仅能良好契合新就业趋势下员工与组织关系的转变需要，还能推动员工的人本价值得到充分释放④。

---

① 赵晨，林晨，周锦来，等．新就业形态劳动者的数字素养：概念、内涵及培育路径［J］．图书情报知识，2023，40（3）.

② 周禹．新合伙主义管理论：共生共享时代的企业制度升级［J］．中国人力资源开发，2016（24）.

③ 杨皖苏，杨善林．分布式领导、组织支持感与新生代员工主动性-被动性创新行为：基于上下级关系和价值观匹配的交互调节效应［J］．管理工程学报，2020，34（3）.

④ 赵晨，林晨，周锦来，等．工作场所伙伴关系：数字经济时代员工与组织共赢的逻辑基础［J］．南开管理评论，2024（4）.

// 关键术语 //

数字经济　　数字化转型　　企业数字化转型　　人力资源管理数字化转型

// 复习思考题 //

1. 数字化的时代背景可以概括为“VUCA”，V、U、C、A 具体代表什么？
2. 请列举几种典型的新兴数字技术，以及它们在企业数字化转型中的具体应用。
3. 数字化转型可以分为哪些层面？不同层面之间有哪些区别和联系？
4. 数字原生企业与传统企业的数字化转型有什么差异？
5. 人力资源管理 1.0、2.0、3.0 时期各自有什么特点？

案例分析

海尔集团的数字化转型

海尔集团创立于 1984 年，目前已经转型成一家在全球范围内提供生活和数字化转型解决方案的服务商。这一转型不仅仅是技术上的升级，更是对整个企业文化、组织结构和业务模式的深度重塑。通过这样的转型，海尔不仅提高了自身的竞争力，更为全球的用户和企业提供了更好的产品和服务。

一、海尔集团简介

海尔集团始终坚持以用户为中心的原则，在全球范围内建立了众多的研发中心、研究院、工业园、制造中心和销售网络。集团旗下有 4 家上市公司，其中，海尔智家入选了《财富》杂志“世界 500 强”和“全球最受赞赏公司”榜单。集团拥有海尔、卡萨帝、Leader 等多个知名品牌，并成功构建了卡奥斯工业互联网平台和盈康一生物联网大健康产业生态。此外，集团还致力于支持创业，旗下的海创汇平台已经孵化出了多家独角兽企业、瞪羚企业和专精特新“小巨人”企业。作为实体经济的一部分，集团始终关注实业的发展，同时也在智慧住居和产业互联网领域进行布局。通过建设高端品牌和生态品牌，海尔集团利用科技创新为全球用户提供智慧生活的解决方案，同时也助力企业和社会实现高质量和可持续的发展。

二、“人的价值最大化”贯穿海尔集团发展六个战略阶段

海尔集团至今经历了六个战略发展阶段：名牌战略、多元化战略、国际化战略、全球化战略、网络化战略、生态品牌战略①。

（一）名牌战略（1984—1991 年）

在初创时期，海尔集团面临着激烈的市场竞争和品牌建设的挑战。为了在众多的家电品牌中脱颖而出，海尔提出了名牌战略，致力于打造高品质、值得信赖的产品，从而树立起自己良好的品牌形象。在此过程中，海尔坚信高质量的产品是高素质的人干出来的。通过持续的技术创新和严格的质量管理，海尔成功地树立了“质量卓越”的品牌声誉。

（二）多元化战略（1991—1998 年）

在稳固了家电市场的地位后，海尔开始寻求更多的发展机会。海尔提出多元化战略，

---

① “人的价值最大化”贯穿海尔发展六个战略阶段［EB/OL］.（2020－06－30）［2023－08－30］. https://www.haier.com/about-haier/history/? spm=net.haier-ecosystem_pc.header_128848_20200630.4.

开始涉足更多的产品线和业务领域，如 IT 产品、通信设备等。在这一阶段，海尔的核心理念是“盘活资产，首先要盘活人”。这不仅进一步提升了海尔产品在市场中的份额，还使得其产品线更为丰富和多元。

（三）国际化战略（1998—2005 年）

随着中国市场的逐渐饱和，海尔开始将目光转向国际市场。海尔提出了国际化战略，开始积极探索海外市场，通过并购、合作等方式，进入了欧洲、美洲、亚洲等的多个国家和地区。在这一阶段，海尔通过出口创牌倒逼人才国际化。这不仅为海尔带来了更大的市场空间，还提高了其在全球范围内的知名度。

（四）全球化战略（2005—2012 年）

在成功地进入多个国际市场后，海尔进一步提出了全球化战略。与国际化战略不同，全球化战略更加注重在全球范围内的资源配置和业务整合。海尔提出“世界是我的人力资源部”理念，开始在全球范围内建立研发中心、生产基地和销售网络，确保其产品能够满足各个地区的特定需求。

（五）网络化战略（2012—2019 年）

随着互联网技术的快速发展，海尔意识到传统的生产和销售模式已经不能满足市场的需求。海尔于是提出网络化战略，开始转型为一个数字化、网络化企业，从出产品的企业到出创客的平台。它通过建立线上销售平台、智能家居系统等，成功地为用户提供了更为便捷、个性化的服务。

（六）生态品牌战略（2019 年至今）

在数字化转型的基础上，海尔进一步提出了生态品牌战略。这一战略的核心是建立一个开放、共创、共赢的生态系统，与各种合作伙伴共同为用户提供全方位的服务。海尔奉行“创客生增值，增值生创客”的理念，坚持生态品牌战略，现已不再仅仅是一个家电制造商，还是一个提供美好生活解决方案的服务商。

三、海尔数字化转型的实践与探索

（一）数字化转型是必答题，不是选答题①

海尔集团董事局主席、首席执行官周云杰认为，数字经济具有三大特征：开放无界、共创共生和体验迭代。在这个时代，企业的边界正在被打破。机器与机器、人与人、人与机器之间的互联互通使得链接资源的开放成为可能。数字技术带来的无限链接意味着组织与组织、系统与外部环境共创共生，这为企业赢得了未来增长的空间。此外，用户需求正趋向个性化，产品的功能性体验正在向数字化体验转变。

在成长轨迹上，企业常常面临着两大类挑战。首先是“三不”：生产管理不够精细、对需求的响应不够迅速，以及市场定位不够精确。其次是“三难”：如何优化成本控制、如何更好地协调各部门以及如何确保企业持续地发展。为了应对这些挑战，数字化转型成为一个有效的策略。通过数字化，企业不仅可以更好地聚焦用户，形成以用户为核心的战略，还可以构建一个更为敏捷和高效的组织结构，吸引并培养具有开放思维和协作能力的人才，加强创新和技术的应用，以及培育一种鼓励员工自主驱动的企业文化。这五大方面共同构成了企业在数字化时代的核心竞争力。

---

① 参见周云杰 2023（第三届）中国企业数字化转型管理峰会分享的《海尔数字化转型的实践与探索》。

每家企业都有其独特的发展阶段和行业特色，因此在数字化转型时所采纳的策略也应各不相同。转型可以从两个维度出发：首先是变革的广度。企业可以选择在某些关键场景中进行有针对性的突破，或者进行全盘的梳理，系统地进行数字化重塑，从而全方位地推动数字化转型。其次是变革的深度。企业可以选择采纳增强型战略，对现有模式进行优化；或者选择重塑型战略，彻底重构其战略框架和商业模式。

（二）海尔数字化转型的路径：强化产品力、生产力和生态力①

海尔在构建数字化转型战略时，围绕模式重构、管理重构、组织重构、机制重构等方面形成整体推进策略。海尔的数字化转型主要从以下三个方面入手：首先，从传统企业转向生态企业，变成以用户为中心，打掉企业部门之间的边界，打掉企业与企业之间的边界，同跨行业、跨领域生态伙伴开展多边合作；其次，从企业数字化转向数字化企业，以满足用户需求为使命，让数据共享成为跨越式的能力，构建企业数字化的思维模式和数字化资产的运营能力；最后，从零和博弈转向共创共赢，有限游戏以取胜为目标，无限游戏以延续游戏为目标，实现从竞争到竞合的跨越，进而形成利益共同体。

海尔的数字化转型路径可以归结为以下三个方面：首先，海尔通以产品数字化提高产品力。从传统家电转向智能家电，使产品更加贴合用户需求。例如，产品数字化使空调不仅可以远程控制，还能智能识别环境和用户习惯，为用户提供定制化的空气解决方案。此外，海尔还从智能单品扩展到智慧场景，使设备之间能够互联互通，为用户创造更加便捷的生活体验。设备之间可以形成全场景的互联互通，比如冰箱和烤箱联动，从冰箱拿出一块牛肉，烤箱就推荐多种烹饪牛肉的菜谱以供用户选择；又如烤箱和抽油烟机联动，烤箱启动以后，抽油烟机自动联动抽取油烟；等等。

其次，海尔以企业数字化来发展生产力。数字化转型本质上需要组织的重构。海尔从研发设计到互联工厂，再到营销服务，以数字化、网络化、智能化支持大规模个性化定制的企业数字化转型模式，实现了全流程、全要素、全系统的数字化转型。以海尔的“微蒸汽空气洗”洗衣机为例，其上市首日销量达到 15 万台，相当于传统产品三个月的销量。这一成绩得益于“三个零”策略：与用户零距离接触、与资源方零距离接触和产销零距离协同。通过 HOPE 平台，海尔收集了疫情期间用户对衣物消毒的需求信息，进而与各资源方共同创新，实现了有用户参与的全流程数字化。这不仅提高了生产效率，也推动了企业各部门的转型，以适应数字化的要求。

最后，海尔以产业数字化构建生态力。凭借近 40 年的制造经验，海尔推出了卡奥斯工业互联网平台，旨在助力更多企业进行数字化转型。这一平台主要包括三大核心要素：大规模个性化定制套件、BaaS 工业大脑和 BaaS 数字工业操作系统。其中，个性化定制套件涵盖了全流程的七大节点和多个云端套件，能满足用户的多样化需求；BaaS 工业大脑专注于六大应用场景，如数据指标分析和安全生产，进一步推动工业人工智能的应用；BaaS 数字工业操作系统则以大连接、大数据和大模型为核心，加速工业数字化进程。在实际应用中，卡奥斯平台已在企业、行业和区域三个层面产生了显著效果。例如，某抽油烟机企业通过卡奥斯平台成功地从传统制造转型为服务型制造，实现了数据治理和价值挖掘。在行业应用中，与山东省工信厅合作的化工产业工业互联网平台连接了山东全

---

① 参见周云杰 2023（第三届）中国企业数字化转型管理峰会分享的《海尔数字化转型的实践与探索》。

省的化工园区和企业，帮助政府更好地进行监管和优化产业结构。在区域应用上，海尔在青岛推出了“工赋 1＋N＋X”模式，并在山东和其他省份进行了复制，展现了其广泛的应用潜力。

（三）海尔人力资源管理数字化转型：基于场景横向打通系统①

海尔从 2008 年开始，以 SAP 为主系统，将所有数据上传至系统中。此后围绕 SAP 系统，建设数据仓和各类人力资源子系统，用以存储组织数据、招聘数据等。直到 2019 年，海尔几乎将所有子系统建设完成，实现了所有人力资源数据不再“落地”，均在线上。

在人力资源服务的数字化方面，海尔引领了一场“三个零”的服务革命。首先是“零跑腿”，员工可以通过手机轻松办理与人力资源相关的所有事务，如调职、查询人事政策和流程制度，无须亲自前往办公室。其次是“零签字”，通过数据并联和流程驱动，海尔实现了信息的自闭环，员工在办事过程中无须寻求他人签字。最后是“零延误”，员工可以随时处理相关事务，不受工作时间限制，实现了 7×24 小时的即时服务。为了进一步提升用户体验，海尔还通过系统内的“埋点”技术和用户评价机制，不断优化和完善其服务流程。

海尔的人力资源管理数字化转型是一个不断升级的过程。从最初的存储信息，标准化、规范化的信息管理，到后来的积累数据、分析数据、运用数据、以数据支持决策的人力资源管理，再到以交互生成知识、协作应用知识、创新发展知识为目的的知识生产和管理型人力资源管理，其开放的人力资源管理平台不仅为员工提供了高效的交互体验，更成为技术和模式创新知识的共享中心，为企业的持续创新和发展提供了强大的支撑。

讨论题

1. 海尔集团如何通过企业数字化转型和人力资源管理数字化转型来落实企业战略？
2. 为什么说数字化转型是企业的必答题，而不是选答题？

---

① 参见智享会、北森《数字化助力员工体验提升——深入员工体验，在实践中发现趋势与观点》。

// 第 2 章 //

数字化时代人力资源管理思维

学习导图

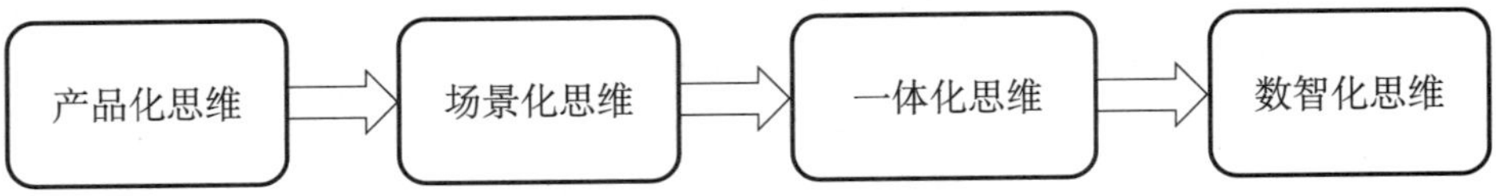

学习目标

通过本章的学习，你将：

1. 明确数字化时代人力资源管理的四种新思维及其特点；
2. 了解不同思维之间的区别与联系；
3. 掌握各类思维的应用场景和所针对的问题；
4. 了解数字化时代各类思维在人力资源管理中的最新应用。

第 1 节　产品化思维

随着科技的进步和时代的发展，人才成为企业发展的核心竞争力。企业对人力的认知产生了由人力资源到人力资本再到人才资本的变化。因此，人力资源部门的功能与定位也发生了显著的变革。人力资源部门从填补人才空缺等基础性工作转向提升员工体验、释放员工潜力等发展性工作；人力资源部门不再仅仅具有单一的管理属性，而是具有服务属性；人力资源部门从公司的边缘支撑部门转变为关键战略决策支撑部门。这一系列的新变化带来的是人力资源管理思维的变革，人力资源部门开始面向员工和用户的需求提供人力资源产品，通过场景化的设计建立用户需求与业务场景的联系，并且重视对用户需求全流程的一体化考量，最终通过统筹联结系统内部的各要素形成生态化的人力资源解决方案。同时在数字化时代，人力资源管理思维的变革和数字技术的应用交相辉映，思维变革引导人力资源部门工作内容的变化，数字技术助力人力资源管理思维的应用落地。

一、产品化思维的理念

产品化思维，简单来说，就是深入站在用户的立场，结合公司的生产与经营实力以及市场的真实需求，制定出完全符合市场走向的产品策略，旨在最大限度地挖掘和释放产品的潜在价值[①]。这一思维方式让人们将企业涉及的各种服务、流程和工具都当作“产品”来进行精细化管理和持续优化，特别强调优化用户体验、不断进行产品迭代、采用数据来支撑决策，以及有效地解决现实问题。

产品化思维孕育于产品管理领域。原本，它是用来指导产品经理如何实现从产品设计、原型建立、制造、完成上线，直到售后服务的一整套流程。但随着时代的发展，这种思维逐渐渗透到了各种商业活动中，当然也包括人力资源管理。

在人力资源管理领域，当我们说到“产品化”时，并不是说把人力资源商品化，而是灵活借鉴产品管理的哲学和手法，视员工为尊贵的“用户”。这意味着，我们将针对员工在公司的每一个时刻——从他们的入职、培训、晋升，到福利发放及最终离职，都如同管理一款产品那般，精心策划和打造，务求为员工带来一流的体验。事实上，现代人力资源管理的核心使命，便是为员工提供量身定制、持续的人力资源产品和服务。而要真正实现这一目标，提高员工的参与度并增强其归属感，人力资源部门必须具备一种整体而系统的产品化思维[②]。

二、产品化思维的特点

（一）由管理职能到服务职能

在传统的人力资源管理模式中，人力资源部门往往被视为一个执行公司政策、管理员工行为的机构，而员工则是这些政策和流程的被动接受者。这种管理职能导向的模式可以在某种程度上确保流程的标准化和执行的一致性，但往往容易忽略员工作为组织中不可或缺的关键资源的独特价值和需求。

在产品化思维的影响下，这一模式正在发生深刻的变革。现代的人力资源部门不再满足于仅仅是管理者，而是转型为服务提供者，其核心使命是将员工视为其主要“用户”，并提供优质的服务体验。这种变革不仅仅体现在工具和流程的设计上，更重要的是体现在日常互动和沟通中。

以员工为核心的服务职能模式，强调的是与员工建立真正的合作伙伴关系，充分了解和满足他们的需求。这意味着，无论是招聘、培训、晋升还是其他任何人力资源管理活动，都需要与员工深入沟通，充分了解他们的期望和需求，确保所提供的服务能够真正满足员工的实际需求。例如，一个高效的人才库不仅是一个简单的信息管理工具，更是一个能够帮助公司和员工匹配、发掘潜在机会的平台。同样，一个成功的培训系统不仅是为了传递知识和技能，更是为了帮助员工实现职业成长，提高他们的职业满意度和工作效果。

在产品化思维的指导下，人力资源部门从被动的管理者角色转变为主动的服务提供者角色，人力资源专员也需从“管理者”的身份转变为“产品经理”的身份，其核心价值在于为员工提供持续、高质量的服务体验，从而实现员工满意度和组织绩效的双重提升。

---

① 苏杰．人人都是产品经理［M］．北京：电子工业出版社，2010.

② 王胜桥．信息新技术时代下的组织变革［J］．人力资源，2021（24）.

（二）从单向命令到双向互动

传统的人力资源管理模式通常以层级和流程为导向，强调部门的指令执行和管理职责，而员工在这个模式中多数时候只是执行者，他们的声音、感受和建议并没有得到充分的重视和听取。这种单向的沟通往往导致政策和程序与员工的实际需求存在差距，无法最大化员工的工作满意度和工作效果。

与此相反，产品化思维则把员工当作真正的“用户”，强调建立一个双向的、开放的沟通与反馈机制。在这种模式下，人力资源部门不仅是一个政策制定者和执行者，更是一个真正了解员工需求、关心员工体验的合作伙伴。这意味着，在制定或调整任何政策、流程或工具前，都需要深入了解员工的想法、需求和痛点，确保所提供的解决方案或服务能真正解决员工的问题，并为之带来良好的体验。

为此，许多具有产品化思维的人力资源部门会通过定期进行员工满意度调查、开展一对一的沟通会谈、设置匿名建议箱等方式，与员工保持持续的互动，确保其政策和服务始终与员工的需求同步。这样的双向互动不仅有助于提升员工的归属感和忠诚度，还能大大提高政策执行的效率和效果。

（三）从被动响应到主动应对

传统的人力资源角色往往局限于对业务部门或高层管理的需求做出反应，比如填补空缺的岗位、解决某些员工关系问题或应对突发事件。这种角色很少涉及策略性的思考和主动性的介入，而更多的是按部就班地完成任务。这样的角色设定使得人力资源部门在组织中的价值和影响力受到限制，甚至有时会被视为一个次要的、支持性的部门。

然而，在产品化思维的框架下，人力资源管理的角色和价值得到了重新定义。在这一新的思维模式中，人力资源专家不但要对现有的需求做出快速和有效的响应，而且要能够从更宏观的视角，对组织的未来发展和员工的长远需求进行预测和规划。这要求人力资源专家具备强大的市场敏感性和战略思考能力。他们需要不断地从内部和外部获取信息，对组织的整体战略、市场环境、员工的职业期望等进行深入的分析，以识别出那些可能对组织的成功产生重要影响的关键人力资源问题和机会。

更重要的是，产品化思维下的人力资源专家需要主动出击，针对这些问题和机会制定相应的策略和方案，而不是等待问题出现后再进行应对。这可能涉及重新设计组织结构、调整薪酬体系、推出创新的员工培训和发展计划，甚至在某些情况下，人力资源专家还要主动参与到业务决策中，以确保人力资源策略与业务策略紧密结合。

在这一过程中，人力资源专家不仅要与业务部门、高层管理和外部利益相关者建立紧密的合作关系，还要与员工保持开放和真诚的沟通，确保其策略和方案能够真正满足员工的需求和期望，从而实现组织和员工的双赢。

（四）数字化驱动业务连接

首先，从以员工为中心的服务视角看，产品化思维已经改变了人力资源部门对员工的态度，将他们视为“用户”，重视他们的体验和满足度。数字化为这一转变提供了强大的支持。例如，通过数字化工具，人力资源部门可以实时收集和分析员工的数据，从而深入了解他们的需求、偏好和期望。这些数据为人力资源部门提供了宝贵的洞察，帮助其制定更具针对性的培训计划、福利制度和职业发展路径，从而提供精准、个性化的服务体验。

其次，数据驱动的决策使得人力资源管理更加高效、精确。正如产品经理根据用户反馈优化产品一样，人力资源管理者也应该持续迭代其策略和方案，确保其与员工需求和企业战略保持一致。数字化工具为此提供了强大的支撑，帮助我们实时监测各种指标，根据数据做出明智的决策。

再次，数字化工具还提供了一种新的管理模式，即端到端的人力资源产品生命周期管理。从员工的招聘、入职、培训、晋升，直至离职，每一个环节都可以得到精确的跟踪和管理，确保每一个阶段都为员工提供一致的、连贯的体验。这不仅提高了员工的满意度和留存率，也为企业创造了更大的长期价值。

最后，数字化也为人力资源部门带来了更多的机会，使其能够与业务部门进行更深层次的合作与整合。通过共享数据和洞察，人力资源部门可以更加深入地了解业务的真实需求和挑战，与业务部门建立更紧密的战略性合作关系，实现真正的业务与人力资源的融合。

（五）快速试错与持续迭代

首先，我们探讨快速试错的重要性。在传统的人力资源管理框架中，稳定性和规范化一直被视为核心原则。这确实在某种程度上确保了组织的连续性和一致性。但在如今这个信息化、全球化和持续变革的时代，单一的稳定性和规范化已不能满足组织的灵活性需求。无论是新的招聘策略、绩效考核体系还是员工培训计划，我们都必须摒弃“一蹴而就”的预期。更为现实的做法是：鼓励团队大胆地试验新的方法、策略和工具，快速实施，然后密切观察其效果。当然，这种尝试性的策略可能会引发一些短期的挑战和不确定性，但正是这些即时的、未经修饰的反馈，使我们能够实时调整，进而更精准地满足员工和业务的多样化需求。

而在此基础上，持续迭代的重要性更为凸显。每一次的试错都使我们积累了宝贵的经验和数据。我们不仅要收集这些数据，更要对其进行深入的分析，这样才能真正了解员工的真实需求和反馈。持续迭代不仅是对原有策略的微调，更是一种对组织文化、流程和策略进行全面优化和升级的策略。例如，对于一次员工培训，如果反馈表明内容受欢迎，但其交付方式不被接受，我们就不会简单地否定此次培训的内容，而是会探索新的培训方式或方法，直到找到最符合员工需求的解决方案。这样，我们不仅提供了员工所需的培训，而且确保了其效果最大化，实现了真正的价值创造。

三、产品化思维的应用

（一）提高用户对产品的体验与满意度

在招聘工作中，人力资源部门收到了测绘部门临时招聘多名测绘工程师的申请，此时传统的人力资源部门会考虑怎样尽快将相关人员招聘到岗，需要采用什么样的渠道和招聘流程等。如果以产品化思维来应对这次招聘，那么人力资源部门首先需要明确“用户”是谁。在这个情境之下，候选人就成为人力资源部门的用户。人力资源部门进行市场调查，了解到候选人们寻找工作时的习惯、需求和痛点，可能会发现许多年轻的求职者更倾向于在移动设备上寻找工作。基于此，人力资源部门应推出一个专门针对移动端优化过的招聘平台，其中包含一系列互动式的测试和模拟面试，以提高用户参与度。人力资源部门还应通过数据分析工具持续监控用户的行为，例如候选人们通常在哪个环节放弃、哪些职位最受欢迎、哪些测试或问题最具争议性等。

当人力资源部门推出这个平台时，并不会指望它一开始就很完美。在最初的几个月里，可能会遇到不少问题，如技术故障、用户界面不友好等。但人力资源部门应将解决这些问题视作学习和改进的机会，而不归结为平台的失败。每一次的反馈都被视为一个宝贵的数据点，帮助人力资源部门不断优化平台。几个月后，基于收集到的数据，人力资源部门调整招聘策略。例如，对于那些在应聘过程中表现出色但未被录用的候选人，人力资源部门可以设计一套个性化的培训课程，给他们提供第二次机会。这种产品化的招聘策略不仅能显著提高招聘效率，还能大大减少招聘成本。更重要的是，它能改善候选人的体验，让他们感受到公司的创新和关心。这种方法不仅能吸引大量优秀的员工，而且能大大提升他们的忠诚度和归属感。

除了外部用户之外，采用产品化思维的人力资源部门也会针对内部用户展开分析。人力资源部门会深入思考需求的产生原因和必要性，即之前已经提供的产品有何缺陷。例如，这些招聘需求来自何处，为何需求突然出现且不可替代，为什么没有在前期的招聘工作中予以解决，以及为什么人力资源规划工作存在漏洞，等等。倘若是由于人力资源规划不到位，今后就要完善人员规划的工作，以避免这种紧急的需求；倘若是部门管理存在问题，造成人员流动，则要着重提升管理者的能力。因此，只有以产品化思维分析需求的原因和必要性，才能避免资源的浪费，真正解决问题。同时在明确招聘需求后，人力资源部门也要利用大数据等技术针对需求设计人才画像、人才地图等产品，以提升招聘的有效性。经过一系列的尝试和迭代，人力资源部门的招聘流程日臻完善，定会得到内部用户和外部用户的广泛认可。

（二）打造和输出产品的过程中充满同理心

在传统的人力资源管理过程中，人力资源部门往往会设置纷繁复杂的培训环节，制定繁重的培训任务，试图以此提高培训的有效性，例如举行读书会、交流会、封闭集训等各种形式的培训，但往往效果并不尽如人意。究其原因是人力资源部门不具有同理心，没有考虑到员工的需求与喜好。就培训工作而言，找准员工对培训的需求点，并用他们喜闻乐见的形式开展，往往会使得培训产品更易为员工所接受。

在产品化思维的引导下，人力资源部门明确认识到员工就如同“用户”，培训体系则是为这些“用户”提供的“产品”。为了确保培训内容能够满足员工的真实需求，人力资源部门首先要进行深入的需求调研，包括问卷调查、面对面访谈和焦点小组讨论等，以深入了解员工希望从培训中得到什么。基于收集到的数据，人力资源部门会设计一套个性化的培训课程。不仅如此，人力资源部门还将开发一个数字化的培训平台，员工可以根据自己的兴趣和发展需求，选择相应的课程。这些课程包括在线课程、实战模拟、案例研究和线下研讨会等多种形式，以适应不同员工的学习习惯。此外，为了确保培训效果和持续的改进，该平台可以引入实时反馈机制。员工在完成培训后，可以直接在平台上留下自己的反馈和建议。培训实施团队会定期分析这些建议，并据此进行课程的迭代和优化。经过数次的迭代，这种以员工为中心的培训策略不仅能提高培训的参与度和满意度，也将为公司培养出一批高质量的人才，大大提升业务的运行效率和创新能力。

（三）升级产品应当顺势而为，因地制宜

升级产品应当顺势而为，因地制宜。市场是千变万化的，产品需要定期升级，企业人力资源产品也需要持续不断地进行升级。升级的方法就是在产品应用过程中找到客户需求，然后结合需求进行培训考核激励。传统的人力资源部门往往会陷入两个误区：一是相对闭塞，始终坚持自由的考核激励标准，不考虑市场的变化和技术的革新；二是追求先进，单纯照搬新兴的理念和举措，而不考虑公司内部的实际状况。这都会导致人力资源部门的考核激励政策有效性不足。而在产品化思维引导下，人力资源部门首先会以企业的需求为依据，关注员工考核激励方面的意见，进而积极从市场上吸纳有益的先进理念或技术，服务于内部的政策改革，制定完善的人才开发方案。

某公司面临员工满意度下降和流失率上升的问题，决定重新审视其考核与激励机制。从产品化思维的角度，该公司的人力资源部门开始将员工视为“用户”，并认为考核与激励系统是为这些“用户”提供的一款“产品”。首先，人力资源部门深入地对员工进行调研，采用问卷、深度访谈和焦点小组讨论等多种方式，了解员工对当前考核与激励机制的真实看法和需求。结果显示，多数员工感到考核标准不够明确、激励措施不够个性化。基于这些反馈，人力资源部门设计了一套更为透明和公正的考核标准，同时引入了多元化的激励机制。除了传统的奖金和晋升机会外，他们还根据员工的个性和兴趣，提供了如专业培训、健身会员、旅游体验等非物质激励。为了确保这一改革的持续性，该公司引入了一个数字化的考核与激励平台。员工可以在平台上实时查看自己的考核数据和得到的激励，同时也可以提供关于考核与激励制度的反馈和建议。人力资源部门则通过收集这些反馈和建议，对考核与激励机制进行持续迭代。经过一段时间的实施，这种以员工为中心的考核与激励策略大大提高了员工的满意度和工作积极性，也使得公司的整体业绩获得了显著提升。

四、产品化思维的实现流程

产品化思维不仅是一种新的管理方法，更是一种将员工和业务部门的需求看作“产品”开发的关键输入，从而进行设计、开发和管理的完整思维方式。与传统的人力资源管理方法相比，这种新的思维方式强调需求驱动、以用户为中心和持续迭代。

（一）需求发掘阶段

需求发掘阶段具体可以细分为三个步骤，分别是提出需求、梳理需求、确认需求。首先，提出需求一般分为业务部门的被动反馈和人力资源部门的主动收集。业务部门通常会向人力资源部门直接表达自己的需求或问题，人力资源部门需要对相关问题进行收集、鉴别、评估和处理。其中，人力资源部门需要关注问题产生的根源，通过竞品分析、员工研究等方法，针对不同的员工角色和使用场景梳理真实问题、根本需求，以及需求优先级。同时，人力资源部门也要增强忧患意识，关注绩效数据、员工表现等关键信息，主动发掘员工和业务部门的需求。其次，在明确需求后，人力资源部门需要对业务逻辑和流程进行梳理，构建主要功能模块，并评估工作量。最后，人力资源部门需要将需求同业务部门进行确认，确保人力资源部门和业务部门的理解一致，以保证产品功能与业务需求相匹配。

（二）产品设计阶段

产品设计阶段具体可以细分为两个步骤，分别是功能设计和流程设计。首先，在进行需求发掘之后，人力资源部门需要设计出满足具体需求的产品功能。传统的产品功能设计偏向于工具化思维，缺少整体方案，而产品化思维引导下产品功能设计需要提供全方位的解决方案。例如，当面对人岗匹配度低的问题时，我们不能只从一个维度去思考解决方案，而需要综合薪酬、雇主品牌、员工关怀等多个角度，为员工提供一个全面的方案。其次，在完成功能设计后，人力资源部门需要进行流程设计，统筹人力、技术、财务等各个部门服务于产品的制造、应用和功能实现。

（三）产品管理阶段

产品管理阶段具体可以细分为三个步骤，分别是产品开发、产品验收、产品改进。首先，产品开发需要人力资源部门结合产品流程设计对各个部门进行排期，督促各个部门及时完成产品开发工作。其次，当产品被推出后，还需要对其进行持续的管理和改进。这意味着需要结合产品流程设计，确保各部门能够高效地协同工作。产品验收是这一流程中的关键步骤，它旨在确保产品能够真正满足业务部门的需求。最后，在产品上线后，还需要对其进行持续的迭代和优化，确保其始终能够满足用户的需求。这种持续迭代和优化是产品化思维的核心，也是现代人力资源管理的关键。

第 2 节　场景化思维

一、场景化思维的理念

场景化思维是指在产品解决方案设计过程中，以用户需求与对业务场景的理解为基础，对人力资源相关业务模块功能进行解耦和重新设计，形成解决用户核心诉求的整体方案，最终实现为用户提供受欢迎的产品与服务的目的。人力资源场景化产品解决方案即人力资源管理者提供给不同用户的产品，用以解决用户场景化的需求或者问题，是人力资源管理者给用户带来价值的关键载体和抓手。场景化思维是对产品化思维的升级，人力资源部门通过对场景进行分析，进入用户的具体工作环境，实际感受用户的需求和痛点，将其融入产品设计，结合前后场景预判用户目标，通过设计提高用户效率，给予用户惊喜与感动。

二、场景化思维的特点

（一）解决实际痛点

在现代企业环境中，人力资源管理面临着许多复杂、多变的挑战。为了提高管理的效果和效率，引入场景化思维成为一种创新的解决方式。场景化思维的核心在于深入识别和解决员工在具体工作场景中的实际痛点，而不是仅仅停留在理论和传统实践层面。这种思维方式使得人力资源管理更加贴近实际，更有针对性，从而更加有效。

首先，识别痛点是场景化思维的起点。人力资源部门需要进行细致的观察，深入了解员工在工作中的真实情况，以发掘他们面临的具体挑战和存在的困惑。例如，新员工在适应公司文化和流程方面的困惑可以成为一个具体的痛点。

其次，人力资源部门必须确保自己不是工作的孤岛，而是与其他业务部门如技术部门、财务部门等建立了紧密的跨部门沟通合作关系。这种合作关系可以确保人力资源部门从多方面全面了解员工的需求，并集思广益地寻找解决方案。例如，针对员工对工作流程不清晰的问题，人力资源部门可以与技术部门合作，共同开发一个内部培训平台，用以提高员工对公司流程的理解和掌握程度。同时，为了确保所提供的解决策略真正符合员工的需求，人力资源部门需要进行策略的定制化。因为不同的员工群体可能有不同的需求和问题，所以提供个性化、针对性强的策略是关键。例如，针对管理层和基层员工，可能需要采取不同的培训方式，提供不同的培训内容。

最后，在实施这些策略之后，建立一个持续的反馈机制是至关重要的。这样不仅可以确保问题得到有效的解决，还可以根据反馈调整策略，使其更加完善。例如，对于新的培训项目，应定期收集员工的反馈，以判断项目是否满足了他们的学习和发展需求。需要注意的是，无论是策略的制定还是实施，都必须注重实际效果。这意味着人力资源部门需要有一套系统的评估机制，不断检查是否真正达到了预期的目标，从而确保资源的有效利用和管理目标的达成。

（二）动态适应性

场景化思维为人力资源管理带来了新的视角和工具，可借以应对不断变化的工作场景，确保其策略和实践始终与变化的商业环境同步。

首先，场景化思维的一个显著特点是它对持续的场景感知的重视。这不仅是对固定情境的应对，而且是一个动态的过程。例如，数字化工具可以帮助人力资源部门实时捕捉员工的反馈，无论是关于工作流程变化的意见，还是他们在团队合作中的体验。这种实时的信息收集为人力资源管理提供了一个清晰、直观的员工工作场景画像。其次，与传统的应对策略相比，场景化思维更强调敏捷响应机制。当市场环境、组织结构或技术发生变化时，员工的工作场景也会随之发生变化。因此，人力资源部门需要能够迅速调整策略来满足他们的新需求。例如，如果某项技术培训不再与市场同步，则应迅速调整培训内容，确保员工的技能始终保持竞争力。此外，动态适应性不仅是对当前的响应，还包括对未来的前瞻性思考。人力资源部门应该能够预测未来可能出现的工作场景，并据此制定相应的策略。例如，通过研究行业趋势，可以预测到新技术的兴起，并据此提前对员工进行培训。最后，确保策略始终与实际工作场景相匹配的关键在于持续进行策略评估与调整。人力资源部门应建立评估机制，如每季度的员工满意度调查，来检查当前策略的实际效果。任何找到的偏差都应被视为机会，为策略的进一步优化提供方向。

综上，场景化思维为人力资源管理提供了一个全新的框架，强调实时感知、敏捷响应、前瞻性思考和持续评估。这确保了企业人力资源管理的策略和实践始终与时俱进，从而在瞬息万变的商业环境中保持竞争力。

（三）高度定制化

运用于人力资源管理的场景化思维的另一个显著特点是其高度的定制化。这要求人力资源专家更加深入地了解每位员工，从而为他们提供更为贴合的服务，确保人力资源的投入能够带来最大的回报。

首先，理解员工的多样性是场景化思维中高度定制化的核心。员工来自不同的背景、有着不同的经验和技能。他们在不同的工作场景中表现出不同的行为模式和需求。传统的“一刀切”策略往往忽视了这种多样性，而场景化思维强调对每位员工独特性的认识和尊重。针对这种多样性，人力资源部门需要建立一套动态的员工档案系统，实时记录每位员工的工作状态、表现、需求和反馈。这样的系统不仅能帮助人力资源专家了解员工的实时情况，还为能制定定制化策略提供数据支持。其次，灵活的培训和发展计划也是高度定制化的体现。基于场景化思维，人力资源部门可以为员工提供多样化的培训方式，如线上课程、工作坊、实地实习等，确保培训内容和方式与员工的实际需求和偏好相匹配。此外，个性化的考核和激励机制同样很重要。不同的员工可能对同样的奖励有不同的反应。有的员工可能更加看重薪酬增长，而有的员工则可能更看重职业发展机会或工作与生活的平衡。基于场景化思维，人力资源部门可以制定更加个性化的考核标准和奖励机制，确保每位员工都能得到他们真正需要和期望的激励。

（四）强调实证分析

人力资源管理中的场景化思维特别强调实证分析。这意味着人力资源部门在制定策略时，不仅要基于真实的工作场景，还需要对员工行为和反馈进行深入的数据分析和研究，确保制定出的策略具有实效性。

首先，数据收集十分重要。任何实证分析都需要一套完整且精准的数据作为基础。在人力资源管理中，这意味着需要收集关于员工行为、工作效率、满意度以及其他相关因素的数据。场景化思维鼓励人力资源部门从实际的工作场景出发，通过各种渠道（如员工问卷、面谈、工作日志等）获取第一手资料。其次，要进行数据分析与策略制定。场景化思维要求在面对具体问题时，不能仅仅依赖经验和直觉，而需要对收集到的数据进行深入分析，从中提炼出有价值的信息。例如，通过对员工满意度调查数据进行分析，可以发现某一部门或岗位存在的具体问题，从而为其改进提供方向。再次，策略实施后要持续跟踪。场景化思维并不止步于策略制定，它更强调对策略实施后的效果进行跟踪和评估。这需要定期收集新的数据，并将其与之前的数据进行对比，从而判断策略是否有效，或是否需要调整。最后，要建立反馈循环。场景化思维和实证分析都强调一个动态的、持续的过程。一旦发现当前的策略不再适用新的工作场景，或者不能带来预期的效果，就应该立即调整策略，并再次进行数据分析，形成一个有效的反馈循环。

因此，在场景化思维中实证分析不仅是为了验证策略的正确性，更重要的是为人力资源管理提供一个系统性、科学性的方法论，帮助其更好地适应不断变化的工作环境，确保人力资源策略的有效性和针对性。

三、场景化思维的实现流程

（一）前端解耦：聚焦人力资源产品应用场景

前端解耦是指人力资源部门通过用户调研，梳理用户在使用人力资源产品时的真实场景特征。对这些场景特征的梳理是对传统职能模块进行流程上的解耦，以用户视角创造出新的业务逻辑。从传统职能模块业务逻辑出发设计的人力资源管理制度、流程和系统忽视了不同业务部门在不同业务环节的独特需求，大而全的流程往往会导致用户的接受程度低、体验感差[①]。因此，人力资源部门需要按照使用对象和应用场景的不同，对产品需求进行解耦，使得产品设计更为精准。由此产生的人力资源产品尽管都服务于同一个业务流程，但由于各个场景和关键主体不同，人力资源产品的侧重点也不尽相同，从而能够更好地改进各类用户的体验感。

（二）产品设计：形成小而精的产品应用方案

由于场景化思维关注的不再是大而全的业务流程，而是人力资源产品的具体应用场景和关键用户，因此场景化思维影响下的产品应用方案也具有小而精的特点。人力资源部门通过前端解耦抽象出能支撑业务的关键元素，再将这些关键元素进行组件化设计、开发和搭建，便可以得到场景化人力资源产品。

例如，针对招聘中的候选人筛选环节，关键用户是用人经理和招聘人员，核心诉求是便捷高效，提升人员筛选准确度。由此有可以针对性地设计人才库产品，引入神经网络、光学字符识别、语义分析、命名实体识别等技术，实现智能解析简历，为简历智能打标签。同时，开发简历筛选器工具，结合公司需要设置规则，实现批量化精确性的人岗匹配。最后添加邮件发放功能，通过邮件/短信自动给候选人发送信息。这种人力资源筛选工具可以减少重复劳动、提高工作效率，解放用人部门经理和招聘人员。

通过这种小而精的人力资源产品设计，人力资源部门能够在有效控制成本和工作量的同时，为用户提供精准到位的产品服务。同时，小而精的产品还具有建设周期短、升级迭代敏捷的特点，人力资源部门可以根据用户需求变动以及用户反馈实时调整。另外，为进一步提升场景化产品的设计效率，运营部门可以将人力资源工具进行模块化拆解，设置开源系统，当人力资源部门提供相应需求时，运营部门只需要根据需求判断产品功能，将各模块工具进行快速组合，便可以迅速提供一个全新的人力资源产品。

（三）持续优化：反馈驱动的迭代进化

场景化思维在人力资源管理中不能仅仅停留在产品的设计与开发阶段，持续的优化和迭代同样重要。人力资源产品在实际运营中，必须接收真实的用户反馈，并据此进行迭代升级。

为了精确了解各场景下用户的真实体验和需求，人力资源部门应该采用各种方式如问卷调查、用户深度访谈、查看产品的线上点击率和使用频率数据等收集用户反馈，确保每一次的迭代都能更精准地满足用户需求。面对来自不同场景的反馈，人力资源部门应迅速行动，及时调整或优化相关产品或策略。这种敏捷性是场景化思维带来的显著优势，它使得组织可以快速适应和满足不断变化的员工需求。鉴于场景化产品的模块化特性，当某一模块接收到较多负面反馈或需求变更时，可以对该模块进行单独的调整与优化，而不影响整体系统的稳定运行。随着产品的迭代，人力资源部门还需要不断地与员工沟通、对其进行培训，确保员工能够充分理解和有效利用新的功能或工具，从而实现产品迭代的最大效益。通过持续的优化和反馈机制，场景化思维可确保人力资源管理不是一个静态的管理体系，而是一个持续适应、进化的动态系统，能够更好地满足组织和员工不断变化的需求。

---

① 马海刚．HR＋数字化：人力资源管理认知升级与系统创新［M］．北京：中国人民大学出版社，2021．

第 3 节　一体化思维

一、一体化思维的理念

在逐渐复杂化的组织环境中，人力资源管理的一体化思维逐渐成为关键，它要求人力资源专业人员超越传统的管理框架，实现跨部门、跨功能和跨流程的整合和协同。一体化思维区别于模块化思维，是指统筹事务的各模块、各环节，对其进行统一管理。人力资源管理的一体化思维是指对人力资源管理所涉及的不同工作内容、人力资源管理工作所涉及的各个管理部门、人力资源管理中所应用的数据资源进行一体化的统筹管理，旨在实现资源共用、数据共享，全功能统一管理、无缝管理。在考虑各职能模块全流程的基础上，对各职能模块进行完善的设计。

二、一体化思维的特点

（一）提升人力资源部门管理效率

很多企业的人力资源部门事务十分繁忙，招聘、考勤统计、薪酬计算、员工档案录入、行政、后勤等工作都要耗费大量的时间和精力。传统的人力资源部门对不同事项采取单独处理的方式，传统的人力资源系统也只能为人力资源部门解决其中的某一事项。这不利于人力资源部门发现业务间的联系，统筹不同的业务项目，无法满足人力资源部门事务需求，导致工作重复、工作量大。一体化思维下的人力资源管理将组织、人事、招聘、考勤、薪酬、绩效等各方面管理功能统筹考虑，既能帮助人力资源部门出台全方位的解决方案，也可以利用一体化人力资源系统帮助人力资源部门全面解决人力资源管理事务。

（二）实现一体化管控

随着人力资源系统的应用，虽然单个专业系统的功能更专业，更能满足企业的细分需求，但是用多个系统来分别实现诸如考勤、招聘、培训管理等人力资源管理功能，反而会增加人力资源部门的工作量。而且不同的流程中使用不同的系统，各项工作模块之间会产生数据流通上的困难。而统一的人力资源管理平台可以解决这个问题，它可以实现无缝对接，全面收集企业人力资源的数据，并帮助企业进行业务分析、提前干预、避免危机，从而实现智慧的人力资源决策与管理。

（三）有效避免数据孤岛

在数字化时代，数据是支撑人力资源部门科学决策的基础。但是，来自业务流程和部门之间的数据壁垒会导致企业出现数据孤岛。首先，不同业务部门之间存在数据壁垒，例如人力资源部门和业务部门由于工作权限和工作系统的不同，很难实现数据的共享。其次，不同的业务环节之间存在数据壁垒。企业人力资源管理的不同业务往往由不同员工负责，从而会导致彼此之间数据流通性差，难以统筹人力资源管理。最后，不同的业务应用之间存在数据壁垒，例如企业的绩效、考勤等使用企业资源计划、客户关系管理、办公自动化系统（OA）、钉钉等不同的管理系统，若企业的人力资源管理使用的系统太多，则会造成系统之间的集成对接不易，加之人力资源系统是企业信息化管理中的重要一环，所以需要实现平台的一体化，以实现数据的深度交互应用，解决信息孤岛问题。

三、一体化思维的实现流程

（一）职能模块的一体化梳理

人力资源管理的一体化思维体现为对所有职能模块实施端到端的连续性管理，确保整个链条的顺畅与高效。这要求人力资源部门深入剖析并整合各个职能模块的业务流程，并且形成协同效应。下面将以职位分析与评价、招聘管理、绩效管理、薪酬管理、人才管理这五大核心模块为例，开展一体化流程梳理，特别聚焦于各模块中的关键步骤与应用场景，以期达到优化资源配置、提升组织效能的目的。

（1）职位分析与评价：职位分析、职位评价、职位设计等；

（2）招聘管理：人才画像、人才评估、人才吸引、面试笔试、人才入职等；

（3）绩效管理：绩效计划、绩效监控、绩效评价、绩效反馈等；

（4）薪酬管理：薪酬制度、薪酬计划、薪酬结构、薪酬测算、薪酬支付、福利计划、福利发放等；

（5）人才管理：人才盘点、培训计划、培训平台、培训考核、晋升体系、晋升评价、发展规划等。

（二）一体化业务的关键要素关系梳理

人力资源管理的一体化思维着重要解决传统人力资源管理过程中面临的部门协同差和数据壁垒高的问题。因此，在对职能模块进行一体化梳理后，需要进一步梳理各职能模块和各业务场景所需要的关键参与者和关键数据。

首先，明确流程中的关键参与者是至关重要的。其可能是某个部门、团队或者个体。以招聘为例，关键参与者可能包括招聘团队、用人经理、潜在员工以及背景调查团队等。了解每个参与者的角色和职责能够确保整个流程的顺利进行。其次，确定完成某一特定任务或业务流程所需要的关键数据是至关重要的。如在培训场景中，关键数据可能涉及员工的培训需求、已完成的课程和培训效果等。这样的数据不仅可为流程的准确性提供保证，而且有助于评估流程的效率。更进一步地，一体化思维也强调跨职能之间的紧密合作。例如，员工的绩效数据与他们的培训数据相结合，可为人力资源部门提供更全面的员工评估。有了这些关键数据和关键参与者之后，接下来的重点是如何将这些数据整合到一个统一的框架中，确保信息能够在整个组织中流通，并为决策提供支持。再次，关键数据和关键参与者确定后，就需要对现有的业务流程进行深入的审查和优化，确保它们满足组织的一体化需求。这可能涉及流程的重构或引入新的技术来提高效率。最后，为确保一体化思维在实践中能够成功应用，建立一个持续的沟通和反馈机制是非常关键的。这不仅能确保每个参与者都了解并明确自己的角色，还有助于维护数据的准确性和及时性。

（三）各场景的需求确定和产品设计

一体化业务关注的是对各模块全流程的把控，从业务流程视角对职能模块的运行进行优化。但是一体化思维并不意味着在人力资源产品设计过程中要做到大而全。人力资源管理各职能模块的具体实现仍是由众多业务场景构成的，人力资源部门需要按照产品化和场景化的思维确定具体需求并设计产品。通过一体化思维整体把控人力资源管理业务，避免业务模块缺失和部门关系失调，同时利用产品化思维和场景化思维进行具体产品的设计，能够有效实现人力资源管理的最优化。

首先，确定需求是落实一体化思维的起点。为了确保人力资源策略与组织的总体目标和愿景一致，人力资源部门需要与各业务部门进行深入的沟通和协作，了解他们在人力资源管理上的痛点和需求。例如，在员工发展的场景中，一个业务部门可能希望增加特定的技能培训，以支持其新的项目或业务方向。只有深入理解了这些具体需求，人力资源部门才能为业务部门提供最佳的支持和解决方案。

其次，产品设计环节需要贯彻产品化和场景化的思维。对于人力资源管理，这意味着为特定的业务场景和用户群体设计定制的解决方案。例如，针对员工发展场景，可以为那些需要特定技能培训的员工提供个性化的学习路径，包括线上课程、工作坊和实践机会。通过这种场景化的产品设计，人力资源部门能够确保每位员工都获得与自己最相关的且高效的培训资源。在进行产品设计时，利用一体化思维整体把控人力资源管理业务是关键。这意味着人力资源部门需要确保其产品和服务不仅满足特定部门的需求，而且与其他部门的策略和目标保持一致。通过这种整体的视角，可以避免业务模块缺失和部门关系失调，确保所有部门在人力资源管理上都受益。

最后，通过将产品化思维和场景化思维相结合，人力资源部门可以为组织提供更加精确和有效的解决方案。这不仅能提高人力资源部门的工作效率，还能加强其与业务部门的合作关系，最终实现人力资源管理的最优化。总的来说，在人力资源管理的一体化思维中，各场景下需求的确定和产品设计是至关重要的环节。只有深入理解业务部门的实际需求，并为之提供精准、高效和整体一致的解决方案，才能确保组织在人力资源管理上取得最佳成果。

第 4 节　数智化思维

一、数智化思维的概念

在数字经济时代，以数字信息和智能技术为基础的数智化变革已经成为我国经济社会高质量发展的主题。“数智化”是数字化和智能化两个过程的有机融合。数字化将物理世界的各类信息转化为数据，智能化基于对海量数据的深度挖掘，充分发挥大数据背后的价值，提供面向问题解决和决策支持的智慧应用服务[①]。数据本身是一种关键资产，该关键资产转化为有效资产需要智能技术的激活，只有上升到智能化运用体系，数据才能发挥自身的效用。在数智化思维引导下，大数据、云计算、人工智能、区块链等新一代技术能够满足经济社会发展过程中对信息数据进行智能化处理、分析和管理的

① 王正新，刘俊．从传统营商环境走向“数智化”营商环境［J］．理论探索，2023（2）．

需要，实现经济社会数字化、智能化发展[①]。人力资源管理中的数智化思维是指在人力资源管理过程中，重视对大数据和智能技术手段的利用，进行数据采集、分析并据以进行决策。

二、数智化思维的应用

（一）判断数智化思维的应用场景

数智化思维应当具化到人力资源管理的每一个场景之中，服务于每个场景中的产品设计。这要求人力资源部门首先对所有应用场景进行分析，将容易得到数据、需要数据支撑的场景提取出来作为主要发展领域。容易得到数据的场景是进行数据收集的关键，例如，在人才管理的人才盘点场景中可以获得人才大量的基础数据，在绩效管理的绩效监控场景中可以获得大量的绩效数据，在薪酬管理的薪酬测算场景中可以获得大量的薪酬数据，等等。需要数据支撑的场景是智能技术应用的关键。数据收集后并不一定应用在本场景，而是可能作为其他场景的支撑，甚至需要同其他数据进行融合分析，例如将绩效数据和薪酬数据进行综合对比，可以判断薪酬管理的合理性和人岗匹配度，由此为调整薪酬制度提供借鉴。

（二）数据搜集和智能化分析决策

在对人力资源管理的数据收集和智能化应用场景进行判断后，就应当有效落实各场景的数据收集工作，提供最基础的大数据；在对数据进行整合之后，通过智能化的算法进行挖掘，开发出智能化的管理方法和智慧人力资源产品，服务于人力资源部门对决策场景的判断。例如，在绩效管理模块，智能化思维可以帮助落实全员绩效考核机制，在对人员的职位数据和绩效数据等进行收集后，融合 360 度考核、关键绩效指标考核、目标与关键结果考核等多种考核方式，落实差异化的绩效体系设计。同时，绩效模块和薪酬模块可以实现有效结合，通过智能关联企业薪酬激励政策，科学评价不同岗位员工的贡献，切实实现弹性收入和奖惩分明。又如在员工关系维护场景上，人工智能从绩效、工作状态、情感表现等多方面收集员工的数据，判断员工的身心状况，针对员工的状况提供个性化的聊天、游戏等解决方案。

（三）应用人工智能简化工作流程

数智化技术为现代企业带来了前所未有的变革机会，特别是在简化和优化人力资源管理流程方面。大部分企业花费巨资创建员工门户网站和应用程序，期望员工通过登录和浏览多个菜单和子菜单来完成日常任务。这种方法在用户体验上非常不友好，员工可能需要花费大量时间找到所需功能，从而降低了工作效率。相较于传统的门户网站，人工智能驱动的聊天机器人提供了更为直观的互动方式。员工只需在一个聊天界面中提出问题或请求，机器人就可以立即回应并为其提供所需的服务，无须进行复杂的操作。通过对话式的人工智能，如智能聊天机器人和语音助手等，大部分日常的人力资源事务性工作都可以变得“无感”。这意味着员工无须进行烦琐的操作，只需简单地与人工智能助

---

① 陈剑，刘运辉．数智化使能运营管理变革：从供应链到供应链生态系统［J］．管理世界，2021（11）．

手对话即可完成任务，如请假、查询工资条或预约培训等。更进一步地说，人工智能技术可以将员工体验真正融入其日常工作之中。例如，当员工在执行一个新项目或任务时，人工智能助手可以根据员工的需求自动推送相关的培训资料和资源。在这个时代，企业不应该仅仅满足于创建复杂的门户网站和应用程序，还应该思考如何利用先进的技术如人工智能等真正简化和优化工作流程，让员工能够更加专注于其核心工作，而不是被烦琐的事务性工作占据大量的时间和精力。

三、数智化思维的作用

（一）科学决策实现价值创造

数智化思维使得人力资源管理可以更好地关注价值创造层面的问题，通过数据利用、价值转换、价值增值等方式，为企业提供有影响力的价值输出。一是数智化思维使得人力资源管理可以更好地设计和调整组织结构，通过数据驱动、模型建立、方案评估等方法，为企业提供科学、合理、灵活的组织结构、职能分配、权责划分等方案，以适应企业所处的发展阶段和环境变化。例如，通过人工智能，可以针对组织结构使用智能诊断、优化建议、模拟演练等功能，帮助企业实现组织结构的精简、扁平化、网络化。二是数智化思维使得人力资源管理可以更好地衡量和提升员工贡献程度，通过数据采集、分析和反馈，为企业提供全面、客观、及时的员工绩效评估、激励设计、发展规划等方案，以激发员工潜能和创造力。例如，通过大数据技术，可以对员工的工作行为、成果、满意度等多维度数据进行实时监测、汇总和呈现，帮助企业实现员工绩效的量化、可视化和个性化。三是数智化思维使得人力资源管理可以着眼于价值创造的关键环节。例如，在招聘领域，传统的人力资源管理往往关注如何快速有效地筛选出合适的候选人，并以此作为判断招聘成功与否的标准。而数字化和智能化使得人力资源管理可以关注如何利用招聘数据来优化招聘流程，并以此作为评估招聘质量与效率的标准。这样不仅可以更好地体现招聘活动对公司核心竞争力的影响程度，也可以更好地促进招聘活动与公司其他活动之间的协同。

（二）数智化思维匹配战略目标

数智化思维使得人力资源管理可以更好地关注企业战略层面的问题，通过数据支撑、洞察挖掘、决策辅助等方式，为企业提供有价值的战略建议和参考。人力资源管理可以更好地支持企业的战略制定和执行，通过数据分析、预测和优化，为企业提供有针对性的人才规划、招聘、培养、激励、留用等解决方案，以实现企业战略目标。例如，通过人工智能，人力资源部门可以对企业内外部的人才市场进行深度洞察，为企业提供精准的人才供需匹配、人才流动趋势、人才竞争优势等信息，帮助企业制定合理的人才战略。例如，在考核领域，传统的人力资源管理往往关注员工过去一段时间内的绩效表现，并以此作为奖惩依据。而数智化思维使得人力资源管理可以关注员工未来一段时间内可能创造的价值，并以此作为激励驱动。这样不仅可以更好地体现员工对企业战略目标的贡献程度，也可以更好地提升员工与企业之间的目标一致性。同时，数智化思维可以使得人力资源管理在战略目标引导下更好地参与和引领企业的管理和变革，通过数字平台、工具和系统，为企业提供高效、便捷、透明、协同的管理服务，以提升企业运营效率和质量。例如，通过云计算、大数据、物联网等技术，可以实现企业内部各个部门、层级、岗位之间的信息共享、沟通协作、流程优化等功能，帮助企业打造敏捷、灵活、高效的组织结构。

（三）推动服务个性化与创新

随着数智化思维在企业中的普及，人力资源管理也逐渐展现出其对个性化需求和服务创新的重视。这一转变意味着人力资源部门不再仅仅满足于传统的、标准化的服务模式，而是努力理解每位员工的独特需求，通过数据洞察为员工提供量身定制的解决方案。

首先，利用数据分析，人力资源部门可以深入了解员工的职业发展路径、技能偏好、工作满意度等多维度信息。这样，不仅可以为每位员工提供精准的职业发展建议，还能确保培训和发展项目更具针对性和效果。其次，数智化思维也促进了人力资源服务的创新。通过与其他技术如人工智能、虚拟现实和增强现实的结合，人力资源部门可以为员工提供沉浸式、互动式的培训和发展体验。例如，利用虚拟现实技术进行员工培训，可以让员工身临其境地体验不同的工作场景，从而提高培训的吸引力和效果。最后，数智化思维也使得人力资源管理更加注重反馈和持续改进。通过构建一个实时的反馈系统，人力资源部门可以及时捕捉员工的反馈和建议，快速调整策略和服务内容，确保服务始终与员工的实际需求和期望保持一致。总之，数智化思维不仅为人力资源管理提供了强大的工具和方法，也为其提供了全新的视角和思路，推动其向更加个性化、创新和高效的方向发展。

// 试一试 //

CDP——体验场景化人力资源产品

一、产品介绍

CDP 集团是中国 HCM SaaS+平台领军企业，提供全场景化的产品与服务。在人力资源管理基础运营方面，CDP 集团拥有招聘、预入职、考勤、薪资佣金、弹性福利平台五大业务模块的场景化人力资源产品。针对每一业务模块，CDP 又提取出关键业务场景，进行场景化人力资源产品的设计。在招聘模块，CDP 就招聘流程管理、企业人才库搭建、招聘自动化和智能化、招聘数据分析等场景进行了产品设计；在预入职模块，CDP 就极速办理入职、电子合同签署等场景进行了产品设计；在考勤模块，CDP 就考勤和排班规则、灵活打卡、假期配额和审批等场景进行了产品设计；在薪资佣金模块，CDP 就算薪、查薪、报税等场景进行了产品设计；在弹性福利平台模块，CDP 就福利设计、福利分配等场景进行了产品设计。以薪资佣金为例，算薪产品的主要用户为薪酬专员，主要解决算薪复杂费时、政策合规性把握差等问题，因此产品组合了高级规则工具、完善的政策库、清晰的计算逻辑，能实现迅速精准算薪。查薪产品的主要用户为全体企业员工，主要解决员工了解薪酬组成的需求，因此开发了智能电子工资单产品，员工可以掌上查询工资单。报税产品的主要用户为全体员工，主要解决员工对报税流程不熟悉、算税困难等问题，产品和税务局实现人事信息共享，无缝对接税务局获取专项数据，直接调用税务局系统算税规则，可实现精准报税。

二、试用流程

（1）通过网址链接，访问CDP产品和服务介绍网页（见图2-1）：https：//www.cdpgroupltd.com/cn/product。

图2-1　CDP产品和服务介绍

（2）点击“了解更多”，对各模块具体产品进行了解，招聘流程管理示例见图2-2。

图2-2　CDP招聘流程管理示例

（3）你可以通过观看视频或申请免费试用，进一步了解场景化产品（见图2-3）。

图2-3　CDP申请使用示例

// 关键术语 //

产品化思维　　场景化思维　　一体化思维　　数智化思维

// 复习思考题 //

1. 什么是产品化思维？产品化思维如何在数字人力资源管理中得到体现？
2. 什么是场景化思维？场景化思维如何在数字人力资源管理中得到体现？

3. 什么是一体化思维？一体化思维如何在数字人力资源管理中得到体现？

4. 什么是数智化思维？数智化思维如何在数字人力资源管理中得到体现？

案例分析

新思维赋能字节跳动的人力资源管理

在人力资源管理实践中，产品化思维、场景化思维、一体化思维、数智化思维不是分割开来的，而是具有递进融合的内在关系。产品化思维主要基于用户至上理念，针对员工需求设计产品；场景化思维是对产品化思维的延伸，聚焦于需求匹配和产品设计两大问题，关注具体应用场景，设计小而精的产品；一体化思维是对各职能模块的全流程的考虑，强调对各职能模块进行完善的设计，一体化的具体环节需要开展场景化的产品设计；数智化思维是上述三种思维实施落地的技术支撑，通过数字技术和智能化技术的应用，有效提升各场景中产品设计的科学性、有效性，使一体化人力资源管理中的部门协作、数据共享等更加便捷有效。以下将结合字节跳动公司的管理实践，全面呈现数字化时代人力资源管理四种新思维的应用。

一、产品化思维

随着字节跳动的快速发展和全球化布局，传统的办公工具和管理方式难以满足其对高效协作、信息透明和快速响应的需求。其内部原有的工具和系统逐渐显得力不从心，特别是在员工数量激增、业务复杂度提升的情况下，迫切需要一个能够整合各类管理应用、优化内部管理流程、解决员工个性化需求的综合平台。在这一背景下，字节跳动推出飞书这一综合协作平台，是其深植产品化思维于人力资源管理的重要举措，旨在从根本上解决传统企业管理中普遍存在的信息孤岛、协作低效、管理僵化等问题。在产品化思维的指引下，飞书的诞生与迭代不仅完成了技术工具的升级，也推动了企业人力资源管理的数字化进程，实现了流程自动化、决策数据化，提升了整体运营效率与员工体验。

首先，飞书不仅集成了即时通信、日程管理、文档协作、云盘存储等基础功能，还嵌入了人力资源管理模块，如目标与关键结果管理、绩效评估、培训资源等。这些设计将人力资源部门从单纯的政策执行者转变为提供全方位服务的伙伴，使员工通过飞书即可自助完成多项工作和个人发展任务，推动人力资源部门实现服务化转型。其次，飞书的评论、@提及、即时反馈功能促进了员工间的平等交流，打破了层级界限，使得信息流通更加顺畅。同时，人力资源部门可通过平台收集员工反馈，及时调整政策和服务，形成闭环沟通机制，实现从单向命令到双向互动转变。再次，飞书支持数据分析和智能报表，人力资源管理团队可以主动分析员工行为数据，预判人才流动趋势，提前规划招聘、培训等人力资源策略，而非等到问题出现后再行应对。最后，字节跳动在飞书的开发和运营中，采用了快速迭代的方式，不断根据用户反馈进行优化。例如，通过A/B测试不同的功能设计，收集员工使用数据，快速调整产品方向，确保飞书始终贴合用户需求，不断提升管理与协作效率。

飞书的深入应用全方位提升了员工的使用体验。首先，飞书通过数据分析技术，捕捉并分析每位员工的工作习惯、学习偏好和职业发展轨迹，从而提供量身定制的学习资源和职业路径规划。例如，根据员工的技能图谱和岗位需求，系统智能推荐定制化的培训课程，助力员工在个人专业领域持续成长；同时，个性化的发展路径规划让员工对未来职业路径有更清晰的视野，从而激发内在动力与工作热情。其次，飞书的无缝协作体验打破了地理和时间的限制，其出色的跨平台兼容性确保了无论是办公室团队还是远程工作者，都能通过统一的平台实现文件共享、任务分配和进度追踪，极大地提高了工作效率。文档的实时编辑与评论功能，让团队成员即使身处不同地点也能如同共处一室般高效协作，加速了项目推进，减少了沟通障碍。再次，飞书在提升沟通效率方面亦发挥了重要作用。即时通信工具的集成，使得信息传递几乎无延迟，无论是日常工作的快速交流还是项目会议的即时召集，都能迅速响应。在线会议功能不仅支持高清音视频，还集成了屏幕共享、会议记录等功能，确保每次沟通都能高效、准确地传达信息，促进团队决策的快速形成与执行。最后，飞书还强化了管理的透明化，通过集成目标与关键结果管理系统，员工可以直观地查看公司战略目标及其个人目标的设定与实时进展，这种透明化不仅有效实现了目标对齐，也促使员工感受到自己是公司战略目标实现过程中的重要一环，从而增强了员工的参与感和归属感。通过这一系列设计，飞书不仅优化了工作流程，也更深层次地构建了一个以员工为中心、促进开放交流与持续成长的工作生态系统，真正实现了人力资源管理的产品化转型。

二、场景化思维

字节跳动针对员工在不同职业阶段和特定情境下的需求，设计了一系列场景化的培训解决方案。这些方案覆盖了从新员工入职到高级管理人员发展，乃至专业技能提升等各个层面，旨在通过精细化管理和个性化服务，促进员工的持续成长和职业发展。以下是一些具体的实施策略。

（一）新员工入职场景

新员工入职初期，关键在于快速适应环境、融入企业文化，明确岗位角色与职责，规划职业发展道路，提升综合技能，并建立归属感。这一时期，他们需要系统性地了解公司架构、文化，掌握工作技能，同时期待获得清晰的职业晋升路径，以及通过培训增强专业与软技能。为满足这些需求，字节跳动推出新字节跳动人手册和训练营等项目，旨在加速新员工融入，促进其技能成长，确保个人与组织目标一致。

新字节跳动人手册是一门线上培训课程，专为新入职员工设计，通过飞书平台提供。课程内容涵盖企业文化介绍、工作流程、工具使用、基本规章制度等，能够帮助新员工快速融入公司环境。课程采用短视频、互动问答等形式，适应现代员工的学习习惯，确保学习体验既高效又有趣。

训练营为新员工提供一个集中的、高强度的培训项目，通过项目实战、团队合作、导师指导等方式，快速提升新员工的专业技能和团队协作能力。根据员工的不同职能，训练营提供定制化课程，如技术、产品、运营等不同方向的训练，确保培训内容与员工岗位高度匹配。

（二）职业发展与技能提升场景

在职业发展与技能提升场景，员工通常已具备一定的工作经验，正追求深化专业知识与技能以维持行业竞争力，尤其重视领导力、团队管理和战略规划能力的提升，以备管理层之需。他们寻求明确职业路径，平衡纵向晋升与横向发展，同时保持对行业动态的敏锐度，培养创新思维适应市场变化。个性化发展成为新趋势，员工期望获得根据个人目标定制的培训资源，而非标准化课程。这一阶段强调深度专业化、领导力锻造、个性化成长路径规划以及前瞻性的行业视角与创新能力培养。为了满足上述需求，字节跳动推出了 Dance 舞计划和内部课程平台。

Dance 舞计划是一个针对在职员工的线下培训项目，旨在通过工作坊、研讨会、领导力训练等方式，帮助员工在特定技能或领导力方面取得进步。该计划根据不同层级和职能的员工需求设计，比如为中层管理者提供领导力提升课程，为技术人员提供最新技术栈的培训。该计划结合实际案例和实战演练，不仅提供深度学习的机会，还促进跨部门的知识交流与经验分享，帮助员工突破职业发展的瓶颈，增强领导力和专业技能。

内部课程平台是字节跳动为了解决资源获取不均和个性化发展支持的问题而建立的一个具有丰富内部课程的资源库。这个平台利用大数据分析员工需求，提供个性化学习推荐，覆盖广泛的专业领域和管理知识，让员工可以根据自身职业规划和兴趣选择课程，实现自我驱动的学习和发展。同时，平台的持续更新和优化确保了内容的时效性和实用性，减少了理论与实践脱节的现象，助力员工在快速变化的环境中保持竞争力。

（三）特定情境下的定制培训场景

在特定情境下的定制培训场景，企业面临的是一系列紧贴实际需求、响应速度快、注重实践效果的培训挑战。此时，员工的学习要求高度针对性，旨在快速掌握新技能或知识以应对特定项目、技术变革或市场波动等复杂情境。这种培训模式强调内容与现实工作的紧密对接，要求能够灵活快速地部署，形式多样——从短期集训到在线学习，能够满足不同学习者的需求。同时，成效评估的即时性成为衡量培训效果的关键，确保培训内容的实用性和员工能力的即时提升。为应对这些挑战，字节跳动推出了字节学习系统和项目制学习两项举措。

字节学习系统通过大数据分析员工的学习行为和特定情境下的需求，能够智能化推送个性化学习资源，实现快速响应和精准匹配。它可解决内容与实际脱节的问题，确保每位员工在遇到特定挑战时，都能获得最符合当下需求的学习材料，能提升学习的即时性和有效性。

项目制学习则是将学习直接嵌入实际工作中，通过参与具体项目，员工在实战中学习新技能，解决实际问题。这种方式不仅可强化理论与实践的结合，提高学习的实践性和紧迫性，还可通过团队协作和项目成果的反馈，形成一个持续学习和即时评估的闭环，有效避免培训与实际应用之间的断层，确保学习成果的转化和应用。

（四）日常分享与交流场景

在企业日常运营中，分享与交流场景构成了知识传播、创意激发和团队协作的活跃舞台。这一场境的核心在于促进信息的自由流动与知识的广泛共享，同时构建一种积极向上、包容透明的工作环境，以增强团队凝聚力和创新能力。员工们渴望有一个开放平台，让他们能够自由地交换工作心得、探讨行业趋势、分享技术突破。这样的互动不仅能够即时解决工作中遇到的问题，还能激发新的灵感，促进项目与个人能力的共同成长。针对上述需求，字节跳动推出了内容分享这一创新交流平台。

内部分享的设计初衷在于通过优化的即时通信系统，促进信息的高效传递，确保每位员工都能在第一时间接收到关键信息，减少沟通成本。随后，内容分享逐渐发展成为促进知识共享和跨部门交流的平台。内容分享特别强调知识的系统化沉淀与分享，利用先进的信息分类和检索技术，使得宝贵的工作经验和学习资源得以积累和传承，为员工提供了一个随时学习、随时分享的便捷空间。同时，内容分享也致力于打破组织内部的沟通界限，鼓励跨部门、跨层级的交流，通过创建多元化的交流渠道和兴趣小组，促进不同背景人才的思维碰撞，为企业文化注入更多活力与创新因子。同时，平台采用个性化推荐算法，使内容更加贴近员工的兴趣和工作需求，从而改善了使用体验，增强了员工的参与感和归属感。

三、一体化思维

字节跳动在人力资源管理实践中，深入贯彻了一体化思维模式，通过构建全面的数字化生态系统，不仅打破了传统管理的壁垒，还极大地促进了部门间的协同合作，实现了从战略到执行层面的无缝衔接。公司采用了一系列创新策略和技术手段，确保人力资源管理的每一个环节都能高效运行，信息在组织内部自由流通。

在平台建设方面，字节跳动建立了统一的数字化人力资源平台。该平台整合了招聘、入职、绩效管理、薪酬福利、员工培训及职业发展规划等全链条业务。这一集成式的系统不仅实现了许多日常操作的自动化，还通过云端技术实现了数据的即时同步和全球访问，有效避免了信息孤岛，确保了人力资源数据的一致性和完整性。利用人工智能与大数据分析，公司能够深入洞察员工表现、优化资源配置，为管理层提供精准的数据支持，从而做出更加科学合理的决策。

在组织结构方面，字节跳动的组织结构强调扁平化与信息透明，其特有的“1-14-106”管理模式，即：首席执行官直接管理14名公司高管，确保战略决策的快速传递与执行；这14名高管又管理着92名二把手或更高级别的管理者。这些管理者各自负责更具体的业务板块或团队，是公司运营的中坚力量，他们确保高层策略能够细化并落实到具体的执行层面。这在首席执行官之下形成了106人的管理团队。同时，公司推广的目标与关键结果管理系统，确保了个人目标与公司目标的一致性，从战略层面到每一位员工的日常工作，形成了目标导向的一体化管理链路。这种机制鼓励了跨部门合作，打破了传统部门间的界限，提升了团队间的沟通效率与协作水平。

为促进高效沟通与协作，字节跳动充分利用自家的协作工具——飞书，为员工提供了统一的工作与交流平台。这一工具集成了日常办公、项目管理、文档协作等功能，使得全球团队能无缝协作，进一步强化了一体化的工作环境。通过这一工具，信息流通更为顺畅，无论是远程协作还是即时反馈，都得到了显著提升。无论是在北京、上海的中国总部，还是在硅谷、新加坡的海外办公室，所有员工都能实时访问平台，享受一致的服务体验。这对于跨国项目的协作、全球人才的统一管理起到了至关重要的作用，确保了全球团队的高效沟通和无缝协作。

四、数智化思维

字节跳动利用人工智能技术，从招聘源头开始优化流程，通过自然语言处理和机器学习算法，对海量简历进行高效筛选，精准匹配岗位需求，极大地提升了招聘的效率与质量。同时，人工智能面试工具的引入，进一步丰富了初筛环节，通过分析应聘者的语言表达、情绪反应，辅助判断其综合能力，使人才甄选更加全面和客观。

在绩效管理和员工发展方面，字节跳动同样展现出数智化思维。通过集成数据分析，系统自动收集员工工作中的多维度数据，如项目完成情况、客户反馈等，以此为依据进行绩效评估，确保了评价的公正性和准确性。此外，基于员工的绩效记录、技能档案和个人职业倾向，人工智能系统能够提供个性化的职业发展建议和培训资源，促进员工成长路径的定制化，增强团队的凝聚力和企业的长期竞争力。

为确保员工满意度与敬业度，字节跳动利用人工智能技术分析来自各种渠道的员工反馈，及时发现并解决影响员工体验的问题，营造积极向上的工作氛围。在薪酬福利领域，公司依托算法模型，结合市场薪酬趋势、员工绩效表现与公司预算，智能优化薪酬结构，同时提供个性化福利方案，增强员工的归属感和工作动力。

字节跳动还通过人工智能技术优化资源配置，对人才需求进行精准预测，确保在快速变化的市场环境中，公司能够及时调整策略，有效应对人才市场的波动。最后，为了提升员工服务体验，公司引入了智能助手，处理薪酬查询、福利政策解答等日常事务，提高了服务效率，让员工感受到更加便捷和人性化的关怀。

讨论题

1. 数字化背景下，人力资源部门如何转变管理思维？
2. 产品化思维、场景化思维、一体化思维、数智化思维如何协同发挥作用？

// 第 3 章 //

人力资源三支柱模型

学习导图

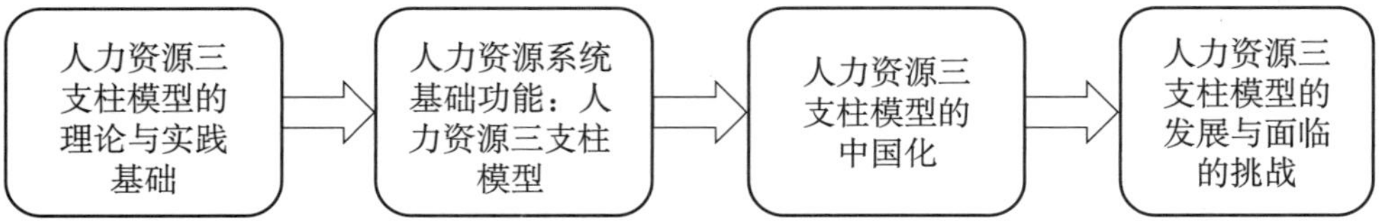

学习目标

通过本章的学习，你将：

1. 明确人力资源三支柱模型的相关概念；
2. 了解人力资源三支柱模型的理论基础；
3. 了解人力资源三支柱模型的发展实践；
4. 了解人力资源三支柱模型的中国化。

第 1 节　人力资源三支柱模型建立的背景

随着现代组织和市场的快速变化，特别是在进入数字经济时代后，传统的人力资源部门面临前所未有的挑战。这一情形不仅限制了人力资源部门作用的发挥，还威胁到其在组织中的战略地位。学者与企业管理者分别从不同角度对人力资源部门存在的问题进行了批判，并就如何更好地发挥人力资源部门的价值等问题进行了深入思考。

一、人力资源部门价值的拷问与反思

（一）国外管理实践领域专家的观点

人力资源部门在过去几十年里一直面临来自管理实践领域的批判。这些批判主要集中在人力资源部门的战略价值、效率、技术适应性和与业务部门的关系等方面。

早在 1996 年，托马斯·斯图尔特就曾在《财富》杂志上撰文主张“炸掉人力资源

部”，引起了广泛的关注和讨论[①]。他指出：人力资源部门往往过于官僚，关注的是遵循程序和规则；尽管人力资源部门经常谈论效率，但其自己的工作流程和实践往往效率低下；尽管人力资源部门声称自己是内部服务提供者，但其往往无法提供真正有价值的服务——其更多地被视为行政任务的执行者，而不是为员工和管理层提供策略性建议的合作伙伴。斯图尔特进一步建议，为了提高效率和响应速度，某些人力资源功能或服务更适合外包，从而让人力资源部门能够更加专注于其核心职责，即为组织提供战略价值。

2005 年，基思·哈蒙兹在《我们为什么恨人力资源》一文中列举的人力资源从业者的“四宗罪”：第一，人力资源从业者不是公司最聪明的人。许多人力资源从业者要么是因为无法适应公司主流业务的节奏而转岗，要么是出于对人与人之间交往的兴趣而选择了这个职位。第二，人力资源从业者追求效率甚于创造价值[②]。对于人力资源从业者来说，相比创造价值，他们更倾向于追求表面的效率提升。第三，人力资源从业者代表企业利益工作。人力资源部门在进行员工绩效考核时，往往更关心的是企业的利益，而不是员工的福利和薪酬。第四，人力资源从业者经常“隔岸观火”。人力资源从业者往往将自己置身事外，在问题出现时才采取行动，缺乏主动性。

2014 年，拉姆·查兰在《哈佛商业评论》上发表了一篇文章——《是时候分拆人力资源部了》[③]。查兰认为：尽管人力资源部门经常谈论其战略重要性，但在实际操作中，它往往缺乏战略性的思考和行动；许多人力资源专业人员对企业的核心业务知之甚少，这使得他们在为业务部门提供支持时效果不佳；人力资源部门过于关注行政和流程，而较少关注如何为公司创造真正的价值；人力资源部门在技术和方法论上的创新速度远远落后于其他部门。基于上述批判，查兰提出了一个大胆的建议，即将人力资源部门分拆为两个独立的实体：一个部门专注于行政任务，如薪酬和福利管理；另一个部门则专注于领导力提升和组织发展，以帮助企业培养和保留顶级人才。他认为，通过这种分拆，可以确保每个部门都能更加专注于其核心职责，从而更好地为企业创造价值。

2015 年，彼得·卡普利在《哈佛商业评论》上发表了题为《为什么我们会恨人力资源……以及人力资源可以做些什么》的文章[④]。卡普利在文章中这样批评人力资源从业者：缺乏有效使用数据分析的技能；很多做法已经过时，与当前的商业环境不同步；人力资源从业者经常被视为障碍而不是助手。他也对人力资源部门及从业者提出了五点建议：提高人力资源的分析能力，更多依赖数据，使用数据分析来做决策并展示其价值；将人力资源部门分为两个部分，即一部分用于行政（如工资发放），另一部分用于策略（如人才管理）；将重点从“外部人员”转向“内部人员”，不仅应该专注于招聘外部人才，还应该专注于发展和保留内部人才；让人力资源专员去业务部门轮训并开展具体业务，使其更好地了解业务并使其策略与业务需求保持一致；将直线经理轮换到人力资源部门，这可以为人力资源管理带来新的视角，并帮助弥合人力资源部门与其他部门之间的鸿沟。

---

① STEWART T A，MARTIN M H. Human resources bites back [J]. Fortune，1996，133 (9).

② CHARAN R. It's time to split HR [J]. Harvard business review，2014，92 (7).

③ HAMMONDS K H. Why we hate HR [J]. Fast company，2005 (97).

④ CAPPELLI P. Why we love to hate HR... and what HR can do about it [J]. Harvard business review，2015，93 (7/8).

2017 年，露西·亚当斯撰写了《人力资源已被搅乱：是时候做一些不同的事情了》一书[①]。亚当斯曾是英国广播公司（BBC）的人力资源总监，在她的任期内，BBC 经历了一系列的变革和挑战，这为她提供了独特的视角来看待人力资源部门的角色和实践。在书中，她首先描述了当时人力资源行业的状况，指出传统的人力资源管理实践往往是机械化的、过于复杂的，过于关注流程和制度，而忽略了人的因素，与员工和组织的真正需求脱节。亚当斯对一些传统的人力资源管理实践提出了批评，例如年度绩效评估、员工满意度调查等。她认为这些实践往往是官僚化的、缺乏效率的，而且可能导致员工的不满和离职。在此基础上，亚当斯提出，人力资源部门应该从一个主要关注流程和制度的部门转变为一个更加关注人的部门。人力资源管理人员应该成为组织内部的“人的专家”，帮助组织更好地理解和管理员工，更加关注员工的需求和期望，而不是仅仅执行上层领导的命令。她认为人力资源部门应该成为组织变革的驱动力，帮助组织适应不断变化的外部环境。

（二）国内企业家们的观点与实践

华为创始人任正非对人力资源管理有着深刻的见解和期望。他坚信，人力资源部门的核心是以客户为中心，为公司的管理层、骨干、员工等提供必要的支持服务。为了满足各类客户群体的需求，人力资源部门需要深入了解他们的具体需求，从而优化服务的提供方式。任正非进一步强调，人力资源专家不仅要精通人力资源管理，还必须深入了解企业的业务。这样的双重专长可以确保人力资源部门更准确地评估和满足员工的需求。他指出，由于许多人力资源专家不了解业务，导致他们在评价员工方面遇到困难。

任正非直接指出了华为当时人力资源部门的问题及解决途径：首先，当时的问题是人力资源管控过度，干部部[②]里来自业务一线的人员较少，对业务的具体运作、变化的战略洞察了解得则更少。未来人力资源管理总的体系是要进行结构性的调整，把决策权、管理权、执行权分开。要让懂业务（人力资源专业管理能力＋主航道业务洞察水平等）、有能力的人员上位担责，不懂的要赶快补课，人力资源优化变革的主力部队应该从在一线实践优秀、具有很强洞察与思维能力的指挥员群体或优秀专业人员群体中产生。其次，人力资源管理体系要认认真真把各种规则管好，交给干部部体系去统筹应用；各级干部部是业务领导的助手，要更加贴近业务，把人管好。最后，人力资源管理体系要从权力中心变成服务支持中心。人力资源改革首先强调深入战场，人力资源的价值就是要懂业务、做好业务的助手，多一些适应业务的构想。

腾讯的创始人马化腾对人力资源管理持有深刻的认识。马化腾坚信人才是企业最宝贵的财富。他对人力资源部门提过一个要求：只有满足员工近乎变态的需求，他们才能够去满足用户近乎变态的需求。因为只有在员工的需求得到满足后，他们才能更好地满足用户的需求，从而提升产品的用户体验。腾讯的招聘总监王安也分享了相似的观点，他认为人力资源部门应该更加会“来事儿”，即更加主动地与业务部门合作，了解它们的

---

① ADAMS L. HR disrupted：It's time for something different paperback［M］. Tadley：Practical Inspiration Publishing，2017.

② 根据华为公司的公开文件，人力资源管理体系主要负责公司人力资源政策与规则的体系性、专业化建设；而干部部体系主要负责在人力资源政策与规则框架下，将政策与规则与业务部门的实际相结合，具体执行人的管理，最终让政策的效果能达到预期，满足差异化实际需求。通俗理解，干部部类似于企业之中的组织部。

需求，并为它们创造价值。当人力资源部门能够为业务部门创造真正的价值时，其在企业中的话语权也会随之扩大。此外，腾讯的人力资源部门也被鼓励采用产品化思维来开展工作，即将内部员工视为“用户”，并努力提升他们的体验。这种以用户价值为中心的思维方式不仅有助于提升内部员工的满意度，也为腾讯打造了坚实的雇主品牌基础。

字节跳动原首席执行官张一鸣认为，人力资源部门不应仅仅履行招聘职能或其他某一种具体职能，更应参与企业的整体组织管理，协助首席执行官和业务主管进行招聘和人才配置。张一鸣强调，企业的核心竞争力在于投资回报率（ROI），而不仅仅是成本。因此，他主张提供市场最高的薪酬，以此吸引和留住顶尖人才。张一鸣指出，一个首席执行官应该是优秀的人力资源管理者。他认为，企业的成功取决于三种输入，即资金、机会和人才，其中人才是最关键的输入，而对人才的理解和配置正是人力资源的核心工作。他还提到，人力资源行业的门槛相对较低，但真正优秀的人力资源从业者应该对企业和组织能力有深入的思考。他认为，如果一个人力资源从业者不能对如何组织和动员员工有深入的理解，仅仅做些事务性的工作，那么其实他距离一名真正优秀的人力资源从业者还非常远。

复星国际董事长郭广昌认为，人力资源部门的核心职责是推动企业的核心业务发展，而不仅仅是传统意义上的人力资源管理。郭广昌强调，人力资源部门的工作要像投资者寻找一个项目一样去寻找人才，这甚至比找项目更为困难。他认为，人力资源部门不仅要懂业务，还要懂人，对业务要有高度的敏感性。对于如何量化人力资源部门员工的能力，郭广昌的观点十分明确：人力资源部门员工成功与否取决于整个企业成功与否。他认为，如果人力资源部门员工不能帮助企业成功，那么无论他们提出多少理论和策略，都是徒劳的。他强调，人力资源部门不应该觉得自己是独立于业务部门的，其主要职责是为业务部门服务，帮助企业成功。

上述有关人力资源部门的观点、批判和反思，尽管部分观点看起来有些夸大其词，但其并非对人力资源部门给予全盘否定，而是希望通过指出其目前存在的问题，推动其改革和进步，使其更好地适应现代企业的发展需求。下面我们将这些观点和思想归结起来，深入探讨传统人力资源部门的困境。

二、传统人力资源部门的困境

传统人力资源部门主要面临着四个方面的困境，分别是逐渐脱离战略、效率越发低下、与业务部门脱节，以及技术手段落后。

（一）逐渐脱离战略

传统人力资源部门面临着一系列挑战，其中较为突出的表现是逐渐脱离战略。尽管人力资源部门在日常运营中发挥着关键作用，但它并没有提供真正有助于实现组织长期愿景和战略目标的解决方案。首先，人力资源部门常常被视为一个主要负责行政和后勤任务的部门，而不是一个能够为组织提供战略价值的关键部门。这种定位导致人力资源部门在组织决策中的声音被边缘化，从而削弱了其对组织的影响力。其次，传统人力资源部门往往在问题出现后才开始寻找解决方案，而不是预测潜在的问题并提前规划。这种反应性而非战略性的定位使得人力资源部门在支持组织的长期成功方面变得被动。再次，传统人力资源部门可能更多地从自己的角度出发，自下而上解读和看待组织战略，而不是从整体的角度出发，即从人力资源管理的角度来帮助组织实现其战略目标。这种本位主义可能导致人力资源部门的策略和行动与组织的整体方向不一致。最后，由于长期沿袭的工作模式和文化，传统人力资源部门可能对新的工作方法和技术持有抵抗态度。这种抵抗态度阻碍了人力资源部门的创新和进步，使其难以适应数字经济时代组织和市场的新需求。

（二）效率越发低下

在许多组织中，为了应对复杂的人力资源需求，人力资源部门的条线分工变得越来越细。这种分工虽然在一定程度上可以确保各个环节的专业性，但同时也导致了工作的碎片化。每个小团队或个体可能只关注自己的一小部分工作，而缺乏对整体流程的关注和掌控。这不仅增大了内部沟通和协调的难度，还可能导致资源的浪费和效率的降低。此外，传统人力资源部门往往有着复杂的流程和规定。这些流程在某种程度上可能是为了确保工作的质量和标准化，但随着时间的推移，这些流程可能变得过于烦琐和官僚化。人力资源部门员工可能发现自己大部分的时间都在处理日常行政事务，而这些事务往往是重复且无意义的。这种情况不仅降低了员工的工作满意度，也浪费了宝贵的时间和资源。由于上述条线分工过细，流程过于烦琐，人力资源部门可能发现自己难以迅速响应组织和市场的变化。在一个快速变化的市场环境中，这种迟缓的响应速度可能导致组织失去竞争优势。而在数字经济时代，能够迅速适应变化并做出决策是组织成功的关键。

（三）与业务部门脱节

深入了解业务部门的具体需求和面临的挑战是提供有效支持的前提，但传统人力资源部门往往对业务缺乏深入了解，这导致了其与业务部门之间存在明显的隔阂。这种隔阂不仅限制了人力资源部门提供的服务和解决方案的贴切性，还可能导致人力资源部门在没有充分了解业务的情况下，给予不恰当的指导和建议，从而引发业务部门的反感和不满。此外，在数字经济时代，组织内部的业务部门或员工群体的需求变得越来越多样化。然而，传统人力资源部门可能仍然采用“一刀切”的服务模式，这意味着其为不同的业务部门或员工群体提供相同的服务和支持，而不是根据服务对象的具体需求提供定制化的服务。这种单一的服务模式也凸显了人力资源部门的做法在某些情况下显得不够贴切和有效。

（四）技术手段落后

在数字化转型的时代，数字技术在各个业务领域中都发挥着至关重要的作用。然而，许多传统人力资源部门在技术应用上仍然较为落后。这不仅导致了效率低下，还可能引发数据管理和信息流通方面的问题。例如，手工记录或者使用过时的系统可能导致数据丢失、错误或延迟，从而影响决策和操作。此外，在管理决策上，传统人力资源部门可能更多地依赖经验和直觉，而不是由数据来驱动决策制定。这种没有数据支持的决策可能导致效果不佳，从而影响组织的绩效和竞争力。而且，由于技术手段的不足，人力资源部门可能无法为业务部门提供必要的支持和赋能。例如，如果人力资源部门无法提供现代化的培训和发展工具，业务部门就可能会发现自己在技能和知识上落后于竞争对手。

上述四个方面的困境不是独立存在的，而是形成了一个恶性循环：由于战略地位的丧失，人力资源部门可能更加难以获得必要的资源和支持来提高效率、与业务部门建立紧密的合作关系和采用先进的技术手段；而这些问题的存在又进一步导致人力资源部门失去战略地位。为了打破这个恶性循环，人力资源部门需要进行深刻的反思和改革，确保其策略和行动与数字经济时代的组织和市场需求保持一致。

第 2 节　人力资源三支柱模型的理论与实践基础

一、三支柱模型的理论基础：人力资源管理者的角色探究

实践领域对人力资源部门的角色和价值的质疑，尤其是斯图尔特和哈蒙兹这些人的观点，如批评人力资源部门过于官僚、效率低下、缺乏战略意识等，引起了广泛的关注和讨论。面对这些质疑，戴维·尤里奇（David Ulrich）等人力资源管理研究者通过提出人力资源管理者的角色理论，对人力资源部门的存在价值进行了回应和辩护。尽管存在一些有待解决的问题，但人力资源管理是企业成功的关键因素，它在制定和实施企业战略、建设组织文化、发展领导力等方面都发挥着不可替代的作用。他们呼吁企业领导和管理者重新认识并重视人力资源管理者的角色和价值，将其视为企业的核心竞争力。

（一）戴维·尤里奇的角色模型

戴维·尤里奇是人力资源领域的权威学者。以他为代表的学者们深入探讨了如何使人力资源部门更加适应员工和企业的期望，从而提升其在组织中的价值和影响力这一问题。尤里奇强调，人力资源专员不应仅仅固守于特定的任务或活动，而应从期望的成果和目标出发，积极响应业务和市场的变化，制定相应的策略。人力资源部门不应与其他部门孤立开来，而应成为推动业务目标实现的关键合作伙伴。

戴维·尤里奇提出了一个广为人知的人力资源管理者的四角色模型。这个模型描述了人力资源管理者在组织中应该扮演的四个关键角色，以确保人力资源的战略价值和对组织的贡献。他通过一个二维框架进一步阐述了这些角色。这个框架的纵轴的两端分别是聚焦未来/推行战略性目标和聚焦日常/执行运营性职能。聚焦未来/推行战略性目标这一端强调人力资源管理者需要具备前瞻性，要能够预测和响应未来的业务需求和市场变化；聚焦日常/执行运营性职能这一端强调人力资源管理者的日常操作和事务性任务，须确保组织的平稳运行。框架的横轴的两端分别是流程和人员。流程这一端强调人力资源管理者应通过制定和优化流程来实现组织目标，人员这一端强调人力资源管理者应管理和发展组织内的人才。通过这两个维度的四种组合，戴维·尤里奇将这种合作伙伴角色细分为战略伙伴、变革先锋、效率专家、员工后盾（见图 3－1）。

1. 战略伙伴

战略伙伴（strategic partner）位于“聚焦未来/推行战略性目标”和“流程”的交叉点，强调人力资源在制定和实施战略方面的作用。人力资源管理者作为战略伙伴意味着他需要与企业的管理层紧密合作，确保人力资源策略与企业的整体战略相一致。人力资源管理者需要理解企业的业务模型、市场、客户和竞争对手，以确保人才管理策略能够支持企业的长期目标，助力企业战略落地。

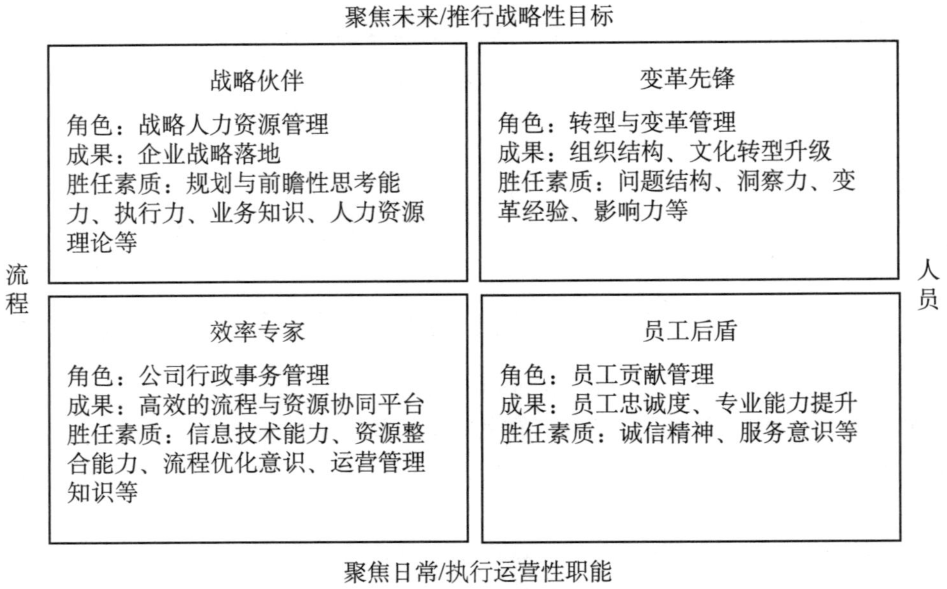

图 3-1 戴维·尤里奇的人力资源管理者四角色模型

资料来源：ULRICH D. Human resource champions：the next agenda for adding value and delivering results [M]. Boston：Harvard Business School Press，1997.

2. 变革先锋

变革先锋（change agent）位于“聚焦未来/推行战略性目标”和“人员”的交叉点，强调人力资源管理者在驱动组织变革和文化转型中的作用。在这个角色中，人力资源管理者负责推动组织结构变革和文化转型升级。人力资源管理者需要确保员工对变革持开放态度，并为他们提供必要的培训和资源，帮助其适应新的工作方式或业务环境。

3. 效率专家

效率专家（administrative expert）位于“聚焦日常/执行运营性职能”和“流程”的交叉点，强调人力资源管理者在优化日常操作和流程中的作用。人力资源管理者在这个角色中负责优化和标准化人力资源工作流程和实践，通过建立资源协同平台确保效率和一致性。这包括但不限于招聘、绩效管理、薪酬和福利的发放、培训和发展等关键人力资源工作流程。

4. 员工后盾

员工后盾（employee champion）位于“聚焦日常/执行运营性职能”和“人员”的交叉点，强调人力资源管理者在维护和争取员工利益方面的作用，即促进员工的忠诚度和专业能力提升。人力资源管理者在这个角色中是员工的代言人和支持者。人力资源管理者需要确保员工的需求和关切得到妥善处理，并为员工提供必要的支持和资源，帮助他们成功。

尤里奇的这个模型强调了人力资源管理者并非仅仅是后勤或行政人员，还是能够为企业创造真正价值的战略伙伴。这四个角色提供了一个框架，帮助人力资源管理者确定他们在组织中的定位和优先事项。这个二维框架进一步强调了人力资源管理者的双重职责：既要确保日常运营的高效性，又要确保与组织的长期战略目标保持一致；既要确保日常的人力资源管理流程顺畅高效，满足组织的即时需求，又要关注员工的长期发展和满意度，确保组织在未来能够持续成功。

在随后的几年，尤里奇不断丰富角色模型的内容，于 2005 年进一步区分出人力资源管理者的五个角色（见图 3-2）：领导者、人力资本开发者、战略伙伴、职能专家和员工鼓舞者。在五角色模型中，领导者角色处于核心地位，从此角色又延伸出其余四个角色。此模型主要强调人力资源管理者是协调员工与各部门关系的统筹规划者与领导者。在此背景下，人力资源管理者可以充当部门的战略伙伴和职能专家。同时，他们还可以鼓舞员工并发掘有潜力的员工，充分利用公司的人力资本。

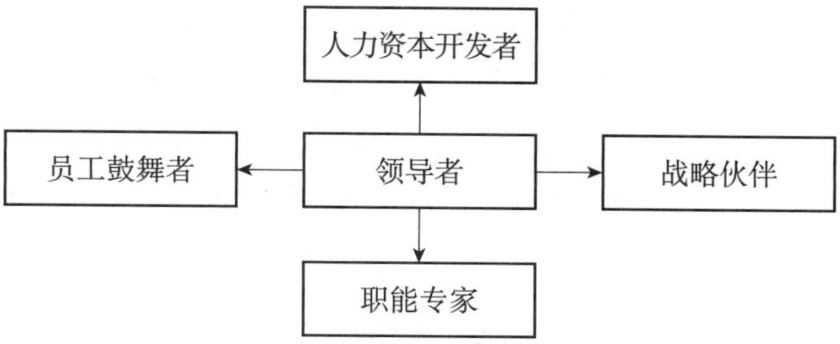

图 3-2　戴维·尤里奇的人力资源管理者五角色模型

资料来源：ULRICH D，BROCKBANK W. Role call [J]. People management，2005，16 (6).

2008 年，戴维·尤里奇又将人力资源管理者的角色扩展为六个（见图 3-3）。该模型强调人力资源管理者应当同时注重人员管理和业务发展的两个角度。在处理人员关系层面，人力资源管理者需要充当可靠的行动家。承担此角色时，人力资源管理者需要注意履行承诺并担负义务责任，从而与员工建立稳固的互信关系。人力资源管理者需要承担业务流程时，则需要承担运营执行者和业务盟友两个角色。人力资源管理者作为运营执行者，需要负责促进业务流程的快速处理和人员的合理运用；作为业务盟友，需要在业务办理过程中为相关人员提供必要的帮助和技术支持。可以说，在业务流程中人力资源管理者担任的相关角色是任务顺利推进的重要保证。在组织能力方面，需要人力资源管理者担任文化变革管理者、战略变革设计者、人才管理者/组织设计者三个角色。这三个角色致力于使人力资源管理者在公司重大项目的推进中，可以顺利地组织活动开展，并促进战略的顺利执行。出色的人力资源管理者可以及时发现转型的节点，促进变革的发生，并将变革的压力转化为动力。变革包括文化变革和战略变革两个方面，人力资源管理者在这两个方面均需要具备相应的组织能力。最后，人力资源管理者还应当是人才管理者和组织设计者，因为企业达成绩效目标的根本途径还是要靠人员之间的相互配合。

（二）中国情境下的人力资源管理者六角色模型

我国的人力资源管理发展大致经历了三个阶段。(1) 探索阶段（改革开放至 20 世纪 80 年代末）：在此阶段，我国的人力资源管理者开发出了具有中国特色的职能定位与角色模式，人力资源管理主要包括组织管理、人事管理和劳动管理三大部分。(2) 发展阶段（20 世纪 90 年代）：在此阶段，我国逐渐与国际接轨，西方国家的人力资源管理理论与实践传入中国，人力资源管理成为热门专业，我国的人力资源管理体系也随之建立。(3) 整合阶段（21 世纪初至今）：在此阶段，人力资源管理强调通过激励知识型员工，

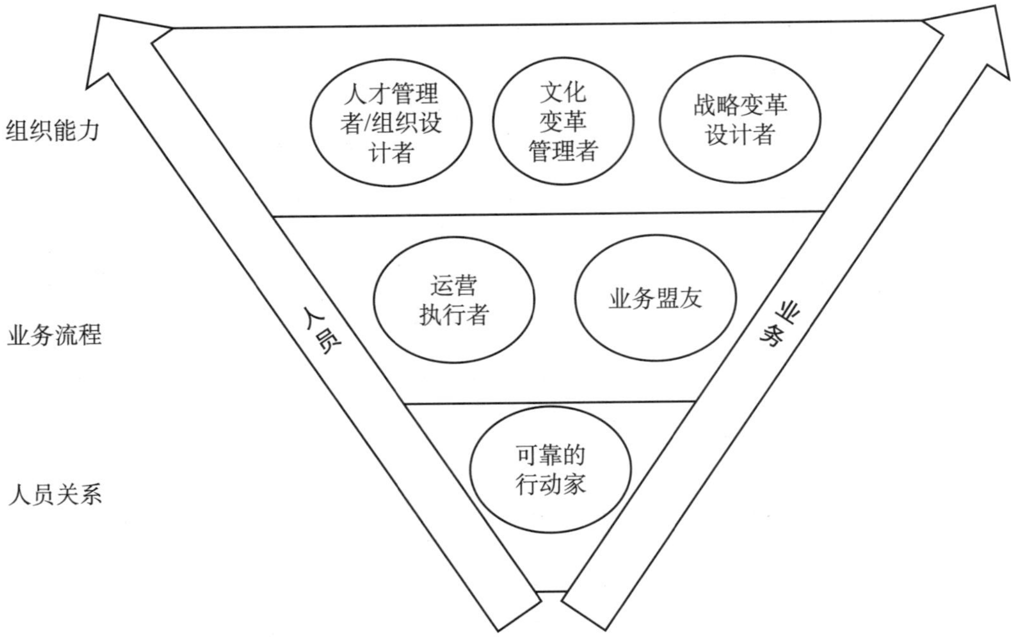

图 3-3　戴维·尤里奇的人力资源管理者六角色模型

资料来源：ULRICH D，BROCKBANK W，JOHNSON D，et al. HR competencies，mastery at the intersection of people and business. Provo，UT：The Society for HRM，2008.

进一步帮助企业培育核心能力，打造核心竞争优势。随着人力资源管理者角色的演变，人力资源从业者所要求具备的素质也在不断拓展，承担的角色也越来越多样。

与此同时，中国传统文化对人力资源管理者的角色产生了深远的影响。首先，儒家文化强调仁爱和对社会的责任，这使得人力资源管理者不仅要关注组织内部的运营，还要从一个更广泛的社会视角来看待其角色。他们被期望具有长远的眼光，不仅要满足组织的短期需求，还要为整个组织长期的战略性发展提供支持。这种整体观点源于儒家“齐家、治国、平天下”的思想，强调职位越高，对社会的责任就越大。其次，中国传统文化中的五大基本关系（君臣、父子、夫妇、兄弟、朋友，即五伦）为人力资源管理者提供了一个框架，帮助他们更好地理解和处理组织内部的人际关系。这五大关系影响着组织内部的上下级关系和同事关系。这意味着人力资源管理者在处理组织内部的问题时，不仅要考虑到职位和职责，还要考虑到上述传统的人际关系。这种多重关系的视角使得人力资源管理在中国的背景下更加复杂，但也更加富有人情味。

与西方不同的历史文化背景使得中国情境下的人力资源管理者承担了某些不同的角色。为此，笔者与合作者提出了在中国情境下人力资源管理者的六角色模型（见图 3-4）。

中国情境下人力资源管理者需要承担的角色可以分为三个主题：战略主题、运营主题和人员主题。战略主题下包含两个角色，即推动者和支持者。推动者角色指管理者要参与业务战略界定，并在整个战略实施中发挥影响；支持者角色则意味着根据业务战略制定相应的人力资源战略，并开展人力资源实践支持业务战略的实现。担任此类角色时，人力资源管理者需要正确处理与组织的关系，树立大局意识和主人翁意识。运营主题下包含顾问和伙伴两个角色。顾问角色强调花时间和精力关注运营事务，帮助业务和职能部门提升运营效率；伙伴角色则要求人力资源管理者沟通并推广业务和人力资源管理方

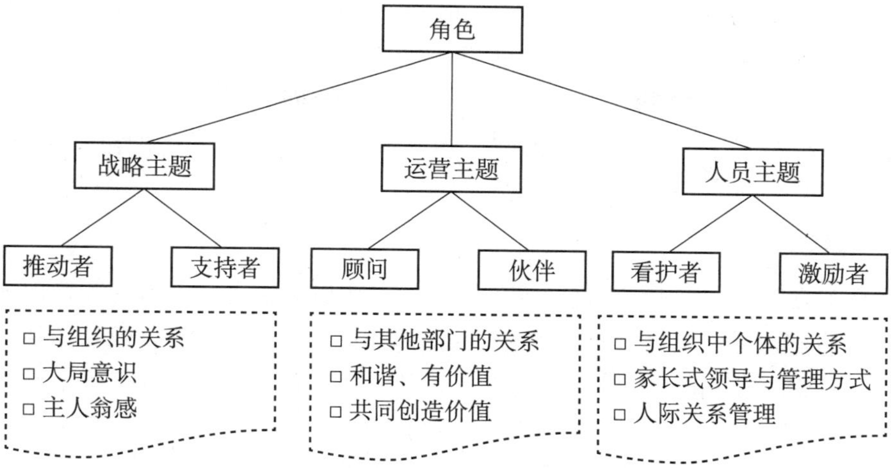

图 3-4　中国情境下的人力资源管理者六角色模型

资料来源：GAO Z H，ZHANG Y Y，ZHAO C，et al. Expectations，effectiveness and discrepancies：exploring multiple HR roles in the Chinese business context [J]. International journal of human resource management，2015 (10).

案，以充分挖掘员工绩效潜力，为直线经理提供相应的人力资源管理与开发服务。当人力资源管理者承担相应角色时，需要重视与其他部门的关系，使各部门之间的关系融洽和谐，进而能够共同创造价值。人员主题下包含看护者和激励者两个角色。人力资源管理者在承担看护者角色时，设计流程和方案过程中应照顾员工的个人需求，并帮助员工满足家庭需求；在承担激励者角色时要积极聆听员工意见，并做出快速回应，设计相应的方案来激励员工兑现对组织的承诺。当管理者扮演相关角色时，需要重视与组织中个体的关系，采取家长式领导与管理方式，以促进良好人际关系的形成。同时值得注意的是，以上提出的每个角色类型都同等重要，人力资源管理者可能需要同时扮演多个角色以达成目标。

综上所述，以戴维·尤里奇为代表的学者们提出的关于人力资源管理者的角色的理论为人力资源部门的价值提供了有力辩护，为现代企业提供了一个全新的视角。这些理论不仅强调了人力资源部门在组织中的核心地位，而且为人力资源管理者提供了一个明确的方向和目标。为了实现这些目标，高层管理者需要重新审视人力资源管理者扮演的角色。这不仅要求对人力资源部门的架构和职责进行调整，更重要的是要确保人力资源部门有足够的资源和权力来执行其战略任务。同时，人力资源从业者也需要重拾专业自信。这意味着他们不仅要掌握最新的人力资源管理理论和技术，还要不断更新自己的知识和技能，以适应不断变化的商业环境。因此，人力资源管理者的角色理论为现代的人力资源管理三支柱模型提供了一个坚实的理论基础，能帮助组织更好地理解和实施有效的人力资源策略。

二、人力资源三支柱模型的实践雏形

三支柱模型在人力资源界的普及和应用是多方面因素作用的结果，包括全球化的挑战、企业结构的变化、信息技术的进步、对高效且具有战略性的人力资源管理的需求。虽然人力资源三支柱的概念在 20 世纪 90 年代就已经存在并在某些企业中得到了应用，但作为一个完整的模型和框架，它是在 21 世纪初才开始被广泛讨论和应用的。学者们认为福特和通用电气在财务和人力资源方面建立的流程化服务以及以满足客户需求为己任的共享服务中心，是人力资源三支柱模型的起源。与此同时，以通用电气为代表的企业成立的卓越中心以及企业信息化转型中人力资源部门与业务部门的协作配合，也为人力资源三支柱模型提供了实践土壤。

（一）福特

福特汽车公司作为全球领先的汽车制造商，长期以来一直在人力资源管理方面进行着创新。20 世纪八九十年代，随着全球化的加速和市场竞争的加剧，福特面临着巨大的挑战。为了应对这些挑战，福特在人力资源管理方面进行了创新。其基于生产和质量管理职能建立的卓越中心，为组织提供了最佳实践和研究的平台。这不仅确保了生产效率，还提高了产品质量。这一时期，信息化和自动化技术开始在制造业中得到广泛应用，福特利用这些技术建立了多个共享服务中心，使其能够集中处理全球范围内的财务、IT 和人力资源等后勤和行政事务，实现了规模经济和效率提升。更为关键的是，福特的人力资源部门与各业务部门紧密合作，确保人力资源策略与公司的整体业务目标和战略保持一致。这种整合性的方法为人力资源业务伙伴模型提供了有力的实证支持。

（二）通用电气

从 20 世纪 90 年代起，通用电气公司在杰克·韦尔奇的领导下，顺应信息化浪潮，开始了一系列的组织变革和战略调整。通用电气的六西格玛项目和领导力发展中心都是卓越运营中心的典型代表，专注于为企业提供专业知识、培训和开发员工。这些项目不仅提高了员工的技能和知识，还为组织创造了巨大的价值。这为后续三支柱模型中的专家中心提供了原始参照。同时，通用电气的全球服务部门作为一个共享服务中心，为各个业务部门提供财务和人力资源等方面的后勤和行政支持，确保了组织的高效运作。而人力资源部门在通用电气中被视为一个关键的战略伙伴，与其他部门一起参与战略规划和执行，确保人力资源策略与企业目标完美对接。

（三）IBM

IBM 作为一个技术和服务巨头，长期以来都在人力资源管理方面进行创新。进入 21 世纪，随着互联网和数字技术的快速发展，IBM 面临着从传统 IT 企业向服务和解决方案提供商的转型。其在技术和管理创新方面的领导地位，为卓越中心的建立和运作提供了坚实的基础。卓越中心不仅为 IBM 提供了技术和管理的最佳实践，还为其客户提供高质量的服务和解决方案。在全球化的背景下，IBM 建立了多个共享服务中心，为其全球客户和内部运营提供支持。这确保了 IBM 在全球范围内的高效运作和服务交付。更为重要的是，IBM 的人力资源部门与其业务部门紧密合作，特别是在其多次转型期间，确保人力资源策略支持其业务目标和战略，这为人力资源业务伙伴模型提供了有力的支持。

除了上述三家企业之外，宝洁等诸多全球化公司也在同一时期采用了类似的结构和策略。它们结合当时的信息化和自动化技术，为人力资源三支柱模型的提出和建立提供了有力的支撑，也展现了人力资源三支柱模型在现代企业中的重要性和应用价值。

第 3 节　人力资源三支柱模型的内容

一、经典的人力资源三支柱模型

人力资源三支柱模型是一个现代的人力资源管理框架，它将人力资源功能划分为三个主要的组成部分，即专家中心（center of expertise，COE）、人力资源业务伙伴（HRBP）和共享服务中心（shared service center，SSC）。通过这三个组成部分的紧密合作，组织可以确保其人力资源管理既能实现组织目标，为组织的长期发展提供战略支持，又能满足运营需求，提供高效的日常服务。人力资源三支柱模型的具体内容如图 3－5 所示。

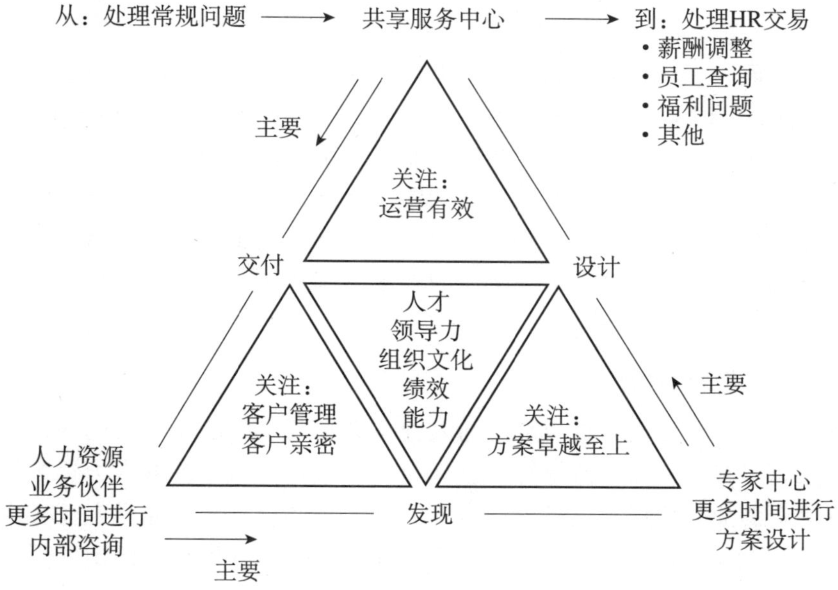

图 3－5　人力资源三支柱模型

资料来源：马海刚，彭剑锋，西楠．HR＋三支柱：人力资源管理转型升级与实践创新［M］．北京：中国人民大学出版社，2017.

（一）专家中心

在现代企业中，人力资源部门的角色已经从传统的行政支持转变为战略合作伙伴。在这一转变中，专家中心起到了至关重要的作用。专家中心不仅是人力资源部门的一个业务单元，而且是一个战略性的伙伴，为组织提供特定领域的专业知识、最佳实践和卓越解决方案。

专家中心的核心团队通常由在某一特定领域有丰富知识和经验的专家组成。他们不仅负责跟踪最新的研究、趋势和最佳实践，还要确保这些知识被有效地引入组织，从而确保组织在人力资源管理上达到最佳水平。为了实现这一目标，专家中心负责制定、开发和推广人力资源管理领域内的最佳实践，包括政策制度、实施体系以及工具方法，从而为组织提供完整的人力资源解决方案。但专家中心的角色并不局限于此，还负责为组织的其他人力资源团队和业务部门提供培训和发展机会，确保整个组织都能够利用专家中心的专业知识和解决方案。为了确保其解决方案得到有效实施，专家中心还需要与组织内的其他部门，如业务部门和IT部门等，紧密合作。

专家中心的核心价值在于服务高层和决策层，帮助他们制定正确的人力资源战略。它类似组织内部的人力资源大脑，负责根据当前的发展阶段和未来的战略，为组织搭建适合的人力资源管理体系，确保组织的人力资源管理始终处于最佳状态。

专家中心可以进一步细分为多个专门领域，其中包括：

（1）组织发展（organizational development，OD）。这个领域专注于组织的结构、文化和效能。组织发展的目标是通过各种干预策略和方法，如团队建设、变革管理和组织设计，来提高组织的效率和适应性。

（2）领导力发展（leadership development，LD）。这个领域专注于培养和发展组织的领导者。领导力发展的手段可能包括领导力培训、导师制、360度反馈和其他领导力评估工具。

（3）人才发展（talent development，TD）。这个领域专注于员工的职业发展和技能提高。人才发展的手段可能包括技能培训、职业规划、绩效管理和其他员工发展工具。

组织发展、领导力发展和人才发展这些专门领域通常在大型组织的人力资源部门中存在，但在小型组织中，由于资源和预算的限制，这些活动可能会被合并或简化。但无论组织的大小如何，专家中心都能确保人力资源活动与组织的战略和目标保持一致。通过专门的团队和专家，专家中心可确保组织在人力资源管理上的卓越性，从而能够提高组织的绩效和竞争力。

（二）人力资源业务伙伴

人力资源业务伙伴是人力资源部门与其他业务部门之间的桥梁，确保人力资源策略与业务策略紧密对接，从而支持组织的整体目标和战略。与传统的人力资源管理者的角色不同，人力资源业务伙伴不仅是人力资源管理政策的执行者，而且是业务部门的顾问与合作伙伴。这意味着它需要深入了解业务的运作、面临的挑战和既定的目标，以确保人力资源策略能够有效地支持业务需求。具体而言，人力资源业务伙伴负责为业务部门提供定制的人力资源解决方案，如招聘、培训、绩效管理和员工关系管理。它确保这些解决方案与业务的需求和目标保持一致。此外，人力资源业务伙伴在组织变革或转型的过程中扮演着关键的角色。它负责确保变革过程中的人力资源问题得到妥善处理，如员工的沟通、培训和调整等。

尽管很多企业拥有先进的人力资源软件和系统，但人力资源的运营不能完全依赖这些工具。毕竟，每个团队或部门的实际情况都是独特的，需要根据具体情境进行调整。这也正是人力资源业务伙伴的价值所在。他们像人力资源部门在不同地区和团队的分支机构，确保总部的策略和政策能够根据地方和团队的实际情况进行调整和优化。因此，人力资源业务伙伴也常被视为翻译官，它一方面确保人力资源部门和业务部门之间沟通顺畅，另一方面也将业务一线和组织总部有效连接起来，确保双方的需求和策略能够得到有效的传达和实施。

人力资源业务伙伴在现代企业的人力资源管理中起着关键的作用。它确保人力资源策略与业务策略保持一致，从而支持组织的整体目标和战略。它是组织内部的人力资源通才，既要掌握人力资源的各项专业技能，又要了解所在部门的业务，确保人力资源策略能够有效地支持业务需求。

（三）共享服务中心

共享服务中心是传统人力资源管理向战略性人力资源管理转型的关键平台，也是提升人力资源管理工作效率的重要驱动器。共享服务中心负责为整个组织提供标准化、高效和一致的人力资源服务。这些服务通常包括薪酬与福利管理、员工数据管理、招聘流程处理、离职管理、员工自助服务等。这些服务的目标是确保组织内部的人力资源运营顺畅，提高员工的工作满意度和效率。

共享服务中心的核心优势在于其集中化的操作方式不仅有助于提高效率、降低成本，还可确保各个部门和团队都能享受到一致的服务。这种标准化的方法简化了流程，减少了错误，并能够更快速地响应各种请求。为了实现这一目标，共享服务中心高度依赖技术工具，尤其是人力资源信息系统和其他自动化工具。这些技术工具的应用使得员工可以自助查询和更新自己的信息，大大减少了人工干预和可能出现的错误。

共享服务中心的核心理念是持续改进，不断寻找提高效率和客户满意度的方法。它包括对人力资源流程的持续审查和改进，以及使用数据分析来了解员工的需求和问题。此外，共享服务中心也非常注重客户服务，这意味着他们不仅要快速响应请求，还要确保交付高质量的服务。

在“一带一路”倡议和中国企业“走出去”的大背景下，共享服务中心不仅能为企业提供强大的后勤支持，还能助力企业更好地适应和融入国际市场。从成本效益的角度看，集中化的服务模式使企业能够实现规模经济，大幅降低运营成本。特别是当共享服务中心被设立在劳动力成本相对较低的地区时，这种成本优势更为明显。共享服务中心的存在促进了流程的标准化。无论企业处于哪个国家或地区，都可以确保采用统一和标准化的流程。这不仅有利于简化管理，还能提高了整体的运营效率。此外，集中化的运营结构和专业化的团队合作，使共享服务中心能够提供更高的服务质量，满足各个业务部门或地区的特定需求。

总的来说，共享服务中心是一个专注于提供高效、一致和高质量的人力资源服务的部门。通过集中化操作、标准化流程和技术驱动，共享服务中心能够提高效率，减少错误，并提供快速响应的服务。同时，共享服务中心也非常注重客户服务，以满足员工的需求，并不断提高其服务质量和效率。

（四）三支柱之间的协作关系

在现代企业中，人力资源三支柱模型正在逐渐取代传统的条块分割方式，为企业带来更高效、更集中的服务。尽管专家中心、共享服务中心和人力资源业务伙伴各自都有其独特的功能和角色，但它们之间的分工和协作是相互补充的，核心目标都是为组织创造最大的价值。人力资源业务伙伴深入到各个业务部门中，理解业务的需求和挑战，确保人力资源策略与业务策略紧密对接。而专家中心关注战略性问题，负责制定和优化人力资源的长期策略和方向，确保组织的人力资源管理与整体战略保持一致。共享服务中心则作为一个服务平台，提供标准化、高效的日常人力资源服务，确保各部门得到一致和高质量的服务。如表 3-1 所示，这三者之间的分工和协作是确保整体人力资源策略得到有效执行的关键。

表 3-1　人力资源三支柱各自的定位及相互之间的协作关系

支柱名称	功能定位	如何与另外两个支柱协作
专家中心	专注于特定的人力资源领域，提供专业知识、最佳实践和创新解决方案	● 为人力资源业务伙伴提供策略和方向 ● 与共享服务中心合作，确保提供的服务和工具与最佳实践和策略保持一致
人力资源业务伙伴	作为人力资源部门与业务部门之间的桥梁，确保人力资源策略与业务策略紧密对接	● 与专家中心紧密合作，确保了解业务需求和面临的挑战，从而提供相应的策略和方向 ● 依赖共享服务中心提供的数据和支持，确保为业务部门提供高效和一致的服务
共享服务中心	提供标准化、高效的日常人力资源服务，如员工数据管理、薪酬处理、招聘流程等	● 根据专家中心的策略和方向提供相应的服务和工具 ● 为人力资源业务伙伴提供必要的数据和支持，确保其能够有效地为业务部门提供服务

为更好地理解人力资源三支柱之间的协作关系，想象一下，当你身体不适去到一家三甲医院，面对众多的科室，你可能会感到迷茫，不知道应该挂哪个科室的号。这与在传统的人力资源管理模式下，业务部门在寻求人力资源支持时，常常不知道应该找哪个具体的部门来解决问题是相似的。但在三支柱模型下，这一问题得到了完美的解决。

首先，人力资源业务伙伴就像是社区的全科医生。他们平时就在你的身边，可以随即处理一些一般性的病症。如果处理不了，那么他们可以将你定点转诊至三甲医院或专科医院的某些科室。与之类似，人力资源业务伙伴与业务部门建立了紧密的联系，了解业务部门的日常需求和挑战。当业务部门有任何人力资源相关的需求时，人力资源业务伙伴都可以迅速响应，为它们提供及时的支持和建议。

其次，如果问题复杂，那么人力资源业务伙伴可以将业务需求提交至人力资源总部寻求进一步的支持。专家中心就像是三甲医院或专科医院中的专家团队，它具备丰富的专业知识和经验，能够为特定的问题提供专业的解决方案。当企业面临复杂的人力资源问题时，专家中心能够进行“专家会诊”，为企业提供最佳的策略和方案。

最后，共享服务中心的作用类似于一个一站式的服务支持平台，它帮你处理挂号、缴费、排队、取药、报销等一系列烦琐又耗时的环节，你只需要根据约定的时间就诊即可。这正是共享服务中心在企业中的作用。它就像是一个一站式的服务支持平台，为员工提供从入职、培训、薪酬管理到离职的所有人力资源服务。员工不再需要为了解决一个简单的人力资源问题而跑到多个部门，他们只需要联系共享服务中心，或者登录共享服务中心提供的服务平台，就可以得到快速、高效的服务。此外，共享服务中心通过标准化和自动化的流程，可确保服务的一致性和质量。无论是员工还是管理层，都可以从共享服务中心得到及时、准确的支持。这不仅有助于提高员工的满意度，还可为企业节省大量的时间和资源。

可见，通过三支柱模型，企业的人力资源管理变得更加集中、高效和专业。在传统的职能化人力资源管理中，各模块间的协同往往是一个问题。由于缺乏统一的标准和流程，各模块往往各自为战，导致了重复劳动、多标准和相互推诿的问题。而三支柱模型则打破了这种局限，让外界感受到的是一个统一、专业的人力资源团队，而不是多个分散的部门。三支柱之间有着清晰的分工，但它们之间的合作是紧密的，共同为一个决策承担责任。这不仅提高了决策的效率和准确性，还确保了一旦出现问题，可以迅速找到问题的症结，进行调整和优化。

在人力资源三支柱模型下，所有的传统人力资源实践职能都被分解嵌入三支柱中，所有的人力资源活动都得到统一、专业的处理，同时为员工提供一个一致、清晰的接口，如表 3－2 所示。以招聘为例，三支柱的协同工作模式确保了招聘流程的高效和专业。首先，专家中心作为战略中心，主要负责人才的管理与规划，确保招聘策略与企业的整体战略和目标保持一致。此外，专家中心还负责招聘渠道与资源的选择和管理，以及塑造和维护雇主品牌，确保企业在人才市场中具有吸引力。其次，共享服务中心作为执行中心，专注于招聘的日常操作和流程管理。它建立了内部的招聘供应商搜索和评级系统，确保招聘流程的高效和标准化。此外，共享服务中心还负责招聘信息系统的管理，以及整个人力资源管理的数据化，确保招聘决策基于准确、及时的数据。最后，人力资源业务伙伴作为专家中心和共享服务中心之间的桥梁，执行专家中心制定的招聘要求，同时也负责具体的招聘活动。它深入到各个业务部门，了解并反映业务侧的用人需求，确保招聘策略与实际业务需求紧密对接，确保招到的人才真正符合业务需求。

表 3－2　人力资源三支柱与传统职能之间的关系

传统职能	专家中心	共享服务中心	人力资源业务伙伴
招聘	人才管理与规划；招聘渠道与资源；雇主品牌	内部招聘供应商（建立搜索、评级系统）；招聘信息系统；数据化人力资源管理	执行专家中心招聘要求；招聘、猎聘、了解、反映业务侧用人需求
培训和发展	负责培训平台搭建；逐级培训、各专业族培训、领导力培训体系设计；导师制设计；职业发展体系设计	新员工培训；区域共性问题的针对性培训；承接专家中心培训计划；培训、职业发展系统	承接专家中心培训计划；业务培训需求挖掘与培训实施
绩效管理	牵头组织平衡计分卡绩效管理；业内绩效管理最优实践研究；制定绩效评估方案	绩效评估信息系统	参与设定业务的关键绩效指标；绩效评估落地实施；定制化绩效评估方案设计
薪酬福利	薪酬调研；薪酬决策；员工固定薪酬与短期激励；长期激励；福利；向业务提供支持；处理由共享服务中心转给专家中心的员工咨询	录入计算薪酬数据；发薪；解答员工薪酬问询；窗口办事大厅	业务定制化薪酬方案落地
员工关系	员工关系管理制度及常见问题解答；解决共享服务中心处理不了的员工咨询；入职、离职、异动流程管理；毕业生/实习生接收	员工关系答疑热线；窗口办事大厅；入职、离职、异动办理	执行专家中心的员工关系要求

续表

传统职能	专家中心	共享服务中心	人力资源业务伙伴
组织发展	组织设计；干部管理（盘点、任免、评估、培养）；组织变革	对组织变动进行发文通告；在人事框架图中根据变动进行修改	通过人才诊断配合业务的组织变革

资料来源：马海刚，彭剑锋，西楠．HR＋三支柱：人力资源管理转型升级与实践创新［M］．北京：中国人民大学出版社，2017.

综合上述分析，人力资源三支柱与传统职能之间存在密切的关系。传统职能是人力资源管理的基础，通常包括招聘、培训、薪酬管理、绩效考核、员工关系管理等，而人力资源三支柱则是在传统职能的基础上进行优化和升级，使得人力资源管理更加高效、专业和系统化。这种模式不仅可提高企业的运营效率，还可提高员工的满意度和忠诚度，从而为企业创造更大的价值。

二、人力资源三支柱模型的中国化

人力资源三支柱模型在中国的发展经历了从引入到普及，再到本土化的过程，现在已经成为中国企业人力资源管理的主流模式之一。

人力资源三支柱模型起源于 20 世纪 90 年代的西方企业，但在中国，这一模型的引入和普及要晚一些。2000 年初，随着中国加入世界贸易组织，大量外资企业进入中国。这些外资企业带来了先进的管理理念和实践，其中就包括人力资源三支柱模型。这一时期，很多大型外资企业开始在中国实施这一模型。随着中国经济的快速增长和企业规模的扩大，一些本土大型企业和集团也开始意识到传统的人力资源管理模式已经不能满足其发展需求，开始寻求新的管理模式。于是，三支柱模型开始在一些先进的本土企业中得到应用。2010 年后，一些大型企业，如华为、中国石油、中国移动等，公开表示已经或正在实施三支柱模型。这进一步提高了三支柱模型在中国的知名度和影响力，越来越多的企业开始实施或考虑实施这一模型。

（一）三支柱模型的本土化改进思路

由于三支柱模型起源于西方，在中国应用的过程中，很多企业都对其进行了一定的本土化调整。这些调整主要是为了适应中国独特的文化、市场环境和企业发展阶段。以下是一些主要的本土化调整和改进。

1. 关系导向的人力资源业务伙伴

在中国，人际关系（或称“关系网”）在商业和工作中起着重要作用。因此，人力资源业务伙伴在与业务部门的合作中，并非仅仅是作为一个战略合作伙伴，更多地是作为一个能够建立和维护深厚人际关系的角色。它更注重与业务部门建立亲密的信任关系，而不仅仅是提供专业服务。

2. 提供灵活服务的共享服务中心

鉴于中国市场的多样性和复杂性，共享服务中心在提供服务时，往往更加灵活，能够根据不同的业务部门和地区的需求提供定制化的服务。

3. 结合家族企业文化的专家中心

许多中国企业仍然保持着家族企业的特点，这意味着它们的决策过程和组织文化都受到家族价值观的影响。因此，专家中心在制定人力资源策略时，往往会考虑到这些家族价值观，确保策略与企业文化相一致。

4. 更加注重员工发展

与西方企业相比，中国企业在人力资源管理中更加注重员工的长期发展和培养。因此，人力资源三支柱模型在中国的应用中，往往更加强调员工的培训、发展和职业规划。

总的来说，三支柱模型在中国的应用，既保留了其原有的核心理念，又结合中国的传统文化、市场环境和企业发展阶段进行了一系列的本土化调整，使其更加适应中国的实际情况。例如，马海刚等人认为从整体来看，中国企业的人力资源三支柱模型更像是一栋房屋，它的顶层目的是实现客户的价值①。与轻互惠、轻关系的国外文化不同，我国的人力资源三支柱模型展现出了强烈的人情关系，并由这些人情关系实现资源的互动和信息的传递。实现这些价值的基础，是组织、员工和管理者的共同努力。在此过程中，专家中心主要负责为组织打破内外部环境中的壁垒，为组织的发展、业务的推进创造一个开放的环境，使企业中的变革能够顺利开展。而共享交付中心（一种改进后的共享服务中心）则会通过共享服务产品为用户持续不断地创造价值。人力资源业务伙伴则是为业务提供多样的支持，从各项方面保证业务的成功推进。可见，在实践过程中，中国化的人力资源三支柱模型与国外的模型展现出了一定的差异。

（二）专家中心与总干部部

任正非在华为公开文件中明确了华为总干部部与人力资源三支柱模型中专家中心之间的关系②。在华为的组织架构中，总干部部被定位为企业干部管理的核心，相当于专家中心的功能，专注于为不同业务和对象制定和适配差异化的人力资源规则。

人力资源部与总干部部之间存在明确的分工与协同。前者被比作“长江的河道”，负责制定和维护企业的人力资源管理规则；而后者则是“河中的船和人”，确保这些规则在实际操作中得到适当的应用。尽管总干部部不直接调配具体的干部和人才，但它为各部门和区域的关键人才提供评估意见，并帮助企业培养关键人才。

在权力与责任方面，总干部部采用分层分级的授权方式，但在监管方面，人力资源部和总干部部都有各自的监管权。此外，人力资源部负责制定企业的通用规则和考核报表，而总干部部则负责这些规则的应用、适配以及后备干部的管理。

从人力资源三支柱模型的视角看，任正非所描述的总干部部被定位为企业整体干部管理的核心，这与专家中心的定位和角色一致，都是为组织提供专业知识和最佳实践。总干部部要确保规则在不同的业务和对象中得到差异化的应用，这与专家中心的功能非常相似。同时，总干部部与人力资源部之间的分工也反映了三支柱模型中专家中心与其他两个支柱之间的协同作用。这种分工确保了组织的策略与实际运作之间的一致性。简言之，华为的总干部部在很大程度上体现了专家中心的核心理念，即为组织提供专业的人力资源管理支持，确保政策与实践之间的匹配。

---

① 马海刚，彭剑锋，西楠．HR＋三支柱：人力资源管理转型升级与实践创新［M］．北京：中国人民大学出版社，2017.

② 任正非谈人力资源组织运作优化：要让懂业务的上位，不懂的抓紧补课［EB/OL］．［2023－08－23］．https：//www.sohu.com/a/751524224_120251480.

因此，华为的总干部部模式是对传统的专家中心模型的一种创新和本土化的应用，结合了华为的组织文化和业务需求，为企业构建了一个高效、灵活和科学的干部管理体系。

（三）人力资源业务伙伴与“政委”

阿里巴巴的“政委”体系，是土生土长的“中国式人力资源业务伙伴”。其借鉴了中国军队中的政治工作体制，并将其融入企业文化和管理中，形成了一套适应阿里巴巴发展需求的人力资源管理体系，以达到激发员工潜能、增强组织凝聚力和推动业务发展的目的[①]。

2004 年“非典”之后，阿里巴巴的企业间（B2B）业务迅速增长，导致管理人员的成长无法跟上业务的快速迭代。在这种背景下，马云深感在企业层级增加和跨区域发展的大背景下，需要确保一线员工能够继续传承公司的价值观，并为业务拓展和人力资源培育提供更为迅速的支持。为了解决这一问题，阿里巴巴决定引入“政委”这一角色。阿里巴巴的“政委”是经验丰富、深谙企业文化并对人力资源管理有深入了解的人员，其主要职责是辅助业务经理，帮助业务经理更好地管理和建设团队。

从三支柱模型的视角看，阿里巴巴的“政委”与人力资源业务伙伴有很多相似之处，这些相似之处都彰显了其在组织中的核心作用和价值，具体表现在以下几个方面。

1. 沟通的桥梁

人力资源业务伙伴在组织中起着桥梁的作用，连接人力资源部门与业务部门，确保人力资源策略与业务策略的紧密结合。同样，“政委”在阿里巴巴也扮演着桥梁角色，连接员工与管理层，确保员工的需求和声音被听到并得到响应。

2. 文化与价值观的守护者

人力资源业务伙伴需要确保业务部门的行为和决策与组织的文化和价值观相一致。“政委”在阿里巴巴也有类似的职责，他们是公司文化和价值观的守护者，确保每位员工都理解并践行组织的核心价值观。

3. 凝聚力与士气的激发者

人力资源业务伙伴关注团队的凝聚力和士气，它通过各种活动和培训，确保团队成员之间关系和谐、士气高昂。“政委”在阿里巴巴也发挥着类似的作用，即通过各种方式确保团队的凝聚力和士气。

4. 业务与人才的匹配者

人力资源业务伙伴的一个核心职责是确保业务部门有合适的人才来支持其业务目标。它了解业务的需求，为业务部门提供合适的人才解决方案。“政委”在阿里巴巴也要确保团队有合适的人才来支持其业务目标。

5. 冲突与纪律的管理者

人力资源业务伙伴在组织中也负责处理团队内部的冲突和纪律问题。同样，“政委”在阿里巴巴也有这一职责，即处理团队内部的冲突和纪律问题，确保团队的和谐与稳定。

因为扮演上述多种角色，所以阿里巴巴的“政委”被称为 HRG（HR generalist），即人力资源多面手。通过将“政委”这一具有中国特色的角色引入人力资源管理，阿里

---

① SUN M Z. Application status and problems of HRBP mode in China［C］//Proceedings of 2019 international conference on economic management and cultural industry (ICEMCI 2019). Paris: Atlantis Press, 2019.

巴巴成功地将中国的本土文化和西方的人力资源管理理念相结合，提高了员工的认同感和接受度，为人力资源三支柱模型的中国化提供了一个成功的范例。

（四）从共享服务中心到共享交付中心

腾讯在 2010 年底的时候成立人力资源平台部，开始尝试设立共享服务中心。经过多年的探索实践，腾讯在人力资源三支柱模型基础上实现了创新和突破，将共享服务中心升级为共享交付中心（shared deliver center，SDC），体现了其对人力资源管理的深入理解和前瞻性思考。

首先，传统的共享服务中心模式更多地强调标准化、流程化的服务，而共享交付中心则强调人力资源的主动性和前瞻性。这意味着人力资源部门不再是被动地等待业务部门的需求，而是主动地去了解、预测并提前为业务部门提供解决方案。这种变革使得人力资源部门从一个“执行者”转变为“策略伙伴”。其次，共享交付中心模式强调以最终用户即全体员工为服务对象。这种转变体现了用户中心的思维，即真正从员工的需求出发，为他们提供更为贴心、高效的服务。再次，共享交付中心不仅能够提供服务，更重要的是还能创造价值。通过主动地为业务部门提供解决方案，人力资源部门实际上是在帮助业务部门提高效率、降低成本，从而为公司创造更大的价值。最后，共享交付中心模式要求人力资源部门能够整合内外部资源，设计出更为创新的产品和服务。这意味着人力资源部门需要具备更强的资源整合能力和创新思维。

因此，共享交付中心不是一个传统的服务中心，它更强调在共享的基础上，加强对共性业务的支持、实施标准化的流程管理、推动专业化解决方案的实施，以及促进服务效率和满意度的提升。这意味着共享交付中心不仅为腾讯公司和业务单位提供了可靠的支持，同时也为人力资源内部的专家中心和人力资源业务伙伴提供了一个可以依赖、能够减轻负担、具有长效运营机制和支撑能力的平台。这样的平台不仅是资源、能力和团队的共享交付平台，更是一个专业的伙伴式服务和咨询中心。腾讯对三支柱模型的这一创新体现了其对人力资源管理的深入理解和前瞻性思考。从共享服务中心到共享交付中心的转变，不仅仅是名字的变化，更重要的是其背后的管理理念和工作方法的升级，体现了腾讯的人力资源管理坚持“以客户体验价值”为导向的理念。

第 4 节 人力资源三支柱模型的发展与面临的挑战

一、人力资源三支柱的转型

人力资源三支柱转型的本质是强化人力资源部门的业务伙伴角色，强调以业务部门的需求为导向，满足其需求并提供相应的支持。所以，在三支柱转型中，人力资源业务伙伴角色实现是最重要最关键的，在一定程度上，共享服务中心和专家中心是为人力资源业务伙伴角色实现提供支持条件的。因此，有学者把三支柱模型直接称为人力资源业务伙伴模式。

由于企业组织架构不同，企业人力资源管理架构和分工的转型并不一定完全遵循三支柱架构。这可能是因为：一方面，企业的人力资源管理转型过程是循序渐进的，企业变革总是着手于最需要突破的地方；另一方面，并不是所有企业都有条件建立三支柱，但是这并不能阻止其对人力资源业务伙伴的需求[①]。

根据不同的组织结构，再结合相应的业务需求，企业可以选择合适的转型模式。总结现有的转型经验，转型模式包括以下四种。

（一）只有人力资源业务伙伴的转型模式

中小企业在人力资源管理上的特点和面临的挑战与大型企业有所不同。许多中小企业，由于资源和规模的限制，可能不会完全采用人力资源三支柱模型。但这并不意味着中小企业不能从这种模型中受益。事实上，对于许多中小企业来说，引入人力资源业务伙伴的角色可能是实现人力资源与业务紧密结合的最直接和最有效的方式。人力资源业务伙伴能够深入了解业务需求，为业务部门提供定制化的人力资源解决方案，从而更好地支持业务发展。

然而，仅仅设置人力资源业务伙伴岗位并不够。真正的转型需要从观念上开始。即使企业没有完整的三支柱架构，也必须培养和强化人力资源业务伙伴的思维方式。这意味着人力资源管理者需要从传统的后台支持角色转变为与业务部门紧密合作的伙伴。这种转型的价值在于，它强调人力资源部门在业务发展中的关键作用。通过与业务部门紧密合作，人力资源部门不仅能够更好地理解业务需求，还能够为业务部门提供更有针对性的支持。这种模式鼓励人力资源管理者走出办公室，深入业务现场，与业务团队紧密合作，共同推动业务发展。

因此，对于中小企业来说，仅设置人力资源业务伙伴的转型模式可提供一个实用和灵活的方法，能帮助企业更好地利用其有限的人力资源，支持业务发展，同时也可为人力资源管理者提供一个与业务紧密合作、实现自身价值的机会。

（二）人力资源业务伙伴＋共享服务中心的转型模式

在这种转型模式中，企业选择了一个简化但高效的人力资源管理结构，即设立共享服务中心和人力资源业务伙伴，而不设立专家中心。这种模式特别适合那些希望简化人力资源管理流程、提高效率和响应速度的企业。

人力资源业务伙伴被直接派驻到业务部门，这使得它能够更深入地了解业务需求，从而为业务部门提供更为精准和定制化的人力资源解决方案。这种模式能确保人力资源业务伙伴有足够的自主权和灵活性，能够迅速响应业务部门的需求，为其提供即时的支持。共享服务中心作为一个集中化的服务中心，负责处理公司层面的基础人力资源工作，如薪酬福利的发放、人员招聘和内部培训等。这种集中化的管理方式可以实现规模经济、提高效率，同时确保各个业务部门得到一致的和标准化的服务。此外，通过构建共享服务中心，企业可以更好地利用最佳实践案例，确保人力资源管理流程的高效和标准化。

虽然这种模式没有设立专家中心，但这并不意味着企业不重视人力资源的策略和创新。在这种模式下，策略和创新的职能可能被整合到人力资源业务伙伴或共享服务中心中，或者由高级的人力资源管理层直接负责。这种转型模式强调人力资源管理流程的简化和效率的提高，通过设立人力资源业务伙伴和共享服务中心，企业可以更好地满足业

① 张正堂．HR 三支柱转型：人力资源管理的新逻辑［M］．北京：机械工业出版社，2018.

务部门的需求，同时确保人力资源管理流程的高效和标准化。

（三）人力资源业务伙伴＋综合共享服务中心的转型模式

专家中心和共享服务中心均面向公司全体员工，或者一定地域范围内的员工，无论是专家中心制定的有关人力资源的政策、工具，还是共享服务中心实施的人力资源事务流程、服务，都强调保持一致性。同时，共享服务中心实施和提供的标准化、规范化的人力资源事务流程和服务，往往也是专家中心制定或者参与制定的。基于两者职能上的共性和相互关系，有些企业会把专家中心和共享服务中心合并成一个更为综合的人力资源共享服务中心。

这种转型模式旨在简化组织结构，提高工作效率，减少重复流程，并强化组织内部的标准化和一致性。然而，这也带来了诸如处理更广泛的职责、确保策略与运作之间的平衡，以及有效地管理组织变革等问题。总体而言，这种模式适用于希望简化自身人力资源结构的组织，但关键在于如何有效地实施，确保策略与运作的平衡，并获得员工的支持。

（四）完整三支柱的转型模式①

企业在具备适当条件时，可以选择采纳完整的三支柱模型来进行人力资源管理的组织架构转型。这种模型强调专家中心的专家角色，它在变革管理、人力资源方案设计、工具研发、市场信息整理等方面起着关键作用，可为人力资源业务伙伴和共享服务中心提供强大的智力支持。这不仅能确保人力资源业务伙伴和共享服务中心的服务质量，还有助于持续提高整体的人力资源管理水平。此外，这种架构可为人力资源从业者提供更为广阔的发展空间，允许他们在管理和专业研发两个领域中进行选择，有助于实现组织内部的平衡和协同。

二、三支柱模型对人力资源管理数字化转型的支持

人力资源三支柱模型为企业的人力资源管理数字化转型提供了坚实的基础。

（一）明确的角色与职责

三支柱模型为人力资源团队提供了清晰的角色划分，确保每个人都能专注于其核心职责。这种明确性可为数字化转型提供方向，因为每个人都知道自己在数字化进程中的角色和任务。在一个快速变化的数字化环境中，明确的角色和职责是至关重要的。它不仅可确保每个团队成员都知道自己的工作范围，而且可确保资源的有效利用。例如，当人力资源业务伙伴知道其主要职责是与业务部门合作时，就可以专注于与业务部门建立联系，而不是被日常的行政任务分散精力。这种明确性也能为员工提供清晰的期望，使他们更容易适应和接受数字化工具和流程。

（二）数据驱动的决策

在当前的商业环境中，数据已经成为企业的核心资产。通过数据，企业可以更好地了解其员工、客户和市场，从而做出更明智的决策。专家中心可以研究和推荐最新的人力资源技术和工具，并确保这些工具与组织的策略和目标相一致。此外，专家中心可以

① 张正堂．HR 三支柱转型：人力资源管理的新逻辑［M］．北京：机械工业出版社，2018.

利用数据分析来提供有关人才管理、培训、绩效等方面的见解。这种数据驱动的方法使人力资源部门能够更加主动地满足业务部门的需求，而不是仅仅作为一个反应性的服务提供者。人力资源业务伙伴也可以利用数据来更好地理解业务部门的需求，并为其提供定制化的解决方案。这种数据驱动的方法不仅可提高决策的质量，而且能加快决策的速度。

（三）自动化与效率

随着技术的不断发展，自动化已经成为许多企业的关键策略。通过自动化，企业可以提高效率、减少错误，并提供更好的客户体验。共享服务中心是数字化转型的最早参与者，也是数字化转型的核心受益者。自动化能够实现流程的标准化。例如，当企业在招聘新员工时，自动化系统可以快速地处理应聘者的资料，并进行初步筛选，从而为人力资源部门节省大量的时间和资源。同时，自动化系统还可以为员工提供更加个性化的服务。例如，根据员工的个人情况和需求，系统自动生成相应的报告和文件。这些服务不仅可提高员工的工作效率，还能提高员工对企业的信任和忠诚度。

（四）集成与协作

在一个日益复杂和互联的世界中，集成和协作已经成为成功的关键。人力资源三支柱模型鼓励各个部门之间进行协作，确保各部门在数字化转型中都能发挥作用。这种跨部门的合作不仅可提高效率，促进知识在组织内的流转，还能确保所有部门都朝着同一个方向努力。例如，当专家中心制定了一个新的人才管理策略时，人力资源业务伙伴和共享服务中心可以确保这一策略在整个组织中得到有效的实施。这种集成和协作可确保数字化转型成功，并为企业提供竞争优势。

总之，人力资源三支柱模型为企业的数字化转型提供了坚实的基础，可确保数字化工具和流程与组织的策略、文化和目标相一致。这种模型不仅有助于提高人力资源部门的效率，而且能为组织和员工提供长期价值收益。

三、企业应用人力资源三支柱模型时需要注意的问题

国内企业在应用三支柱模型时还面临着诸多挑战，因此，企业要想取得良好的应用效果，需要注意以下几方面的问题。

（一）文化与组织变革

人力资源三支柱模型的实施不仅是人力资源功能的调整，而且是一场深刻的文化和组织变革。这种变革可能会对员工的日常工作和思维方式产生深远的影响。因此，企业需要确保员工不仅理解这种变革的必要性，而且全力支持它。这需要强大的领导力来引导变革，需要明确的沟通策略来解释变革的原因和好处，还需要持续的培训来帮助员工适应新的工作方式。只有当员工认为这种变革对他们和整个组织都有利时，他们才会全力以赴地支持它。为确保三支柱模型实施成功，企业需要广泛听取员工的反馈。这可以帮助企业及时调整策略，提高员工的满意度和忠诚度。此外，员工的参与还可以帮助企业发现和解决潜在的问题，从而提高模型的应用效果。

（二）明确角色与职责

人力资源三支柱模型在分工上可能导致了某种程度的碎片化。虽然这种模型旨在消

除各个职能间的协同问题，但它可能在每个职能内部引入新的协同问题。人力资源团队在处理具体的职能任务时，可能会感到困惑，不知道自己是否应该承担某项工作，以及如何与其他支柱的人力资源团队进行协作。这可能会导致工作重复、效率低下和资源浪费等问题。为了解决这些问题，企业需要对三支柱模型进行细致的审查和调整。这可能包括重新定义每个支柱的角色和职责、建立更加明确和灵活的工作流程以及加强各支柱之间的沟通和协作。此外，企业还需要利用现代技术，如人工智能和大数据等，来帮助人力资源团队更好地理解员工的需求，提供更加个性化和高效的服务。

（三）技术与系统支持

许多大中型企业选择人力资源三支柱模型作为其人力资源管理转型的方向，并在此基础上建立了人力资源共享服务中心。这种模型旨在更好地整合资源，提高效率，满足业务部门的个性化需求，从而更好地支持企业的战略目标。然而，转型的过程并非一帆风顺。其中，一个显著的问题是部分企业的人力资源信息化建设未能与管理转型同步，出现诸如数据不一致、响应速度慢和决策支持不足等问题。为了解决上述问题，企业不仅需要在组织和流程上进行转型，还需要加大对人力资源信息化建设的投入。这包括选择合适的人力资源系统、进行数据整合、提供培训以及持续优化信息化流程。只有这样，企业才能确保其人力资源管理转型取得真正的成功，实现人、流程和技术的融合。

（四）持续迭代与改进

三支柱模型的构建并不是一蹴而就的。它需要随着企业的成长和战略变化进行逐步的调整和完善。这是一个由点到面、循序渐进的过程①。随着企业的扩张、业务的多样化和技术的进步，原有的模型可能不再完全适用了。因此，企业需要持续地对其进行创新和改进，确保它始终与企业的实际需求保持一致。为了确保三支柱模型能够持续为企业创造价值，企业需要建立一套完善的度量和评估机制。这不仅可以帮助企业监测模型的实际效果，还可以为其提供有关人力资源管理效果的实时反馈。这种反馈对于企业来说是必要的，因为它可以帮助企业及时发现问题、调整策略，确保人力资源管理始终与企业的整体战略保持一致。最后，虽然许多知名企业如华为和腾讯等，都采用了三支柱模型，但这并不意味着其他企业可以直接复制它们的经验。每个企业都有其独特的文化、环境和需求。因此，企业在构建自己的三支柱模型时，必须结合自己的实际情况，确保模型既具有通用性，又具有针对性。只有这样，三支柱模型才能真正为企业带来持续的价值和竞争优势。

// 关键术语 //

三支柱模型　　专家中心　　人力资源业务伙伴　　共享服务中心

// 复习思考题 //

1. 在数字化时代背景下，传统人力资源部门面临哪些困境？

① 李亚楠．人力资源三支柱模式在国内的应用与启示［J］．现代营销（下旬刊），2013（1）．

2. 人力资源三支柱模型提出的理论基础有哪些？
3. 人力资源三支柱模型各支柱分别是什么？如何协作？
4. 人力资源三支柱模型在引入中国后有哪些发展？
5. 企业在应用人力资源三支柱模型时应注意哪些问题？

案例分析

腾讯的人力资源三支柱模型

在过去的 20 多年里，腾讯经历了数次重大的内部架构调整，每一次都是为了适应数字技术的进步和进行产业升级。首次调整发生在腾讯上市后的第二年。那时，腾讯决定从单一的社交平台扩展为综合性的生活平台。与此同时，腾讯的组织结构也从职能式转型为业务单元制，使得其产品线日益丰富。2012 年的“518 变革”标志着第二次调整，此时，腾讯的组织结构从业务单元制进化为业务组制，进一步加强了各业务组的资源配置，使其能够更高效地管理多项业务。2018 年的“930 变革”是第三次重大调整，腾讯构建了自己的产业互联网模式，并在组织架构上引入了云与智慧产业事业群（CSIG）和平台与内容事业群（PCG），从而增强了公司的线上协同能力。到了 2021 年，腾讯宣布对公司的战略进行升级。这次，腾讯依据人力资源三支柱模型，对人力资源管理架构进行了进一步整合。在这次整合中，腾讯主要采取了三大策略：首先，聚焦于强化核心能力和优化基础服务，以更好地满足用户需求；其次，采用泛娱乐战略，通过“粉丝经济”为旗舰产品创造价值；最后，实施双打战略，确保关键管理岗位上的两名管理人员能够互补。在这三大策略的引导下，腾讯的人力资源三支柱模型得到了有效实施，为其在新时代的稳健发展提供了有力支撑。具体来说，腾讯的人力资源三支柱模型涵盖了以下几个方面。

一、腾讯的专家中心

腾讯将原有的人力资源部门进行了功能性重组，划分为四个部分。首先是人力资源部门，此部门处理的问题更多地接近于传统的人力资源管理，主要涉及招聘调配、组织发展协调以及员工活力监测三个方面。其次，为了激发员工的工作激情，制定合理的薪酬结构和奖惩机制，腾讯特意设立了薪酬福利部。此部门下又划分了五个细分中心以进一步明确职责：长期激励管理组、福利管理中心、员工薪酬中心、薪酬福利综合组和绩效管理组。在如此详细的细分管理下，腾讯建立了完整且成熟的薪酬管理和福利架构。再次是新组建的腾讯学院。腾讯学院下设领导力发展中心、职业发展中心和培训运营中心三个分中心。腾讯学院作为腾讯内部的人才孵化平台，对腾讯的人才培养具有重要的意义。它会针对不同层次员工的不同需求，展开有针对性的培训。比如，腾讯对中层干部开展的后备计划（飞龙计划）就主要强调开阔管理人员的视野。为了达成此类目的，腾讯会安排相应的人员开展到岗实习以及企业交流等多项任务。最后是企业文化与员工关系部，下分三个小组：劳动关系组、沟通传播组和组织氛围组。战略目标的达成离不开组织内各个员工的共同努力，因此促进员工之间的良好人际关系非常重要。此外，当员工能够对企业文化产生认同时，也更容易自愿地为企业贡献力量。因此，此类部门的存在主要是协调员工之间的关系以及员工与企业之间的关系，对于企业的长远发展具有重要意义。

二、腾讯的共享交付中心

腾讯的共享服务中心升级为共享交付中心的布局主要通过三个阶段实现：第一阶段的目标是将员工需求与平台相互连接；第二阶段的目标是将平台进一步延伸，使其成为人力资源服务的整合提供者；第三阶段的目标是进行突破创新，延伸服务场景①。这三个阶段的推进都是为了简化操作流程，方便员工交互。在转型后，员工可以获得更高级别的体验服务。以往在传统模式下，员工获取资源的途径单一且相互孤立。转型后，腾讯搭建了自己的资源交互平台，构建了联络生态并推行"一个腾讯"模式，使得员工可以及时获取满足自己需求的服务和产品。在这种情况下，人力资源管理者不再需要应对特定员工的特定需求，而是针对可能面临的问题为所有可能需要帮助的员工搭建资源平台以应对各种可能出现的突发情况。为此腾讯搭建了多个便捷的业务服务平台，例如"HR 助手"等。在平台上，员工可以在操作界面选择需要办理的业务（如开证明），在线上提交申报材料并追踪业务办理进度，全程无须线下参与，大大简化了操作流程。

三、腾讯的人力资源业务伙伴

人力资源管理中，如何让相关人员真正成为各部门的业务合作者，一直是人力资源三支柱模型的核心目标之一。而腾讯为了使人力资源部门成为各部门之间的润滑剂，提出了以下四点：第一，强调人力资源管理者需要理解业务的原点是什么，也就是初始的业务需求是什么。只有了解了初始需求，人力资源部门才能够根据需求进行调度，并协同各部门之间的工作。第二，消除业务合作伙伴之间的盲点。在三支柱模型下，人力资源管理人员不再简单地处理原本的本部门的单线任务，而是与其他部门展开积极的、双向的互动。因此，如何利用资源消除合作部门的盲点，成为对人力资源管理者非常重要的考察方向。第三，掌握组织成长的节点。人力资源部门与员工之间的互动非常密切，因此人力资源部门先天地有促进组织成长的优势。人力资源部门可以根据从大数据平台上收集的员工信息绘制人才画像。同时根据人才画像，结合组织需求，进一步地满足组织成长发展的需要，使组织的战略目标达成得更为顺利。第四，搞定管理上的痛点。针对此问题，人力资源部门不仅要协调员工之间的薪酬体系，还需要在管理战略的达成以及业务流程的促进上多下功夫。

腾讯基于人力资源三支柱模型进行的布局使其能够迅速应对瞬息万变的市场需求，实现资源的迅速有效整合。转型后，腾讯能够有效地协调各部门行动，加强了跨部门沟通，跨国开展业务更加顺利，并对市场的变化保持了敏锐的洞察力。同时，在三支柱模型下，腾讯有条不紊地进行着人才培养工作，这无疑促进了腾讯在时代浪潮中的长远发展。

讨论题

1. 腾讯为什么要采用人力资源三支柱模型？
2. 腾讯的人力资源三支柱模型解决了哪些问题？具体的做法是什么？

---

① 马海刚，彭剑锋，西楠．HR＋三支柱：人力资源管理转型升级与实践创新［M］．北京：中国人民大学出版社，2017.

// 第 4 章 //

数字化时代的职位分析与评价

学习导图

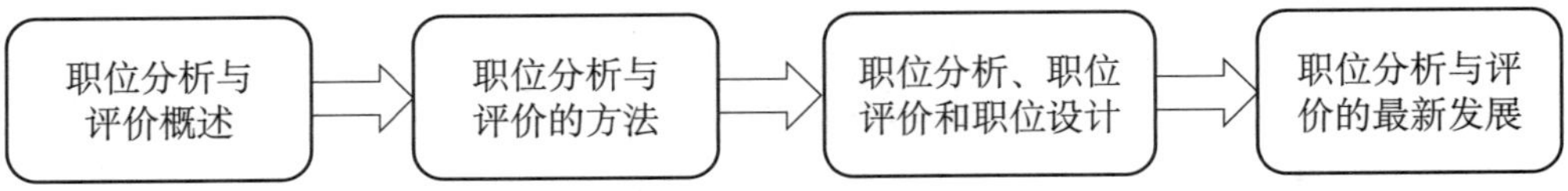

学习目标

通过本章的学习，你将：

1. 理解职位分析与评价的相关概念；
2. 掌握职位分析与评价的方法；
3. 熟悉职位分析、职位评价和职位设计的关系和内涵；
4. 了解数字化时代职位分析与评价的最新发展。

第 1 节　职位分析与评价概述

职位分析与职位评价，以及由此构建出的职位体系，是现代人力资源管理体系的基础。职位分析与职位评价在数字人力资源管理体系中扮演着重要的角色，可以帮助组织实现精细化管理、优化人才配置、提升员工绩效和管理效率，并为组织的数字化转型和业务变革提供支持。

一、职位分析

（一）职位分析相关概念

1. 岗位（position）

岗位是一组任务，它包括员工的所有工作安排。岗位与员工一一对应，有多少名员工就有多少个岗位。例如，小王在公司的岗位是产品经理。他的任务包括：（1）确定产品的定义，对产品进行市场调研和可行性分析；（2）立项新产品，进行新产品的需求调研和产品设计；（3）对产品生命周期进行管理，管理产品过程文档。这些任务合起来就构成了小王的岗位。

2. 职位（job）

岗位与职位是两个非常容易混淆的概念。职位是公司内的一组岗位。这些岗位的主要任务非常相似，可以在同一职位下进行分析。例如，小王、小李和小张都是公司负责不同产品的产品经理。虽然他们的工作任务有细微差别，但主要的任务是一样的。因此，职位分析的对象是职位而不是岗位。一个职位可以包含多个岗位，一名员工只从事其中的一个岗位。这些岗位的差异不足以在职位分析中进行体现，所以统一以职位为基本单位进行职位分析。岗位分析的说法并不准确。

3. 职位分析（job analysis）

职位分析是以组织战略为导向，以组织结构为基础，与工作流程相衔接，获取与职位有关的详细信息的过程，具体包括任职条件、工作职责、工作环境、工作强度以及工作的其他特征。通过职位分析，特定职位会被分解为更小的单元（如岗位、任务、活动和动素等）来进行剖析，以便发现该职位的本质特征，回答其所应承担的具体工作职责为何以及任职者需要具有哪些特征等一系列问题①。职位分析提供用于编写职位说明书的信息。

4. 其他相关概念

从更大的视角来看，从最小范畴的动素到最大范畴的职业，职位分析涉及一系列连续的相关概念。对这些概念的汇总详见表 4-1。

表 4-1　职位分析相关概念汇总

概念	内涵及示例
动素	动素（therbligs）是对任何工作细分之后的最小单位，动素中没有可以再分解的动作或行为，是最小的工作单元。例如，医生在处方单上签字就是一个动素
活动	活动（activity）是用来满足工作需求的各项动素的集合，是范围稍广的工作单元。例如，医生让病人挽起袖子接受血压测量
任务	任务（task）是由活动组成的集合，只要为一个特定目标做出努力，就形成了一项任务。例如，医生通过望闻问切诊断病人的病情
岗位	岗位是一组任务，它包括员工的所有工作安排。有多少名员工就有多少个岗位，即一人一岗。例如，小李在医院的岗位是门诊内科主治医师。他的工作是为内科门诊患者检查病情、做出诊断、开具处方、合理用药等，这些任务合起来就构成了小李的岗位
职位	职位是组织内的一组岗位。这些岗位的主要任务都非常相似，可以一起进行分析。一个职位可以设置一个或多个岗位，每个岗位对应唯一一名员工。例如，小李和小张的职位都是内科主治医师，但分别在门诊岗位和住院部岗位。除工作地点外，他们的主要工作相同，均是为内科患者检查病情、做出诊断、开具处方、合理用药等

① MORGESON F P，BRANNICK M T，LEVINE E L. Job and work analysis：methods，research，and applications for human resource management [M]. 3rd ed. SAGE Publications，2021；加里·德斯勒．人力资源管理：第 14 版 [M]. 刘昕，译．北京：中国人民大学出版社，2017；雷蒙德·诺伊，约翰·霍伦贝克，巴里·格哈特，等．人力资源管理：赢得竞争优势：第 5 版 [M]. 刘昕，译．北京：中国人民大学出版社，2005.

续表

概念	内涵及示例
职位族	职位族（job family）是两个或两个以上职位组成的族群。这些职位或者对员工工作职责有类似的要求，或者需要有类似的任职资格。例如，心血管内科医师、消化内科医师、呼吸内科医师等都属于内科医师职位族
职业	职业（occupation）是指分布于各类组织内部的一系列相似职位的集合。这些职位因共同的目标、作业方式、使用材料、产出成果、从业人员的行为模式或特质而相互关联

（二）职位分析流程

1. 实施步骤

职位分析的实施包括下面六个步骤：

（1）明确职位分析的目的。职位分析前首先需要明确职位分析的目的。例如，开展职位分析是为了优化工作流程并改进工作设计，还是为员工的考评和晋升提供依据，抑或是用于做出职位评价进而为薪酬调整做准备？职位分析的目的不同，职位分析适用的方法和手段也就不同。

（2）了解有关的背景信息。例如，组织结构图有助于理解组织中各层级和部门职位的职责；工作流程图有助于了解各个职位之间的协作关系和工作流程；已有的职位说明书同样可以作为重要参考，以便更好地了解每个职位的具体要求和价值。

（3）选择代表性的职位。职位分析不是面向组织中的全部职位，而是针对其中具有典型特征和职责的职位，它们可以代表该组织中大部分职位的特征和要求。

（4）实际开展职位分析。通过收集有关职位活动、职位对员工行为的要求、工作条件、职位对任职者个人品性及能力的要求等方面的信息，来实际开展职位分析。

（5）核实职位分析结果。与实际任职者及其上级主管一起核实所得到的职位分析结果信息是否准确，必要时还可以包括其他受该职位影响或影响该职位的人员。

（6）编写职位说明书。按照职位说明书的写作规范，实际编写职位说明书。

2. 需要收集的信息

职位分析的核心是获取与职位有关的详细信息，具体包括以下五个方面：

（1）工作活动。工作活动是指任职者所从事的主要工作内容和要求。主要包括：任职者所要完成的工作活动是什么？任职者的这些活动会产生什么样的结果或产品？任职者的工作结果要达到什么样的标准？

（2）职位地位。职位地位是指该职位在整个组织中的作用和要求。主要包括：该职位设立的目的是什么？该职位与组织中的其他职位有什么联系？该职位对其他职位有什么影响？对该职位绩效的衡量标准是什么？

（3）人员要求。人员要求是指某个职位对员工的要求。主要包括：担任这个职位的人应具备什么样的身体素质？必须具备哪些知识和技能？至少应接受过哪些教育和培训？至少应具备什么样的经验？在个性特征上应具备哪些特点？

（4）工作环境。工作环境包含该职位所要求的身体条件（如工作时长、休息时间）、组织环境（如工作环境是否存在潜在危险）、社会环境（如社会环境是否稳定）等相关的信息。

(5) 行为对象。行为对象是指任职者使用的工具或机器设备、处理的文件或记录，以及任职者预期获得何种结果等①。

3. 职位信息来源

职位分析中收集信息时可能涉及多种信息来源。尽管职位分析需要与职位相关的详细信息，但这并不意味着每个职位都要用到下列全部信息来源，通常会在信息的完备性和成本之间寻找一个平衡点。

(1) 与职位相关的组织人员。如任职者、上级、同事、受该职位影响或影响该职位的人员（如业务流程的上游和下游）、职位分析人员等。职位的任职者本人和此职位的上级领导通常是最为常见的信息来源。

(2) 组织内部的资料积累。如组织现有的政策或制度文件、以前的职位说明书或职责描述、劳动合同等。

(3) 产业/行业的标杆。如龙头企业的职位说明书、职业数据、《中华人民共和国职业分类大典》、美国劳工部职业信息网等。

(4) 外部组织或人员。如组织的客户、策略联盟者、上游供应商、下游销售渠道等。

（三）职位分析结果

1. 职位说明书

职位分析的结果为职位说明书。职位说明书主要包括两个组成部分：一是职位描述；二是职位的任职资格要求。

职位描述主要对工作内容进行概括，是列举一个职位所包含的主要工作任务及职责的清单。职位描述通常包括职位标识（职位名称和其他信息）、职位概述（对任务或目标的概括性陈述）以及职责和任务（应该具体完成什么工作），还可能包含一些其他信息，例如上下级沟通与报告关系、业绩考核标准、工作行为及行为对象、工作权限（即为顺利完成工作个人可以在多大范围做出决策）等②。

任职资格要求主要对任职人员的标准和规范进行概括，是列举一个人为完成某一特定职位上的工作而必须具备的各种特征的清单。任职资格要求通常包括该职位的行为标准，胜任职位所需要的知识、技能、能力和其他个性特征，工作场所特征以及对人员的培训需求等内容。

2. 职位说明书的构成

职位说明书主要由职位标识、职位概要、主要工作职责、教育背景、经验要求、知识技能、工作环境七个模块构成。各模块内容并非简单的罗列，而是通过客观的内在逻辑形成的一个完整系统，具体如表 4-2 所示。

表 4-2　职位说明书的构成

模块	具体内容
职位标识	职位标识是对职位基本信息、层级关系、编写信息等的介绍，主要包括职位名称、职位群组、所处部门、直接上级、编写人、编写日期等信息

① 高艳．工作分析与职位评价［M］．2 版．西安：西安交通大学出版社，2012.

② MORGESON F P，BRANNICK M T，LEVINE E L. Job and work analysis：methods，research，and applications for human resource management［M］. 3rd ed. SAGE Publications，2021.

续表

模块	具体内容
职位概要	职位概要是用简明的话语对某一职位的总体工作职责和工作性质进行的简要说明，表明了该职位的特点和工作的概况
主要工作职责	主要工作职责是对职位主要任务的罗列，同时根据任务的重要性和在各项任务上花费的时间进行排序
教育背景	教育背景是指该职位对职员学历、专业背景等的要求，应注明最低学历要求与最佳学历要求
经验要求	经验要求是指该职位对职员工作年限、工作经验等的要求
知识技能	知识技能是指该职位对职员知识水平、工作能力和专业技能等的要求
工作环境	工作环境是指该职位所处的工作地点、卫生、安全、软硬件设施、工作强度、社会关系等环境条件

资料来源：王瑞永．房地产企业人力资源规范化管理［M］. 北京：人民邮电出版社，2010.

3. 职位说明书的写作规范

（1）语言规范：职位说明书中的语言要清晰准确。工作职责部分需要采用动宾语句格式，例如：动词（做什么）＋对象（对什么/对谁）＋目的或结果。其中，动词使用要精准切实，尽量避免使用“负责”或“管理”等笼统的表述。工作职责编写中常用的动词如表 4－3 所示。

表 4－3　工作职责编写中常用的动词

职责类型	动词词汇
管理行为	分析、安排、任命、指派、达到、控制、协调、确保、监督、引导、指导、纠正、处理
上级行为	许可、批准、指导、监督、监控、委任、检查、计划、评估、签署
下级行为	检查、核对、提交、建议、参加、协作、联系、执行、遵守、完成、维护、提升
专家行为	分析、建议、推荐、评估、调研
针对制度、方案及文件	起草、拟定、审核、呈报、解释、实施、归档
针对信息、资料	调查、收集、获取、分析、整合、检查、发布、咨询

资料来源：孙宗虎，郭蓉．岗位分析评价与职务说明书编写实务手册［M］. 3 版. 北京：人民邮电出版社，2012.

（2）结构规范：通常按照工作职责的重要性排列，主要遵循重要性或耗时性进行排序，如表 4－4 所示。职责条目应尽量精简，保留重要的持续性的工作内容。

表 4－4　人力资源福利专员工作职责示例

职责示例	时间占用百分比
管理员工福利计划，如医疗保险、养老保险	40%
就资格和规定向员工提供建议	20%

续表

职责示例	时间占用百分比
编制员工福利手册	15%
维护福利记录	15%
准备员工福利沟通	10%

在明确职位说明书的构成模块和写作规范的基础上，下面以人力资源薪酬专员这一职位为例，给出一个职位说明书的完整示例。

一、职位标识

职位名称：人力资源薪酬专员　　职位群组：专员
部门：人力资源部门　　直接上级：人力资源主管
编写人：×××　　编写日期：××××年××月××日

二、职位概要

在人力资源主管的领导下，具体负责企业的薪酬绩效、人事档案、劳动关系等日常管理工作，保障公司各项工作的健康稳定开展。

三、主要工作职责

职责 A：薪酬福利管理（40%）

- 协助部门主管编制或修订集团的基本薪酬福利政策和管理制度；
- 核算日常工资、拟定年度薪酬福利预算等。

职责 B：绩效管理（30%）

- 协助部门主管制定和修订集团的绩效考核方案、制度，并组织、统计、分析、应用、归档月度、季度、年度考核的工作；
- 核查员工绩效考核结果，并对异常结果进行纠偏；
- 受理员工绩效考核投诉，提出初步处理意见，报部门和集团领导审核批准后执行。

职责 C：人事管理（20%）

- 依据考勤管理办法监督员工的出勤情况，严肃工作纪律；
- 负责劳动关系、劳动合同、劳动保险和人事档案管理；
- 处理劳动争议与劳动纠纷；
- 审核与办理员工试用期转正、异动、劳动合同续签等人事变动，并与当事人初步沟通；
- 负责员工职称申报、评定，各类专家级别的申报、推荐工作。

职责 D：参与部门管理（10%）

- 参与部门管理，提出改进工作的建议；
- 出席部门相关工作会议，参与部门相关重要事项的决策。

四、教育背景

- 人力资源管理专业大学本科及以上。

五、经验要求

- 三年以上人力资源管理相关工作经验。

六、知识技能

- 熟悉国家与薪酬相关的法律法规；
- 掌握薪酬管理、绩效管理、员工福利管理领域的专业知识；
- 熟练操作办公软件，达到国家计算机二级以上水平；
- 具有企业人力资源管理师二级及以上职业资格；
- 英语六级以上水平，或具有同等水平托福或雅思成绩。

七、工作环境

- 偶尔加班；
- 氛围较轻松。

（四）职位分析的常见误区

误区 1：职位说明书描述的是职位理想状态下的情况。职位说明书描述的应该是职位当前的状况，而不应是理想的或未来的状况。

误区 2：职位说明书要基于此职位的优秀任职者进行编写。职位说明书描述的是能够胜任此职位员工的一般状况，不能以“优秀员工的职责与任务”或“后进员工的职责与任务”为基准。职位分析是对事不对人的，分析的是某一职位该做的事，不要受到任职者的个人特征及绩效水平的影响。

误区 3：职位说明书可以指导具体工作的开展。职位说明书是对职责和任职资格的说明，不是工作手册。因此，并非有了职位说明书就能据此开展工作了。

误区 4：职位说明书应由所要说明的职位的上级领导编写。编写职位说明书一般会由任职者提供原始材料，上级领导审核，人力资源部门监督指导等，涉及多方主体参与和多个信息来源，不要将职位分析仅视为某一方（如上级领导）的工作。

误区 5：职位分析是一劳永逸的事。组织战略不断改变、结构不断变革、流程不断优化，职位职责也会相应变化。因此，职位分析是一个连续的过程。当任何一个职位发生变化时，就要对这个职位进行重新分析，调整职位描述和任职资格。否则，职位说明书就会成为一纸空文，无法发挥作用[①]。

二、职位评价

（一）职位评价的概念

职位评价是指为了确定一个职位相对于其他职位的价值，根据职位的责任要求、知识技能、工作环境、任职条件等要素，对组织内部各职位进行正式的、系统性的比较，并据此建立职位价值序列的过程[②]。职位评价可以明确特定职位对组织的价值。组织可以借此为各职位支付与其创造的价值相匹配的工资，并且以行业内竞争对手的工资水平作为参照依据，由此建立公平的薪酬制度以便吸引和留住人才。

（二）职位评价的作用

职位评价的最终结果是形成合理的职位等级体系，以反映各个职位对组织的价值。

---

① 边文霞．岗位分析与岗位评价：实务、案例、游戏［M］．2 版．北京：首都经济贸易大学出版社，2011.

② 高艳．工作分析与职位评价［M］．2 版．西安：西安交通大学出版社，2012；加里・德斯勒．人力资源管理：第 12 版［M］．刘昕，译．北京：中国人民大学出版社，2012.

职位评价前，各职位价值等级关系不清晰，往往与职位的行政级别相互混淆，各职能部门相同行政级别的员工的职位价值趋同，无法客观体现各职位对组织的贡献（见图 4-1）。而进行职位评价后，职位等级关系能够清晰反映出职位对组织的价值，并且与行政级别脱离关系，核心部门的低行政级别职位的职位等级可能高于非核心部门的高行政级别职位（见图 4-2）。职位等级将最终体现在组织的薪酬体系中，是组织对职位价值的认可。

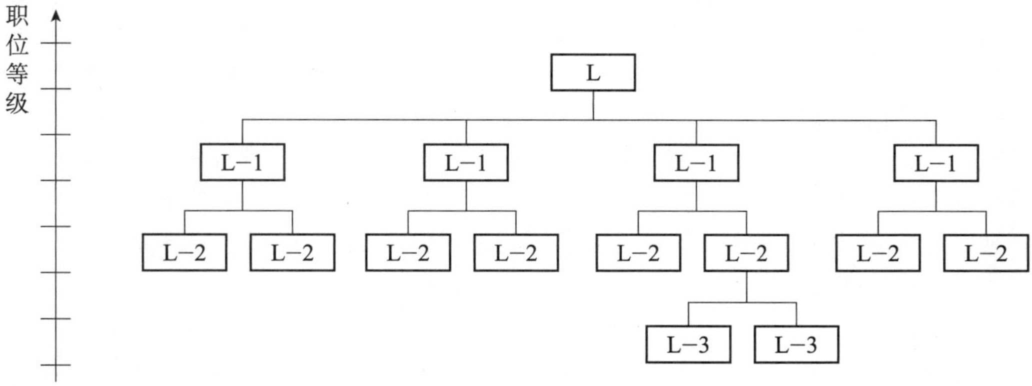

图 4-1　职位评价前不清晰的职位等级关系

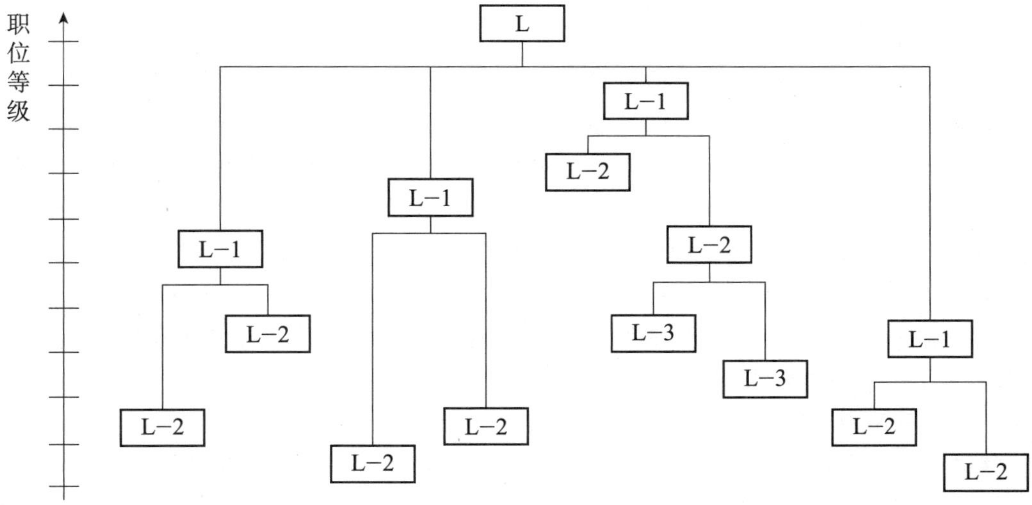

图 4-2　职位评价后相对清晰的职位等级关系

（三）职位评价的步骤

职位评价一般分为四个阶段。在准备阶段，一是要确定职位评价方式，决定采用单一还是多种职位评价体系。如果评价的职位跨越多个职位族，那么就需要采取多种职位评价体系。例如评价操作工人和研发人员通常需要采取两种不同的评价体系。二是建立职位评价群体，确定职位评价委员会。人力资源部门会牵头成立一个具有广泛代表性的职位评价委员会，通常包括公司管理者、董事会成员、人力资源专员、普通员工、外部专家、工会代表等，以具体开展职位评价。职位评价委员会具有广泛代表性的目的是保证内部公平。职位评价是决定职位价值的重要环节。尽管可以借助很多评价方法，但仍然无法完全排除人的主观判断，因此多方参与有助于减少偏见，提高评价结果的可接受程度。同时，员工在职位评价中倾向于夸大所担任职位的价值以提高职位的薪酬水平，而公司管理者倾向于在激励员工与用人成本之间取得平衡，因此多方参与的职位评价委员会也是一个彼此监督和制衡的系统。

在培训阶段，一方面，要针对职位评价本身进行培训，通过培训让职位评价委员会的成员了解公司进行职位评价的目的、采用的方式和方法、职位说明书的各部分内容、评价过程中依据的报酬要素及其具体含义、需要注意的问题等；另一方面，还需要用一些职位实例进行多次评价练习，直到职位评价委员会成员能够取得相对一致的评价结果。

在评价阶段，职位评价委员会的成员会基于职位说明书，根据选定的报酬要素，采用排序法、分类法、要素计点法、要素比较法中的某一种对职位进行评价。具体评价时通常会优先评价组织选定的标杆职位，并借此作为其他职位的参照，完成全部职位的评价。初次评价后还需要对评估结果进行分析，包括职位之间的比较和调整等，以确保评价结果的准确性和合理性。

在总结阶段，一是要总结职位评价的过程和结果，留下评价的过程文档，以便后续职位职责与任职资格发生变化时及时做出调整，也为后人在此次评价基础上进行改进提供方便；二是要就职位评价的结果正式与员工交流，同时建立申诉机制，以确保员工理解和接受职位评价的过程和结果。

（四）职位评价的常见误区

误区 1：工作量越大职位价值就越大。例如，有员工说自己工作量大，天天加班还是完不成。但这可能是个人工作效率低的问题，其他方法得当的员工就可以完成；也可能是短时期内业务量增长导致加班，而工作职责并没有发生实质变化，这种情况应该通过支付加班费来补偿员工而不是做出职位价值大的评价。因此，职位的工作量大不等于职位的价值一定大，不能简单地用工作量来衡量职位价值。

误区 2：行政级别越高职位价值就越大。不同职位族之间比较时，行政级别更高的职位不一定价值就会更大，例如研发职位族中的低行政级别职位的职位等级可能高于后勤保障部门的高行政级别职位。即使在同一职位族中，行政级别高也并不意味着职位价值必然大，某些专家职位的价值可能高于此序列的管理职位。

误区 3：对职位的评价是基于个人的。职位评价是对事不对人的，不能以人代职。换句话说，职位评价是对职位进行分析，与职位的任职者无关。并不会因为职位的任职者是优秀员工就会提升职位的价值，员工表现优异应该通过绩效奖励来予以嘉奖。

误区 4：普通员工不需要了解职位评价的标准。职位评价的标准应该是清晰的。选取哪些报酬要素以及这些报酬要素如何具体定义，不仅要让职位评价委员会成员知晓，也应该与全体员工沟通。员工如果不了解职位评价的标准和依据，就会对评价的结果缺乏认同感。

误区 5：职位评价的标准可以随时变化。职位评价应该是系统性开展的，评价标准应保持一致，不能经常发生变化。如果评价标准经常变化就会使评价误差逐渐累积，最终使评价结果不再可信。因此，一旦开展评价，就应尽可能采用相同的评价标准，尽可能覆盖同一职位族的所有职位，后续职位评价时也尽量要采用相同的报酬要素和评价标准。

三、职位设计与再设计

（一）职位设计

职位设计是指对于组织中特定的职位，明确其所要完成的工作内容、职责和权利，并制定合适的工作安排、任务分配和职位要求①。职位设计可以为公司提供明确的任务和责任划分，定义各级员工的权利和任务，为员工提供明确的工作目标，进而提高员工的工作效率和工作积极性，促进公司的发展和成长②。

职位设计是一个重要的人力资源管理流程，它主要包括以下几方面内容：

（1）确定工作内容和职责：职位设计首先要明确职位所需完成的工作内容及任务，从而更好地划分职责范围和制定职位能力要求，以确保最终达成预期的工作目标。

（2）建立工作程序：制定工作的具体程序，明确任务类型并进行任务分配。在必要时，企业可以专门排出时间表，以保证工作程序的高效运作。

（3）确定工作关系和流程：梳理工作流程，明确职位与组织内的其他部门或职位之间的关系以及上下级之间的联系，确保工作过程中部门/职位职责无交叉重叠，位于不同职位的人能够顺畅交流。

（4）界定职位级别和薪酬水平：将职位与组织架构和层级相对应，以确定该职位的薪酬水平和晋升路径。

值得一提的是，职位设计在实施时也可以变通。比如当有残障人士入职时，原本的职位设计方案可能会存在一些偏差，此时企业可以根据员工的需要进行调整。而当发现现有的职位设计体系不能满足全部员工的需要，或者不能满足企业发展的要求时，企业可以对职位进行再设计。

（二）职位再设计

当前，组织内外部环境持续变化，具有不稳定、不确定、复杂和模糊的时代特征，职位也需要随时做出调整以应对变化。职位再设计是重新规划职位的工作任务和职责，弥填补当前工作和职业生涯发展方面的缺陷，提升员工工作绩效和满意度，以帮助员工更好地适应组织内外不断变化的环境，更好地配合公司战略目标和需求③。

摩根森和坎皮恩指出，可以通过对任务集的重新分组完成对职位的再设计。大致可以分为以下四个步骤：

（1）定义任务集。这一步旨在明确员工所负责的任务内容以及任务数量。

（2）评价任务集。这一步旨在确定是否存在关联任务，是否为核心任务或任务是否重要。

（3）合并任务集。经过对任务的评价，企业可以及时认识到哪些任务是存在关联的，

---

① 弗雷德里克·摩根森，迈克尔·布兰尼克，爱德华·莱文．职位与工作分析：第 3 版［M］．赵晨，译．北京：机械工业出版社，2023.

② 苏勇，王淼，李辉．工作设计对员工知识共享行为影响研究：以心理资本为中介变量［J］．软科学，2011，25（9）.

③ RUDOLPH C W，KATZ I M，LAVIGNE K N，et al. Job crafting：a meta-analysis of relationships with individual differences，job characteristics，and work outcomes［J］. Journal of vocational behavior，2017（102）.

在后期进行重组时，可以将存在关联的任务联合在一起，从而提高工作效率。

（4）评价结果。在实行新的职位设计体系后，要对任务集变化后的绩效情况进行评价，以便及时做出调整①。

第 2 节　职位分析与评价的传统方法

一、职位分析方法

（一）职位分析的描述性方法

1. 观察法

观察法又称现场观测法，是指职位分析人员直接到工作现场，实地观察、测定并记录某一时期内有关工作活动的内容、方法、形式，工作间的关系，人与工作的关系以及工作环境等信息，并以文字或图表的形式记录下来，在此基础上对所收集的信息进行分析和归纳总结的一种传统的职位分析方法。

观察法是最早被使用的职位分析方法之一。在实际工作中，它更多地用于分析工作活动所需的外在体力要求、工作条件、危险性或所需使用的工具及设备等方面②，即适用于对外显行为特征的分析，不适用于对隐蔽的心理素质分析，适用于分析没有时间规律和表现规律的工作③。因此，观察法适用于简单、标准、数量少、具有周期性、重复性强的操作类工作。

2. 访谈法

访谈法又称面谈法，是指职位分析人员通过与任职者、主管等人进行面对面的谈话来收集工作相关信息以及他们对工作的意见或看法等。面谈的程序可以是标准化的，也可以是非标准化的。通常，使用访谈法时应以标准化面谈格式记录，以便控制面谈内容以及对同一职务不同任职者的回答进行比较。④

访谈法的适用范围很广，它能够适用于各层各类的工作，一方面可以对任职者的工作态度和工作动机等深层次的内容进行详细的了解；另一方面也可以对中高层管理工作进行深度职位分析。

3. 问卷调查法

问卷调查法简称问卷法，是通过让被调查职位的任职者、主管及其他相关人员填写调查问卷来获取工作相关信息的方法⑤。

问卷调查法可以用于对组织内各类工作进行分析，具有广泛的适用性。由于该方法操作简单、经济，对任职者的干扰较小，收集到的信息完整、系统，可在事先建立的分析模型的指导下展开，因此，几乎所有的结构化职位分析方法在信息收集阶段均会采用

① MORGESON F P，CAMPION M A. Minimizing tradeoffs when redesigning work：evidence from a longitudinal quasi-experiment ［J］. Personnel psychology，2002，55（3）.

② 高艳．工作分析与职位评价［M］．2 版．西安：西安交通大学出版社，2012.

③ 方雯．工作分析与职位评价［M］．西安：西安电子科技大学出版社，2017.

④ 方雯．工作分析与职位评价［M］．西安：西安电子科技大学出版社，2017.

⑤ 杨河清．人力资源管理［M］．北京：高等教育出版社，2017.

问卷调查的形式。

一份职位分析问卷主要包括以下内容：

（1）员工的基本信息，如姓名、职位名称、所在部门、上级主管姓名等；

（2）职位概述，即让任职者用一两句话简要总结职位设立的主要目的；

（3）职位的主要职责，即让任职者按重要性顺序描述具体的职责，并估计每项职责所需的工作时间占比，如表 4－5 所示；

（4）此职位所需的最低正规教育要求，以及与任职者的职责直接相关的领域是否需要以及需要何种继续教育；

（5）此职位的工作环境及外显性的任职条件，包括工作经验、从事这项工作所需的所有具体技能/执照/认证（如从事教师工作需考取教师资格证）、工作的复杂性及工作预算、工作的环境条件、从事工作所需的生理条件等；

（6）此职位需要的能力和特质，包括领导力水平、与他人沟通交流或人际联系的能力、独立判断或解决问题的能力等；

（7）此职位如何嵌入组织结构之中，一般会填写如图 4－3 所示的组织结构图；

（8）任职者的评论意见，包括与职位相关但未充分表达的内容，任职者签字确认所填写信息准确无误；

（9）任职者的主管对此职位最低任职要求的评价、其他评论意见和需要补充的内容，有时还会请任职者主管的主管对问卷中填写的信息进行再次审阅并填写评论意见。

表 4－5　职位的主要职责

序号	职责（从最重要的开始列起）	是否为核心职责	所需工作时间占比（%）
1			
2			
3			
4			
5			
6			

4. 工作日志法

工作日志法又称工作日写实法，它是首先要求任职者按时间顺序详细记录自己在一定工作周期内（通常是一个工作日）的工作内容和工作过程，然后职位分析人员对其进行归纳、提炼，获取所需工作信息的一种职位分析方法①。工作日志法主要用于收集有关工作职责、工作内容、人际关系、消耗的时间以及工作负荷等原始工作信息，为其他职位分析方法提供信息支持。该法适用于工作循环周期较短、工作状态稳定、无太大起伏的工作。

上述四种方法的优缺点比较如表 4－6 所示。

① 高艳．工作分析与职位评价［M］．2 版．西安：西安交通大学出版社，2012.

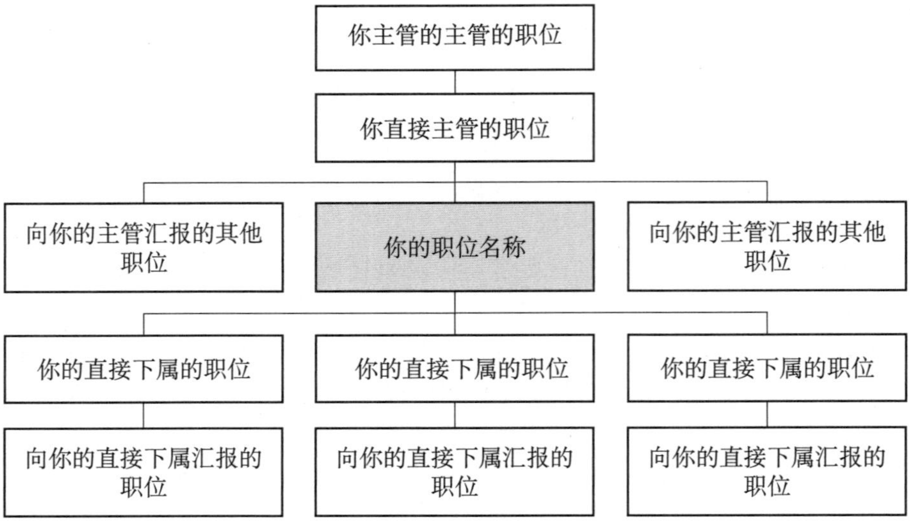

图 4-3　组织结构图

表 4-6　职位分析描述性方法优缺点比较

职位分析方法	优点	缺点
观察法	(1) 能够为职位分析提供最直接的第一手资料 (2) 简单易操作 (3) 具有较强的灵活性 (4) 便于职位分析人员全面深入地了解工作要求	(1) 耗时长，不适用于以脑力劳动为主的工作和时间紧迫的间歇性工作 (2) 对职位分析人员技能要求较高 (3) 具有较强的主观评价色彩 (4) 成本较高
访谈法	(1) 访谈双方可以面对面交流，便于广泛深入地探讨与工作有关的信息 (2) 职位分析人员可以及时控制访谈进度，调整访谈提纲，提高职位分析的效率 (3) 有助于加强与员工的沟通，缓解其负面情绪，调整心态	(1) 容易受个人偏见的干扰 (2) 费力、费时，成本较高 (3) 由于访谈的公开性，容易使访谈对象产生不诚实或自利行为，会夸大或弱化某些职责，从而导致收集到的信息扭曲、失真 (4) 需要受过专门训练的职位分析人员
问卷调查法	(1) 费用低、速度快，节省时间和人力 (2) 调查范围广，对被调查者的干扰较小 (3) 问卷结果可以由职位任职者的主管甚至主管的主管反复确认，保证获取信息的可信度和真实性 (4) 能接触到平时难以接触的人	(1) 对问卷编制的技术要求较高 (2) 通过该方法只能获得书面信息，不能了解到生动、具体的情况 (3) 只适用于有一定文字理解能力和表达能力的调查对象
工作日志法	(1) 成本低，所需费用少 (2) 容易操作、控制及分析 (3) 信息可靠性较高，适用于勾勒整个工作活动的结构与次序	(1) 职位分析人员无法对日志的填写过程进行有效的监控，可能导致任职者填写的活动详细程度与职位分析人员的预期有差异 (2) 需要占用任职者较多的时间 (3) 信息收集的准确度不够高

资料来源：高艳．工作分析与职位评价［M］. 2 版．西安：西安交通大学出版社，2012.

（二）职位分析的量化方法

1. 职位分析问卷法

最著名的职位分析量化方法是职位分析问卷（position analysis questionnaire，PAQ）。职位分析问卷法是由麦考密克（McCormick）、詹纳雷特（Jeanneret）和米查姆（Mecham）在 1972 年开发的，用于测量工作特征并将其与人类特征联系起来。1972 年开始使用的初版职位分析问卷（PAQc），是一份结构化的职位分析问卷，它要求被调查者从预设的题目和选项中选择答案。因为需要通过预设的题目和答案反映出各种职位的职责和任职资格，PAQc 需要测量 187 个题目，每个题目均描述行为，因此职位分析问卷法是从“行为”视角进行职位分析的。2004 年开始使用的增强型职位分析问卷（PAQe）也是一份结构化的职位分析问卷，该问卷的测量题目总数达到了 300 个。两个版本的项目类别比较详见表 4－7。后续的在线职位分析问卷和应用程序使用的通常是从这 300 个题目中选择的子集。

表 4－7　PAQc 和 PAQe 各自收集信息的比较

方法	类别	说明
PAQc	信息来源	员工从哪里以及如何获得执行工作所需的信息？
	智力过程	执行工作所涉及的推理、决策、计划和信息处理活动
	工作产出	员工执行工作时所使用的身体活动、工具以及方法
	人际关系	执行工作所要求的与他人之间的关系
	工作背景	执行工作的物理环境和社会背景
	其他职位特征	其他与工作相关的活动、条件和特征
PAQe	技能和任务	工作的主要职责是什么？还需要哪些技能？
	工作及相关管理内容	如果有的话，存在哪些管理相关的工作要求？
	认知技能和能力要求	执行工作需要哪些推理、决策、计划和信息处理活动？
	人际要求	执行工作所要求的与他人之间的关系
	信息和数据要求	从哪里以及如何获得执行工作所需的信息？
	工作产出	与所提供的服务和所生产的产品相关的产出是什么？
	体力要求	完成工作需要哪些体力活动、使用什么工具/设备？
	增强型分析	还有哪些关于薪酬、资质和职业兴趣的额外信息？

职位分析问卷的多数题目使用 6 点测量量表，覆盖使用程度、时间总量、对职位的重要性、出现的可能性、可应用性等不同方面。下面详细展示了其中 3 个题目。

例题 1：PAQe“技能和任务”类别的“协调活动”中总第 14 题。

A－3

协调活动

描述可能发生的其他方面的管理活动。

14 项目团队领导力

该职位领导、协调、监督或组织员工、项目或团队的活动以实现某些目标的频率，例如项目经理、团队负责人或委员会主席。

从不	极少		偶尔		经常		频繁		持续	
0	0.5	1	1.5	2	2.5	3	3.5	4	4.5	5
○	○	○	○	○	○	○	○	○	○	○

例题 2：PAQe“工作及相关管理内容”类别的“责任”中总第 32 题。

B-4

责任

32 保障他人安全的责任

工作需要任职者勤奋并努力以防止对他人造成伤害的程度。

○ 0 不适用（不需要对他人安全负责）

○ 1 非常有限的（对他人的安全负有最低的责任，例如使用小型手动工具或非危险机器的人员）

○ 2 有限的（必须谨慎行事以避免伤害他人，例如操作车床、冲床和其他工业机器）

○ 3 中级的（必须很小心以避免伤害他人，例如操作重型器械或驾驶公共汽车）

○ 4 实质性的（必须非常小心以防止对他人造成严重伤害，例如处理危险化学品或使用爆炸物）

○ 5 非常重要的（其他人的安全几乎完全取决于任职者的行动，例如驾驶飞机或进行大手术）

例题 3：PAQe“信息和数据要求”类别的“工作信息的可视化来源”中总第 137 题。

E-2

工作信息的可视化来源

职位任职者在执行工作时，多长时间以及在多大程度上使用以下各项作为信息来源？

137 书面材料

例如，电子邮件、文章、工作说明、书籍、报告等。

从不	极少		偶尔		经常		频繁		持续	
0	0.5	1	1.5	2	2.5	3	3.5	4	4.5	5
○	○	○	○	○	○	○	○	○	○	○

完成一份职位分析问卷并不容易，但完成问卷本身不是目的，目的是基于问卷结果开展职位分析，以便更好地实现人力资源管理职能。由于职位分析问卷具有以行为为导向的特点以及个体理解各种评价尺度存在一定的难度，由任职人员或者主管在没有指导的情况下完成职位分析是不明智的。经验表明，最有效的数据收集方式是由职位分析专业人员对任职者或者其直接主管进行工作内容方面的访谈，然后由这些专业人员填写职位分析问卷。当完成一个职位的职位分析问卷之后，题目的平均得分就可以用来界定该职位的职责与任职资格。在信息技术高度发展的今天，也可以利用电脑程序自动分析结果，或者将分析的任务交给职位分析服务机构。

职位分析问卷为广泛收集职位信息提供了一种标准化的量化工具，使得应用工作维度评分定量化地描述某一职位成为可能。同时，职位分析法还具有信息准确度高、可操作性强、成本较低等优点。但它同样存在缺点，例如对使用者的文化程度要求较高，尤其要求其有较强的阅读能力；此外，该方法不能精确区分不同的工作，不涉及具体任务，不能进行工作描述，不适用于对高层管理者的职位进行分析，等等。

2. 职能性职位分析法

职能性职位分析法（functional job analysis，FJA）主要的研究对象为工作本身，是一种以工作为导向的职位分析系统性方法，最早起源于美国培训与职业服务中心制定的职业分类系统①。它主要针对工作的每项任务要求，分析完整意义上的任职人员在完成这一任务的过程中应当承担的职责，以获取与通用技能、特定工作技能、适应性技能三种技能相关的信息②。该方法对工作的每项任务要求进行详细分析，全面具体地描述工作内容，一般能覆盖工作所包括的全部内容的 85%以上。

FJA 的职能维度包括信息职能、人员职能、事务职能、工作者指导、理解能力、数学能力、语言开发能力，每个维度又具有 5～12 个不同的细分等级。例如信息维度有 8 个等级，从低到高分别是：（1）比较；（2）抄写；（3A）计划；（3B）编辑；（4）分析；（5A）创新；（5B）协调；（6）综合。上述每个等级又分别有详细界定。

FJA 的优势体现在其可非常清楚地阐述组织内部关于工作与人的一些理论，能够区分工作行为和工作结果，以及处理信息、人和物之间的关系。这些分析能够提供对工作特征、目的和人员职能的深入理解。然而，FJA 也存在一些不足之处。首先，它的操作比较复杂，需要花费大量的时间和精力来进行详细的分析。其次，FJA 对分析者的要求比较高，需要具备一定的分析和解读能力，因此难以把握。总的来说，FJA 是一种有力的工具，可以帮助组织更好地理解工作需求和人员能力要求，但同时也需要谨慎使用，确保分析的准确性和有效性。

（三）职位分析的数字化方法

1. O * NET

O * NET（Occupational Information Network）是美国劳工部（U. S. Department of Labor）开发的一个全面的职业信息数据库和在线系统，旨在提供有关各种职业的详细信息，以帮助个人、雇主、教育机构、政府部门和其他利益相关方做出职业相关的决策。O * NET 包含了大量的职业信息，涵盖的职业超过了 1 000 种，并根据职业角色和任务，提供了工作要求、技能、工作内容、教育和培训要求、薪资水平、就业趋势等方面的详细数据。O * NET 免费向公众开放，并根据职业相关内容的变化不断更新。

（1）O * NET 内容模型。每一种职业都需要不同的知识、技能和能力，并通过各种活动和任务来完成。职业的这些显著特征由 O * NET 内容模型描述。O * NET 内容模型构建了一个框架，确定了关于工作的最重要的信息类型，并将它们整合到了一个理论和实践上都较为完善的系统中。O * NET 内容模型是通过对工作和组织分析的研究开发的，它一方面描述以职业导向（工作导向）和人员导向（工作者导向）为两端的特征，另一方面也描述以跨工作、部门或行业（跨职业）和职业特定（职业内部）为两端的特征。

---

① 杨河清．人力资源管理［M］．北京：高等教育出版社，2017.

② 高艳．工作分析与职位评价［M］．2 版．西安：西安交通大学出版社，2012.

O＊NET 内容模型被划分为六个主要部分，如图 4－4 所示。

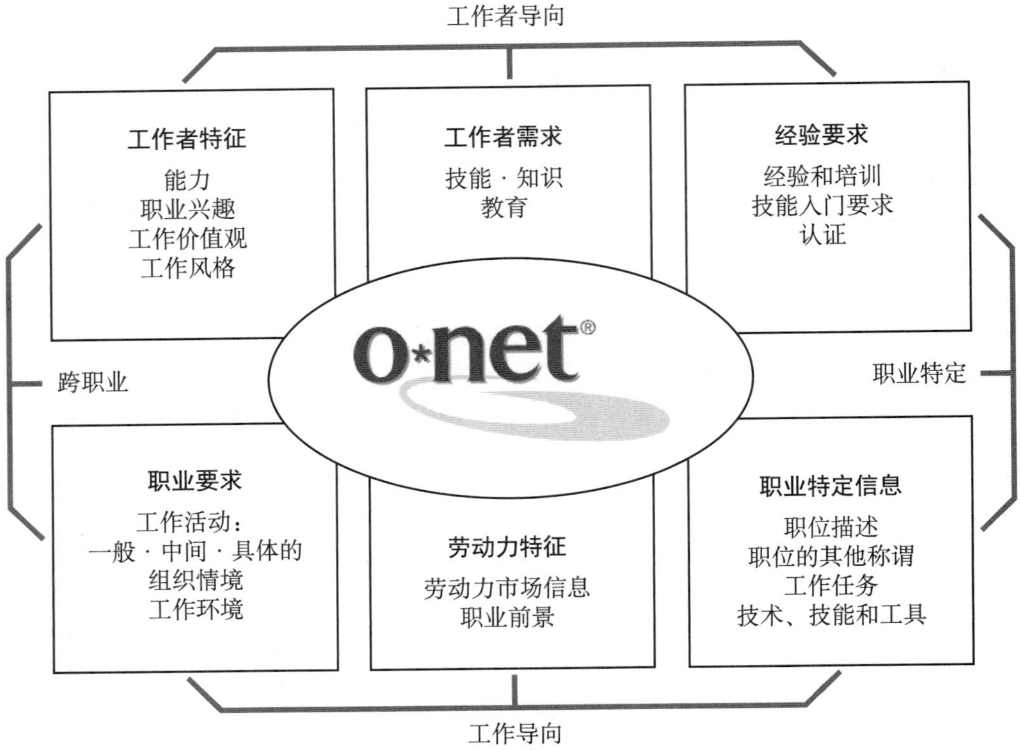

图 4－4　O＊NET 内容模型

资料来源：The National Center for O＊NET development，the O＊NET interest profiler [EB/OL]. [2023－10－10]. https：//www.mynextmove.org/explore/ip.

1）工作者特征：即工作者相对稳定的个人品质，例如能力、职业兴趣、工作价值观和工作风格等，这些品质可能会影响他们处理任务的方式以及他们如何获得与工作相关的知识和技能；

2）工作者需要求：描述通过经验和教育获得的与工作相关的属性，这些属性可能与工作表现有关，如与工作相关的知识和技能；

3）经验要求：描述一个职业或一组职业中工作者的典型经验背景信息，包括认证、执照和培训数据等；

4）职业要求：总结职业所需完成的各种工作活动和工作任务，以及对工作者或工作活动提出特定要求的环境变量，如身体条件和工作环境；

5）劳动力特征：描述可能对职业产生影响的劳动力市场信息及职业前景，具体包括薪酬数据、职业前景以及行业规模等信息；

6）职业特定信息：介绍适用于单一职业或狭义职位族的一组综合要素，除了工作者在工作场所可能使用的机器、设备、工具、软件和信息技术外，它还包括与工作相关的知识、技能和任务等。

（2）利用 O＊NET 撰写职位说明书。如果我们想利用 O＊NET 撰写职位说明书，那么首先要访问 O＊NET 的官网（https：//www.onetonline.org/），在首页职业关键词检索对话框中键入想要查询的职业名称关键词。需要指出的是，虽然 O＊NET 提供的是职业方面的丰富信息，但是这些信息中包含了与此职业相关职位的多种信息，我们可以借助这些信息更快更好更经济地撰写职位说明书。换句话说，在 O＊NET 检索到的信息并不能直接生成职位说明书，但可以为更有效地撰写职位描述和任职资格说明提供一个很高的起点，甚至可以省去很多收集关于职位的一手资料的工作。

例如，为更好地满足内部对技术支持的需求，某公司需要设立几个计算机技术支持职位，并对此职位撰写新的职位描述。公司的人力资源经理利用 O＊NET 上的信息来撰写此职位的职位说明书。首先，他在 O＊NET 主页的关键词检索对话框中键入“computer support”（计算机支持）。检索结果中最匹配的结果是“computer user support specialists”（计算机用户支持专家）。其次，人力资源经理选择这一职位后得到了一个关于此职位的完整报告，这一报告具体按 O＊NET 内容模型中的六个主要部分展开，如图 4-5 所示。人力资源经理根据需要选择了他所需要呈现的结果，包括工作任务、工作活动、工作环境、知识、技能、能力、教育水平等信息，并且导出了一份定制的报告（可定量选择每类信息中具体项目对应的最低分值，以便过滤掉相关程度不高的项目）。再次，人力资源经理请 IT 经理从此定制的报告中标注出计算机技术支持职位的重要信息，并进一步协同 IT 经理就公司和职位的具体情况对这些重要信息进行完善和润色，形成职位说明书的初稿。最后，他们将此职位说明书初稿提供给公司 IT 部门的员工进行补充完善，形成正式的职位说明书。

2. 生成式人工智能

随着生成式人工智能的快速发展，有各种各样的人工智能工具和平台可以帮助我们开展职位分析并撰写职位说明书。例如，OpenAI 的 ChatGPT 和百度的文心一言都是较为强大的语言生成器，只需输入一些关键词，例如角色、工作职责、技能要求等，就可以创建一份详细的职位说明书。人工智能工具还可以确保你使用的语言是公正无偏的，避免任何可能导致过滤掉重要和潜在信息的表述。生成职位说明书后，可使用人工智能工具进行优化和改进。例如，一些工具可以检查语法，提供措辞建议，或者帮助你编写更具吸引力的招聘广告。人工智能工具也可以提供反馈和建议，帮助你改善职位说明的效果。

例如，我们要求人工智能工具根据以下要求生成一份职位说明书：“请针对人力资源业务伙伴这一职位，从职位概要、主要工作职责、教育背景、经验要求、知识技能、工作环境等方面撰写一份职位说明书，其中主要工作职责须根据重要性、花费的时间从高到低、从长到短进行排序。”

ChatGPT 的输出结果如下：

职位概要：

人力资源业务伙伴是公司人力资源部门的重要角色，负责与各部门的管理层紧密合作，提供全面的人力资源支持和咨询服务。他们致力于帮助实现公司的战略目标，并在组织内落实人力资源策略。人力资源业务伙伴需要具备出色的人际交往和沟通能力，以便能够建立并维护与各级员工的良好关系。

O*NET OnLine

Occupation keyword search

electrician Go

Help Find Occupations Advanced Searches O*NET Data Crosswalks Share Sites

Computer User Support Specialists

15-1232.00

Updated 2023

Provide technical assistance to computer users. Answer questions or resolve computer problems for clients in person, via telephone, or electronically. May provide assistance concerning the use of computer hardware and software, including printing, installation, word processing, electronic mail, and operating systems.

Sample of reported job titles: Computer Specialist, Computer Support Specialist, Computer Technician, Desktop Support Technician, Help Desk Analyst, Help Desk Technician, Information Technology Specialist (IT Specialist), Support Specialist, Technical Support Specialist

Summary Details Custom Easy Read Veterans Español

Contents

Occupation-Specific Information

Tasks

5 of 16 displayed

- Answer user inquiries regarding computer software or hardware operation to resolve problems.
- Oversee the daily performance of computer systems.
- Read technical manuals, confer with users, or conduct computer diagnostics to investigate and resolve problems or to provide technical assistance and support.
- Set up equipment for employee use, performing or ensuring proper installation of cables, operating systems, or appropriate software.
- Develop training materials and procedures, or train users in the proper use of hardware or software.

Technology Skills

5 of 73 displayed

- **Data base management system software** — Apache Hive; Elasticsearch; MongoDB; Oracle PL/SQL
- **Data base user interface and query software** — Amazon Redshift; Blackboard software; ServiceNow; Transact-SQL
- **Development environment software** — Apache Kafka; Apache Maven; Microsoft .NET Framework; Microsoft PowerShell
- **Operating system software** — Apple iOS; Bash; Microsoft Windows Server; UNIX Shell
- **Web platform development software** — Django; Google Angular; Microsoft ASP.NET; Spring Framework

Hot Technologies are requirements most frequently included across all employer job postings.
See all 116 Hot Technologies for this occupation.

In Demand skills are frequently included in employer job postings for this occupation.
See all 10 In Demand skills for this occupation.

Occupational Requirements

Work Activities

5 of 20 displayed

- **Working with Computers** — Using computers and computer systems (including hardware and software) to program, write software, set up functions, enter data, or process information.
- **Getting Information** — Observing, receiving, and otherwise obtaining information from all relevant sources.
- **Communicating with Supervisors, Peers, or Subordinates** — Providing information to supervisors, co-workers, and subordinates by telephone, in written form, e-mail, or in person.
- **Updating and Using Relevant Knowledge** — Keeping up-to-date technically and applying new knowledge to your job.
- **Making Decisions and Solving Problems** — Analyzing information and evaluating results to choose the best solution and solve problems.

Detailed Work Activities

5 of 22 displayed

- Provide technical support for software maintenance or use.
- Monitor computer system performance to ensure proper operation.
- Read documents to gather technical information.
- Collaborate with others to resolve information technology issues.
- Resolve computer software problems.

Work Context

5 of 21 displayed

- **Electronic Mail** — 100% responded "Every day."
- **Contact With Others** — 86% responded "Constant contact with others."
- **Face-to-Face Discussions** — 85% responded "Every day."

图 4-5　O＊NET 计算机用户支持专家的相关信息（节选）

主要工作职责（按重要性和花费的时间排序）：

（1）组织战略支持：与高层管理者合作，理解公司战略目标，并根据其需要制定和实施相应的人力资源策略和计划。

（2）人才招聘与选拔：负责与招聘团队合作，制定有效的招聘策略，吸引并选拔符合公司需求的高素质员工。

（3）员工绩效管理：协助部门管理层进行绩效评估，确保绩效评估体系公平有效，并为员工提供有针对性的培训和发展计划。

（4）员工关系管理：处理员工关系问题，包括但不限于调解纠纷、给予纪律处分和处理员工投诉。

（5）员工培训与发展：与部门经理合作，制定员工培训计划，确保员工具备必要的技能和知识。

（6）组织变革管理：在组织变革期间，为员工和管理层提供支持和指导，确保变革顺利进行。

（7）薪酬与福利管理：协助制定和优化薪酬体系，并管理员工的福利计划。

（8）人力资源数据分析：收集、整理和分析人力资源数据，为管理层提供决策支持。

（9）法律合规事务：确保公司的人力资源政策和做法符合当地法律法规，并及时更新相应政策。

（10）员工离职与离退休管理：经办员工离职和离退休手续，保障相关流程顺利进行。

教育背景：

本科及以上学历，人力资源管理、心理学、社会学或相关专业。

经验要求：

● 至少 5 年以上人力资源管理相关工作经验，包括 2 年以上员工关系管理或绩效管理经验。

● 有跨部门合作和项目管理经验者优先。

知识技能：

● 熟悉国家和地区的劳动法律法规。

● 具备出色的人际关系和沟通技巧，能够与各级员工建立良好的工作关系。

● 具备良好的问题解决和决策能力，能够应对复杂的员工关系问题。

● 熟练掌握人力资源信息系统和办公自动化软件，具备数据分析能力。

● 具备良好的英语沟通能力，能够处理跨国公司事务。

工作环境：

人力资源业务伙伴通常在办公室环境中工作，需要与不同部门的管理层和员工保持紧密联系。由于工作涉及敏感信息和员工隐私，需要具有高度的职业道德和保密意识。在组织变革期间，工作可能会面临一定的压力，需要有适应和应对变化的能力。

文心一言的输出结果如下：

职位概要：

人力资源业务伙伴是公司内部负责人力资源管理的核心角色，旨在支持和优化公司的人力资源战略。他们与各部门密切合作，为组织提供招聘、培训、绩效管理和劳动关系等方面的专业建议和执行方案。

主要工作职责：

（1）根据公司战略制定和执行人力资源计划，确保人才需求与公司战略目标相一致。

（2）负责招聘管理，包括职位发布、面试安排、背景调查等，确保招聘流程顺利进行。

（3）设计和实施员工培训计划，包括新员工培训、技能提升等，提高员工整体素质和绩效。

（4）制定和执行绩效管理方案，包括绩效评估、奖励机制等，激发员工的积极性和创造力。

（5）处理劳动法律纠纷和员工投诉，确保公司合规性和员工满意度。

（6）为员工提供职业发展规划和晋升机会，帮助员工实现个人和组织共同成长。

（7）参与组织变革和重组，为组织发展提供有力支持。

教育背景：

人力资源业务伙伴职位通常要求本科及以上学历，人力资源管理、心理学、社会学等相关专业优先。有工商管理、人力资源管理等硕士及以上学历者更受欢迎。

经验要求：

有至少有3～5年相关工作经验，熟悉人力资源管理流程和法规，具备解决复杂问题的能力。有在相似规模的公司或行业工作的经验会更有优势。

知识技能：

（1）熟练掌握人力资源管理、招聘策略、绩效评估等方面的知识和技能。

（2）具备出色的沟通、协调和谈判技巧，能够与各层级的人员有效沟通。

（3）具有出色的分析能力和战略思维，能够根据公司战略制订相应的人力资源计划。

（4）熟练使用办公软件（如Word、Excel、PowerPoint等）和人力资源系统。

工作环境：

人力资源业务伙伴职位通常位于公司的核心部门，与各部门紧密合作，因此需要适应快节奏的工作环境和较大的压力。此外，该职位需要处理敏感的员工信息，因此需要严格遵守公司隐私政策和相关法规。公司文化、组织架构和社会环境也会对人力资源业务伙伴职位产生影响。在重视员工关系和人力资源管理的公司文化中，人力资源业务伙伴能够发挥更大的作用，为公司的战略目标提供有力支持。同时，人力资源业务伙伴也需要适应公司的组织架构，包括公司的层级关系、部门划分等，以便更好地与各部门进行合作。此外，社会环境和法律法规也会对人力资源业务伙伴的工作产生影响，需要时刻关注相关政策变化，确保公司的合规性和员工的权益。

需要补充说明的是，虽然人工智能可以帮助撰写和优化职位说明书，但最终的审查和决定还是需要人工进行，以确保其与公司文化和目标一致。换句话说，人工智能的确可以帮助我们撰写和优化职位说明书，从而节省职位分析的时间，提高效率，但目前以及在未来相当长的时间内仍无法完全取代人工。职位说明书的最终版本还是需要由人工来进行审核与完善。

二、职位评价方法

对职位的报酬要素测定和比较的不同方法形成了职位评价的不同方法，常用的职位评价方法有排列法、分类法、要素计点法和要素比较法等，其中排列法和分类法属于非量化的职位评价方法，要素计点法和以之为基础发展而来的海氏职位评价法属于量化的职位评价方法。

（一）非量化的职位评价方法

1. 排列法

排列法又称排序法，是一种最简单的职位评价方法，它根据总体上界定的职位的相对价值或者职位对于组织成功所做出的贡献将职位从高到低进行排列。该方法适用于没有太多时间和费用进行更为精细的职位评价的小型组织。

在使用排列法对职位进行排序时，需要遵循以下几个步骤：

（1）获取职位信息，通常为职位说明书；

（2）选取职位并加入分组，通常是对某一部门或同一职位族的职位进行排序；

（3）选择报酬要素，明确定义并向职位评价者解释清楚其含义；

（4）对职位进行排序，可以将各个职位的简要描述制作成职位索引卡片以便排序；

（5）将职位评估结果加以合并，以综合反映多个评价者的意见[①]。

排列法通常包含三种类型，各类型的名称及定义如表 4－8 所示。

表 4－8　排列法的三种类型

类型	定义
直接排列法	根据组织成员在工作中积累的经验，通过主观判断的方法，对工作的相对价值进行排序
交替排列法	根据对职位价值的判断，不断从职位列表中选出价值最高和最低的职位，然后是次高和次低职位，直到全部排序完毕
配对比较排列法	将所有要比较的职位分别列在表格的行和列中，然后进行难度相对较低的两两比较，之后统计各职位在两两比较中的胜出次数

排列法的优点在于快速简单、费用低、容易解释。排列法的缺点在于在排序方面各方可能难以达成共识、评价的一致性难以保证、职位之间的差距大小无法得到解释以及可能夹杂个人偏见等，而且职位数量太多时排序法难以使用，15 种职位通常是排序法适用的上限。

2. 分类法

分类法即归类法，它在职位分析的基础上，事先进行总体职位分类和等级描述，制定一套职位“标准体系”，然后根据事先确定的报酬要素，如知识技能、工作复杂性、工作责任大小等，将职位归入相应等级，从而完成职位评价。

分类法的常见程序包括：

---

① 高艳．工作分析与职位评价［M］．2 版．西安：西安交通大学出版社，2012．

（1）选择报酬要素；

（2）根据职位所包含的报酬要素的数量或等级水平编制职位等级描述；

（3）通过比较职位描述与职位等级描述中的规则，将这些职位插入适当的职位等级之中。

某小型销售公司的职位等级分类如表 4－9 所示。该公司将职位分成三个大的职级，分别是高层管理者、中层管理者和一线员工，同时根据报酬要素对每个职级进行了定义。每个职级又细分为多个职等，由此建立起一个职位分类的标准体系。之后公司将全部职位插入此标准体系的各个职级和职等之中，从而完成了职位的评价。

表 4－9　某小型销售公司的职位等级分类

职级	职级分类定义	职等	职位类型
高层管理者	为公司确定战略，并就实现这一战略为下属制定工作目标，确定经营路线，在既定战略目标范围内做出重大决策，这些决策在未来将会对公司产生广泛而深远的影响	10	总裁、副总裁
		9	营销总监
		8	财务总监
		7	其他经营总监
中层管理者	具有出众的领导管理才能和良好的业务管理理念，具有丰富的管理知识和实际操作经验，接受过相关的高级培训或拥有高级职称	6	品类销售主管
		5	财务经理
			人力资源经理
一线员工	工作任务较明确，对创造性的要求不高，按照既定的程序和规章工作，或按照上级主管的要求完成工作任务	4	库管
			会计、出纳
			企划文案
		3	市场调查员
			会务专员
			前台文员
		2	物流专员
		1	电话回访员

分类法是一种简单易行、容易解释、执行速度较快、对评价者的培训要求较少的职位评价方法。其优点在于能够将组织中的职位进行系统、有效的分类，使得组织的管理更加有序和高效。同时，分类法也具有概括性和包容性，使得组织中的各种职位能够被容纳到一个系统之下。然而，分类法也存在一些缺点。首先，对职位的描述和定义要求较高。如果定义不准确，就会影响评价的准确性和公正性。其次，分类标准可能存在主观性，可能导致不同的人会有不同的分类结果。此外，对于复杂、多变的组织结构，分类法的适用性可能较差，需要经常调整和更新。最后，可能会存在某些职位无法准确归类的情况。

总的来说，分类法具有一定的优点，适用于一些组织结构比较明确、职位族群比较稳定的组织，例如政府部门和事业单位等。然而，近年来，随着市场的快速变化，为了提高市场响应速度，部分科技企业放弃了要素计点法等复杂的量化职位评价方法，重新开始采用分类法进行职位评价。分类者也由人力资源专家变成职位的直接上级，因为他们更了解员工的工作内容和技能要求。这种改变有助于确保职位评价更加准确和迅速地反映其对企业的价值，使企业更好地适应市场变化，提高员工的工作满意度和绩效表现。因此，并不能说复杂的职位评价方法就一定优于简单的职位评价方法，或者说量化的职位评价方法一定优于非量化的职位评价方法，组织可以根据自身需要选择适合的方法，在效率和精确两方面取得平衡。

（二）量化的职位评价方法

1. 要素计点法

要素计点法是一种系统化的、量化的职位分析方法，广泛应用于确定职位的相对价值。这种方法首先要求确定报酬要素。这些报酬要素通常是工作中所要求的关键特征或能力，包括工作职责、受教育程度、工作经验、技能水平等。然后建立一个包括不同级别的或分值的评分系统，根据每个报酬要素的要求和重要性来对职位进行加权评分。

下面以 A 公司利用要素计点法开展职位评价为例，详细介绍要素计点法的实施过程。

（1）进行职位评价的准备工作。A 公司首先使用职位调查问卷收集了相关的职位信息，然后根据职位调查的结果撰写了职位说明书，以此作为职位评价的基础。

（2）选取并定义报酬要素。A 公司职位评价委员会决定选择知识与技能、监管责任、工作复杂性、沟通能力、工作环境这五个方面作为报酬要素，通过报酬要素法开展量化的职位评价。各报酬要素的具体含义如表 4－10 所示。

表 4－10　A 公司各报酬要素及具体含义

要素名称	要素定义
知识与技能	对员工顺利履行工作职责需要具备的专业技术知识、素质和能力的要求
监管责任	对其他员工的责任程度以及对他人工作数量和质量的直接控制程度
工作复杂性	员工完成工作所需的任务及承担的责任
沟通能力	对员工在工作中有效传达信息、理解他人、建立良好人际关系、解决冲突等方面的能力的要求
工作环境	员工开展工作的环境因素和执行工作的安全/危险条件

（3）定义报酬要素的等级。A 公司职位评价委员会请人力资源专家将每种报酬要素划分为不同等级，并分别对每个等级进行界定，以便于职位评价者能够判断职位所对应的报酬要素等级。以知识与技能这一报酬要素为例，A 公司将其分为 1～5 级五个等级，等级越高，代表员工的知识与技能水平越高（见表 4－11）。

表 4－11　A 公司报酬要素“知识与技能”的等级及对应要求

等级	知识与技能
1 级	具备所任工作职位所要求的基本知识，不需要决策，所需知识具体明确
2 级	能够利用知识解决工作领域中的一些问题，偶尔进行决策
3 级	能够解决工作领域中的一些复杂问题，能够进行一些决策，提出新的想法
4 级	能够独立解决部门的战略性问题，对公司整体战略有贡献
5 级	能够监督公司的整体战略及发展，能够解决战略性抽象问题，并提出创新知识

（4）确定全部报酬要素的总点值。A公司职位评价委员会确定全部报酬要素的总点值为1 000。组织可以根据实际需要确定并调整总点值。

（5）确定不同报酬要素的相对价值（权重）。A公司职位评价委员会商议后，确定知识与技能、监管责任、工作复杂性、沟通能力、工作环境这五个报酬要素的权重分别为25%、25%、20%、20%和10%。

（6）确定不同报酬要素点值的最大值和最小值。根据全部报酬要素的总点值为1 000以及各个报酬要素的权重，知识与技能、监管责任、工作复杂性、沟通能力、工作环境的最大点值分别为250、250、200、200、100。各报酬要素的最小值可根据各报酬要素的实际情况确定，可以为0也可以不为0。在本例中，监管责任的最小值为0，表明基层员工没有监管责任。

（7）确定各报酬要素的不同等级所对应的点值。将各报酬要素的最大点值和最小点值构成的区间划分为多个等级，可以等分也可以结合实际情况不等分。由此建立如表4-12所示的要素计点方案。计点方案通常会以计点手册或职位评价手册的形式呈现。

表4-12 A公司报酬要素的点值分配表

要素权重	最大点值	最小点值	不同等级的点值分配				
			1级	2级	3级	4级	5级
知识与技能（25%）	250	50	50	100	150	200	250
监管责任（25%）	250	0	0	80	160	250	—
工作复杂性（20%）	200	30	30	60	100	150	200
沟通能力（20%）	200	40	40	80	120	160	200
工作环境（10%）	100	20	20	40	60	80	100
总点值（100%）	1 000						

（8）利用要素计点方案开展职位评价。A公司职位评价委员会成员根据职位说明书和职位评价手册对每个职位进行评价。以某部门经理为例，此职位在知识与技能、监管责任、工作复杂性、沟通能力、工作环境上的点值分别为150、160、150、160、40。此职位的报酬要素总点值为150＋160＋150＋160＋40＝660。

由上文可知，要素计点法是一种常用的量化职位评价方法，它的优点在于评价更为精确，评价结果更容易被员工接受。该方法允许对职位之间的差异进行微调，可以运用具有可比性的点数对不相似的职位进行比较。此外，评价尺度容易使用，适用多种职位，明确指出了比较的基础，能够反映组织独特的需要和文化、传达组织认为有价值的职位要素。然而，要素计点法也存在一些缺点。首先，方案的设计和应用需要耗费大量时间，要求前期进行详细的职位分析。其次，标准和权重的确定存在主观性，可能会导致多人参与时的意见不一致。此外，方案一旦建立调整起来相对困难，容易导致职位评价僵化，跟不上内外部环境变化。

2. 海氏职位评价法

海氏职位评价法同样是一种被广泛采用的量化职位评价方法，是由美国薪酬设计专家艾德华·海（Edward Hay）等于1951年开发的。它有效解决了不同职能部门的不同职位之间相对价值的量化和相互比较的难题，国内外众多大型公司在进行职位评价时均采用这种方法。

海氏职位评价法将各种报酬要素抽象为具有普遍适用性的三大要素，即知识技能水平、解决问题能力、影响与责任。它认为任何工作职位都存在三种具有普遍适用性的要素，这三大要素能体现大多数职位的共同点。相应地，形成三套用以指导评价的量表，最后将所得分值加以综合，算出各个工作职位的相对价值。除此之外，海氏职位评价法还认为，针对部分工作环境具有特殊要求的职位，可以选择采用第四种报酬要素即工作环境，以反映这些职位对任职者在体力劳动、物理环境、感官注意力和心理压力等方面的要求。

（1）知识技能水平。知识技能水平是指使工作绩效达到可接受的水平所必需的专业知识及相应的实际运作技能的总和。此报酬要素又被细分为三个子要素：

1）专业知识，指对该职位要求的理论、技术方法与专门知识的理解。该子要素分为八个等级，从基本业务水平（第 1 级）到权威专门技术（第 8 级）。

2）管理技能，指职位要求具备的计划、组织、领导、控制等方面的能力与技巧。该子要素分为五个等级，从起码的（第 1 级）到全面的（第 5 级）。

3）人际技能，指职位任职者与组织内外的个人和团体成功互动所需的沟通技能与人际关系处理技巧。该子要素分为三个等级，从基本的（第 1 级）到关键的（第 3 级）。

知识技能水平及三个子要素的评分表如表 4－13 所示，表中各数值的相邻等级差异遵循心理测量学 15％的韦伯分级定律。

表 4－13　海氏职位评价法知识技能水平报酬要素评分表

		起码的管理技能			相关的管理技能			多样的管理技能			广博的管理技能			全面的管理技能		
		基本的人际技能	重要的人际技能	关键的人际技能	基本的人际技能	重要的人际技能	关键的人际技能	基本的人际技能	重要的人际技能	关键的人际技能	基本的人际技能	重要的人际技能	关键的人际技能	基本的人际技能	重要的人际技能	关键的人际技能
专业知识	基本业务水平	50 57 66	57 66 76	66 76 87	66 76 87	76 87 100	87 100 115	87 100 115	100 115 132	115 132 152	115 132 152	132 152 175	152 175 200	152 175 200	175 200 230	200 230 264
	初等业务水平	66 76 87	76 87 100	87 100 115	87 100 115	100 115 132	115 132 152	115 132 152	132 152 175	152 175 200	152 175 200	175 200 230	200 230 264	200 230 264	230 264 304	264 304 350
	中等业务水平	87 100 115	100 115 132	115 132 152	115 132 152	132 152 175	152 175 200	152 175 200	175 200 230	200 230 264	200 230 264	230 264 304	264 304 350	264 304 350	304 350 400	350 400 460
	高等业务水平	115 132 152	132 152 175	152 175 200	152 175 200	175 200 230	200 230 264	200 230 264	230 264 304	264 304 350	264 304 350	304 350 400	350 400 460	350 400 460	400 460 528	460 528 608
	基本专门技术	152 175 200	175 200 230	200 230 264	200 230 264	230 264 304	264 304 350	264 304 350	304 350 400	350 400 460	350 400 460	400 460 528	460 528 608	460 528 608	528 608 700	608 700 800

续表

		起码的管理技能			相关的管理技能			多样的管理技能			广博的管理技能			全面的管理技能		
		基本的人际技能	重要的人际技能	关键的人际技能	基本的人际技能	重要的人际技能	关键的人际技能	基本的人际技能	重要的人际技能	关键的人际技能	基本的人际技能	重要的人际技能	关键的人际技能	基本的人际技能	重要的人际技能	关键的人际技能
专业知识	熟练专门技术	200 230 264	230 264 304	264 304 350	264 304 350	304 350 400	350 400 460	350 400 460	400 460 528	460 528 608	460 528 608	528 608 700	608 700 800	608 700 800	700 800 920	800 920 1 056
	精通专门技术	264 304 350	304 350 400	350 400 460	350 400 460	400 460 528	460 528 608	460 528 608	528 608 700	608 700 800	608 700 800	700 800 920	800 920 1 056	800 920 1 056	920 1 056 1 216	1 056 1 216 1 400
	权威专门技术	350 400 460	400 460 528	460 528 608	460 528 608	528 608 700	608 700 800	608 700 800	700 800 920	800 920 1 056	800 920 1 056	920 1 056 1 216	1 056 1 216 1 400	1 056 1 216 1 400	1 216 1 400 1 600	1 400 1 600 1 840

（2）解决问题能力。解决问题能力是任职者在工作中发现问题、分析诊断问题、权衡与评价对策、做出决策等方面的能力。海氏职位评价法将其看作上一个报酬要素“知识技能水平”的具体运用，因此用知识技能水平的百分比来测量。此报酬要素又被细分为两个子要素：

1）思维环境，指工作所面临的商业环境以及问题解决方案在多大程度上由战略、政策、先例、程序或规则所阐明和确定。该子要素分为八个等级，从高度常规性的（第1级）到抽象规定的（第8级）。

2）思维难度，指所面临问题的固有复杂性以及在确定能够增加价值的解决方案时所遇到的困难。该子要素分为五个等级，从重复性的（第1级）到无先例的（第5级）。

解决问题能力及两个子要素的评分表如表4-14所示。

表4-14 海氏职位评价法解决问题能力报酬要素评分测量百分比（%）

		思维难度				
		重复性的	模式化的	中间型的	适应性的	无先例的
思维环境	高度常规性的	10～12	14～16	19～22	25～29	33～38
	常规性的	12～14	16～19	22～25	29～33	38～43
	半常规性的	14～16	19～22	25～29	33～38	43～50
	标准化的	16～19	22～25	29～33	38～43	50～57
	明确规定的	19～22	25～29	33～38	43～50	57～66
	广泛规定的	22～25	29～33	38～43	50～57	66～76
	一般规定的	25～29	33～38	43～50	57～66	76～87
	抽象规定的	29～33	38～43	50～57	66～76	87～100

（3）影响与责任。影响与责任是指职位任职者的行动对工作最终结果可能造成的影响及承担的责任的大小。此报酬要素又被细分为三个子要素：

1）行动自由度，是指职位在所提供的决策框架内采取行动的授权程度。该子要素分为九个等级，从有规定的（第 1 级）到一般性无指引的（第 9 级）。

2）影响程度，是指职位对业务结果产生影响的程度。该子要素分为四个等级，从辅助（第 1 级）到主要（第 4 级）。四个等级分为直接和间接两个类别，间接类别包括辅助和支持，直接类别包括共担和主要。

3）责任量级，是指职位输出的产品或服务对组织内外的其他利益相关者产生影响的数量和等级。该子要素分为四个等级，从微小（第 1 级）到大量（第 4 级），每一级都有相应的金额范围，具体数额要视企业的具体情况而定。

影响与责任及三个子要素的评分表如表 4 - 15 所示。

表 4 - 15　海氏职位评价法影响与责任报酬要素评分表

责任量级	等级大小	微小				少量				中量				大量			
	金额范围	0～1 000 元（不含 1 000 元）				1 000～10 000 元（不含 10 000 元）				10 000～100 000 元（不含 100 000 元）				100 000 元及以上			
影响程度		间接		直接		间接		直接		间接		直接		间接		直接	
		辅助	支持	共担	主要	辅助	支持	共担	主要	辅助	支持	共担	主要	辅助	支持	共担	主要
行动自由度	有规定的	10	14	19	25	14	19	25	33	19	25	33	43	25	33	43	57
		12	16	22	29	16	22	29	38	22	29	38	50	29	38	50	66
		14	19	25	33	19	25	33	43	25	33	43	57	33	43	57	76
	受控制的	16	22	29	38	22	29	38	50	29	38	50	66	38	50	66	87
		19	25	33	43	25	33	43	57	33	43	57	76	43	57	76	100
		22	29	38	50	29	38	50	66	38	50	66	87	50	66	87	115
	标准化的	25	33	43	57	33	43	57	76	43	57	76	100	57	76	100	132
		29	38	50	66	38	50	66	87	50	66	87	115	66	87	115	152
		33	43	57	76	43	57	76	100	57	76	100	132	76	100	132	175
	一般性规范的	38	50	66	87	50	66	87	115	66	87	115	152	87	115	152	200
		43	57	76	100	57	76	100	132	76	100	132	175	100	132	175	230
		50	66	87	115	66	87	115	152	87	115	152	200	115	152	200	264
	有指导的	57	76	100	132	76	100	132	175	100	132	175	230	132	175	230	304
		66	87	115	152	87	115	152	200	115	152	200	264	152	200	264	350
		76	100	132	175	100	132	175	230	132	175	230	304	175	230	304	400
	方向性指导的	87	115	152	200	115	152	200	264	152	200	264	350	200	264	350	460
		100	132	175	230	132	175	230	304	175	230	304	400	230	304	400	528
		115	152	200	264	152	200	264	350	200	264	350	460	264	350	460	608
	广泛性指导的	132	175	230	304	175	230	304	400	230	304	400	528	304	400	528	700
		152	200	264	350	200	264	350	460	264	350	460	608	350	460	608	800
		175	230	304	400	230	304	400	528	304	400	528	700	400	528	700	920

续表

责任量级	等级大小	微小				少量				中量				大量			
	金额范围	0～1 000 元（不含 1 000 元）				1 000～10 000 元（不含 10 000 元）				10 000～100 000 元（不含 100 000 元）				100 000 元及以上			
影响程度		间接		直接		间接		直接		间接		直接		间接		直接	
		辅助	支持	共担	主要	辅助	支持	共担	主要	辅助	支持	共担	主要	辅助	支持	共担	主要
行动自由度	战略性指引的	200	264	350	460	264	350	460	608	350	460	608	800	460	608	800	1 056
		230	304	400	528	304	400	528	700	400	528	700	920	528	700	920	1 216
		264	350	460	608	350	460	608	800	460	608	800	1 056	608	800	1 056	1 400
	一般性无指引的	304	400	528	700	400	528	700	920	528	700	920	1 216	700	920	1 216	1 600
		350	460	608	800	460	608	800	1 056	608	800	1 056	1 400	800	1 056	1 400	1 840
		400	528	700	920	528	700	920	1 216	700	920	1 216	1 600	920	1 216	1 600	2 112

（4）海氏职位评价法示例。下面结合表 4－13、表 4－14、表 4－15，针对技术顾问这一职位，采用海氏职位评价法进行职位评价。

1）知识技能水平。专业知识：该职位需要精通“专门技术”，在专业知识子要素中选“精通专门技术”；管理技能：该职位是一个基本上独立的工作职位，不需要对其他人进行管理，因此管理技能只需“起码的”，在管理技能子要素中选“起码的”；人际技能：该职位需要与他人交流技术知识、获取有用的信息、为他人提供培训，在人际技能子要素中选“重要的”。上述三个子要素在表 4－13 中将范围缩小至 304、350 和 400 这三个分数，分别对应低中高三档，可以根据实际情况在其中选择合适的档次，本例中选择中间值。因此，该职位在知识技能水平报酬要素上的得分为 350 分。

2）解决问题能力。思维环境：该职位在解决问题时只需要考虑一些大的原则、标准的限制，在思维环境子要素中选“广泛规定的”；思维难度：该职位需要高度的创造性，在思维难度子要素中选“无先例的”。上述两个子要素在表 4－14 中将范围缩小至 66％和 76％这两个百分比，分别对应低高两档，可以根据实际情况在其中选择合适的档次，本例中选择低值。因此，该职位在解决问题能力报酬要素上的得分为 350×66％＝231 分。

3）影响与责任。行动自由度：该职位的行动自由度较大，在行动自由度子要素中选“方向性指引的”；影响程度：该职位在生产的技术标准和方法上对企业的效益有较为直接影响，在影响程度子要素中选“共担”；责任量级：该职位的直接责任尤其是财务责任不大，在责任量级子要素中选“少量”。上述三个子要素在表 4－15 中将范围缩小至 200、230 和 264 这三个分数，分别对应低中高三档，本例中选择中间值。因此，该职位在影响与责任报酬要素上的得分为 230 分。

综合上述三个报酬要素，技术顾问这一职位的职位评价总得分为 350＋231＋230＝811 分，如表 4－16 所示。

表 4-16　技术顾问职位的海氏评分表

报酬要素	子要素	评级	得分
知识技能水平	专业知识	7	350
	管理技能	1	
	人际技能	2	
解决问题能力	思维环境	6	350×66%=231
	思维难度	5	
影响与责任	行动自由度	6	230
	影响程度	3	
	责任量级	2	
总得分	350+231+230=811		

第 3 节　数字化时代的职位分析与评价

一、数字技术应用对工作的影响

（一）数字技术给工作带来的便利

数字技术的飞速发展为给人们的工作带来了巨大的便利。自动化和智能化技术解放了人们的双手，提高了工作效率，让烦琐任务可以自动完成。同时，即时通信与协作工具使得远程工作成为可能，促进了团队合作①。灵活的工作时间安排让员工可以更好地平衡工作与生活，而数字化学习和培训提供了更为便利的知识获取途径。数字技术也极大地增强了数据分析能力，提升了决策的有效性。跨界合作与创新得到推动，不同领域之间的合作加速了技术进步②。数字技术的高自动性和实时交互性支持了工作场所内的快速信息交流，提升了团队成员之间的协作效率。人工智能、大数据等技术对工作内容的简化和重塑让“虚拟团队”的数量不断增加，团队成员跨越地理和文化界限开展工作变得普遍。虚拟现实、增强现实技术的应用提升了员工工作的代入感以及信息收集的速度。

（二）数字技术给工作带来的冲击

数字技术的飞速发展虽然带来了许多便利，但同时也对工作内容产生了难以忽视的冲击，主要表现在三个方面：技能流失、自主性问题和压力问题。首先，随着工作内容的自动化和智能化，许多复杂的任务被计算机取代，员工可能只需监督和适应。这使得工作内容变得单调乏味，员工的实践性操作减少，从而可能导致员工对技能的掌握能力下降，长期下去可能引发技能流失和工作积极性降低③。其次，数字化浪潮导致高层管理

① MORGESON F P, BRANNICK M T, LEVINE E L. Job and work analysis: methods, research, and applications for human resource management [M]. 3rd ed. SAGE Publications, 2021.

② 云绍辉．互联网时代职位分析新思路［J］．企业管理，2016（4）．

③ 高艳．工作分析与职位评价［M］．2 版．西安：西安交通大学出版社，2012．

者对数字技术的重视程度不断提升。快速引入的技术和组织对技术的信任可能导致员工难以适应迅速变化的工作内容。员工可能感到工作流程、方式和与团队合作的自主性受限，从而产生失控感。这种失控感可能对员工体验造成不小的打击，导致其失去自信或对组织失去信任。最后，智能化的数字技术可能会使员工感到工作内容被替代的压力。若不能有效地分析和调整职位工作内容中的人机关系，就可能导致员工产生工作意义丧失的感觉。传统的职位分析方法可能会导致员工感到落差，加大工作压力①。

（三）便利与冲击并存下组织的应对措施

为了扩大数字技术对工作的积极影响，并同时应对其可能带来的负面影响，组织需要采取相应的措施。首先，持续的技能培训和发展计划是至关重要的，可以帮助员工适应数字化工作环境，保持竞争力。这些培训应该包括对数字技术如人工智能、数据分析等的学习，同时也涵盖对数字化工具和平台的熟练应用。其次，重视员工的参与十分关键。鼓励员工主动参与决策过程，增加对工作的授权②。员工的参与感和授权感会使其更好地适应变化，同时也能激发员工的创造性和主动性，为组织带来更大的价值。再次，组织应积极进行工作内容的重新设计，以适应数字技术的辅助。重新评估和调整工作流程，使得员工在数字技术的支持下仍能发挥核心能力和创造性，避免技能流失和工作内容的过度简化。同时，还需要充分考虑数字技术带来的负面压力，并将这些因素纳入职位分析与评价过程中。

二、数字化时代职位分析与评价的发展趋势

除了工作领域，数字化时代的到来和数字技术的广泛应用也给职位分析与职位评价带来了许多新变化，主要包括以下几个方面。

（一）数据驱动的职位分析

在数字化时代，数据驱动的职位分析成为重要趋势。大量工作数据的收集、存储和分析使职位分析更加客观和准确。通过数据分析，组织可以全面了解职位的工作内容、任务和绩效指标，识别工作中的瓶颈和改进机会，优化工作流程和提升工作效率。数据驱动的职位分析也有助于组织识别人才需求和提高招聘质量，为员工提供个性化培训和发展机会，以适应数字化时代的工作环境。随着人工智能和机器学习技术的不断发展，数据驱动的职位分析将更加普及和高效。然而，组织需注意数据隐私和安全问题，组建专业数据分析团队，确保数据应用的合法性和安全性。

（二）职位边界模糊化

随着数字化时代的到来，工作环境和工作方式发生了很大的变化。未来的职位分析方法需要更加开放和灵活，以适应不断变化的工作边界③。一方面，数字化时代的工作方

---

① MORGESON F P，BRANNICK M T，LEVINE E L. Job and work analysis：methods，research，and applications for human resource management［M］. 3rd ed. SAGE Publications，2021.

② 董云先，郝光辉．电力企业推进职位序列管理的研究与探讨［J］．企业管理，2019（S1）.

③ 方雯．工作分析与职位评价［M］．西安：西安电子科技大学出版社，2017.

式鼓励跨职位的合作和协作。不同职位之间的界限变得越来越模糊，团队之间的协作变得越来越紧密。传统的职位分析方法往往基于特定的职责和任务，难以适应当前更加开放和灵活的工作模式。因此，未来的职位分析方法需要更加开放和灵活，允许员工在多个职能领域进行工作，鼓励跨职位的合作和协作。另一方面，数字化时代的工作方式也使得职位的职责不断变化。随着技术的发展和市场的变化，新的职位和职能不断出现，原有的职位和工作任务也会发生变化。未来的职位分析方法需要适应这种变化，不断更新和调整，以适应不断变化的工作环境和市场要求。

（三）技术和数字素养

数字技术的广泛应用不仅使许多职位的工作内容发生了变化，而且使得许多职位的工作方式发生了变化。许多职位如计算机编程、数据分析、社交媒体营销等领域的工作既需要员工具备使用数字技术和工具的能力，也需要员工能够通过在线协作平台、虚拟办公室等数字化方式进行工作。因此，在职位分析和评价中，需要更加注重员工在数字技术方面的能力，以确保员工能够胜任职位的工作要求。数字素养是指理解、评价、运用并创造各种信息的能力，包括信息的查找、评估、生产、组织和整理等情报工作。例如，员工需要了解如何使用数据分析软件对数据进行整理和分析，掌握数据库的使用方法以进行有效的信息检索、数据识别并解决问题。因此，职位分析和评价在考察员工的技术和数字素养方面需要有所侧重①。这不仅意味着评价员工在履行工作职责时运用技术和数字工具的能力，还需要考虑他们对新兴技术的接受程度和适应能力，以及他们在面对复杂数据和信息时解决问题的能力。

（四）人机协同

数字技术的应用使得许多职位需要员工与机器进行协同工作。在过去，工作主要由人力完成，而现在，许多重复性、烦琐或高风险的任务可以交由数字技术和机器人来完成，从而提高了工作效率和质量。例如，在一些工业制造领域，员工需要与自动化设备进行配合，以确保生产线顺畅运行。在这种情况下，职位分析和评价需要更加注重员工与数字技术之间的协作方式和效果，以确保员工能够胜任职位的工作要求。同时，数字技术的应用也使得许多职位需要员工通过数字化平台进行协同工作。例如，在一些远程工作中，员工需要使用各种数字化工具和平台进行协作，以确保工作顺利进行。在这种情况下，职位分析和评价需要更加注重员工在数字化协同工作方面的能力，以确保员工能够适应数字化时代的工作方式。此外，还需要更加注重员工在人机协同方面的认知和情感能力。

（五）职位的动态分析与评价

随着技术的不断发展和市场的不断变化，职位的工作内容和工作要求也可能会不断发生变化。因此，职位分析与评价需要变得更加动态和灵活，以适应这种变化。首先，职位分析需要更加注重实时性和动态性。传统的职位分析通常是在一定时间内进行的，

---

① 赵晨，林晨，周锦来，等．新就业形态劳动者的数字素养：概念、内涵及培育路径［J］．图书情报知识，2023，40（3）．

但是数字化时代的工作方式要求更加实时和动态地了解职位的工作内容和要求。因此，新的职位分析方法需要能够及时收集和分析工作数据，并及时更新职位的分析结果，以适应不断变化的工作内容和要求。其次，职位评价需要更加注重灵活性和适应性。传统的职位评价通常是根据一定的评价标准和方法进行的，但是数字化时代的工作方式和评价标准可能会发生变化。因此，新的职位评价方法需要更具灵活性和适应性，要能够根据不同的评价标准和要求进行灵活的评价，并及时调整和更新评价结果，以适应不断变化的工作要求和市场形势。最后，职位的动态分析与评价需要注重员工的参与和反馈。员工的参与和反馈是实现职位动态分析与评价的重要途径。通过员工的参与和反馈，组织可以及时了解职位的工作情况和员工的需求，并及时调整和优化职位的分析和评价结果①。

总的来说，数字化时代的到来和数字技术的应用给职位分析与职位评价带来了更加复杂和多样化的挑战。在数字化时代，职位分析和评价需要更加灵活、客观和综合，以适应工作的变化和发展②。通过有效利用数据和数字化工具，组织可以更好地了解和优化职位的工作内容和要求，提高员工的工作满意度和绩效表现。

// 试一试 //

O＊NET 的职业分析测试

你可以通过以下网址 https://www.mynextmove.org/explore/ip 进行 O＊NET 的职业分析测试。此测试可以使你找到自身兴趣和现实职业的切合点，帮助你了解自己真正喜欢从事的职业。

首先，你会被要求在不考虑能力要求、薪资水平等因素的情况下，完全遵循个人喜好做出对 60 个问题的态度判断，态度分为强烈不喜欢、不喜欢、不确定、喜欢、强烈喜欢 5 种（见图 4－6）。此测试依据的是在职业指导和职业咨询中得到广泛应用的霍兰德职业人格理论。

在回答完所有题项后，你可以得到自己的兴趣档案。这里会从六个兴趣维度即现实型（realistic）、研究型（investigative）、艺术型（artistic）、社会型（social）、企业型（enterprising）和传统型（conventional）给予你评分，你也可以查看每个兴趣维度的具体内容（见图 4－7）。

接下来，你将面对五个工作区，每个工作区对你的经验、教育和培训水平等有不同层次的要求。你可以按照自己当前拥有及未来预期拥有的水平，从五个工作区中选择适合的工作区（见图 4－8）。

最后，综合你的兴趣结果和工作区，系统将为你提供职业推荐，同时你可以查看各个职业的职位要求，以及所需的知识、技能、能力等。图 4－9 为所推荐职位的一个示例。

---

① 边文霞．岗位分析与岗位评价：实务、案例、游戏［M］．北京：首都经济贸易大学出版社，2011.

② 刘海，王晓钰，王政为，等．基于 Hadoop 的大数据职位分析系统的设计与实现［J］．信息与电脑（理论版），2022，34（1）.

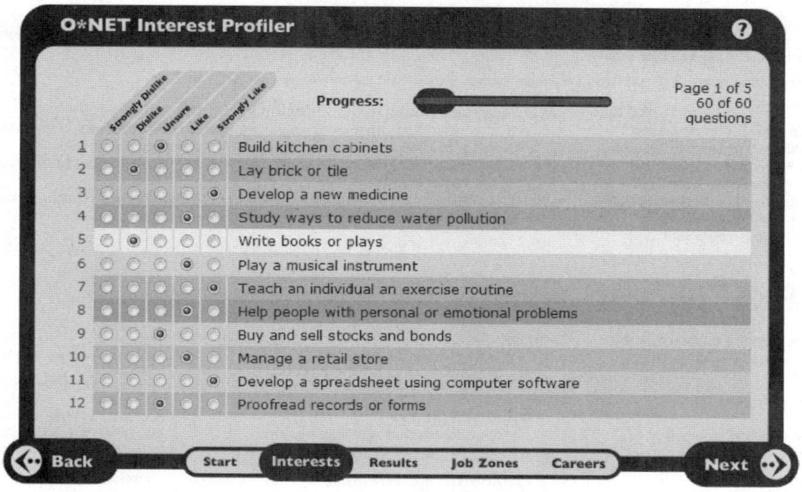

图 4-6　O＊NET 的职业兴趣测试问题

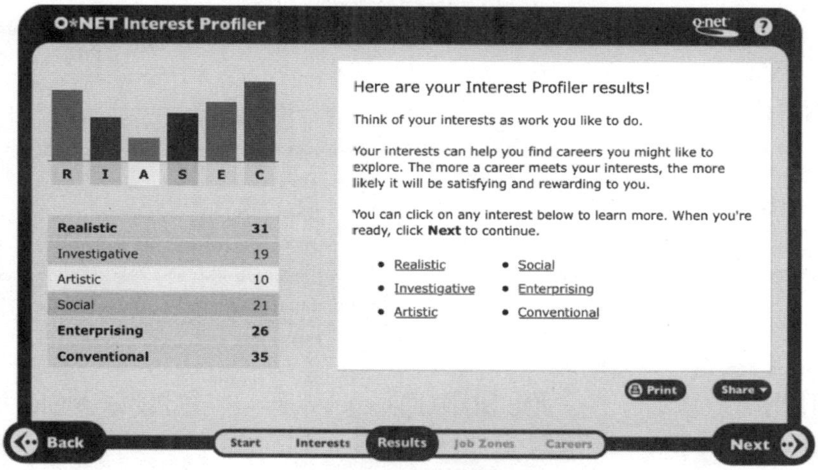

图 4-7　O＊NET 的职业兴趣测试维度及得分

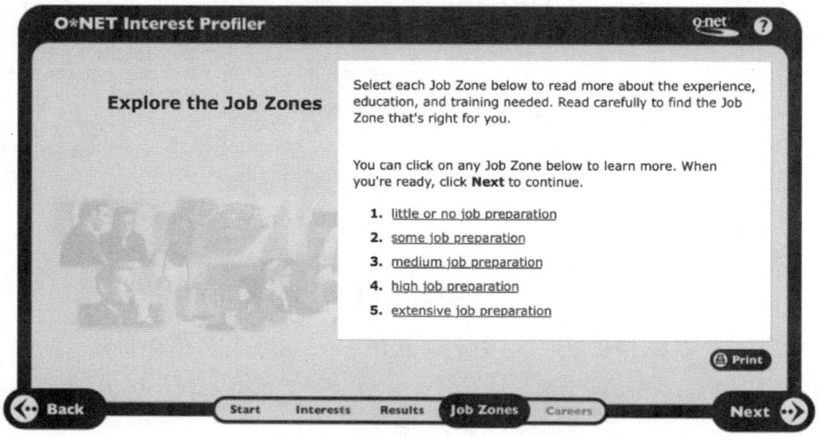

图 4-8　O＊NET 的职业兴趣测试中的工作区

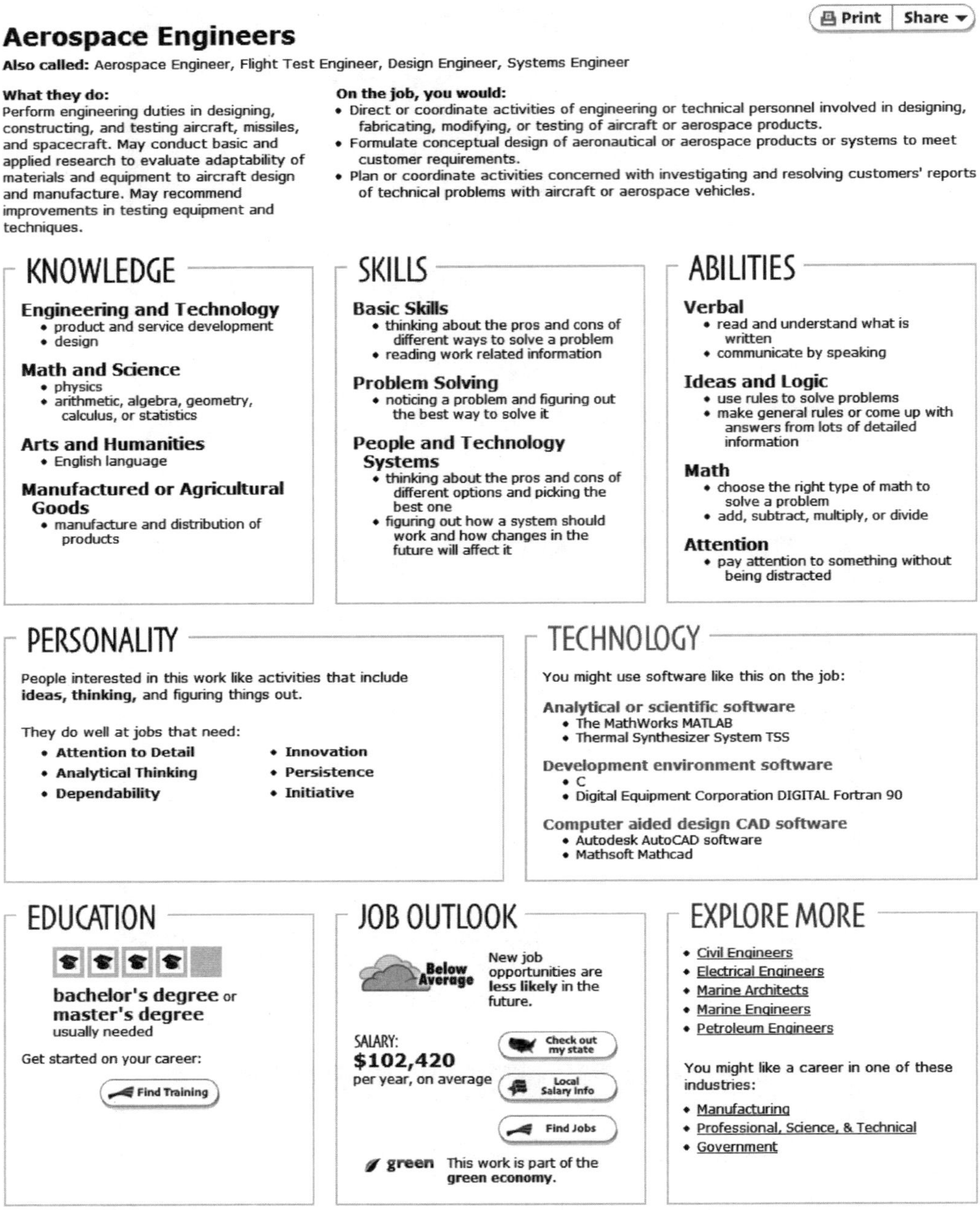

图 4-9　O＊NET 推荐的职位示例

// 关键术语 //

职位分析　　职位评价　　要素计点法　　海氏职位评价法

// 复习思考题 //

1. 职位说明书由哪几部分构成？
2. 职位分析与职位评价的方法有哪些？各有什么特点？

3. 数字技术对职位分析和职位评价带来了哪些变化？出现了哪些新趋势？

案例分析

阿里巴巴的职级序列

阿里巴巴的职级体系分为 P 序列（profession）和 M 序列（management）。P 序列主要涵盖专业人员，而 M 序列则包含管理人员。这种职位与职级分开的体系使得阿里巴巴能够更灵活地响应组织变化，进行常态化的组织结构调整①。

阿里巴巴的 M 序列共分为 10 个级别：从 M1 到 M3，是基层管理者，通常被称为“腿部管理者”；M4 和 M5 则是中层管理者，也被称为“腰部管理者”；而 M6 及以上则属于高层管理者，又被称为“头部管理者”。P 序列的职级有从 P1 到 P14 共 14 个级别，不过自 2011 年以来不再招收 P4 级别以下的员工，校园招聘生可以直接从 P5 级别及以上起步（见表 4－17）。P 序列和 M 序列之间存在对应关系，例如，M1 对应于 P6，M2 对应于 P7，依此类推。

这样的职位和职级分离的体系使得阿里巴巴能够更好地管理人才和组织结构，同时为员工提供明确的晋升通道和职业发展路径。阿里巴巴以其独特的职级体系和灵活的组织结构调整，成功吸引和留住了大量优秀的专业人才和管理人才，为企业的长期发展提供了强有力的支持。

表 4－17　阿里巴巴的 P 序列职级体系（P4—P12 及以上）

职级	通用标准
P4	（1）教育背景或从业经验符合相关要求 （2）在专业领域中，对公司职位的标准要求、政策、流程等从业所必须了解的知识处于学习成长阶段，还需要主管或高级别人员对承担的工作进行清晰的定义和沟通，并随时提供支持以达到要求，能配合完成复杂任务 （3）在专业领域，具有学习能力和潜能
P5	（1）在专业领域中，基本了解公司职位的标准要求、政策、流程等从业所必须了解的知识，很了解本岗位的任务和产出，能独立完成复杂任务，能够发现并解决问题 （2）可以作为独立的项目组成员 （3）能在跨部门协作中沟通清楚
P6	（1）在专业领域中，能深刻理解公司职位的标准要求、政策、流程等从业所必须了解的知识，能够和经理一起探讨本岗位的产出和任务，并对经理具备一定的影响力 （2）对于复杂问题的解决有自己的见解，对于问题的识别、优先级分配有见解，善于寻求资源解决问题；也常常因能熟练驾驭工作而提出创新的办法，表现出解决复杂问题的能力 （3）可独立领导跨部门的项目，在专业方面能够培训和教导新进员工
P7	（1）在专业领域，对自己所从事的职业具备前瞻性的了解，在某个方面见解独到，对公司关于此方面的技术或管理产生影响

① 阿里职位层级（附 P 级详细要求）［EB/OL］.（2018－12－21）［2023－10－10］. http://www.360doc.com/content/18/1221/09/32513804_803301038.shtml.

续表

职级	通用标准
P7	(2) 对于复杂问题的解决有自己的见解，对于问题的识别、优先级分配尤其有影响力，善于寻求资源解决问题；也常常因能熟练驾驭工作而提出创新的办法，表现出解决问题的能力 (3) 可独立领导跨部门的项目，能够培训和教导新进员工 (4) 是专业领域的资深人士 (5) 行业外或公司内培养周期较长
P8	(1) 在某一专业领域中，比较了解公司内外及业界的相关资源及水平 (2) 开始参与部门相关策略的制定，对部门管理层在某个领域的判断产生影响 (3) 对事物和复杂问题的分析更有影响力
P9	(1) 是某一领域中的资深专家 (2) 对某一专业领域的规划和未来走向产生影响 (3) 对业务决策产生影响 (4) 受使命感驱动
P10	(1) 在公司内部被认为是某一方面的专家或者在国内的业界范围具备知名度和影响力 (2) 对公司某一方面的战略规划和未来走向产生影响 (3) 关于业务领域的思想和研究在公司具备较大的影响力 (4) 受使命感驱动
P11	(1) 业内知名，比较了解国内/国际相关领域的情况 (2) 对公司的发展做出重要贡献或在业内有相当的成功纪录 (3) 所进行的研究或工作对公司有相当程度的影响 (4) 受使命感驱动，坚守信念 (5) 成为公司使命感/价值观的守护者、布道者 (6) 对组织和事业忠诚
P12 及以上	(1) 业内顶尖人才，对国际上相关领域的思想/实践都有独到的见解并颇受尊重，比较有名望 (2) 对公司的发展做出重要贡献或在业内有相当的成功纪录 (3) 能领导公司相关方面的研究、在业界创新性地开展一些实践 (4) 所倡导或所开创一些做法对公司的未来有深远的影响 (5) 受使命感驱动，坚守信念 (6) 成为公司使命感/价值观的守护者、布道者 (7) 对组织和事业忠诚

资料来源：阿里巴巴集团的 P 序列职级体系 [EB/OL].（2018－11－07）[2023－10－10]. https://www.docin.com/p－2148392952.html.

阿里巴巴的 P 序列职级体系在员工的职业发展和薪酬体系中扮演着重要角色。这个体系配合员工任职资格和能力评价，为员工的晋升发展提供了明确的基础。同时，P 序列也是员工薪酬体系的基础，职级的提升通常伴随着薪资的增长。

然而，阿里巴巴目前取消了内部系统中的 P 序列职级显示。这样的举措可能与一些因素有关：首先，阿里巴巴曾因“高 P”问题多次引发负面新闻，为了避免类似事件再次发生，隐藏 P 序列职级可能是一种应对措施。其次，隐藏 P 序列职级有助于提高公司的工作效率，弱化员工对职级的关注和竞争，让员工更专注于工作本身。此外，这样的举措也可以鼓励内部平等沟通，消除官僚风气，让员工更加平等地协作和合作。最后，P序列在一定程度上已经成为财富和社会地位的象征，隐藏P序列职级可以弱化这种光环，避免公司内部的盲目攀比和不良竞争，从而减少公司内部的摩擦和纷争①。

讨论题

1. 阿里巴巴P序列与M序列职级并行的设计发挥了哪些积极作用？
2. 阿里巴巴近期为什么取消了P序列职级显示？

---

① 阿里职位层级（附P级详细要求）[EB/OL].（2018-12-21）[2023-10-10]. http://www.360doc.com/content/18/1221/09/32513804_803301038.shtml.

// 第 5 章 //

数字化赋能招聘

学习导图

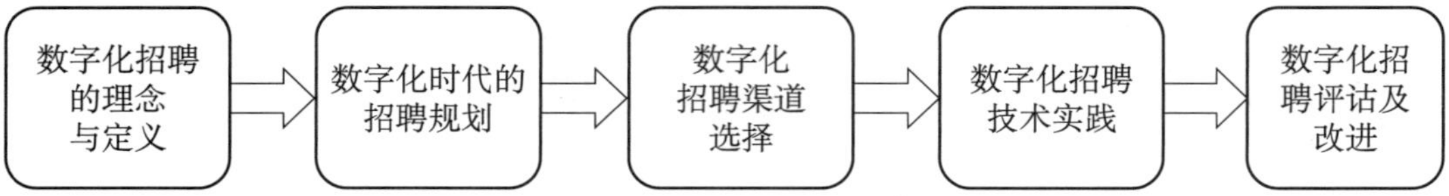

学习目标

通过本章的学习，你将：

1. 明确数字化时代的招聘与传统招聘的异同；
2. 系统了解传统招聘渠道与数字化新兴招聘渠道；
3. 掌握招聘的各个环节以及可采取的数字技术实践；
4. 掌握数字化招聘如何评估及改进。

第 1 节　数字化招聘的概念与发展

一、招聘与人力资源管理

招聘是组织出于满足自身发展的需要，基于组织的战略部署，结合职位分析和人力资源规划的要求，确定空缺岗位和人员需求，通过有效途径进行人员招募、测试、甄选、聘用的过程①。招聘是人力资源部门的基础工作，也是引进人才的重要途径。招聘管理在组织的运行中扮演着重要的角色。人员配置是组织运转的前提条件，支撑着组织实现战略目标，形成可持续发展的能力。在当今外部环境日益复杂、市场竞争日益激烈的情况下，人才竞争成为组织竞争的重要方面，也是组织核心竞争优势的来源之一。因此，招聘的员工必须与组织的需求相匹配，这是组织走向成功的必要保证。

① 加里·德斯勒. 人力资源管理：第 14 版［M］. 刘昕，译. 北京：中国人民大学出版社，2017；何筠，陈洪玮. 人力资源管理理论、方法与案例分析［M］. 北京：科学出版社，2014.

（一）基本招聘流程

现代人力资源管理注重打造科学、精细、规范的招聘流程。组织的基本招聘流程包含确立人才理念、制定人才策略、制定招聘策略、开展招聘流程、进行招聘评价等步骤①。

1. 确立人才理念

人才理念是组织人才系统建设的指导思想和价值观念，对组织的人才招聘、任用、培养、评价等方面都有重大影响。不同组织应该结合文化观念、业务特性等来确立并贯彻自身的人才理念。

2. 制定人才策略

人才策略主要回答“需要什么样的人”“有什么样的人”“如何获取需要的人”等问题。在制定人才策略时，组织需要在人才理念的指导下，基于自身的使命和愿景，结合业务战略和组织战略，确定人才需求。同时，组织应当依据人才需求，梳理内部人才队伍构成和外部人才供给趋势，并且结合人才特征、内部培训能力、外部供给能力等因素，合理选择内部培养和外部招聘等人才获取途径。

3. 制定招聘策略

组织的招聘策略需要兼顾可行性和有效性，主要包括明确招聘需求、勾勒人才画像、选择招聘渠道和开展人才评估等。首先，在人才策略的引导下，组织应经过业务部门和招聘部门的合议，制订编制规划和招聘计划，明确招聘需求；其次，针对招聘需求，勾勒信息明确、重点突出、查询便捷、动态变化的人才画像；再次，结合预算费用、职位类别、行业特征和组织文化等因素，选择适合的招聘渠道；最后，依据人才画像，确定适合的考察流程和评估方式。

4. 开展招聘流程

招聘流程主要包括流程设计、流程执行、流程监控三个阶段。在流程设计阶段，需要确定招聘主流程，明确各个招聘环节，如发布招聘信息、甄选应聘人员、做出录用决策等，同时需要确定各个环节的参与角色、任务分配、关键动作等；在流程执行阶段，需要重视跨部门的沟通和多角色的协同，共同提升执行效率；在流程监控阶段，需要建立科学的监测机制，围绕流程进展、流程效率、执行质量等维度对招聘流程进行监督和反馈。

5. 进行招聘评价

组织一般会通过招聘耗时、招聘转化率、录用通知接受率、满编率等对招聘成本和招聘流程进行评价，通过留存率、试用期通过率、聘任员工绩效等对招聘质量进行评价。

（二）招聘与人力资源配置

招聘的直接目的是补充组织的空缺岗位、满足组织发展的需要，因此只有明确职位需求，具化人员标准，才能为招聘工作的顺利开展提供指导。组织的人力资源规划和职位分析是现代人力资源管理在招聘过程中的两项基础工作，是形成招聘标准的重要途径。

人力资源规划也称人力资源计划，是指组织通过广泛的调查研究，对自身所在环境

---

① 参见飞书《2021 飞书招聘互联网行业解决方案手册》。

中人力资源的供给和需求情况进行科学的整理、分析、预测，在此基础上通过实施必要的政策和措施，按时保质保量为组织提供人员供给，使组织和个体得到长期利益的计划。人力资源规划的核心是预测人力资源的需求和供给并保持供需平衡①。职位分析的概念详见本书第 4 章。通过职位分析，组织确定所有职位需要承担的工作职责以及这些职位雇用的任职者应具备何种特征，进而为人力资源管理和其他管理行为提供服务②。组织在招聘工作开展之初，需要通过制定科学的人力资源规划来明确组织在各时点的人力资源供需状况，确定人力资源缺口，明确招聘时间和招聘计划。同时，针对存在招聘需求的岗位，组织需要进行细致的职位分析，明确工作职责和任职者特征，并以此为依据发布招聘信息，引导求职者了解职位并投递简历，同时为应聘人员的甄选提供参考标准。

因此，人力资源规划和职位分析的核心过程是基于组织的特质和目标，根据下列导向制定规划和录用人才，具体有：

- 填补组织短期职位空缺，在质量和数量上满足业务运行需求；
- 适应组织长期发展要求，为组织的可持续发展提供人才储备；
- 适应组织内部管理需要，为组织提供高忠诚度和认同感的人才队伍；
- 适应组织外部竞争需要，把招聘作为提升核心竞争力的重要手段；
- 采取最有效率的人力资源获取方式，精准聚焦高质量人才；
- 采取最经济的人力资源获取方式，降低人力物力的投入。

（三）有效招聘的重要性

有效招聘是指组织利用决策、组织、协调等职能优化招聘过程，合理配置各种招聘资源，提高招聘的管理效率，从而达到人、职位、组织三者最佳匹配的效果，最大限度实现招聘目标的过程③。

随着数字经济的发展，各行各业的职位对任职者的要求都普遍提升，尤其是在数字素养、管理素养等方面对任职者的要求较高，人才与技能短缺成为组织面临的风险之一。因此，组织需要拓宽招聘渠道，采取科学有效的方法提升招聘质量。招聘有效性的衡量标准包括人员匹配度、招聘时效性、招聘效果评估、招聘成本控制等。实现有效招聘可以帮助组织实现人岗匹配，有效填补组织的职位空缺；帮助组织实现人与组织的匹配，提高员工满意度，降低员工离职率，提升组织的凝聚力；帮助组织快速获取优质人才，率先建立起核心竞争优势；避免因用人失误而导致的各种成本费用，如培训费用、效率损失、离职成本等；最终可以提高组织的绩效水平，推动实现组织的可持续发展。因此在数字化时代，组织应当应用数字技术实现有效招聘。

二、数字化招聘的产生

（一）数字化招聘的概念

数字化招聘是指在员工招聘中应用数字化工具，建立人才供应体系，以招聘驱动业

---

① 何筠，陈洪玮．人力资源管理理论、方法与案例分析［M］．北京：科学出版社，2014.

② 加里·德斯勒．人力资源管理：第 14 版［M］．刘昕，译．北京：中国人民大学出版社，2017.

③ 朱军，童夏雨，旷开源．招聘有效性研究［J］．企业经济，2006（7）.

务升级，最终有效提高企业人力资源管理运行效率的创新型招聘模式[①]。

企业推动招聘领域的数字化转型，可以弥补传统招聘方式的不足之处。传统招聘方式难以大范围筛选简历，难以从大量招聘信息中分析不同人才的技能信息，无法对应聘者的能力进行精确考察，不易开展员工精准培训、入职管理和招聘评估等工作[②]。而数字化转型可以利用互联网和大数据等技术对招聘环节加以改进，以技术赋能招聘，使员工和岗位相匹配，使招聘效率得到极大提升[③]。

（二）数字化招聘的驱动力

1. 数字经济新政策助推数字化招聘快速发展

党的十八大以来，我国政府对数字化转型的重视程度不断提升。政府颁布的有关促进数字经济发展和扩大就业的政策，对企业实施数字化招聘产生了深远影响（见表5-1）。一方面，政府出台的有关促进数字化招聘的政策有利于为求职者拓宽求职渠道、提供信息保障，进而营造招聘内容更加准确、招聘形式更加多元、就业信息传播更加快捷的求职环境；另一方面，政策对数字技术的推进助力人力资源服务业经营模式创新，推动着招聘类的人力资源服务业态快速发展且与数字技术加速融合。针对求职者，人力资源服务企业通过提供覆盖招聘、劳务派遣、咨询、职业指导等的人力资源服务推动求职者选择数字化求职方式。针对企业用户，人力资源服务企业通过提供包括人力资源规划、职位分析、计划制定、信息发布、人员甄选、人员录用等在内的全流程数字化招聘服务，帮助企业实施数字化招聘。因此在政策的推动下，人力资源服务业与数字技术加速融合，推动企业数字化招聘加速变革[④]。

表5-1　2020—2022年中国数字化招聘相关政策举例

发布时间	发文部门	政策名称
2020年4月	国家发展和改革委员会、中央网络安全和信息化委员会办公室	《关于推进"上云用数赋智"行动 培育新经济发展实施方案》
2021年3月	国务院	《中华人民共和国国民经济和社会发展第十四个五年规划和2035年远景目标纲要》
2021年12月	国务院	《"十四五"数字经济发展规划》
2021年12月	中央网络安全和信息化委员会	《"十四五"国家信息化规划》

① 董晓宏，郭爱英．大数据技术在网络招聘中的应用研究：以K企业为例［J］．中国人力资源开发，2014（18）．

② 马越．"互联网＋"时代下人力资源管理变革策略研究［J］．市场研究，2016（4）．

③ 杨真，陈建安．招聘有效性研究招聘面试人工智能系统的框架与模块研究［J］．江苏大学学报（社会科学版），2017（6）．

④ 田永坡，王琦．数字经济时代网络招聘政策与搜寻渠道选择［J］．北京工商大学学报（社会科学版），2022，37（2）．

续表

发布时间	发文部门	政策名称
2020 年 7 月	国务院办公厅	《国务院办公厅关于支持多渠道灵活就业的意见》
2020 年 9 月	国务院办公厅	《国务院办公厅关于以新业态新模式引领新型消费加快发展的意见》
2020 年 8 月	中共中央组织部等七部门	《关于实施高校毕业生就业创业推进行动的通知》
2021 年 7 月	人力资源和社会保障部	《电子劳动合同订立指引》
2021 年 11 月	人力资源和社会保障部等五部门	《关于推进新时代人力资源服务业高质量发展的意见》

2. 数字技术不断革新助推招聘手段多样化

数字技术助推了招聘渠道和招聘手段的多样化。随着以互联网、大数据、云计算、人工智能等为代表的数字技术的深入发展，人力资源市场的复杂性、模糊性和多变性特征愈加凸显，技术与人力资源服务业正在加速融合①。中国人事科学院的调查显示，人力资源服务机构借助数字技术进行产品或者经营模式创新的活动，在主要的人力资源服务业态上都有涉及，其中排名第一的业态就是招聘②。例如，在整体招聘流程的设计过程中，企业可以利用一体化招聘系统串联各个招聘环节，加强业务部门和招聘部门的协同；在招聘渠道的拓展上，企业可以利用在线招聘打破时空局限，利用社交求职平台加强供需联系，利用智能化人才库实现人工智能精准匹配等；在人才甄选上，利用人工智能进行简历筛选，利用远程监考手段保证线上面试的公平性，利用算法技术进行人才测评，利用面部识别、语言处理等技术进行人工智能面试等；在招聘评价上，可以通过大数据分析得出聘任员工的质量，对招聘绩效进行有效评价；等等。

数字技术的发展和应用克服了传统招聘的诸多弊端。传统的线下招聘存在信息发布渠道单一，受众群体小，受时间、空间影响大，招聘效率低下等问题。在信息化招聘时代，“互联网＋招聘”的形式尽管拓宽了招聘发布渠道、克服了时空限制，但是仍然存在职位人员不匹配、人员筛选过程缓慢等问题。数字技术的广泛应用为上述问题的解决提供了可能。数字化招聘平台利用人工智能算法实现智能筛选和匹配，能够更迅速、更精准地从海量简历中找到符合条件的候选人。此外，大数据技术能够深入分析候选人的技能、经验和背景，为人才评估提供更准确的依据。通过虚拟面试、在线测试等手段，数字技术使评估更全面、更具参考价值。同时，数字化招聘支持在线培训和入职管理，能帮助新员工更快地融入团队。此外，数据驱动的招聘决策也使企业能够更科学地做出招聘和发展策略，从而更好地满足业务需求。因此，数字技术的应用成为推动企业招聘变革的必要基础。

3. 劳动者队伍素质提升推动数字招聘渠道畅通

随着数字技术的普及和数字经济的发展，以及我国劳动者受教育水平的不断提高、数字素养不断提升，广大劳动者正在实现从传统求职到数字化求职的转型，进而促使数

① 田永坡．人力资源服务业四十年：创新与发展［J］．中国人力资源开发，2019，36（1）．

② 王悦，李建军．企业招聘，从容应对变革与挑战［J］．人力资源，2021（24）．

字招聘渠道变得愈加畅通。以招聘环节为例，越来越多的劳动者通过线上检索招聘信息、网络投递简历、在线参加面试的方式进行求职。同时，劳动者在线提交的简历信息等又成为企业进一步开展大数据分析的数据来源。随着作为互联网原生态居民的“Z 世代”进入劳动力市场，劳动力的数字素养进一步提升。2022 年，超过八成的当代青年表示愿意通过直播平台寻找工作，近 1.48 亿人在 B 站观看职业职场相关内容，同时劳动者也会通过互联网对雇主企业进行反向背景调查①。另外，在数字化时代成长起来的劳动者更关注招聘过程的个性化和体验性，这也是为什么人工智能面试、游戏化测评等数字化招聘手段拥有可观的受众群体的原因。因此，正是劳动者数字素养普遍提升，能够顺利应用数字平台，才使得大规模的数字化招聘成为可能。

三、数字化招聘的发展

（一）数字化招聘的发展历程

企业数字化招聘的关键是优化供需关系。按照技术手段的不同，数字化招聘分为两个发展阶段：第一阶段，企业实现招聘信息化，即基于互联网技术使招聘流程实现线上操作；第二阶段，企业实现招聘数字化，即基于大数据、人工智能等数字技术使招聘流程实现智能化。

1. 招聘信息化

在招聘信息化阶段，互联网技术是企业招聘所依托的主要技术。企业通过在互联网上发布招聘信息，将面试、签订合同等招聘行为由线下转到线上，以此降低面试成本，扩大招聘辐射范围，实现供需匹配。在此阶段，众多招聘服务平台得以涌现。20 世纪 90 年代末，智联招聘、中华英才网、前程无忧等大型综合招聘网站陆续上线，各大招聘网站在企业和劳动者间搭建了桥梁。随着互联网技术的进步和互联网招聘市场的成熟，招聘服务平台趋向于细分化。例如，BOSS 直聘主要面向新兴职业，拉勾网和猎聘主要面向高端人才，领英和脉脉主要寻求搭建社交招聘平台。随着招聘平台定位的细化，企业和劳动者间的供需对接进一步优化。

2. 招聘数字化

在招聘数字化阶段，移动互联网、大数据、云计算、人工智能、扩展现实技术是企业招聘所依托的主要技术。企业将各类数字技术应用到招聘的全流程，招聘的建设重心置于搜索匹配算法升级和用户体验升级上，招聘效率和精准程度得到大幅提升，人员招聘的供需关系得到进一步优化。例如，企业通过应用机器学习＋大数据挖掘技术，针对用户属性、行为偏好进行机器学习记忆以优化推荐，针对用户职场中的信息进行大数据挖掘，不断完善推荐模型，进行精准推荐，从而缓解阻碍互联网招聘市场发展、影响用户体验、导致招聘效率不高的信息不对称问题。该过程有助于改变过去的海量信息广告模式，自动持续优化匹配供需信息，提高求职招聘效率②。近年来，随着人工智能、机器人流程自动化（RPA）、大数据等前沿技术迅速发展，中国的招聘领域迎来了全新的发展机遇。这些前沿技术在招聘领域的应用呈现出多重可能性。特别是底层人工智能为企业

---

① 参见哔哩哔哩、智联招聘《2022 青年求职行为洞察报告》。

② 荆晓蕾 . 中国互联网招聘发展史话 [J]. 互联网经济，2017 (3).

招聘构建了体系化的框架，同时也增强了 RPA 的功能。人工智能与 RPA 技术相互融合，使得企业招聘流程的各个端应用能够更加高效地落地实施。此外，RPA 技术与大数据技术的相互协作，进一步实现了企业招聘的自动化和智能化。人工智能、RPA、大数据等技术的协同发展，为企业招聘提供了更为智能化和高效的解决方案，为行业的进一步提升提供了有力的支持。

但是，现阶段我国企业之间数字化招聘发展并不平衡，以中小型企业为主的众多企业对数字化招聘的认知存在偏差，数字化招聘实现程度仍存在较大差异（见表 5－2）。因此，政府在制定政策的过程中应当重视对中小型企业数字化招聘转型的扶持，人力资源服务商应当重视为中小型企业市场提供适用的产品，企业及企业内部人力资源管理者也应当重视对数字化招聘的学习和应用。

表 5－2　企业对数字化招聘的认知

认知	占比（100%）
采用线上的形式发布招聘广告	44.0%
简单行为信息化	35.3%
人工智能招聘	20.7%

资料来源：企业服务行业数据分析：2021 年中国 44.0%企业认为线上发布招聘信息即招聘数字化［EB/OL］.（2021－07－24）［2023－10－10］. https://www.iimedia.cn/c1061/79725.html.

（二）数字化招聘的当前特点

1. 数字化人才短缺

随着行业生态的加速变革，企业处于不断发展的状态，需要不断积聚力量进行创新。为了满足这个需求，许多企业正在积极开展大规模招聘，旨在储备大量优秀人才，尤其是数字化人才。然而，在企业加速推进数字化转型的背景下，无论是大型企业还是中小型企业，都普遍面临人才短缺的问题。大型企业在招聘过程中常常面临以下挑战：首先，高端数字化人才不足，这使得它们需要花费更多的时间和资源去寻找和吸引这些稀缺的优秀人才；其次，由于同类企业也在寻找同样的人才，因此对优秀人才的争夺非常激烈；再次，招聘可能会给业务部门带来额外压力，业务部门可能不配合招聘，由此会给招聘带来阻力和不确定性；最后，准员工的选择较多，他们可能会在最后时刻放弃入职，这使得企业不仅需要重新招聘，而且浪费了大量的时间和资源。

相比之下，中小型企业面临的挑战有所不同：首先，企业品牌影响力不足，这使得它们难以吸引和留住优秀的员工；其次，薪酬福利缺乏吸引力，这使得它们难以与大型企业和其他竞争对手竞争；再次，中小型企业的招聘渠道转化率较低，这意味着它们需要花费更多的时间和资源去寻找合适的员工；最后，通过各种渠道获得的有效简历较少，这意味着它们需要筛选大量的简历，以找到最符合要求的候选人。

因此，无论是大型企业还是中小型企业，都面临着人才供应不足的挑战。这种挑战不仅影响了企业的招聘过程，也影响了整个行业的生态。为了应对这种挑战，企业需要采取一系列的措施，包括改进招聘流程、提高雇主品牌影响力、优化薪酬福利结构、拓宽招聘渠道等，以吸引和留住更多的优秀人才，推动企业持续创新和发展。

2. 无周期招聘

无周期招聘是近年来在人力资源管理领域逐渐出现的一种现象。传统的招聘周期通常有两个旺季：上半年是在 3—4 月，这个时期通常是春节过后，企业和用人单位开始大规模招聘；下半年则是在 7—8 月，这时高校应届毕业生陆续开始求职，使得就业需求增加。

然而，近年来，招聘周期也发生了变化。根据北森发布的调查报告，2021 年，招聘需求指数稳定在高位，且波动率较近年来有所降低，这意味着全年招聘正逐渐成为常态。即使在传统的招聘"淡季"，企业也没有停止招聘。在数字技术的支持下，它们积极为应对人才需求做准备，采取更加灵活和多元化的招聘方式，例如线上招聘、内部推荐等。这种无周期招聘模式使得企业可以更加灵活地满足用人需求，同时也为求职者提供了更多的就业机会。

3. 无边界招聘

以前，招聘往往被限定在人力资源部门的职责范围内。然而现在，随着招聘科技的进步，越来越多的员工能够更加便捷地加入招聘的队伍，招聘不再仅仅是某个部门的职责，而是一项企业各个层面员工均可参与的任务，招聘活动原有的边界得到极大拓展。无边界招聘具有两种典型的表现形式：全员内推和用人经理直接参与招聘。

作为无边界招聘策略中的重要环节，全员内推正迅速赢得企业的青睐。通过号召全体员工积极参与内推，企业得以扩大人才搜索的范围，迅速捕捉到优秀人才。这种策略在实践中取得了显著的成效，不仅加速了招聘流程，还有效地缩短了人才引进周期。

在招聘科技的助力下，用人经理能够以更高效、更便捷的方式参与到招聘过程中，成为无边界招聘的新生力量。用人经理参与招聘带来了许多优势：他们拥有丰富的人脉资源，能够拓展专业人才的获取渠道；由于对岗位需求的了解比较深入，他们能够在招聘的各个环节中做出更准确的判断，提出更为专业的建议；面对直接的人才需求压力，他们能够保持强大的动力，确保评估和决策的可靠性；他们的专业声望和人格魅力也使得他们在招聘中更具影响力，能够更有效地影响候选人的应聘决策。通过将更多的员工融入招聘过程，特别是有了用人经理的积极参与，企业能够更加灵活、高效地寻找并吸引优秀人才，从而在竞争激烈的人才市场中脱颖而出。

（三）数字化招聘发展中的问题

1. 数字化招聘面临信息安全威胁

数据是企业数字化招聘的重要资源和依据，很多企业会自建内部人才库，很多人力资源服务商也会建设庞大的用户数据库。通过将大数据、云计算、人工智能相互结合，企业可以顺利匹配到招聘目标，成功筛选到招聘对象。但是大量数据的收集也直接导致企业招聘中会面临数据泄露和数据篡改的风险。一方面，个人信息的泄露会对劳动者个人隐私安全产生威胁。企业在智能招聘系统中保存了员工简历以及背景调查数据等信息，包括人脸、指纹、声纹、虹膜等，这些信息具有较强的个人属性。同时，大数据技术通过数据分析可以揭示人的行为规律，使人的隐私都毫无保留地暴露在他人面前。一旦这些隐私信息被泄露并遭到滥用，就会严重威胁劳动者安全。另一方面，个人信息的篡改会对劳动者个人和企业造成严重的负面结果。如果数据库中的数据遭到恶意样本及伪装数据的攻击，就会导致企业原始数据不完整，智能算法程序遭到破坏，从而误导人工智能系统做出错误的判断。这会导致劳动者丧失潜在的就业机会，也会严重影响企业正常的招聘进程。因此，如果企业没有建立完善的信息保护体系，那么其信息泄露的可能性将大幅增加，最终会给劳动者和企业带来巨大的损失。

2. 数字化招聘存在隐形就业歧视

人工智能是由人类设计和开发的，因此在算法编程的过程中，设计者的观念往往会渗透其中。这种情况在一定程度上有助于企业通过大数据分析获得符合职位任职条件和满足企业要求的劳动力。通过使用算法进行大数据分析，企业可以更准确地识别和匹配候选人的技能和经验，从而提高招聘的效率和成功率。然而，如果不加以审慎处理，这些算法可能会在不经意间引入偏见和不公平，引发隐形就业歧视，从而破坏公平就业的原则。例如，现有企业在招聘过程中常常存在性别歧视，不愿招聘近期存在生育可能的女性求职者。假设算法捕捉到一名女性用户在交易平台频繁浏览备孕网站信息，或是购买备孕物品、婴儿物品，则可以推测出这名女性可能在备孕或是已经怀孕。当这名女性求职时，用人单位根据这些行为信息，就可能会拒绝录用这名女性求职者，造成就业歧视。如果算法在招聘领域对候选人的某个特征进行了限定，比如学校层次、学历水平、户口所在地等，很多不符合要求的求职者就会被系统自动排除在外，从而导致隐形就业歧视。

为了避免这些问题，设计者需要审慎选择和处理数据，确保算法不会引入不公平或偏见。此外，需要对算法进行审查和监控，以识别和纠正任何潜在的不公平。公平、透明和符合道德的算法设计是确保人工智能在招聘领域中可持续发展的关键。

3. 数字化招聘的效果评估难以开展

数字技术的应用弥补了传统招聘的不足之处，然而数字化招聘也确实存在一些挑战，尤其是在缺乏对招聘过程全面监督的情况下。举例来说，在利用大数据筛选简历时，算法模型往往仅关注预设的数据标准，而缺乏对简历内容的综合考量。这可能导致大数据技术错误地筛选掉一些实际符合职位要求的简历，造成人力资源的潜在浪费。此外，人工智能在面试过程中可能因为缺乏对人类情感的感知而容易因微小细节而误判候选人。同时，求职者为了应对数字化招聘的潜在威胁，可能会采取一些行动，如填写不真实的性格测试、远程代答笔试等，以误导数字化招聘系统——这一反应进一步凸显了数字化招聘的一些局限性。

虽然数字化招聘技术能够提供高效和自动化的招聘解决方案，但在处理复杂情况和情感判断方面，经验丰富、专业性强的招聘人员可能会更具优势。他们能够运用主观判断、人际交往技巧以及综合分析能力，更好地评估候选人的潜力和适应性。未来，确实需要进一步完善对数字化招聘过程的监督。这可能包括制定更精细的评估标准，开发更智能化的算法，以及完善针对招聘流程的监测和反馈机制。同时，也需要平衡数字技术的应用与人的参与，以确保招聘过程的公正性、准确性和可持续性①。

---

① 王悦，李建军．企业招聘，从容应对变革与挑战［J］．人力资源，2021（24）.

第 2 节　数字化招聘的渠道与实施

一、招聘渠道

传统的招聘渠道按照人员的来源方式不同可以分为外部招聘和内部招聘。其中，内部招聘渠道包括发布职位空缺公告、管理人员推荐或是重新雇用；而外部招聘渠道主要包括员工内推、猎头公司、广告、网络招聘等①。在数字化时代，招聘的渠道随着数字技术的发展也出现了一些变化。由于求职者数量增加、数字技术推动工作方式变革等招聘市场大环境影响，如何在保证招聘质量的情况下，选取最佳渠道快速吸引候选人并控制渠道的成本，是企业目前最需要解决的问题②。结合数字技术的多元化招聘渠道逐渐替代传统招聘平台成为新的有效方案③。

（一）网络平台招聘

传统网络招聘方式显得相对僵化，求职者在浏览企业的招聘信息后，通常将简历发送至指定的邮箱，随后必须忍受漫长的等待。在此过程中，求职者与招聘部门之间的沟通难免受限，导致招聘流程的透明度和效率较低。然而，随着数字技术的迅速发展，网络招聘平台逐渐崭露头角。如今，智联招聘、前程无忧、BOSS 直聘、拉勾网等网络招聘平台已成为主流渠道。智联招聘和前程无忧等平台主要涵盖传统行业和岗位，适合求职方向集中在传统领域的人士。BOSS 直聘和拉勾网等平台则在互联网等新兴行业和岗位上具有强大影响力。例如，拉勾网专注于高端互联网人才招聘，特别关注程序员岗位，是互联网行业人才求职的重要选择。传统线下分类信息平台 58 同城也开始进入招聘领域，更侧重于蓝领岗位。经过近几年发展，智联招聘和前程无忧等传统网络招聘平台也积极涉足新兴行业和岗位。BOSS 直聘和拉勾网等新兴网络招聘平台也在不断地向传统行业和岗位扩展；58 同城也拓展到白领和其他职能岗位。各网络招聘平台正在逐步打破传统行业与新兴行业之间的界限，为各类求职者和招聘者提供更为多样化的机会。

网络招聘平台不仅允许求职者向招聘单位投递简历，而且允许招聘单位向求职者发出投递邀请，允许招聘单位与求职者在平台上实时互动，促进双方之间的信息交流，打破沟通壁垒，实现“双赢”的局面④。这种创新方式有助于求职者更全面地了解目标岗位的要求以及企业的基本情况，有利于招聘渠道透明化、处理快速化，其低廉的沟通成本也符合数字化时代人力资源管理降本增效的现实要求。因此，网络招聘平台是目前最主要的招聘渠道。

（二）社交网络招聘

传统广告投放媒体（如电视、杂志、报纸等传统媒介）虽然能够吸引一部分人才，

---

① 加里・德斯勒．人力资源管理：第 14 版［M］．刘昕，译．北京：中国人民大学出版社，2017.

② 参见北森《数字化人才管理成就高绩效企业——2022 人力资源数字化转型白皮书》。

③ 参见北森《2020 中国企业招聘指数（BRI）报告》。

④ HEDENUS A，BACKMAN C，HAKANSSON P. Whom do you know? Recruiters' motives for assessing jobseekers' online networks［J］. International journal of human resource management，2021（8）.

但其速度较慢、成本较高，已逐渐失去竞争力①。在如今数字技术高速发展的背景下，越来越多的企业选择将招聘与社交网络有机结合，从而形成了社交网络招聘的新模式，并借助大数据算法实现对符合条件的求职者的精准投放。目前，领英和脉脉等社交招聘平台已成为社交网络招聘的主要渠道。这些职场社交平台能提供丰富的内容，是展示个人专业能力和打造个人品牌的有力工具。因此，即便某些经验丰富的员工目前并不寻求新工作，他们也会在社交招聘平台上积极展示自己的专业能力，以获取更多的职业发展机会②。

为了有效利用职场关系和人脉资源，企业需要关注在此类平台上的企业形象运营，通过持续互动的方式吸引更多人才。社交网络招聘具有低成本和高效率的优势，能够满足吸引人才的要求，并提高雇主品牌的曝光度。此外，通过结合社交网络的招聘方式，企业可以构建一个更加开放的人才沟通生态平台，更好地呈现企业文化内涵，提升雇主品牌形象，吸引更多人才求职。根据北森的招聘大数据报告，中国社交网络招聘平台的渠道价值占在线渠道的 62.0%，表明社交网络招聘已成为求职者和招聘者更加青睐的招聘方式③。

（三）内推招聘

内推招聘并不是一个新鲜事物，然而传统内推招聘存在着很多管理问题，例如内推定位不清、激励执行不到位等导致的制度不完善问题，内推奖励不灵活、统计复杂等导致出的管理困难问题，内推流程复杂导致的内推者和求职者积极性不高问题。针对这些问题，一些企业利用数字化平台技术搭建企业内推门户，内推者推荐简历后，系统会第一时间通知职位负责人，跟踪面试进展，内推效果和内推进度全程可查询；内推者的内推奖励也形成了“多元化奖励机制”，除奖金外，还有职级奖励、推优翻倍奖励等新型奖励形式，通过数字化平台自动发放，大大减少了管理成本，释放劳动力，极大激发了招聘效能④。此外，有些企业还通过内推码、内推链接的形式进行内推工作，让内推者只需向求职者发送二维码或内推口令即可完成内推，支持生成专属内推码，可实现“千人千码”，让每位员工都能在内推中拥有属于自己的内推阵地。一个内推平台示例如图 5 - 1 所示。内推平台能实现被推荐路径数字化、全程可查询，简化内推过程，大大提升内推的效率和员工内推意愿。为了激励无边界招聘，内推招聘可以设置多节点奖励，如在简历入库、通过简历筛选、通过面试、发放录用通知、入职 3 个月、转正等不同节点设计完成奖励，展示内推排行榜，当众发放积分/奖品/现金。

在数字技术的支持下，内推招聘具有性价比高、简历转化率高的特征，同时由于内推面向的是内推者社交圈内的潜在员工，内推者自带的人脉会让候选人的质量得到保障。在丰厚的奖励的激励下，用人者尤其是用人经理会更加积极地为内推渠道赋能，带动全员参与岗位的内推活动，做到不放过潜在人才、留住人才。

---

① 加里·德斯勒．人力资源管理：第 14 版［M］．刘昕，译．北京：中国人民大学出版社，2017.

② 参见领英《构建开放的人才沟通生态平台，打造雇主品牌》。

③ 参见北森《2020 中国企业招聘指数（BRI）报告》。

④ 「搜狗」招聘解决方案-内推是最优解［EB/OL］.（2018 - 10 - 31）［2023 - 10 - 10］. https://www.mokahr.com/blog/2878.

图 5-1　内推平台

资料来源：内推解决方案［EB/OL］.［2023-08-30］. https://www.mokahr.com/solution/recommend.

（四）招聘门户

招聘门户是候选人了解企业的第一道门户，是企业与潜在员工互动的重要平台。传统的招聘门户通常只会列出招聘岗位的基本信息和企业的联系方式。这种做法提供的信息量有限，缺乏互动性和体验感，不利于企业和潜在员工的交流与互动。为了更好地吸引和留住人才，一些企业开始采用智能招聘门户的创新方式。它们利用人工智能，通过企业招聘助手与求职者进行交流，回答求职者的问题，接收求职者的简历，甚至进行初步的"面试"。这种方式不仅可以提高招聘效率、减少成本，还可以提供更好的用户体验，使求职者感受到企业的关注和热情，从而增强他们对企业的认同感和归属感①。

智能招聘门户的应用还可以提供更加个性化和定制化的服务。例如，根据求职者的背景和技能，推荐最合适的岗位，提供更加详细的职位描述和薪酬信息。求职者在阅览招聘信息时，随时可以向人工智能助手询问关于职位的细节问题，从而节约人力沟通的成本②。一些企业的人工智能招聘助手还能通过神经网络技术更好地了解求职者的需求和偏好，为求职者推荐适合他们的岗位，做到精准招聘，大大提高人岗匹配的准确性，成

① 百度大脑推出智能招聘解决方案，助力节省招聘成本［EB/OL］.（2020-07-08）［2023-10-10］. https://zhuanlan.zhihu.com/p/157847600.

② 百度智能招聘技术和应用实践［EB/OL］.（2020-09-10）［2023-10-10］. https://www.sohu.com/a/417457809_100118081.

为企业与求职者之间的“智能纽带”①。

（五）猎头招聘

猎头招聘主要是通过专业的猎头公司或个体猎头为用人单位寻找高端人才。猎头进行招聘的方式通常是通过了解客户需求，制订人才寻访计划，然后利用自身的人脉和渠道寻找合适的人才，并进行面试、推荐和协调等工作，最终帮助用人单位成功招聘到合适的人才。猎头招聘这种方式通常用于招聘高级别、高难度、高成本的人才，比如高管、技术人才、项目经理等。因为这些人才的市场需求量相对较小，普通的招聘方式难以满足用人单位的需求，所以需要借助于猎头招聘这种专业的招聘渠道来获取。猎头招聘的优点在于能够快速、准确地找到合适的人才，因为猎头拥有广泛的人脉和渠道，能够快速了解市场需求和人才分布情况。然而，猎头招聘的服务费用通常也比较高，因为猎头需要投入大量的人力、物力和财力来为客户寻找合适的人才。

随着互联网技术的发展，猎头行业也开始了数字化转型。猎头公司内部可以建立庞大的数据库，包括各种人才的简历、职业背景、技能等信息，并利用搜索、匹配等算法工具，快速、准确地寻找到符合要求的人才。同时，猎聘等中高端人才招聘平台的出现，让猎头可以更加快速地寻找到符合要求的高端人才，并能够更加便捷地与候选人进行沟通和交流。与其他招聘平台相比，猎聘等针对猎头行业的特点，赋予猎头较普通用户更多的权限和功能，如查看候选人详细信息、接触潜在目标人才、使用人才评估工具等，从而提升猎头的工作效率和招聘质量。

（六）校园招聘

校园招聘渠道具有求职者数量多、岗位需求量大的特点。但是传统的校园招聘渠道要求企业派出代表进入校园、举办双选会和宣讲会等活动、印制宣传资料并保管简历等。虽然此种方式能提供大量面试机会并吸引大批在校生，但是会耗费大量的资金和时间②。并且，这也对参与宣讲的招聘者提出了极高的要求，他们需要能够在短时间内吸引求职者的注意力，并与现场学生进行有效的沟通交流③。随着数字技术的发展，一些企业开始尝试将直播、社交平台等技术与校园招聘结合起来，创新性地将传统宣讲改为线上宣讲，使用具有强互动性的网络直播作为载体，使众多招聘者不用进入学校也可以进行宣讲，这种线上校园招聘形式可以保证宣讲内容的多元化和互动性，提升对人才的吸引力④。同时，企业也致力于充分利用社交招聘和富媒体校园招聘网站来开展校园招聘。这种方式既可吸引更多的优秀在校生，也可为企业与求职在校生的持续交流打开通路，进而保证招聘的效果。此外，一些企业在校园招聘的各个环节积极采取数据分析、可视化的方法，这种方式不仅有助于岗位负责人全程追踪招聘数据、分析当前招聘状况，还能更好地预测未来的招聘成效和进行精细的“人才画像”匹配⑤。

---

① QIN C，ZHU H，XU T，et al. Enhancing person-job fit for talent recruitment：an ability-aware neural network approach [EB/OL]. [2023-10-10]. https://arxiv.org/pdf/1812.08947.

② 加里·德斯勒. 人力资源管理：第 14 版 [M]. 刘昕，译. 北京：中国人民大学出版社，2017.

③ 何筠，陈洪玮. 人力资源管理理论、方法与案例分析 [M]. 北京：科学出版社，2014.

④ 空中宣讲会，企业线上校招神器 [EB/OL]. (2023-09-17) [2023-10-10]. https://zhuanlan.zhihu.com/p/159123084.

⑤ 校园招聘解决方案 [EB/OL]. [2023-10-10]. https://www.mokahr.com/solution/campus.

因此，多种数字化的解决方案对传统的招聘渠道进行了不同程度的改进。在当前企业对人才需求量大、招聘渠道多而繁杂的整体环境下，企业需要具有全局观，以提升效率、降低成本为核心需求，整合多种招聘渠道，达到多元化、精准化、低成本地吸引人才的目标①。

（七）自建人才库

人才库也被称为“人才池”，是企业人才资源的蓄水池。企业会对既往和当前的求职者和员工进行评估，并将他们的档案规范存储在人才库中，以持续为企业输入人才。人才库一般分为外部人才库和内部人才库两种。

外部人才库主要储备的是潜在的候选人。企业会收集优质的外部求职者的简历信息，并将其作为企业的重要人才储备。一旦出现用人缺口，企业就将优先考虑从外部人才库中寻找合适的人才。一些优秀的求职者虽然因为某些原因没有被企业录用，但也会被企业记录在人才库中，以便在有适合的岗位时再次与他们进行沟通。这种做法既方便企业再次激活人才，实现人才循环供给，也有助于提升求职者对公司的良好印象，增强企业在招聘市场上的竞争力②。

内部人才库存储的则是企业内部的员工信息。企业的每一位员工经过能力评估后，都会被存入企业人才库归档，并对其在企业中的职能进行定位。企业还会定期对人才库中的人才进行考察，并重新定位其能力等级。人才库的评估数据是员工晋升、任务分配等重要决策的参考，是企业进行用人决策时的重要辅助。

然而，在人才库的实际应用中，经常会出现脱离预期的情况。企业花费资源构建人才库，但却很难有效地利用人才资源。在外部人才库中，求职者信息往往得不到及时更新，缺乏高效的方法来管理简历，并且选择人才库中的简历时经常会出现人岗不匹配的问题，需要职位负责人进行大量的意向沟通工作，从而造成劳动力浪费。此外，对于人才库中求职者的筛选缺乏系统的支持，导致通过人才库入职的比例和简历的利用率都非常低，从而造成大量资源浪费。在内部人才库中，企业的战略往往不能与人才识别接轨，导致内部人才管理混乱，人与岗位的匹配程度低，不知道如何提拔和任命人才。此外，人才库存在简历重复的问题，如员工调职、求职者简历更新等都会导致简历出现重复的情况，而目前靠人工筛选会增加人力资源部门的工作量，但如果放任不管则又会造成管理混乱③。

数字技术的应用有助于改善上述人才库方面的问题。一些企业利用大数据、人工智能等技术对人才库进行了升级。通过文本识别技术，数字化人才库可以对比相似的两份简历，及时查重，避免重复简历造成的数据冗余④。同时，利用文本分析，数字化人才库可对外部候选人的简历进行关键词标签化处理，提高搜索准确性，方便岗位负责人搜索人才库中的简历。此外，数字化人才库还能提供候选人分析报告，对人才的简历质量进行评分，并预测该候选人能够从事的职位，为人岗匹配提供新的思路。例如，百度公司

---

① 参见北森《2022 中国企业校园招聘白皮书》。

② 激活人才库 [EB/OL]. [2023-10-10]. https://www.mokahr.com/features/talentpool.

③ 人才库建设方案 [EB/OL]. [2023-10-10]. https://www.beisen.com/solution/rckjsfa/.

④ 小米 × Moka | 集团化企业如何开展校园招聘工作? [EB/OL]. [2023-10-10]. https://www.mokahr.com/blog/5461.html.

创新性地使用神经网络模型，从岗位需求、候选人技术背景、能否胜任等角度为岗位智能推荐人才库中的优质候选人，大大提高了人才库简历的利用率和人才与岗位匹配的精准度，降低了招聘负责人搜寻简历的次数。人工智能在人才库的激活方面也可发挥重要作用。当招聘负责人选择人才库的目标候选人后，人工智能会主动采取不同方式与候选人进行意向沟通，并及时将结果反馈给招聘负责人。人工智能在沟通时还会记录沟通时间，并在下次招聘负责人选择候选人时提醒上次人才激活的时间，并提供将候选人归入人才库的原因，从而避免招聘负责人产生重复性行为。大数据技术还可以帮助企业对简历的诚信度进行评价，进一步筛选更适合岗位的候选人①。在内部人才库方面，企业通过建立人才标准，利用算法对现有的人才水平进行评估并划分等级，最终形成人才地图。这有助于确定企业核心员工，帮助企业在员工晋升管理时进行决策，从而维护人才与企业的关系，实现人才资源的最大化利用。

二、招聘规划

（一）招聘需求分析

招聘需求分析是由用人部门和人力资源部门共同进行的，旨在确定职位空缺并规划如何填补这些空缺②。需要注意的是，进行招聘需求分析必须从企业的战略出发，满足企业发展的需求。在技术和市场格局飞速变化的数字化时代，企业必须正视如何把握“未来”的问题③。企业对人才的需求不仅包括当前的职位空缺，还需要考虑未来可能进行的商业模式调整和技术更新，做好招聘需求规划，以获得人才储备并提升组织的弹性，从而应对经济和商业的不确定性。这一点在新冠疫情流行前后存在明显差异。怡安翰威特（Aon Hewitt）的人力资本报告数据显示，在新冠疫情流行前，61%的人力资源从业者没能发现数字技术变革对于组织韧性的意义，2020 年 74%的人力资源从业者认为具有数字化技能的员工是企业适应突发事件和获取未来成功的关键④。

为了规划企业所需的人才类型和数量，企业需要从市场需求入手，紧跟行业发展趋势与市场预测信息，抓住未来的需求走向。招聘需求往往反映着市场对提供或生产相关服务或产品所需的人力资源的需求，因此在招聘需求方面需要考虑到人才战略和商业战略的统一。

预测人员需求的过程包括趋势分析、比率分析和散点分析。趋势分析是根据过去的公司雇佣水平来预测未来的需求趋势；比率分析是基于因变量（如企业预期营业额）和需要的员工人数的比率进行预测；散点分析则以图形的方式展现两个变量之间的相关性（例如销售额与人员需求），如果二者相关，则可以通过预测一个变量的方式来间接预测另一个变量。

---

① QIN C，ZHU H，XU T，et al. Enhancing person-job fit for talent recruitment：an ability-aware neural network approach [EB/OL]. [2023-10-10]. https://arxiv.org/pdf/1812.08947.

② 加里·德斯勒. 人力资源管理：第 14 版 [M]. 刘昕，译. 北京：中国人民大学出版社，2017.

③ Closing the future skills gap to drive business success [EB/OL]. [2023-10-10]. https://humancapital.aon.com/insights/reports/trending-topics/future-skills.

④ Accelerate your workforce into the future [EB/OL]. [2023-10-10]. https://humancapital.aon.com/insights/reports/trending-topics/accelerate-your-workforce-into-the-future.

然而，这些传统的方法存在一些问题。例如，通常假定过去和未来的工作内容是相同的，没有考虑企业的业务变革和未来的技能需求。在当前的数字人力资源管理中，业务经理在招聘需求分析中扮演着越来越重要的角色。业务经理作为未来员工的直接上级，对需求分析拥有较大的话语权，对业务部门未来需求的技能了解程度也最高，对未来员工的需求分析具有举足轻重的作用。但是业务经理往往需要专注于其主要业务职责，很难完全参与职位的用人招聘分析。

为了解决这个问题，一些企业采用线上一体化招聘系统，将业务经理与人力资源经理串联起来，帮助业务经理进行线上的招聘需求反馈，并且允许业务经理随时使用数字化工具进行招聘可视化分析，实时与负责招聘的人力资源经理进行需求对齐，降低用人标准与数量的模糊性，并且避免招聘超编、过数的情况。一体化的招聘系统还能够对招聘的技能需求规划随时进行调整，使员工掌握的技能更加灵活可控，提升组织的韧性。

企业可以通过分析在职优秀员工的数据、市场上的招聘数据等来确定人才画像，并且数字技术允许企业将更多的变量代入预测模型，从而达到既节约时间又符合实际需求的目的。例如，一些企业基于网上的海量人才市场数据、社交网络上的人才数据，分析对标企业人才增长率和流失率，动态调整招聘的数量与条件，进而精准匹配企业的人才战略，提升预测的准确度和速度，减少不必要的资源浪费①。

（二）人才画像

彼得·德鲁克在《动荡时代的管理》中强调："动荡时代最大的危险不是动荡，而是延续过去的逻辑。"在数字化时代，人才画像是动态、丰富、灵活的，企业可以利用多种科学的评价方法和技术，对人才的能力和潜力进行全面科学的量化评估，并将各项业务数据进行整合，最终形成一幅完整的人才画像，为今后的招聘和企业的经营决策奠定基础②。

1. 人才画像的定义

人才画像的理念来源于交互设计之父艾伦·库伯（Alan Cooper）。今天，利用对用户的调查可以对用户进行深入的理解，以用户的目标、行为和观点的差异为依据，将用户划分为各种类型，从每一种类别中提取出具有代表性的特点，再赋予名字、照片、一些人口统计学要素、场景等描述，从而形成一个具象化的用户原型③。

在人力资源管理领域，人才画像是一种新的方法，它可以帮助我们更好地了解被招聘者的特点，从而更好地开发出更多适宜的招聘策略。具体来说，人才画像指的是企业利用内部优秀员工的岗位胜任能力及职位描述内容的数据，与企业内外岗位标杆人物的特点进行对比，并与企业自身的特殊要求等结合，对所需要招聘的目标人才刻画一幅精确的轮廓图。其目的就是使企业的经理人及招聘人员能够对自己需要招聘的对象有一个最直观、最准确的认识与判断，并且准确地选择合适的招聘渠道。

2. 人才画像的构成及特征

人才画像的构成主要包括四个部分：（1）基本情况画像，即年龄、工作经历、教育

---

① 参见领英《2023 未来招聘趋势报告》。

② 参见北森《数字化人才管理，从现在到未来——2021 中国人力资源管理年度观察》。

③ get "人才画像"，锁定你想招的人［EB/OL］.（2020-04-20）［2023-10-10］. https://www.toutiao.com/article/6817627231116853773/? &source=m_redirect.

背景；(2) 性格画像，例如，大五职业性格核心特质（宜人性、尽责性、外向性、进取性、情绪性）；(3) 关键技能，即可以满足高绩效的重要知识和技能；(4) 软素质，包括认知能力、能力倾向①。

企业在刻画人才画像时，大多是根据过去的成功用人经历，使用访谈或研讨的方法，将某一类具有代表性的员工作为模板，对其进行能力分析和特征提炼，同时还结合公司的业务战略对人才的期望。但是这种人才画像的确立大都是暂时的，对其后期的应用成效跟踪较少。当组织发生变化——产生了新的岗位或原有的岗位发生了变化升级时，人才画像也应该有所调整②。人才画像特征发生的变化对比如表 5-3 所示。

表 5-3　人才画像特征发生的变化对比

特征	面向过去的人才画像	面向未来的人才画像
目的	提炼群体特征	预测人群特定结果
数据	少量信息	能力、行为、经历、绩效、基本情况
方法	描述性统计为主	描述性推断统计、人工智能算法
预测力	不强	较强
数据能力要求	不高	较高
工具	Excel	SPSS、Python、SQL
应用	短暂性	持续应用、定期更新

资料来源：参见北森《2021 中国人力资源管理年度观察：数字化人才管理——从现在到未来》。

3. 人才画像与任职资格和胜任特征模型之间的关系

人才画像是一种以职位任职资格为基准，定义并勾勒出胜任特定职位的人才原型的方法。人才画像的构建与招聘领域中的任职资格和胜任特征模型有着密切的关系，其旨在将这两者的核心概念结合起来，实现更精确的人才选拔和发展。

任职资格通常关注员工是否具备满足企业绩效标准的能力，以及在职位上是否具备达到合格水平所需的各项要素。它与职位的职级体系、职业发展路径等密切相关，是员工在晋升和转换通道时需达到的标准和门槛。这一概念更侧重于衡量员工当前的能力，更多关注“冰山在水面以上”的部分，即可直接观察到的表面特征。

胜任特征模型，又称“胜任素质模型”或“胜任力模型”，关注能够将卓越表现与普通员工区分开的特征，尤其是深层特质。这种模型是以岗位上表现卓越的绩优员工为基础建立的，主要用于选拔和发展，重点考察员工未来是否具备达到高绩效的潜力，更多关注“冰山在水面以下”的部分，即不直接可见的深层特质和潜力。

人才画像将任职资格和胜任特征模型的核心概念相结合，定义和描绘胜任某一职位的人才原型，包括知识、技能、能力、价值观、自我形象、个人特质（如性格）、动机、驱动力等多方面的要素。就像画家为人物画肖像一样，人才画像的核心目标是实现人与职位的精准匹配。人才画像不仅描述员工在岗位上的可见特征，还描述那些深层次的、不直接可见的潜力和特质。

---

① 浅谈“人才画像”[EB/OL]. (2022-03-20)[2023-10-10]. https://zhuanlan.zhihu.com/p/484368263.

② 参见北森《数字化人才管理，从现在到未来——2021 中国人力资源管理年度观察》。

对于外部求职者来说，任职资格可以引导他们了解某个职位所需的技能和资格。通过明确列出职位要求，可以使外部求职者更好地理解职位的责任和所需技能，从而更好地准备和申请该职位。对于组织内部人员来说，胜任特征模型是一种长期的、战略性的工具，可用于帮助识别和预测员工在未来职位上的表现和发展潜力，并提供具有针对性的培训和发展计划，以促进员工的个人和职业成长。而人才画像在招聘和员工发展中的应用是一种综合性的方法，它将任职资格和胜任特征模型的概念整合起来，更适合于组织内部人力资源管理者使用。人才画像可以帮助他们更清晰地了解该职位的原型，从而更好地评估和选拔员工。通过人才画像，人力资源管理者可以更准确地判断员工是否具备该职位所需的技能和资格，并预测他们未来的发展潜力。

4. 人才画像的实施步骤

(1) 制定招聘规划。招聘规划是构建清晰的人才画像的关键起点。该步骤旨在将业务战略、组织战略和人才盘点纳入考虑，确保招聘过程与企业目标紧密契合。这一步骤不仅涉及岗位数量的规划，更需要明确不同岗位的人才序列、等级和技能要求等维度，从而为招聘的定位提供明确依据。

招聘规划的制定应该是一个跨部门的合作过程，各方面人员的参与对于制定准确的规划至关重要。通常，公司管理层、业务主管、人力资源团队和财务团队等关键角色应共同参与，以确保规划能够全面反映企业的业务需求和战略方向。在财年之初，各部门应联合制定下一年度的招聘规划，明确各岗位的招聘需求以及相关的人才特征。

为了保持招聘规划的灵活性和适应性，推荐每到年中对规划进行复盘，以适应业务环境的变化。这可以帮助企业更好地应对不断变化的市场需求，保障招聘过程的精准性和高效性。在制定规划时，需要从多个角度考虑，兼顾企业的发展方向、组织战略、内部人才储备以及外部人才供应等因素，以确保规划的科学性和合理性。

(2) 对齐招聘需求并塑造人才画像。确保招聘需求与人才画像的一致性是构建精准人才画像的关键。该步骤旨在通过协商和沟通，使招聘需求与岗位要求相匹配，从而在招聘过程中更好地选取合适的人才。

对齐招聘需求需要多方协商，避免单一决策。用人经理、招聘负责人和人力资源业务伙伴应共同协商，以确保需求准确。应由用人经理编写需求文档，通过会议讨论，结合人力资源业务伙伴和招聘官的分析，形成共识并在招聘过程中不断调整招聘需求。

招聘需求对齐维度需充分涵盖岗位和团队的介绍、背景、基本信息和人才画像。招聘团队应确保招聘内容准确、明确，用以吸引目标候选人。此外，人才画像的要素和优先级也需在对齐过程中明确，以确保各方对人才特征的理解一致。

在对齐过程中，关键是将招聘需求与人才特质的优先级结合。根据企业所处的发展阶段、战略、需求等，确定对应的人才要素。这些要素须综合考虑企业发展、岗位定位和团队结构等多方面因素，以确保人才画像更精准地反映实际需求[①]。

(3) 辅助校准并完善人才画像。在招聘过程的各个环节中，人才画像是至关重要的核心内容。它指导着简历的筛选、面试的考察，以及最终的选聘决策。一幅优质的人才画像应具备以下特点：首先，它应传递对人才的核心需求和期望，确保招聘各方对同一

① 参见飞书《2021 飞书招聘互联网行业解决方案手册》。

岗位的人才画像有一致的理解。其次，它应易于查看和获得，建议将人才画像整合至招聘系统中，方便招聘各参与者在不同环节快速比对。此外，人才画像还需要能够敏捷迭代，以适应岗位需求的变化。这种敏捷性有助于招聘系统中的人才画像随着业务需要而持续更新，确保画像的准确性和适应性。

在整个招聘过程中，上述三个步骤的密切衔接确保了一幅清晰的、具有针对性的人才画像的构建。从制定招聘规划到对齐招聘需求并塑造人才画像，再到辅助校准并完善人才画像，每个步骤都在不同层面上为人才选拔和组织发展提供支持。综合而言，人才画像的每一个实施步骤旨在保障招聘流程的高效性、准确性以及与组织战略的紧密契合，从而为企业引进和培养合适的人才奠定坚实基础。

（4）验证测试人才画像的准确性。人才画像的构建是一个精心设计和理论构建的过程，但真正的验证需要在实际招聘中进行。验证测试是确保人才画像准确性和实际匹配度的关键步骤。这一步骤旨在通过实际的面试过程，将人才画像与候选人的真实表现和用人部门的反馈进行比对，以进一步提升人才画像的精准性。

在验证测试中，首先需要在招聘中筛选一定量的候选人，使其尽量涵盖不同类型、不同层次的应聘者。在面试过程中，招聘团队需要以人才画像为基准，评估候选人在各个方面的符合程度，包括知识、技能、能力、价值观等。其次，招聘团队应与用人部门保持密切沟通，特别是在面试之后，通过深入的讨论和反馈，比较人才画像的要素与候选人实际表现的匹配程度。

验证测试的结果对于优化人才画像非常关键。通过与用人部门的反馈对比，可以了解人才画像的准确性和适用性。如果发现人才画像在实际应用中存在偏差，则可以根据验证测试的结果进行修正和调整，以更精确地反映组织的实际需求。此外，验证测试还有助于招聘团队提升对人才画像的理解和运用的能力，从而进一步优化招聘流程①。

5. 人才画像示例

下面以人工智能产品经理为例，构建一个人才画像，如图 5－2 所示。

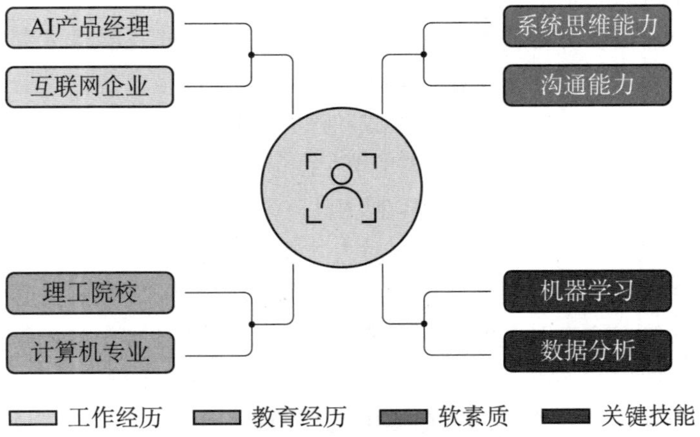

图 5－2　产品经理人才画像示例

资料来源：参见飞书《2021 飞书招聘互联网行业解决方案手册》。

---

① 北森：从效率到智能，招聘数字化请从这四点入手［EB/OL］.（2021－03－09）［2023－10－10］. http://www.techweb.com.cn/it/2021－03－09/2829331.shtml.

（1）工作经历：拥有丰富的互联网企业工作经验，尤其是在人工智能产品领域有过从业经历。这样的背景使其对互联网产品的生命周期、市场需求和技术趋势有深刻理解。

（2）教育经历：具备理工院校的计算机专业背景，这赋予其扎实的技术基础和深入的计算机思维。这种背景使其能够更好地与开发团队合作，推动技术实现。

（3）关键技能：精通机器学习和数据分析等关键技能。机器学习的知识使其能够开发智能化产品，提供个性化解决方案。数据分析技能使其能够从数据中获取有价值的洞察，指导产品优化和决策。

（4）软素质：具备系统思维能力和良好的沟通能力。系统思维能力帮助其从整体上理解产品和业务，分析问题并制定策略。良好的沟通能力使其能够与多个团队协作，准确地传达需求和愿景。

三、招聘实施

（一）简历筛选

企业从不同渠道吸引到求职者后，便需要在众多申请者中进行筛选。求职者提供的简历一般是对他们的基本信息、过往经历的描述，能使企业对求职者的能力有一个初步了解。简历一般采用的是描述性的语言，是求职者对自己基本信息的初步展示。简历筛选一般要求人力资源从业者判断求职者是否具备完成工作所需要的学历与工作经验，分析简历提供的信息与职位描述是否匹配，总结求职者的学习能力、工作稳定性等特征，进一步预测其是否能够胜任工作。这有助于企业以较低的成本完成最初的筛选①。

传统的简历筛选一般是人力资源从业者仔细阅读求职者的简历，并对简历上的信息进行主观判断，决定求职者是否通过筛选。然而不同的人力资源从业者对职位任职条件的理解不同，很难保证筛选过程标准统一与公平，也存在由于标准理解偏差而导致的误差风险。并且，随着求职人数的增长，海量的简历对于人力资源部门来说成了不小的负担，造成了人力的浪费。

数字技术在人力资源管理领域的应用，为解放人力资源从业者、提升简历筛选效率做出了巨大贡献。目前越来越多的企业采用人工智能，这一技术可以对简历中的关键信息进行挖掘，并将这些关键信息转化成简历评价，进而帮助人力资源部门更快地筛选出符合要求的简历。百度公司 TIC 团队使用语义分析等技术进行简历解析，抽取关键字段并将简历输出为简单易懂的统一格式，然后使用基于领域知识图谱的结构化简历画像技术，对求职者简历的关键字段所反映的求职者信息进行深度解析并进行简历评分，实现简历数据可视化，帮助企业快速挖掘优秀候选人②。例如，具有软件开发、单元测试等工作经验的候选人会被标记为“技术型人才”；进一步地，提取候选人简历中的关键词比如“Java Script”“体系架构开发”，并针对候选人的工作经验、学历等多方面进行打分，最后将其标记为“优质人才”。北森公司的简历筛选将软硬实力结合起来，将“成功期望”

---

① 百度智能招聘技术和应用实践［EB/OL］.（2020-09-10）［2023-10-10］. https：//www. sohu. com/a/417457809_100118081.

② 百度大脑推出智能招聘解决方案，助力节省招聘成本［EB/OL］.（2020-07-08）［2023-10-10］. https：//zhuanlan. zhihu. com/p/157847600.

大、在校期间专业内成绩排名 10%～30%的简历定义为“学霸”，并对候选人被录用的概率进行预测，让招聘负责人可以通过简历上的标签掌握人才的基本情况以及推荐情况。

数字化简历筛选具有智能化、可用性高、易扩展、速度快等优势，改变了传统简历筛选手段落后导致效率低下的情况，避免了主观经验驱动的判断标准带来的筛选误差，大幅提升了人力资源部门的工作效率和准确度，给简历筛选带来了突破性的改革。

（二）甄选

甄选环节运用甄选工具来缩小求职者的范围，为岗位选择最佳求职者。在甄选环节，招聘者需要将岗位所需的知识、能力、技能等与求职者进行匹配。传统甄选适合员工所需要考虑的三个方面要素一般是绩效、成本和法律责任①。然而，在技术和市场不断发展变化的今天，还需要考虑员工的技能和能力是否与组织战略相契合。目前，企业在进行员工甄选时，通常会使用面试、笔试、背景调查等手段，其中笔试通常涵盖对能力的测试以及对性格、态度等多个方面的评估。

1. 面试

面试是应用直接对话方式进行的甄选活动，主要用于考察求职者的实际工作技能、行为倾向和人格特点。面试官与求职者交流信息，求职者对自己的技能条件进行展示，并就岗位待遇和发展前景与面试官进行进一步沟通；面试官主要通过面试对求职者进行深入和清晰的考察，最终判断其是否符合岗位要求。

传统面试形式往往是面试官与求职者面对面进行双向沟通。随着数字技术逐渐普及，以人工智能面试、视频面试、情景模拟面试等为代表的新的面试形式的出现打破了传统面试形式的空间局限，增强了面试弹性，提升了求职者的体验与面试效率。

（1）人工智能面试。除了上文提到的人工智能辅助面试官分析外，还有一些企业将人工智能进一步融合进面试场景，实现了真正的自动化面试（示例见图 5－3）。人工智能首先会对通过筛选的求职者进行主动的面试邀约，达到快速抢占人才的目的。接着，人工智能会按照企业的招聘需求对候选人进行自动化测评，并使用多种维度的测评手段为候选人打分②。基础的评估算法包括：人脸特征识别技术，分析形象素质得分；语音评测技术，评估候选人的语速、停顿、普通话水平等；ASR 语音识别、语义理解技术、行业技能知识图谱，考察候选人的内容表达和意图理解能力。结合自动迭代的算法模型，人工智能可以通过迭代进一步调整评估算法，进而实现面试效果优化。值得一提的是，在保证公平的前提下，人工智能面试可以同时对上万人进行评测，从而可以进一步提升面试的时间灵活性，达到降本增效的目的。

但值得注意的是，一些研究表明，人工智能面试不能完全替代传统面试官面试，因为算法的筛选与面试官的判断存在一定的质的区别，会造成人工智能面试死板、“应试化”的问题，也有造成求职者抵触的风险③。这就要求人工智能面试研发者进一步深耕算

---

① 加里·德斯勒．人力资源管理：第 14 版［M］．刘昕，译．北京：中国人民大学出版社，2017.

② AI 招聘管理解决方案［EB/OL］．［2023－10－10］．https：//www.mokahr.com/solution/ai？utm_campaign＝PC&utm_medium＝pz%40title&_channel_track_key＝maFCv0Fs&utm_source＝baidu.

③ BUDHWAR P，MALIK A，SILVA M T T D，et al. Artificial intelligence-challenges and opportunities for international HRM：a review and research agenda［J］．International journal of human resource management，2022，33（6）.

图 5-3　人工智能面试

资料来源：腾讯会议：面试、简历、面评三合一，线上招聘就是这么简单！[EB/OL]. [2023-10-10]. https://www.beisen.com/customer/174.html.

法，并与相应专家达成共识，使用算法语言表述求职者素质，帮助人工智能面试官在“公正无私”的同时保留“人情味儿”①。

（2）一体化视频面试系统。线上面试一般采用的是网络会议平台。虽然网络会议平台作为面试的载体足够方便和强大，但是对于面试官来说，求职者的简历、面试评价的书写都需要在另外的平台调取和编辑，难免会出现因为需要来回切换页面而“分身乏术”的情况，致使面试效果得不到保障。因此，一些企业构建了一体化的数字面试平台，通过自主搭建或是与视频会议平台合作的形式，将简历、视频面试、面试评价三个功能整合进一个系统中，减少面试官因系统功能限制而产生的面试偏差，不仅可提升面试效果，还能避免因事后评价而导致的认知偏差。同时，该类系统还引入人工智能、面部识别功能，提供数字面试辅助。例如北森和腾讯会议合作构建的面试系统，具有增强眼神交流的功能，可提升面试双方的体验感②。其内置的人工智能助手也会通过分析求职者表情、谈吐等信息，辅助面试官决策，进一步提升面试效率。

（3）情景模拟面试。情景模拟面试在传统的评价中心的基础上进行数字化升级，在数字平台上进行不同情景的仿真模拟，模拟真实工作情境中可能发生的问题，对求职者的管理能力进行线上评价③。数字情景模拟允许求职者在线上进行情景模拟，自由安排时

---

① MIROWSKA A, MESNET L. Preferring the devil you know: potential applicant reactions to artificial intelligence evaluation of interviews [J]. Human resource management journal, 2021 (2).

② 腾讯会议：面试、简历、面评三合一，线上招聘就是这么简单！[EB/OL]. [2023-10-10]. https://www.beisen.com/customer/174.html.

③ 加里·德斯勒. 人力资源管理：第 14 版 [M]. 刘昕，译. 北京：中国人民大学出版社，2017.

间和地点，并且通过人工智能辅助，自动为不同类型的求职者分配个性化的情景模拟试题，包括完成邮件、视频回复等多项任务，并结合求职者的基本信息打造沉浸式体验，具有考察范围广、考察精准度高的特点。同时，情景模拟面试的评价速度也因为人工智能的参与而全面提升，与传统方法由面试官进行线下分析、评价不同，人工智能会在求职者回答结束后，使用与职位相符的评价模型对求职者的表现打分，并直接生成关于各项能力的报告提供给决策者，帮助企业定位求职者的管理能力，在获得同样价值的同时，节省线下测评中心的高成本。

2. 笔试

传统的笔试往往是多维度的线下测评，包含对专业技能掌握情况以及性格态度的测试，根据这些测试的综合成绩完成对求职者的甄选①。但是线下考试的形式需要在一定时间集中所有的求职者到同一地点，对时间、空间的要求较高，并且场地成本、监考成本也不容忽视。近年来，随着科技的发展，新型的笔试方式逐渐兴起，逐渐解决了传统笔试所面临的这些问题。

（1）个性化考题。以往的笔试只能通过招聘岗位的大类别对求职者进行通用的笔试考查，而现在的个性化考题技术可以将求职者简历与需求相结合，针对求职者的不同特点定制不同的试题。百度人才智库就首先从百度的校园招聘渠道采用了个性化甄选技术，利用人工智能算法，实现“千人千面”的个性化考题笔试，针对每个求职者的简历与每个岗位的个性化需求，从百度的试题库中抽取符合求职者要求的试题并自动生成笔试链接发送给求职者，实现更加直面需求的精确测评，大大提升了考查的针对性。

（2）智能监考。网络笔试由于参与时间和地点较为灵活，因此在求职者诚信考试方面存在很大隐患。一些企业将网络监控与面部识别技术应用在笔试监控场景中，智能监考系统会持续监控和分析求职者的电子产品在考试时的所有使用痕迹，并对不规范的操作进行后台反馈。此外，智能监考系统还能通过摄像头采集求职者考试视频，通过语音识别、面部识别分析考生的动作、表情、语言等细节，如果考生有疑似作弊的操作便会反馈在系统内，从而可保证笔试公平公正。但是由于人的活动是相对复杂的，一些智能监考系统也会出现对正常动作的误判②。例如，将考生沉思时的手部动作判定为故意遮挡摄像头的违规行为，从而判定为作弊，进而造成不必要的损失。因此，数据的复核和允许求职者反馈复议的环节对于智能监考系统来说是非常有必要的。

（3）智能批改。传统笔试结束后，需要大量人力对求职者的笔试试卷进行批改。这一过程需要耗费大量时间成本和人力成本。而且，人在批改的过程中很难保证标准的完全一致，很可能造成笔试成绩的错判。文本识别等智能技术的应用在这一环节具有巨大的效用。借助文本识别功能和数字化算法，智能批改系统可以在收到求职者的试卷后，对不同的题目运用文本识别和分析技术，自动判断回答正确错误，进而对整张笔试试卷成绩进行加总并生成可视化报告。考官可以通过查看报告清楚掌握求职者每道题目的正

---

① 何筠，陈洪玮．人力资源管理理论、方法与案例分析［M］．北京：科学出版社，2014.

② 在线监考程序引发广泛争议［EB/OL］．（2020-11-13）［2023-10-10］．https：//www.163.com/dy/article/FRAKNC4C0511ALHJ.html.

误情况以及每位求职者的知识薄弱处，还可以通过查看整体数据报告了解所有求职者的平均分以及排名情况，方便做出甄选决策。但是与智能监考系统相似的是，人工智能对关键字的抓取还不是十分准确，对主观性较强的题目，人工智能对得分点的抓取还是相对死板，同义词、同音字以及语序不同导致的同义句情况会让人工智能出现误判①。因此，人力资源部门应当与出题的业务部门一起，针对人工智能算法特殊性对考题进行优化，避免由于识别不清而导致误判。并且，应进一步优化识别算法，对于同音字、同义词等情况，采取具有针对性的算法来优化使用体验。

目前，数字技术给笔试环节带来了全方位的改进。相较于传统的线下笔试，现在的智能笔试系统可以自动生成个性化考题和笔试链接，并在求职者考试时实时监控保证公平，最后还能在交卷之后智能批改，输出成绩报告。更值得一提的是，这样的智能笔试可以同时服务成千上万的求职者，能大大提升效率，降低招聘工作者的劳动强度，对优化企业招聘成本、提升求职者体验具有重大意义。

3. 背景调查

背景调查是企业识别求职者信息是否真实的途径。首先企业会要求求职者提供前任雇主或负责人的联系方式，然后一般由招聘负责人向求职者的前任雇主、推荐人询问其工作时间、职责、工作表现、个人优缺点等信息。此外，企业还会要求求职者提供财务证明、前一份工作的离职证明等②。

随着网络技术的发展，越来越多的网络背景调查服务开始崭露头角。在征得求职者同意后，企业利用大数据技术可以立刻获取求职者的信息。利用网络数据库技术，对前任雇主企业的调查也可以全程在线进行；前任雇主企业对求职者的评价也不通过访谈形式呈现，而是以电子报告的形式留存，随时可以用于背景调查。

4. 体检

在招聘甄选过程中，体检是一个常见的环节，旨在检查求职者身体素质以评估其是否能承担对应岗位的工作的甄选行为。体检一般被安排在正式录用之前。随着科技的发展，企业会使用电子体检管理系统，在体检时将员工健康信息直接存入云端，从而省去体检报告在印制、保管等过程中造成的人力、物力成本。并且，企业也可直接在云端更新员工体检信息，使操作更加方便快捷。

需要注意的是，体检在招聘中的使用必须合法、合理，不应歧视任何个体。在进行体检时，需要遵循适用的法律法规和道德准则，确保求职者的隐私权和人权不受侵犯。体检结果应该仅用于评估求职者是否适合特定的职位，而不应用于其他目的。同时，应该将体检结果保密，只与需要知道的人员共享。

（三）录用及入职

1. 录用

在求职者通过了企业的甄选后，企业将进行招聘最后的决策，即决定是否录用求职

---

① AI 阅卷“翻车”其实是“翻”在了自然语言处理［EB/OL］.（2020－10－14）［2023－10－10］. https：//baijiahao. baidu. com/s? id＝1680492491554039215&wfr＝spider&for＝pc.

② 何筠，陈洪玮 . 人力资源管理理论、方法与案例分析［M］. 北京：科学出版社，2014.

者。企业在录用岗位候选人的时候，应当遵循平等、公开的原则。一般来说，录用的决策方式包括三种：

（1）互补式决策模式。这种模式将所有求职者的测试分数或其他评估标准进行排序，然后录用排名靠前的求职者。这种模式适用于招聘流程中的每个评估环节都相对独立且企业更注重整体表现的情形。这种模式的优点是简单明了，便于理解和实施。

（2）多障碍决策模式。这种模式要求只有前一轮甄选合格的求职者才能进入下一轮测试或面试。这样的模式适用于招聘过程中有多个评估环节，且每个环节的成本和复杂程度不同的情形。这种模式有助于逐步筛选出更符合岗位要求的候选人，减少资源浪费。

（3）混合决策模式。这种模式兼具互补式和多障碍决策模式的优点。首先，通过多障碍决策模式淘汰一部分求职者，然后使用互补式决策模式对剩余的应聘者进行综合评估。这种方式可在保证招聘过程的有效性和效率的同时，兼顾综合能力和整体表现。

无论采用哪种决策模式，都需要确保决策过程透明、公平和合法。候选人应该根据明确的标准和流程被评估和选择，要尽可能地避免主观偏见和歧视。

2. 入职

入职是整个招聘流程的最后一步，它是指成功通过甄选的求职者正式加入企业，并开始履行工作职责。入职过程的顺利进行对于新员工的融入和企业的发展都至关重要。因此，企业应该确保入职流程明确、高效，并提供必要的支持和资源，以便新员工能够尽快投入工作。

以往在实际入职安排环节，人力资源从业者对最终入职者的人数掌控力不强，其他部门也无法统一获取将入职员工的信息，造成数据汇总困难。此外，入职信息提交、办公用品准备等环节比较烦琐，容易出现滞后、跟进不及时的情况①。对此，一些企业利用数字技术打造一体化入职系统，帮助将入职员工走好入职的“最后一公里”。一体化入职系统可以帮助招聘负责人获取将入职员工的入职信息、待收集信息，并且可以在线催办将入职员工的信息采集任务，节省沟通成本。招聘负责人也可以通过一体化入职系统确认将入职员工的入职进度，跟进入职业务的办理情况，灵活应对入职环节出现的问题。

一体化入职系统可成功提升将入职员工的体验。求职者收到企业录用通知后，入职系统会自动生成入职流程，并从网络渠道收集候选人的各种必要信息②。同时，将入职员工也可以通过入职系统再次查询自己的薪资水平、福利待遇等信息，持续与企业沟通。一些一体化入职系统还提供线上一键打印、线上电子合同签署等功能，能大幅减少将入职员工入职流程烦琐从而需要辗转各个部门的情况。

一体化入职系统也可改善辅助部门对入职环节的支持情况。一体化入职系统支持多个部门同时在线协作，IT、行政等部门为将入职员工办理入职工作可以不需要与人

---

① 高效入职［EB/OL］.［2023-10-10］. https://www.mokahr.com/solution/onboarding.

② 一体化人事招聘系统引领高质量招聘［EB/OL］.［2023-10-10］. https://www.beisen.com/res/1108.html.

力资源部门或是新员工面对面交流，从而节省线下沟通的时间，显著提升入职工作的效率。同时，所有参与入职环节的人员均可以在入职系统查看入职进度，清楚掌握入职信息，提升各方的掌控感。一些一体化入职系统还内置了一些提升员工体验的功能，比如个性化欢迎信、公司地图、业务办理指南等，让员工感受到被重视，进而提升归属感。

第 3 节　招聘评估及改进

招聘的目标不仅仅是快速录用到合适的员工，还包括提升业务成效和影响力。招聘活动的最后一项工作就是对招聘活动进行总结与评价，并对其进行一次全面的复盘和分析，为以后的招聘工作提供相应的信息。招聘工作总结应由招聘主要负责人撰写，真实反映招聘的全过程，明确指出本次招聘的成功之处和失败之处，以提高未来招聘活动的效率①。

一、招聘评估

（一）招聘漏斗管理

从收到简历、发起邀约到最后入职并通过试用期的各个环节的转化率统计，可以形成一个倒金字塔结构，即招聘漏斗模型。招聘漏斗模型展示了每个企业获取人才的链条，即经过邀约、到访、初试、终试、录用和入职这六步的层层过滤，最终将外部候选人转化为企业自身员工②。图 5 - 4 展现了招聘漏斗各环节的实际情况，从中可以看出从简历的筛选到最终的入职，漏斗各个部分逐渐减少。虽然这些指标单独看起来很基础，但整体大于各部分之和。在漏斗数据分析中，可按顺序排列一系列转化率，从而在宏观视角理解整个招聘流程③。

人力资源部门可以通过对招聘漏斗数据的统计与分析，找出关键节点的偏差，及时修正，以提高招聘效率。通过分析可以精准定位招聘中出现问题的环节，从而改善调整，最大程度地保证预期招聘结果的实现。通过分析特定求职者经过招聘漏斗的方式，可以从多个角度透视招聘过程。具体可以分为以下三点：（1）按招聘人员筛选。对招聘团队或个别招聘人员的漏斗数据进行对标比较，可以发现招聘过程中的瓶颈或漏洞。（2）按职位类型筛选。将不同职位类型和资历要求分开，以便进行同类比较。例如，对高级工程师与初级管理员的招聘漏斗进行分析时，角度和方法需要加以区别。（3）按人群信息筛选。例如，如果女性在测评环节的通过率很高，但在面试环节通过率降低了，那就应该反思这个环节是否存在偏见④。

---

① 何筠，陈洪玮．人力资源管理理论、方法与案例分析［M］．北京：科学出版社，2014.

② 招聘技巧：搞定招聘过程关键节点，提高招聘效率！［EB/OL］．（2021 - 09 - 10）［2023 - 10 - 10］．https：//zhuanlan. zhihu. com/p/409014166.

③ 参见领英《未来招聘趋势报告——人才招聘角色转型的 9 大方向》。

④ 参见领英《未来招聘趋势报告——人才招聘角色转型的 9 大方向》。

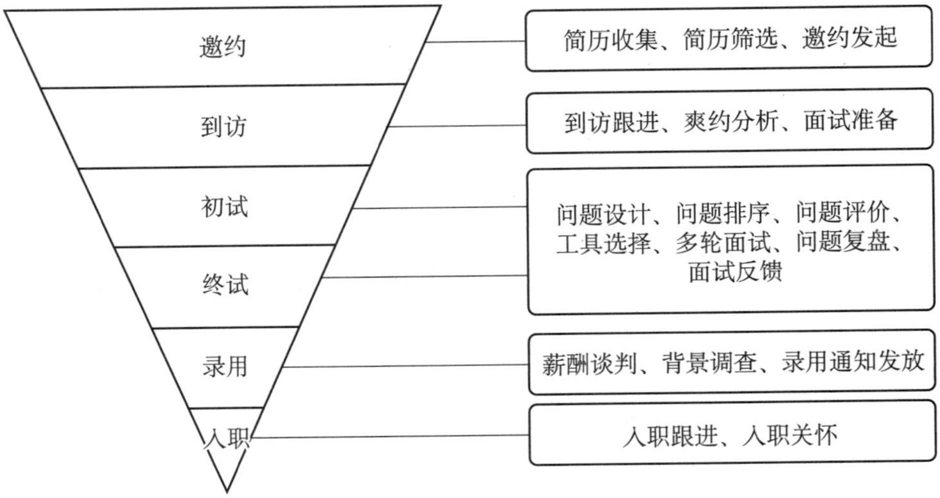

图 5－4　招聘漏斗模型

资料来源：招聘技巧：搞定招聘过程关键节点，提高招聘效率！[EB/OL].（2021－09－10）[2023－10－10]. https://zhuanlan.zhihu.com/p/409014166.

（二）其他重要指标

除了招聘漏斗之外，还有多项其他指标可以用于评估招聘过程和结果。

1. 招聘周期

招聘周期是指从人力资源部门接到用人部门的用人需求开始，到招聘到的新员工完成入职为止所用的时间。如果招聘周期过长，就会影响企业效率，同时也可能影响求职者的入职意愿。通过对招聘周期进行分析，人力资源部门可以优化招聘流程、缩短招聘时间。

2. 招聘成本

招聘成本是指招聘过程中所花费的所有费用，包括广告费用、招聘网站费用、面试费用等。通过对招聘成本进行分析，可以优化招聘策略、降低招聘成本。此外，投资新的招聘技术也会给招聘活动增加成本，但同时招聘活动中数字技术的应用可以提高工作效率、减少烦琐的工作，让人力资源部门把精力放在与求职者的互动和人才战略的制定上。从这一角度来说，数字技术又可以减少招聘成本。因此，如何规划招聘的经费预算，需要具体的分析。

3. 渠道有效性

渠道有效性是指不同招聘渠道的效果和质量。通过对不同渠道的有效性进行分析，可以了解哪些人才搜索渠道产出了最优秀的新入职员工，以便之后选择最合适的招聘渠道，提高招聘效果和质量。

4. 入职 30 天留存率

入职 30 天留存率用于衡量新员工在入职后最初 30 天内选择继续留在企业比例。较高的入职 30 天留存率通常表明企业的招聘和融合过程相对成功，新员工能够在初始入职阶段感受到满意度和归属感。如果入职 30 天留存率较低，那么需要加强入职培训和企业文化建设，提高新员工的适应性和满意度。

5. 试用期通过率

试用期通过率用于衡量新员工在试用期内成功通过评估，成为正式员工的比例。这个指标可以帮助企业了解招聘的准确性以及新员工是否在试用期内达到了预期的工作表现和适应程度。较低的试用期通过率可能意味着企业在招聘、培训或筛选过程中存在问题。这可能包括新员工的技能与岗位不匹配、现实情况与对企业的期望不符、培训不足或不适应企业文化等。在这种情况下，企业可以考虑优化招聘流程，提供更好的培训和更有力的导师支持，以及实施新员工融合计划等。

6. HC 完成率

HC 完成率（hire completeness rate）也被称为“人力资源配置完成率”或“满编率”，用来衡量实际入职人数与招聘计划岗位的目标人数之间的比例。较高的 HC 完成率通常表明企业的招聘计划执行得较好，岗位能够得到及时填充。如果 HC 完成率较低，那么企业可能需要重新评估招聘计划，或者考虑改进吸引和招聘人才的措施。

二、招聘改进

（一）规范招聘业务规则及流程

在招聘过程中，企业需要建立一套标准的流程，并规范业务规则。这包括设定招聘管理权限、完善操作体系，并与业务场景紧密贴合。通过利用各种管理工具和线上平台，企业可以更好地制定招聘管理规则，并优化整个招聘流程。这种做法可以提高招聘效率，减少错误，并确保招聘流程顺畅。此外，企业还需要根据面试官和求职者的反馈不断调整和完善招聘流程。例如，在面试结束后，向求职者发送一份调查问卷，了解他们对面试的满意度。通过将这些反馈与数据分析相结合，企业可以适时调整招聘规则的设计，以更好地吸引和留住优秀人才①。

（二）通过数据分析，复盘招聘结果

为了更好地了解招聘流程的效果，企业需要收集和分析一系列数据。相关指标包括招聘过程评估指标，如招聘漏斗（招聘各阶段的转化率）、招聘终止人次、聘用通知书接受率、HC 完成率等。通过分析这些数据，企业可以找出招聘过程中的瓶颈和问题，为未来的招聘计划提供决策支持。数据分析还可以帮助企业了解不同招聘渠道的效果。例如，通过分析不同招聘网站的成本效益、广告投放效果等指标，企业可以优化招聘渠道选择，提高招聘效果。

（三）追踪入职后的人才表现，验证人才理念和策略的准确性

入职后的人才表现是评估招聘工作成功与否的一个重要指标。企业需要关注新员工的学历结构和职级结构，同时计算入职 30 天留存率和试用期通过率。这些数据有助于企业验证其人才理念和招聘策略的准确性，并据以进行必要的调整。通过追踪入职后的人才表现，企业可以更好地了解其人才队伍的能力和潜力。这有助于企业制订更准确的人

---

① 参见北森《2019—2020 中国企业招聘指数（BRI）报告》。

才发展计划，提高员工满意度和绩效。同时，通过对入职后的人才进行跟踪和评估，企业可以及时发现并解决员工面临的问题，从而提高员工留存率。

（四）通过关注招聘效能类指标，诊断招聘的效率

招聘效能类指标可以帮助企业了解招聘活动的效率。这些指标包括招聘周期、招聘成本以及招聘渠道的有效性。通过关注这些指标，企业可以诊断出招聘过程中的瓶颈和问题，从而采取措施提高招聘效率。例如，通过分析招聘成本，企业可以了解每次招聘活动的实际花费与预算之间的差异，从而优化招聘预算分配。通过关注招聘渠道的有效性，企业可以确定哪些渠道吸引人才最有效，从而调整渠道选择策略。通过分析招聘周期，企业可以找出招聘流程中的瓶颈和低效环节，并加以改进①。

（五）及时与求职者反馈互动

在招聘过程中，与求职者的反馈和互动是至关重要的。为了节省沟通成本，企业可以提供一个高效的回答问题的渠道，利用自动化的线上工具一键启动便捷沟通，及时向候选人发送招聘进度、评价反馈等。这种做法不仅可以提高招聘效率，还可以提升求职者对公司的满意度和信任度。通过及时反馈，企业可以展示对求职者的尊重和关心，进一步增强其在人才市场上的吸引力。此外，对求职者的反馈也可以帮助企业更好地理解他们的需求和期望，从而更好地调整招聘策略，并提供更具吸引力的职位和待遇②。

（六）利用数字化手段提高招聘效能

未来的招聘将会更加依赖科技的力量，数字化革命将会给人力资源管理带来巨大的改变。组织将逐渐趋向于扁平化和敏捷化，员工与企业的关系也将不再是简单的雇佣关系，工作的地点和时间将更加灵活。这些变化将对人力资源管理工作的内容和性质产生影响，人力资源管理者需要积极顺应数字化浪潮，通过数字化手段提升招聘效能。具体来说，未来的招聘将会更加注重数据分析和人工智能的应用。通过运用数据分析和人工智能，招聘者可以更好地了解求职者的能力和潜力，更加精准地匹配岗位和人才。同时，通过运用数据分析和人工智能，招聘者还可以更好地了解招聘过程中的瓶颈和问题，优化招聘流程，提高招聘效率。此外，未来的招聘也将更加注重求职者的体验。通过数字化手段，招聘者可以更好地与求职者进行沟通和互动，提供更加便捷的招聘服务。同时，求职者还可以通过数字化手段，为求职者提供更加个性化的人才发展计划和职业规划，提高求职者对企业的信任度和忠诚度。

// 试一试 //

亲身感受百度简历解析

假设你是百度公司的一位招聘负责人，求职者张三向你投递简历，你登录百度智能

① 参见飞书《2021 飞书招聘互联网行业解决方案手册》。

② 参见北森《2019—2020 中国企业招聘指数（BRI）报告》。

招聘分析他的简历。

通过关键字抓取技术，你可以掌握张三的简历基本信息（见图5-5）。

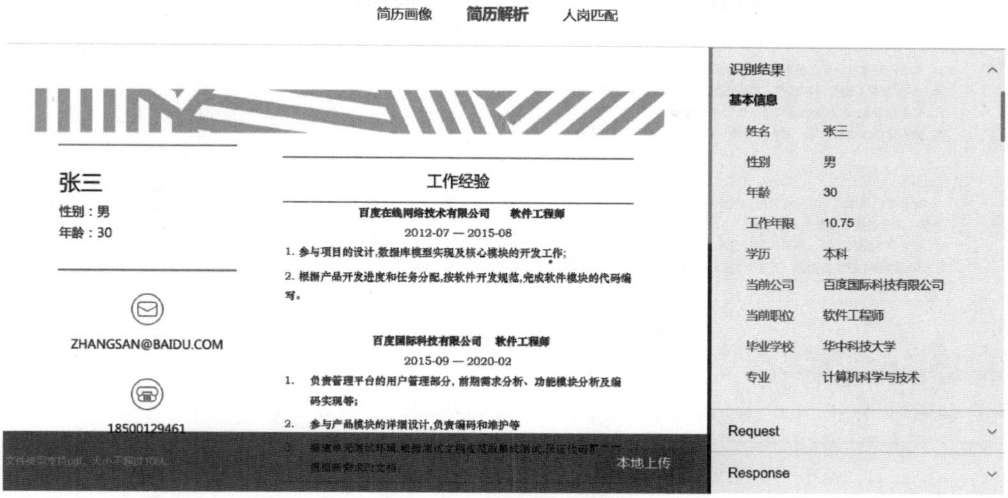

图5-5 简历基本信息示例

资料来源：智能招聘［EB/OL］.［2023-10-10］. https://ai.baidu.com/solution/recruitment?_=1687507400410&track=cp：ainsem | pf：pc | pp：chanpin-NLP | pu：NLP-zhinengzhaopin | ci：| kw：10120760.

通过文本识别，你可以掌握张三的简历关键词，以及简历的质量打分情况（见图5-6）。

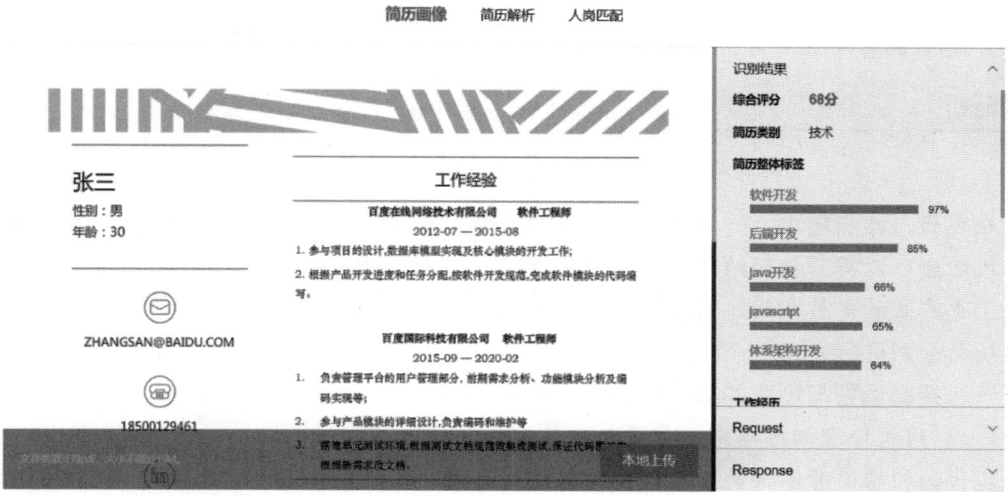

图5-6 简历质量打分示例

资料来源：智能招聘［EB/OL］.［2023-10-10］. https://ai.baidu.com/solution/recruitment?_=1687507400410&track=cp：ainsem | pf：pc | pp：chanpin-NLP | pu：NLP-zhinengzhaopin | ci：| kw：10120760.

最后，你可以使用百度的算法匹配功能，为张三智能匹配岗位（见图5-7）。

你也可以用你的简历试试看，了解自己的技术特长以及匹配的岗位！

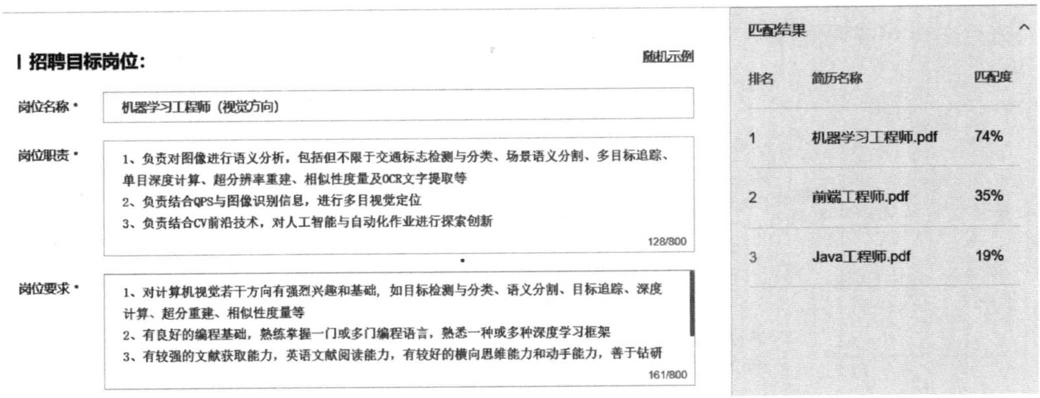

图 5－7　智能匹配岗位示例

资料来源：智能招聘［EB/OL］.［2023－10－10］. https://ai.baidu.com/solution/recruitment?_=1687507400410&track=cp：ainsem | pf：pc | pp：chanpin-NLP | pu：NLP-zhinengzhaopin | ci：| kw：10120760.

// 关键术语 //

数字化招聘　　招聘渠道　　人才画像　　招聘漏斗

// 复习思考题 //

1. 什么是数字化招聘？其与传统招聘有什么异同？
2. 数字化招聘有哪些典型渠道？各渠道有什么特点？
3. 招聘的各个环节可采取哪些数字技术？

案例分析

北森的一体化招聘设计

在现代人才招聘中，一体化招聘是一项关键的策略，它将多个招聘场景与先进的技术手段融合，以提高招聘的效率、质量和体验。这种策略在不同招聘场景中为用人经理提供了更广阔的发展空间，同时也将招聘科技的应用推向了新的高度。下面结合常见的十大场景分别进行介绍①。

一、招聘运营与创意的融合，助力招聘成功

（一）用人经理加持招聘运营活动，专业与创意结合

现代的招聘运营不再局限于传统的方式，而是不断创新，涌现出宣讲会、直播带岗、刷屏 H5、创意海报等全新的形式。在这个多元化的环境下，用人经理成为运营活动的中坚力量。他们将自己的专业能力与创意相结合，通过专业洞察和创新思维，吸引候选人的目光，实现双向互动，从而为招聘运营活动注入了更多活力和趣味。

（二）招聘科技助力用人经理完成招聘运营活动

现代的招聘科技为用人经理的招聘运营活动提供了有力支持。运营活动工具的自定义活动主题功能，赋予了用人经理更大的创作空间，可以根据不同的招聘活动定制独特

---

① 参见北森《2022 中国企业招聘科技趋势报告》。

的主题，从而更好地吸引目标候选人。社交媒体的裂变式传播策略，如刷屏 H5、创意海报等，让用人经理能够在短时间内高效地将招聘信息传播到给更广泛的受众。线上奖励机制的引入，激发了候选人参与的积极性，同时也帮助用人经理更好地收集简历和建立人才储备，为未来的招聘活动提供更多可能性。

二、用人经理引领内推，实现招聘效率的提升

（一）用人经理变身“超级内推官”

内部推荐作为高性价比、高保留率的招聘渠道，正逐渐受到企业的重视。用人经理在这一场景中扮演着“超级内推官”的角色，借助自身在招聘领域的专业知识和人脉资源，引领着员工积极参与内部推荐。他们不仅可以激发员工内推的动力，还能够通过专业指导，确保内部推荐过程的顺利进行，从而帮助企业更好地招聘人才。

（二）指导用人经理参与内推工作

为了进一步提升内部推荐的效果，企业需要通过指导和培训，帮助用人经理更好地参与内部推荐工作。提高全员内推意识，激发用人经理在内推渠道中的领导作用，是内部推荐活动的关键。充分利用社交网络，发挥用人经理的人际资源优势，可以使内部推荐的候选人更符合企业的招聘需求。组织内推专场活动，通过用人经理的分享和交流，进一步提高内部推荐活动的参与度和效果。及时回复候选人的问题，给予候选人良好的体验，是用人经理在内部推荐过程中需要持续关注的方面。

三、人才库智能化管理，精准匹配未来之星

（一）分类构建人才库，运营更加有的放矢

现代招聘的复杂性要求企业在人才储备方面更加有针对性。通过对人才库进行清晰规范的分类，企业能够更好地满足不同岗位的招聘需求。从应聘者库、精英人才库到高端人才库、离职人员储备库，这些分类将使用人经理能够在有招聘需求时，迅速找到合适的人才，从而提高匹配的准确性和效率。

（二）智能运营人才库，更低成本找到合适的候选人

招聘并不只是寻找人才，更是在资源有限的情况下，找到最合适的人才。通过运用智能化技术，企业可以更精细化地运营人才库。人工智能能够为储备人才智能地打上标签、维护人才地图，并根据职位要求智能地进行人岗匹配推荐。这种智能运营可有效地降低招聘成本，提高招聘效率。

（三）利用人工智能工具，智能推荐人才

伴随人工智能的发展，人才库的管理变得更加智能化。智能打标签、人岗匹配建模以及人才推荐等功能，都能够在人才入库时自动执行。人工智能可以根据职位描述和候选人的偏好构建人岗匹配模型，从而快速推荐匹配度高的候选人。这不仅可减轻用人经理和人力资源部门的负担，还可加速招聘过程，使企业招聘更具竞争力。

四、人才库智能标签与智能推荐，释放人工智能价值

（一）智能解析简历，智能打标签

人才评估和筛选的烦琐工作常常占据招聘过程中的大部分时间。通过引入人工智能，企业可以实现简历的智能解析和打标签。神经网络、光学字符识别和语义分析等技术能够帮助自动抽取简历信息，而命名实体识别技术能够识别关键信息，使用人经理能够更快速地对候选人进行初步筛选。

（二）通过简历筛选器设置规则，批量精确实现人岗匹配

现代招聘需要高效而精确的筛选方式。简历筛选器是一个强大的工具，可以根据企业的招聘标准自动进行筛选。这不仅可以帮助用人经理快速找到符合硬性要求（如学历、工作经验等）或软性要求（如心理风险等级、成就动机等）的候选人，还可以大大减少用人经理的工作量，提升招聘效率。

（三）通过邮件或短信自动给候选人发送信息，邀约候选人投递职位

候选人与用人经理的沟通和协调是招聘过程中不可或缺的一环。通过人工智能，企业可以自动发送邀约信息给合适的候选人，加速候选人与企业的互动。一旦找到合适的候选人，用人经理可以迅速获取其信息，收藏并进行实时追踪，从而提升整个招聘过程的效率和用户体验。

五、描绘未来人才画像，优化匹配度

（一）评估综合素质，洞察候选人潜力

在招聘中，企业不仅要关注简历上的硬性数据，更需要全面地了解候选人。除了业绩、学历和工作经历外，对候选人深层次的能力和潜力进行评估也至关重要。这包括：过往的业绩、所获奖项等成就；可迁移的经历；当前具备的能力和表现。通过综合考察这些因素，企业能够更准确地洞察候选人的潜力和适应性，从而优化招聘决策。

（二）建立标准人才模型，提高预测精度

标准人才模型的建立可以帮助企业更好地量化和评估候选人的能力和潜力。基于足够的评价资料和人才数据，模型可以通过数据分析和算法迭代，不断提高预测精度。这将使企业更有信心地进行招聘决策，确保选出更符合企业需求的候选人，提高招聘的满意率。

六、智能评估与筛选，洞察候选人潜力

随着校园招聘候选人数量的激增，招聘官需要以更智能化的方法筛选候选人。定制化的算法测评技术结合简历和测评信息，可以预测候选人被录用的概率。利用标签化的呈现方式，招聘官可以迅速把握候选人的突出特点，更有针对性地进行筛选和面试。

七、线上考试，提高招聘流程效率

在线考试作为招聘流程中的一环，需要人力资源部门和用人经理密切配合，确保其顺利进行。线上考试不仅能够在时间和地点上更加灵活，还可以利用技术手段提高监考和阅卷的效率。这种高效的考试方式将为招聘流程带来更大的便利，并提高招聘的准确性。

八、人工智能面试，创新招聘方式

（一）自适应测评技术，提高面试效率和准确性

经典的测量技术正在被自适应测评技术替代。这种技术可以根据候选人的实时作答结果进行动态抽题，实现更高效、更准确的评测。自适应测评技术使用最大信息量选题策略，选择适合受测者能力的题目，从而在短时间内实现测量目标，减少作答时间。

（二）人工智能视频面试，提升面试体验和分析能力

候选人通过 App 或小程序回答预置问题，并录制回答视频。人工智能技术对视频进行解析，可以获得关于候选人的一系列评估结果，特别适用于校园招聘、新型岗位招聘等场景。多模态智能分析方式可以更全面地评估候选人，帮助企业更准确地实现人岗智

能配对，提供灵活、便捷、舒适的面试体验。

九、用人经理成为专业面试官，提升面试效果

（一）让用人经理成为专业面试官，加强面试问题定制化

为了确保面试过程更加专业化和更有针对性，一体化招聘引入智能化技术，赋能用人经理成为专业面试官。智能系统可以根据候选人的背景和职位要求，有针对性地推荐面试问题。这样，用人经理可以更有针对性地询问候选人，深入挖掘其知识、能力和性格特点，从而更全面地了解候选人的适应性和匹配度。

（二）提供统一的面试评价标准，便于综合对比和评估

面试评价标准的统一对于招聘流程的标准化至关重要。通过智能系统的赋能，面试官可以依据统一的标准对候选人进行评估，确保评价的客观性和一致性。这可为后续的候选人对比和挑选提供更直观的依据，帮助企业更准确地筛选出最佳候选人。

（三）多维度分析，提炼候选人特点，辅助精准评价

候选人的特点往往是多维度的，不局限于简历所体现的方面。一体化招聘的智能系统能够从多个维度提取和分析候选人的信息，帮助面试官更全面地了解候选人的潜力、能力和个性特点。这样的分析结果有助于面试官在面试过程中有的放矢，更精准地评价候选人的适合程度。

（四）智能培训和评价体系，用人经理成为更专业的面试官

通过技术辅助和系统化的面试官培训，用人经理可以不断提升面试技能和专业素养。智能化的培训可以根据面试官的表现和反馈进行调整，确保其能够不断成长为更专业、更熟练的面试官。同时，面试官评价表的建立和效果检验，也为用人经理提供了可量化的成长路径，使其在招聘中的作用更加凸显。

十、打造一体化的入职体验，支撑完整生命周期管理

一体化招聘不仅关注招聘流程的优化，还关注候选人从“候选人”到“员工”的整个生命周期管理。

（一）招聘科技赋能内部人事系统，优化入职流程

通过招聘科技的赋能，企业内部的人事系统可以与招聘系统无缝衔接，实现入职流程的高效协同。从招聘需求的联动编制到候选人收到录用通知，再到入职，整个过程可以实现无缝对接，大大提升了入职流程的效率和体验。

（二）打造一体化平台，综合体验、业务和数据

一体化招聘平台不仅关注流程的连接，还致力于实现综合体验、业务和数据的统一。通过整合不同环节的数据，企业可以更好地洞察和优化招聘流程的每个细节。同时，也可以借助这些数据为招聘策略的制定和优化提供依据，使招聘更加智能化和精细化。

综合而言，一体化招聘的不断创新与科技的应用，将会进一步提升企业招聘的效率、准确性和用户体验，助力企业更好地挖掘和留住人才。

讨论题

1. 北森的一体化招聘应用了哪些数字技术？

2. 与传统招聘相比，北森的一体化招聘有哪些显著特征？

// 第 6 章 //

数据驱动的绩效管理

学习导图

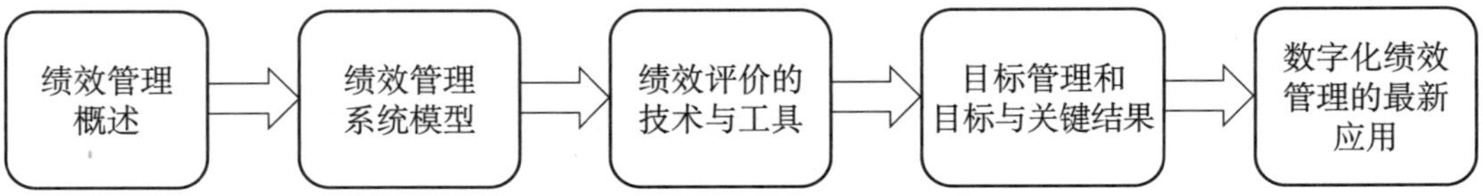

学习目标

通过本章的学习，你将：

1. 明确绩效管理的相关概念；
2. 了解绩效管理系统模型的基本框架；
3. 掌握绩效评价的技术与工具；
4. 了解数字化时代绩效管理的最新应用。

第 1 节　绩效管理概述

绩效管理是一个不断发展和进化的概念。20 世纪初，科学管理学派认为应该通过标准化工作流程，提升员工的工作效率。40 年代，“社会人”假设的提出使得管理者开始注重员工的社会需求，主张在关注生产效率的同时关注员工的心理需求。50 年代中期，彼得·德鲁克提出了目标管理理论，强调目标制定、反馈和奖励机制的重要性，并逐渐形成了全新的绩效管理方式。70 年代起，大量企业逐渐将绩效评价和薪酬管理相结合。自此以来，绩效管理的应用手段进一步丰富，员工的自我评估和 360 度评价等多种评价方法相继得到应用。绩效管理经过长久的发展，内容得到了进一步丰富。具体包括采用策略性目标管理、提高员工参与度等，倡导员工的自我管理和自我激励，旨在以更加灵活的方式实现组织目标和员工个人发展的有机结合①。

进入数字化时代后，绩效管理得到了新的发展。随着互联网、大数据、人工智能等

① 方振邦，唐建．战略性绩效管理［M］．5 版．北京：中国人民大学出版社，2018.

技术的广泛应用，绩效管理逐渐向数字化、智能化方向发展。企业可以利用这些技术，实现绩效数据的自动采集、处理和分析，从而提高绩效管理的效率和精度。同时，数字化时代的绩效管理更加注重员工的参与和自主性，通过建立员工自助平台、开发移动应用等方式，为员工提供更加便捷的绩效管理和反馈渠道。此外，绩效管理的内容也得到了进一步丰富和拓展，除了传统的目标管理、绩效考核等方法，还引入了学习和发展、创新能力评估等新的评价维度，更加全面地关注员工的个人发展和价值实现。数字化时代的绩效管理不仅提高了组织的绩效管理水平和员工的工作表现，还推动了企业和员工的共同发展，为组织的长远发展提供了有力的支撑。

一、绩效管理的定义

绩效（performance）是指组织及个人的履职表现和工作任务的完成情况，是为实现组织目标而展现在组织不同层面的工作行为及其结果①。绩效管理（performance management）是指识别、衡量以及提升个人及团队绩效，并且使这些绩效与组织的战略目标保持一致的持续性过程②。这一过程中，管理者与员工共同设定期望，进行绩效测量和审查，并提供及时反馈，绩效管理的核心诉求在于确保员工的个人绩效与企业发展的战略需求相符③。这需要关注如何以符合战略目标的方式提升个人绩效，进而最终提升公司整体绩效。

为了确保员工与公司目标的一致性，企业通常会制定与自身使命和价值观相符的核心行为标准。这些标准为员工提供了工作方式的指引，涵盖团队合作、客户服务、创新、执行力等多个方面的要求。这些标准紧密围绕着企业的战略目标制定，构成了绩效管理的基础。为了保持员工与企业步调一致，绩效管理还涵盖激励机制（如奖金、晋升等）和反馈机制。这些机制不仅可以激励员工追求更高的绩效，还能帮助企业及时发现问题并做出调整。若需要，惩戒机制和专门培训也会成为绩效管理的一部分。综上所述，绩效管理既规范员工行为，也是实现企业目标的关键手段。这使得企业能够更好地适应市场变化和外部环境的变迁，从而保持灵活性和竞争力。绩效管理旨在构建一个既能够促进员工发展又能够推动企业进步的平衡和协调体系。

二、绩效管理系统模型

建立一个科学合理的绩效管理系统模型（performance management system model）对于企业的绩效管理至关重要。绩效管理系统模型在企业管理中扮演着关键角色，用于管理和评估员工的工作表现和贡献。这一模型的目的在于提高员工的表现和业务成果，从而促进整个组织的绩效提升。为了更全面、精准地引导绩效管理实践，学者们在国内外战略性绩效管理领域的理论和实践探索基础上，构建了战略性绩效管理系统模型（strategic performance management system model）。这一科学有效的模型包括三个主要

---

① 方振邦，唐建．战略性绩效管理［M］．5 版．北京：中国人民大学出版社，2018.

② 加里·德斯勒．人力资源管理：第 12 版［M］．刘昕，译．北京：中国人民大学出版社，2012.

③ DENISI A S，MURPHY K R. Performance appraisal and performance management：100 years of progress?［J］．Journal of applied psychology，2017，102（3）.

目的、四个重要环节和五项关键决策①，为企业的绩效管理提供了指导。战略性绩效管理系统模型的基本框架如图 6－1 所示。

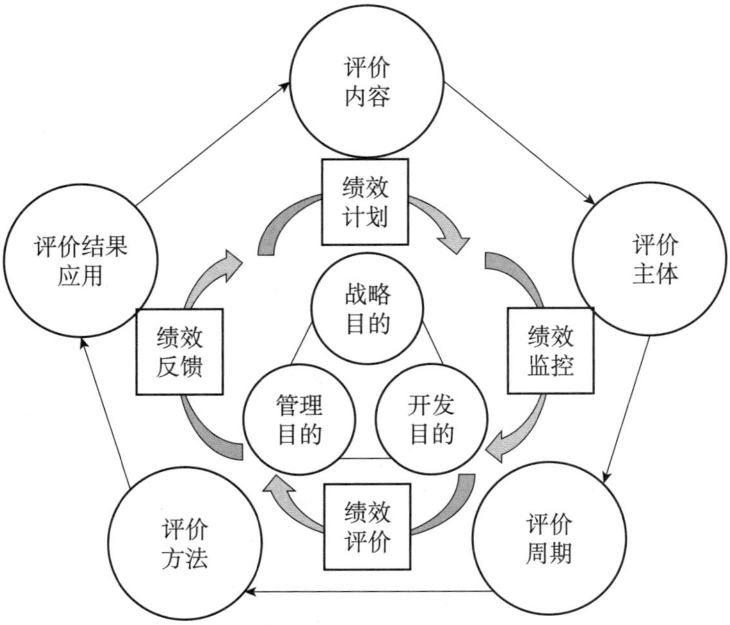

图 6－1　战略性绩效管理系统模型的基本框架

资料来源：方振邦，罗海元．战略性绩效管理[M]．3 版．北京：中国人民大学出版社，2010.

（一）三个主要目的

1. 战略目的

战略目的是战略性绩效管理系统模型的核心。它涉及对企业战略经营活动成就的预期，是对长期结果的期望，同时也是企业使命在实现过程中的具体体现。通过将绩效目标与企业战略紧密融合，战略目的确保绩效管理的对齐性和一致性。这使得绩效管理不再只是简单地评估员工的工作，而是将每一项绩效都纳入企业的整体愿景，实现全员参与和投入。

2. 管理目的

管理目的是战略性绩效管理系统模型的另一个主要目的。它强调绩效管理的反馈和激励机制，通过给予员工相应的奖惩，激发其自我动力，提高其工作绩效。这一目的有助于实现员工的个人目标与组织目标的双赢，激发员工的积极性和创造性，进而推动企业的整体绩效提升。

3. 开发目的

开发目的在绩效管理中占据重要地位。它强调管理者在绩效管理过程中的角色，即识别员工的不足之处，并通过有针对性的培训来提升他们的能力。通过这一目的，绩效管理不仅仅是单向的评价，更是一个持续的学习和成长过程。员工的能力和技能得到了

① 方振邦，罗海元．战略性绩效管理［M］．3 版．北京：中国人民大学出版社，2010.

不断提升，从而更好地满足企业的需求，为实现长期战略目标做出贡献[①]。

战略性绩效管理系统模型中的三个主要目的相互交织，构成了一个全面、系统的绩效管理体系。通过明确战略目标、实施有效的管理以及促进员工能力提升，企业能够在不断变化的环境中保持竞争力，实现长期的成功和持续发展。

（二）四个重要环节

1. 绩效计划

绩效计划是指在新的绩效考核周期开始时，管理者与员工共同就在此新周期中为什么做、做什么、怎么做、什么时候做完、做到什么程度等内容进行讨论并达成共识。通过这一过程，双方形成互相认可的目标，并在最终同意的基础上正式签署目标协议书。这个过程不仅有助于确立清晰的绩效目标，还可促进员工与管理者之间的透明沟通，为实现共同目标奠定基础。

在绩效计划中，组织层面的绩效指标具有重要作用。这些指标源自组织的中长期战略和业务计划，因此在制订和分解目标计划时，需要通过分析行业数据和企业历史数据来获得。在数字化时代，数字技术的应用使得大量数据处理变得更加高效。通过数据分析，组织能够明确生成并确定目标和任务，为绩效管理提供更准确的依据。最终，这些目标和任务将用于制定组织层面的绩效评价指标，从而为整体绩效管理提供框架和指引。

然而，组织层面的绩效指标需要具体到部门和职位，这就需要进行绩效指标的分解。传统的分解方法通常依赖人的主观判断，这可能导致分解结果存在一定偏差，缺乏对内部资源和工作流程的深入分析。在数字化时代，建立高效的信息化平台可以显著提升绩效指标分解的效率和准确性。通过对企业原始数据和工作流程的深入分析，绩效指标可以更准确地匹配到部门和职位。此外，数字化的绩效监控系统也使得绩效指标的动态调整成为可能，进一步确保绩效管理的实效性和灵活性。

最后，绩效指标的分解需要做到可视化，以便每个部门和职位可以实时了解其绩效目标和完成情况。通过信息化平台，各部门可以上传和交换绩效目标数据，使得绩效目标和完成度成为透明的信息。例如，当一个目标销售任务进入实施阶段时，计划部门可以组织和分解该任务，并将其上传至信息平台进行数据交换和可视化展示。通过这种方式，员工和管理者都能实时获取绩效目标的具体要求和完成进度，从而更加有效地推动整体绩效的实现。

2. 绩效监控

绩效监控是绩效管理过程中至关重要的环节，它涉及管理者与下属之间的积极沟通和持续指导，以预防或解决绩效考核周期内可能出现的问题。在这一过程中，绩效沟通起着关键作用，可为双方提供共同探讨问题及改进方法的机会，并最终实现绩效的提升[②]。

绩效沟通是指考核方与被考核方就绩效考评中发现的问题以及考核机制自身存在的问题进行的面谈，旨在促进员工提高绩效。绩效沟通的方法可分为正式与非正式两类。正式沟通包括定期书面报告、正式面谈和有上级参加的定期小组会议，这些沟通方式都

---

① 方振邦，罗海元．战略性绩效管理［M］．3 版．北京：中国人民大学出版社，2010．

② 方振邦，罗海元．战略性绩效管理［M］．3 版．北京：中国人民大学出版社，2010．

是事先计划和安排的。非正式沟通则没有事先的计划，例如在非正式场合进行的谈话，这类沟通的优点是能及时、快速地解决问题，并且可以拉近上级与员工之间的距离。

传统的绩效管理往往注重绩效目标的设定和绩效结果的评估，但忽视绩效监控的重要性。然而，实施有效的绩效监控可以帮助企业实时掌握绩效完成状况，调整企业绩效任务。例如，通过信息化平台和配套的硬件设备，企业能够及时了解相关部门的达成进度和本部门的达成进度，发现存在的问题，并进行及时的反馈和调整。通过信息共享系统，各职能部门可以实时掌握自己的绩效完成度以及与其他部门的差距，尽快调整部门内部的计划。通过数字化绩效监控，可以实现信息透明、数据共享、实时反馈、数据可视化和敏捷处理，从而大大提高绩效过程管控的效率和质量。例如，企业可以优化 OA 应用，实现管理线上化，提高业务服务的敏捷性，为管理可视化开发提供丰富的数据资源。同时，企业可以利用 Tableau 等工具开发实现数据可视化实时化，替代原来烦琐的述职报告，减少大量的 PPT 制作时间。

3. 绩效评价

绩效评价或绩效考核是指管理者从企业经营和战略目标出发，对员工的工作绩效进行评价的过程，旨在实现绩效管理的目标。绩效评价作为绩效管理的重要组成部分，在激励和员工方面发挥着关键作用。然而，绩效评价不等于绩效管理，实践中二者经常被混淆，二者的主要区别在于①：

（1）目的不同。绩效管理的目的是通过设定目标、跟踪和评估绩效、提供反馈和辅导等方式，管理和提升员工的整体绩效，以确保员工的工作与组织目标和期望相一致，并促进员工的成长、发展和整体绩效提升；而绩效评价的目的是了解员工的工作表现是否达到预期。

（2）方式不同。绩效管理是一个持续性、系统性的过程，包括设定目标、制定计划、监控和调整等环节，旨在实现组织目标；而绩效评价则是在特定时期内对员工绩效进行评估和总结，是对员工工作绩效的定期评估活动。

（3）重点不同。绩效管理的重点是确保员工的工作与组织目标和期望相一致，通过信息沟通与绩效提高，推动团队和个人做出有利于目标达成的行为；而绩效评价的重点是对员工在特定时间段内的绩效进行评估和总结，了解员工在工作任务和绩效要素上的表现，以便进行奖励或惩罚。

（4）涉及范围不同。绩效管理通常涉及整个组织，包括部门之间的合作、工作流程的优化等；而绩效评价主要关注员工个人的工作表现。

因此，绩效管理是一个更为综合和系统性的管理过程，侧重于推动整个组织的发展和员工的成长；而绩效评价是绩效管理中的一个环节，更加侧重于对员工工作表现进行具体评估，以便做出相应的决策。两者在绩效管理体系中联系密切，但各自拥有独特的目标、方法和重点。

在绩效评价阶段，需要处理大量的绩效数据，包括对所有组织、部门和员工的绩效达成情况进行汇总统计，以生成绩效报告。然而，传统的绩效评价往往受制于人为主观评分，导致评分的公平性和准确性受到挑战。同时，人为主观评分在考虑工作复杂程度

---

① 何筠，陈洪玮．人力资源管理理论、方法与案例分析［M］．北京：科学出版社，2014.

时，往往只考虑部分影响因素，难以全面客观地评估绩效。然而，在数字化时代，数字化绩效考核系统的应用可以有效解决这些问题。这类系统通常内置了专业的计分模型、定量和定性指标，系统自动进行计算，可避免出现人为主观评分可能带来的不公平和不准确的情况①。

举例来说，企业可以借助绩效评价系统内置绩效量度评估模型。这个模型的核心功能在于量化和评估已实现绩效成果的数量和质量，以建立绩效实现与绩效回报之间的价值关联。一方面，绩效结果数量评估模块依赖将被考核对象的绩效实际值与期初设定的绩效目标值、标准和内部绩效指标进行对比，从而获得最终绩效结果。绩效考核项目、实际完成数值、目标值和指标标准构成了评估因子，通过比对单元功能将绩效完成值与绩效定额、历史绩效数据以及可能的修正值进行对比，输出被考核对象的"相对绩效结果"。另一方面，绩效结果质量评估模块从两个维度考量：外在质量是指绩效结果与设定指标标准的对比结果；内在质量则涉及绩效结果与实现者的"个体人力资本价值"的关系。这意味着即使绩效结果相同，由于不同的实现者个体人力资本价值不同，其绩效结果的内在质量也不同，对企业整体绩效产生的影响也会有所不同。

4. 绩效反馈

绩效反馈是指管理者在绩效考核期结束时，与员工进行面谈，让员工了解绩效评价的结果，并指导员工在下一周期如何改进绩效，最后形成正式的绩效改进计划的过程②。

然而，在实践中，绩效反馈是最容易被忽视的环节。管理者可能对提供绩效反馈尤其是负面反馈感到不自在。这种不自在感可能会转化为焦虑和对绩效反馈的逃避。一些管理者认为，避免负面绩效反馈可以维护员工的自尊心，保持团队和谐。然而，这种做法可能会导致企业传递给员工一种错误的信息，即绩效不佳的员工也可以在企业中生存。这不仅不利于员工的个人发展和成长，也会大大打击优秀员工的士气。事实上，提供准确的、有建设性的反馈是管理者的责任，也是帮助员工成长和提升工作表现的关键。如果管理者不能提供反馈，员工就可能无法认识到自己的不足，也无法在未来的工作中进行改进。为了解决这个问题，企业应该强调绩效反馈的重要性，并提供相应的培训和支持，帮助管理者掌握提供有效绩效反馈的技巧和方法。同时，企业也应该建立积极的激励机制，鼓励员工寻求反馈并积极改进自己的工作表现。通过正确的绩效反馈，企业可以建立一个更健康、更公正的工作环境，提高员工的满意度和绩效，从而推动企业的长远发展。

在绩效反馈环节，面谈作为主要的交流形式具有重要作用。针对不同的绩效情况，面谈有不同方式：其一，当员工的绩效表现出色，达到预期甚至超出预期时，面谈可以为晋升和职业发展规划提供机会，从而更好地支持员工的个人成长；其二，对于绩效表现尚可但暂时不满足晋升条件的员工，面谈应着重维持现有绩效水平，并讨论适当的激励计划；其三，当员工的绩效令人不满意但存在改善空间时，管理者需要通过面谈协助员工制订计划来改善当前绩效；其四，当员工的绩效令人不满意且无法改善时，管理者

---

① DENISI A S，MURPHY K R. Performance appraisal and performance management：100 years of progress? [J]. Journal of applied psychology，2017，102（3）.

② 方振邦，罗海元．战略性绩效管理［M]．3 版．北京：中国人民大学出版社，2010.

可以通过面谈询问原因，或略过面谈而直接采取进一步措施，如转岗或解雇①。值得强调的是，如果组织希望通过面谈提高工作绩效，那么在面谈前、面谈中、面谈后都要采取相应的措施。在绩效反馈面谈前，与下属就绩效进行经常性的沟通，鼓励下属为绩效反馈面谈做好准备；在绩效反馈面谈中，鼓励下属参与，评价绩效时不评价个性及个人特殊习惯，关注反馈细节，避免提出破坏性建议；在绩效反馈面谈后，根据目标，定期评价工作进展情况。根据工作绩效，确定报酬②。

（三）五个关键决策

1. 评价内容

评价内容是指确定绩效评价所需的评价指标、权重和目标值。组织需要确定哪些方面需要评价，例如员工的工作表现、能力和成果等。评价指标应该具有明确性、可衡量性和可比较性。权重用于确定每个指标的重要性，而目标值则是指员工需要在这些指标上达到的标准。

2. 评价主体

评价主体是指确定由哪些人来评价员工的表现。常见的评价主体包括上级、同级、本人、下级、顾客和供应商等。组织需要确定每个评价主体的角色和责任，并确保评价过程公正、客观和准确。

3. 评价周期

评价周期是指确定多长时间进行一次评价。评价周期应该根据组织的实际情况而定，如员工的职位、部门的工作性质和组织的目标等。评价周期应该确保员工的表现得到及时反馈，不应过长或过短。

4. 评价方法

评价方法是指确定使用什么方法来对员工个人工作绩效进行评价。有多类评价方法可供选择，如描述法、量表法、比较法等③。上述三类方法各有特点，具体如表 6－1 所示。组织应该根据自身的绩效管理情况选择最适合的方法，以确保评价有效、准确和易于操作。

表 6－1　各类绩效评价方法的特点

类别	方法	特点
描述法	业绩记录法 态度记录法 能力记录法 综合记录法	提供对员工进行评价和反馈的事实依据，一般只作为其他评价方法的辅助方法出现
量表法	行为锚定评价法 行为观察量表法 评级量表法 混合标准测评法	优点：有客观的标准，可以在不同的部门之间进行评价结果的横向比较；有具体的评价指标，可以确切地知道员工到底在哪些方面存在不足和问题，有助于改进员工的绩效 缺点：开发量表的成本比较高，需要制定合理的指标和标准

① 何筠，陈洪玮．人力资源管理理论、方法与案例分析［M］．北京：科学出版社，2014.

② 韦恩·卡肖．人力资源管理：原书第 8 版［M］．刘善仕，张春阳，邱林，等译．北京：机械工业出版社，2013.

③ 董克用，李超平．人力资源管理概论［M］．5 版．北京：中国人民大学出版社，2019.

续表

类别	方法	特点
比较法	个体排序法 人物比较法 强制比例法 配对比较法	优点：简单、易操作，适用于作为奖惩的依据 缺点：无法提供有效的反馈信息，无法对不同部门之间的员工进行比较

资料来源：董克用，李超平．人力资源管理概论[M]．5 版．北京：中国人民大学出版社，2019.

5. 评价结果应用

评价结果应用即组织将员工的绩效评价结果应用到具体的实践活动之中。绩效评价属于绩效管理的一部分，其结果主要应用于员工绩效改进计划、员工职业发展方案及员工激励计划的制定、设计与实施①（见表 6－2）。

表 6－2　绩效评价结果的三方面应用

应用	作用
员工绩效改进计划	通过对考核结果进行分析发现绩效差距产生的原因，有助于为员工制定绩效改进计划和实施培训方案
员工职业发展方案	兼顾公平与效率，制定具有激励意义的报酬方案
员工激励计划	以绩效评价结果为依据，进行岗位轮换有助于员工进行自我能力评估

资料来源：何筠，陈洪玮．人力资源管理理论、方法与案例分析［M］．北京：科学出版社，2014.

综上所述，战略性绩效管理系统模型是一个旨在帮助组织实现战略目的、管理目的和开发目的的完整系统。该模型包括四个重要环节：绩效计划、绩效监控、绩效评价和绩效反馈。这四个环节相互衔接，形成了一个完整的管理流程。同时，该模型还包含五项关键决策，即评价内容、评价主体、评价周期、评价方法及评价结果应用。这些关键决策贯穿整个模型各环节，为企业进行绩效管理提供了科学指引，有助于提高企业绩效管理的效率和准确性。

尽管随着数字化时代的到来，许多新型技术手段如大数据、人工智能等的出现为绩效管理提供了更多的工具和方法，但战略性绩效管理系统模型的上述内容和原则并未发生改变。相反，这些新技术手段可以进一步增强绩效管理系统的功能和作用，提高绩效管理的精细度和准确性。例如，通过大数据分析，可以对员工的工作绩效进行更全面、更深入的评估，从而更好地识别员工的潜力和不足，为企业制订更精准的绩效改进计划提供支持。同时，人工智能等新技术也可以帮助企业实现绩效管理的自动化和智能化，提高绩效管理的效率和准确性。因此，尽管技术手段不断更新换代，但战略性绩效管理系统模型的基本框架和原则仍然具有重要的指导意义，是企业进行绩效管理的重要依据。

---

① 何筠，陈洪玮．人力资源管理理论、方法与案例分析［M］．北京：科学出版社，2014.

第 2 节　绩效评价的技术与工具

一、关键绩效指标

(一) 关键绩效指标概述

在绩效管理中，员工的工作绩效需要运用量化指标来衡量，二八定律在绩效管理中的应用表明 80%的工作任务是由 20%的关键行为完成的，重点分析和衡量 20%的关键行为，就抓住了绩效评价的重心①。由此，关键绩效指标（key performance indicator，KPI）被提出，它是通过对组织内部某一流程的输入端、输出端的关键参数进行设置、取样、计算、分析，衡量组织流程绩效和战略实施效果的一种目标式量化管理指标，是把企业的战略目标分解为具有可操作性的具体目标的一种工具②。

基于二八定律的关键绩效指标最早应用于工业化年代的传统制造业。企业将关键结果和关键过程作为产业工人考核的主要方面，绩效管理工作主要围绕关键绩效指标展开。目前，关键绩效指标的应用已经扩展到了许多其他的行业和领域。例如，在服务业中，企业开始关注那些能够影响客户满意度和忠诚度的关键因素，并通过对这些因素进行考核来提高服务质量和效率。此外，在创新领域，关键绩效指标也被用于评估创新团队的工作进展和成果，以促进创新的成功。随着数据科学和人工智能的不断发展，企业可以利用这些技术来收集和分析大量的数据，以便更准确地确定关键绩效指标，并对其进行监测和优化。在未来，关键绩效指标将继续在数字化时代的各个领域中发挥重要作用，帮助企业更好地理解业务需求，提高效率和竞争力。

(二) 关键绩效分解方法

关键绩效指标有助于企业减少绩效管理的投入、提升绩效管理的效率。但是如何确定关键绩效指标直接影响关键绩效指标的准确性。企业进行绩效管理的目的是实现企业的战略目标和永续发展，因此关键成功要素（critical success factors，CSF）成为影响关键绩效指标确定的关键。关键成功要素是对实现企业目标具有决定性影响的特定战略要素的定性描述，而关键绩效指数是对关键成功要素进行定量描述的工具。因此，关键成功要素法是主要的关键绩效分解方法之一。具体而言，关键成功要素法分为以下四个步骤。

1. 确定关键成功要素

确定关键成功要素主要是指明确企业要达到战略目标所必须满足的条件和实现的目标。对此企业主要回答以下五个问题（见图 6-2）：第一，理想中要成为什么样的企业？即明确企业的战略目标。第二，现在是什么样的企业？即明确企业内外部的资源和优势、面临的挑战与存在的不足。第三，将是什么样的企业？即明确企业短期内需要实现什么样的目标。第四，企业的具体目标是什么？即进一步分析企业需优先解决的问题，对目

---

① 田五星，王海凤．大数据时代的公共部门绩效管理模式创新：基于 KPI 与 OKR 比较的启示与借鉴［J］．经济体制改革，2017 (3)．

② 何筠，陈洪玮．人力资源管理理论、方法与案例分析［M］．北京：科学出版社，2014．

标进行具化。第五，哪些机会可以用来达成企业的目标？即在上述问题的基础上综合考虑企业的目标和问题，对企业关键成功要素进一步分解和细化，明确关键成功要素。企业通常使用鱼骨图确定关键成功要素。图 6－3 围绕如何实现企业价值创造提供了一个示例。

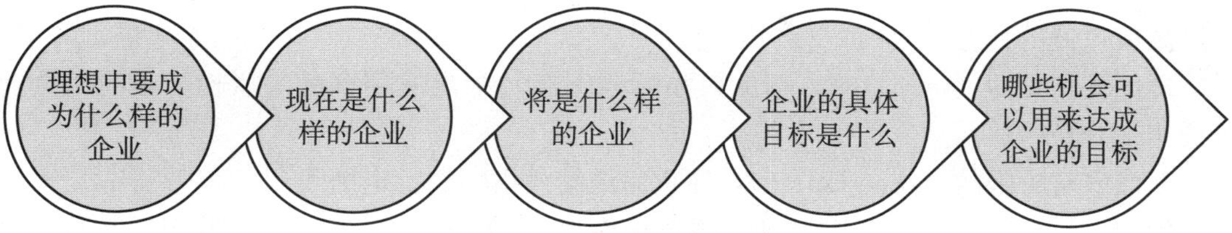

图 6－2　关键成功要素确定流程

资料来源：基于关键成功因素分析法设计绩效管理指标［EB/OL］.（2020－04－29）［2023－10－10］. https://mp. weixin. qq. com/s/1iL5TOHbuRvADO5vpPJmHw.

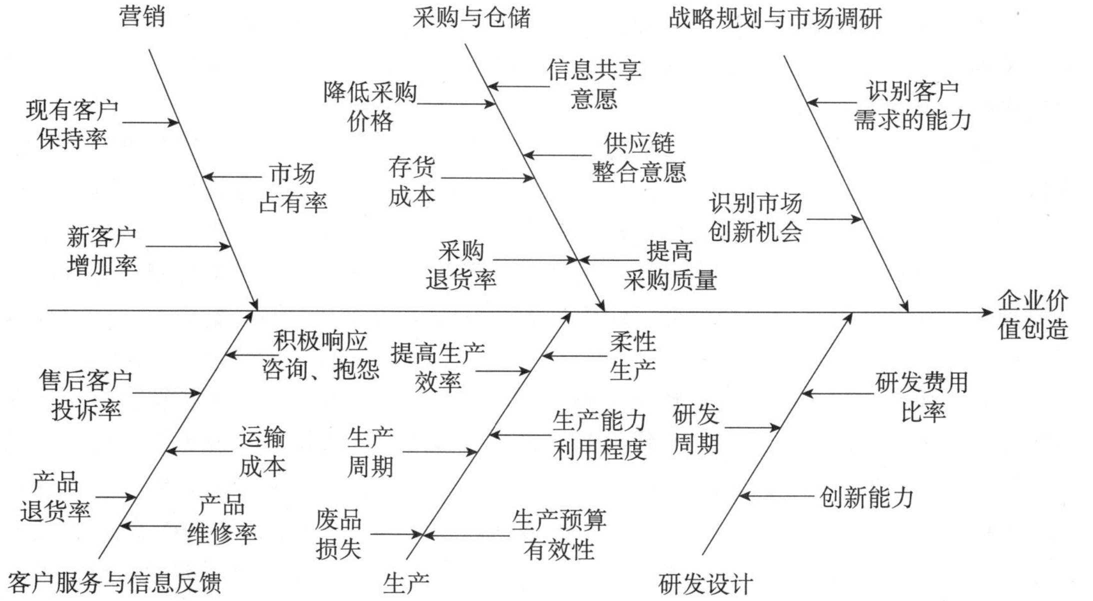

图 6－3　企业价值链的价值创造鱼骨图

资料来源：王满，沙秀娟，叶香君．企业价值链的价值创造评价鱼骨图构建研究［J］．经济问题探索，2017（6）．

2. 确定关键成功要素实现策略

经过鱼骨图的层层分解，确定关键成功要素后，要明确特定成功要素的定义和实现手段。比如说，产品多样性的定义是根据详细划分的各种目标，推出与竞争者不同的高品质、多元化产品。具体实现路径有提升产品差异化程度、增加新产品研发量、增设产品新功能等。研发成本控制的定义是控制研发开支，压缩研发周期，提升研发品质。具体实现路径有简化研发流程、制定研发开支控制机制、强化核心研发员工监督与激励、拓宽研发产品推向市场的渠道等。

3. 确定企业关键绩效指标及标准

在确定关键成功要素的实现策略后，需要根据具体的实现要求确定关键绩效指标，在此过程中需要遵循 SMART 原则。具体如下：

S 代表具体的（specific），指绩效考核要切中特定的工作指标，不能笼统；

M 代表可衡量的（measurable），指绩效指标是数量化的或者行为化的，验证这些绩效指标的数据或者信息是可以获得的；

A 代表可实现的（attainable），指绩效指标在付出努力的情况下可以实现，避免设立过高或过低的目标；

R 代表相关的（relevant），指绩效指标与上级目标具有明确的关联性，最终与企业目标相结合；

T 代表有时限的（time bound），注重完成绩效指标的特定期限①。

例如，一个符合 SMART 原则的绩效标准为："在今年年底前，将加班时间从每个月 180 个小时减少到每个月 60 个小时，并且将因此产生的费用控制在 64 万元之内。"

4. 形成关键绩效指标体系

关键绩效指标体系作为一种系统化的指标体系，包括三个层面的指标：一是企业级关键绩效指标，基于对上述关键成功要素分析而得；二是部门级关键绩效指标，由对企业级关键绩效指标进行承接或分解而得；三是个人级关键绩效指标，是基于部门级关键绩效指标确定的②。

企业目标的实现，离不开内部部门和员工个人的支持。因此，企业级关键绩效指标应该分配或分解到相应的部门和个人，形成部门级和个人级关键绩效指标。在确定企业关键绩效指标后，企业通过对内部运作流程中关键参数进行设置和分析，可以把企业战略目标逐层分解为可操作的工作目标，从而使各内部部门和各岗位员工都能明确自己的主要责任，并以此为基础明确各部门和个人的业绩衡量指标，最终形成规范的关键绩效指标体系。

具体做法是在获得企业级关键绩效指标后，首先确认这些指标是否能够直接由企业内相关部门单独承接：可以直接被相关部门单独承接的，就直接转化成为上述部门的部门级关键绩效指标；不能被相关部门直接承担或由一个部门单独承担的，便需要对相关企业级指标进行分解。指标的分解过程一般遵循组织结构和主要流程两条主线，需要根据企业的实际情况选择不同的方式。在企业级关键绩效指标和部门级关键绩效指标确定后，将二者进一步细分成为个人级关键绩效指标。

（三）关键绩效指标的优缺点

关键绩效指标作为绩效管理的重要工具，在企业中有着广泛的应用。关键绩效指标主要有如下优点：第一，关键绩效指标具有精准性。关键绩效指标从众多指标中提取到对企业绩效影响最大的指标，帮助企业捕捉实时的绩效信息，更快和更及时地进行绩效反馈，快速找到企业业务的真实状态和理想发展状态之间的差距，以及产生差距的原因，进而积极采取改进措施。第二，关键绩效指标是动态的。关键绩效指标的制定可以根据企业环境、内部条件和年度目标等不断变化。在实现关键绩效指标的目标后，可以切换到其他相对薄弱的指标，推动薄弱环节的改进。第三，关键绩效指标是目标导向的。关

---

① 李字庆．SMART 原则及其与绩效管理关系研究［J］．商场现代化，2007（19）．

② 何筠，陈洪玮．人力资源管理理论、方法与案例分析［M］．北京：科学出版社，2014．

键绩效指标的建立基于企业的发展战略。关键绩效指标的应用可使企业绩效管理与企业战略目标保持一致，因此能够有效引导员工行为，帮助快速高效地实现企业目标。

与此同时，关键绩效指标也存在缺陷和不足。首先，关键绩效指标不利于团队的稳定发展。关键绩效指标主张强制分布和末位淘汰，例如它要求将员工按照 20%的优、70%的良、10%的不合格进行强制分布，这有可能会造成员工之间的恶意竞争，导致信任感降低。并且在企业分工细致化的当下，团队中的每个成员往往都各司其职，因此很难进行末位淘汰。其次，关键绩效指标不利于团队的创新发展。因为对于创新型和探索型岗位而言，其工作内容往往并不清晰，工作成果难以用关键绩效指标量化和激励，因此不适合通过设置关键绩效指标进行量化。最后，关键绩效指标不适合复杂动荡的市场环境。关键绩效指标具有相对稳定的特点，例如相关指标在年初一经确认，往往年中或年末才会被审视和重新设定，难以有效支撑企业适应高度动荡的市场环境。这意味着企业必须结合业务内容和管理架构，审慎采取关键绩效指标方法。

因此，在数字经济时代，虽然关键绩效指标仍然是管理和衡量绩效的重要工具，但我们需要辩证地看待其优点和缺点，根据实际情况灵活运用，并不断完善和优化绩效考核体系，从而更好地应对数字化环境带来的挑战和机遇。

二、战略地图与平衡计分卡

关键绩效指标理论强调对整体较大目标的层层分解，但过于关注结果，并未形成结构化的绩效管理体系，而且过分引导员工关注短期目标，缺乏长远战略目标规划，指标之间联动性较弱[①]。相较而言，战略地图（strategy map）和平衡计分卡（balanced score card，BSC）提出了全方位的绩效考核标准，能支撑组织的长远发展。

（一）战略地图

战略地图是由哈佛大学卡普兰（Robert Kaplan）教授和波士顿咨询公司的咨询顾问诺顿（David Norton）提出的，它是一个可视化的框架，将战略目标从高层次逐步分解成更具体的行动和指标。战略地图是以实现组织战略为目标，从财务、客户、内部流程、学习与成长四个层面出发，将财务指标、客户价值主张、创造价值的关键内部流程、支持关键流程所需的无形资产进行有机结合的组织战略实现逻辑（见图 6－4）。战略地图帮助组织明确不同层次目标之间的关系，使整个战略变得更加透明和更易理解。

1. 财务层面

财务层面是战略地图的顶层，它以传统财务术语描述了组织战略的有形成果。财务层面从整体财务目标出发，将战略目标转化为具体的财务指标，从而量化了企业的战略成功程度。财务层面的指标通常包括收入、利润、投资回报率等。这些指标可以直接衡量企业的财务绩效和战略成功程度。例如，收入增长指标可以反映企业市场份额的扩大或产品价格的上涨，而利润指标则可以反映企业的盈利能力。然而，财务层面的指标往往是滞后指标，它们只能反映企业过去的战略成功与否，无法预测未来的战略成果。因此，在制定战略地图时，需要更加关注推动财务层面成功的因素，如支撑财务层面成功

① 孙涛，郑秋鹏，王炜，等．BSC＋KPI 视阈下高校教师绩效考核体系构建：基于德尔菲法和层次分析法的应用［J］．中国高校科技，2020（6）．

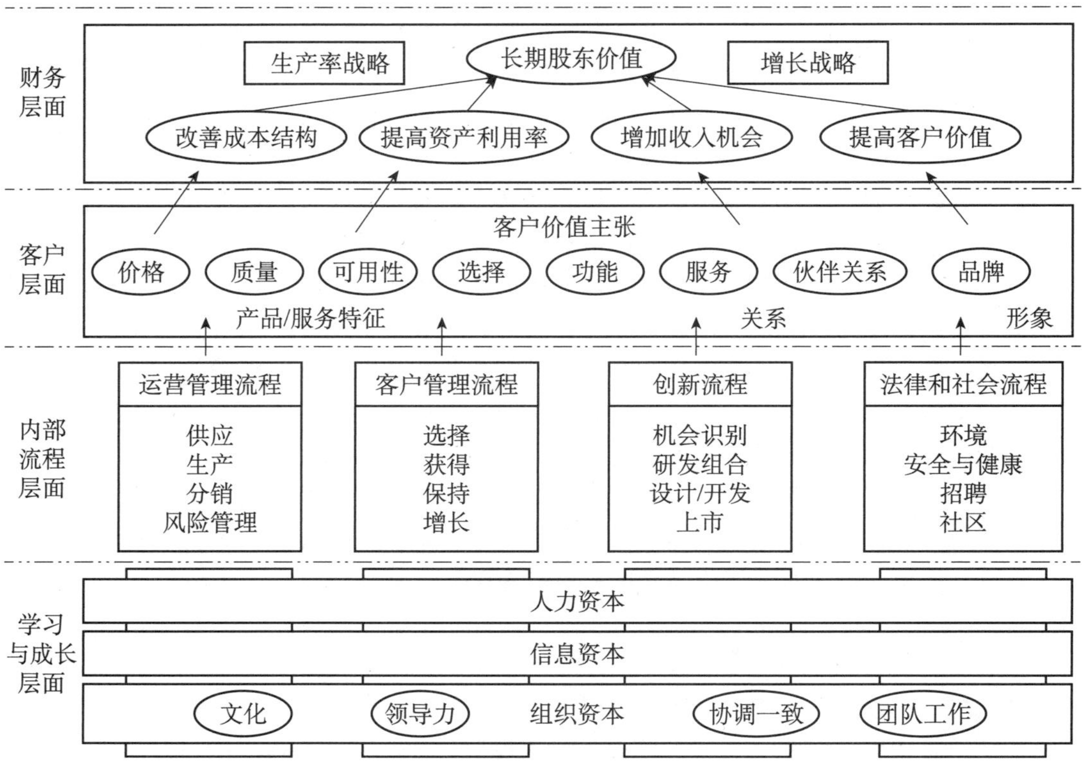

图 6-4　战略地图框架

资料来源：罗伯特·卡普兰，大卫·诺顿. 战略地图：化无形资产为有形成果［M］. 刘俊勇，孙薇，译. 广州：广东经济出版社，2005.

的客户层面的因素和内部流程层面的因素等。

2. 客户层面

客户层面主要关注的是企业想要吸引的客户和想要满足的需求，它定义了组织对外部客户的价值创造目标。这些目标涉及客户满意度、市场份额、客户保留率等关键指标，它们直接反映了企业满足客户需求的能力和水平。

客户价值主张为企业的无形资产创造价值提供了环境。如果客户重视产品质量和交付时间，那么高质量产品或服务的快速生产和及时交付对企业具有较高价值。为了满足客户价值主张，企业需要具备相应的技能、系统和流程，从而获得更多的市场份额和提高客户的忠诚度。如果客户重视性能和创新性，那么创造出功能卓越的新产品或服务对企业具有较高价值。企业需要具备创新能力和技术实力，不断推出符合客户需求的新产品和服务，从而赢得更多的市场份额和客户的信任。企业财务层面的成功是因为满足了客户差异化的价值主张，而客户层面的目标实现需要内部流程层面和学习与成长层面的因素来支撑。

3. 内部流程层面

内部流程层面描述了企业内部的业务流程，包括产品开发、生产、销售、售后服务等。这个层面的目标主要是提高生产效率、提高产品质量、降低成本等。内部流程层面的目标是通过优化和改进企业的内部业务流程来实现的。例如，优化供应链管理可以提高生产效率，降低成本；改进生产流程可以提高产品质量，减少生产过程中的浪费；优化服务交付可以提升客户满意度，增加市场份额。这些内部流程的优化直接影响到客户满意度和财务绩效，是企业实现战略目标的重要保障。

在内部流程层面，一方面，企业需要确定少数几个关键流程，这些流程对满足客户差异化价值主张产生的影响最大。例如，如果企业的客户价值主张是高性能创新产品，那么需要从内部和外部两个方面来寻求解决。从内部来看，企业可以增加内部研发投资，再造产品开发流程，提高产品的创新性和质量；从外部来看，企业可以通过合资方式，借助合作伙伴的力量共同研发新产品。另一方面，内部流程层面的优化和改进需要依靠员工的学习与成长来实现。例如，通过培训可以提高员工的技能水平和工作能力，从而提高生产效率和产品质量。同时，员工的创新和学习也能带来新的思路和方法，帮助企业更好地实现战略目标。

4. 学习与成长层面

学习与成长层面在战略地图中具有基础性和关键性作用，它直接影响到企业战略的执行情况和企业的长期竞争力。这一层面关注企业的人力资本、信息资本和组织资本的培育和发展，旨在提升员工的知识、技能、态度，从而为实现内部流程和客户层面的目标提供支持。

学习与成长层面确定了对于战略最重要的无形资产，这个层面的目标确定了支持创造价值的内部流程所需要的人力资本、信息资本和组织资本。为实现战略目标，这些无形资产必须有效联结并与内部流程保持一致。例如，如果企业的战略是低成本，客户价值主张是价格低、质量稳定可靠，内部流程强调保证质量和使客户满意忠诚，那么学习与成长层面的目标可以是人力资本方面的全面质量管理和六西格玛培训、信息资本方面的流程导向信息系统、组织资本方面的质量改进小组和精益生产文化等。

综上所述，战略地图的四个层面之间从上到下层层分解，从下到上层层支撑，形成一个完整的价值创造过程。每个层面的目标和指标都是相互关联的，一个层面的目标需要其他层面的目标和指标的支持。这种四个层面之间的关系使得战略地图成为一个动态的、可视化的战略管理工具，有助于企业更好地实现其战略目标。

（二）平衡计分卡

平衡计分卡是一种将传统的财务指标和非财务指标结合起来评估企业绩效的战略性绩效管理方法。平衡计分卡将战略地图提供的定性的目标分解成定量的绩效指标，主要承接战略地图在财务、客户、内部流程、学习与成长四个层面的目标设定，考察企业实现其愿景及战略目标的程度（见图 6－5）。

与关键绩效指标不同，平衡计分卡的核心理念在于平衡各个维度的指标，避免过于偏重财务绩效，同时兼顾战略执行的各个方面。具体而言，平衡计分卡可实现以下四组关系间的平衡：一是外部衡量和内部衡量之间的平衡，外部衡量包括客户和股东，内部衡量包括流程和员工；二是所要求的成果和成果的执行动因之间的平衡，成果主要体现为利润、市场占有率等，动因主要体现为新产品开发投资、员工培训等；三是财务衡量和非财务衡量之间的平衡，财务衡量主要包括利润、投资回报率等指标，非财务衡量主要包括客户满意度、时效性等指标；四是短期目标和长期目标之间的平衡，短期目标一般是利润目标，长期目标则包含客户满意度、员工培训成本和次数等。

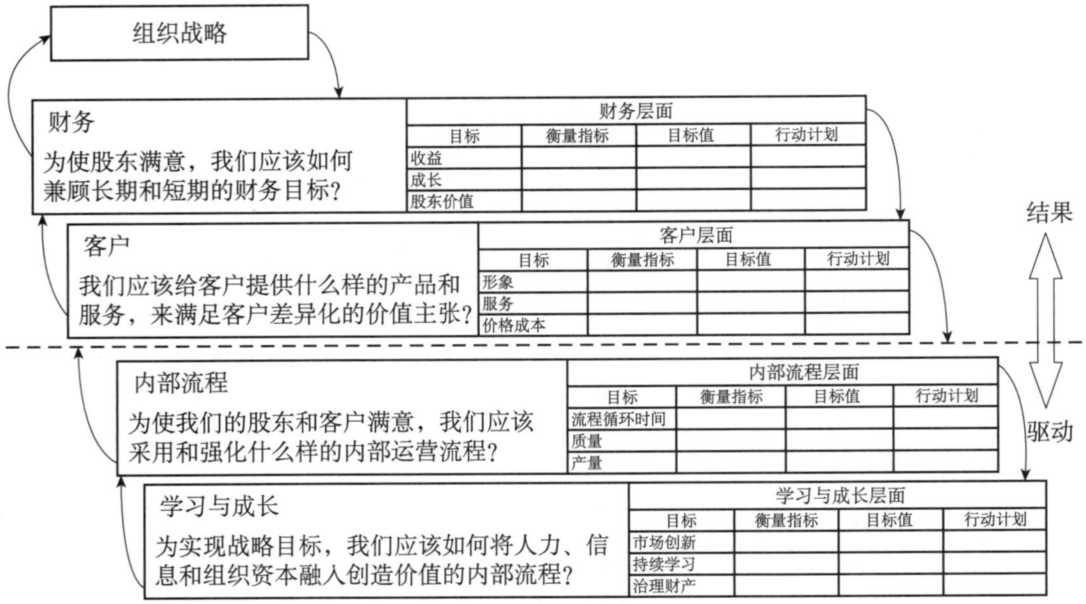

图 6－5　从战略地图到平衡计分卡

战略地图与平衡计分卡是相辅相成的。战略地图提供了一个图形化的框架，帮助人们直观地理解战略的逻辑，而平衡计分卡则为这些战略目标提供了具体的量化指标。战略地图展示了不同层面的目标之间的关系，平衡计分卡为这些目标提供了衡量方式。通过将战略地图与平衡计分卡结合起来，组织能够更好地制定和执行战略，确保各个层面的目标相互协调，最终实现整体的战略愿景。换句话说，战略地图与平衡计分卡的核心思想在于不再仅仅关注单一的绩效维度，而是通过平衡考虑财务、客户、内部流程和学习与成长这四个维度的指标，不仅实现企业战略目的，而且使企业获得全面发展和持续成功。

（三）战略地图和平衡计分卡的应用

战略地图和平衡计分卡是增强协同效应的重要工具，按照战略主题—目标—指标—行动方案的逻辑进行应用。在应用过程中，需要确保组织内各单位和部门的整合，重点关注共同的、高层面的战略主题。目标应该与所有对企业战略目标有强烈影响的不同业务单位和部门保持一致，指标应该分解到对关键绩效指标有影响的不同业务单位和部门，而行动方案则应该由所有对完成企业重要战略项目有责任的单位和部门负责实施。

下面以 S 物流公司为例，介绍战略地图和平衡计分卡的协同应用。S 物流公司的战略主题是通过运营效率的提升实现自身财务绩效的不断提高。因此在财务层面的战略目标即实现利润和净资产收益率的增长，直接影响因素是收入增长和成本降低。而收入增长需要在客户层面吸引和保持更多的客户，成本降低需要在内部流程层面实现快速物流中转。同时，为吸引和保持更多的客户，需要在客户层面做到按时交付并提供售后服务，而这些都建立在快速物流中转的基础上。最后，为实现内部流程层面的快速物流中转，需要在学习与成长层面实现员工与战略协调一致，关注以员工安排为主的战略性系统和以物流配送为主的战略性岗位。至此，S 物流公司通过战略地图找到了各层面间的关系，根据梳理出的战略主题明确了对应的战略目标。在此基础上，S 物流公司利用平衡计分卡为战略目标确定明确的指标和目标值。例如在客户层面，为衡量客户吸引、按时交付、售后服务的水平，S 物流公司需要关注市场占有率、顾客满意度、顾客投诉率等指标，同时对每个指标进行量化。最后 S 物流公司为实现指标的目标值设计了可行的方案，并制定了预算。具体示例如表 6-3 所示。

表 6-3　S 物流公司战略地图和平衡计分卡的应用

	战略地图		平衡计分卡		行动计划	
层次	战略主题：运营效率 流程：运营管理	目标	指标	目标值	行动方案	预算
财务层面	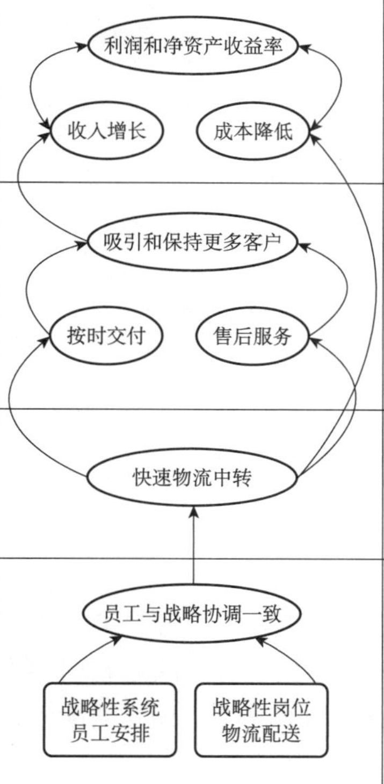	• 盈利性收入增长 • 减少投入	• 营业收入 • 净利润 • 成本费用利润率	• 30%CAGR • 20%CAGR • 5%CAGR		
客户层面		• 吸引和保持更多的客户 • 按时交付 • 售后服务	• 市场占有率 • 客户满意度 • 客户投诉率	• 70% • 行业第一 • 行业最低	实施客户关系管理系统 客户忠诚项目	
内部流程层面		• 快速物流中转	• 物流订单完成时间	• 24h（50%） • 48h（90%）	物流 SaaS 系统	
学习与成长层面		• 开发必要的技能 • 开发支持系统 • 员工与战略协调一致	• 在职资格达标率 • 员工战略意识 • 关键岗位员工流失率	• 第一年 90%，第二年 100% • 100% • 低于5%	员工培训 员工安排 系统绩效 激励计划	

对比战略地图和平衡计分卡、关键绩效指标，主要存在以下差异：一是在潜在假设上，战略地图和平衡计分卡的假设是组织需要考虑诸多方面的平衡；关键绩效指标的假设是个体或组织的精力是有限的，只能关注少数关键的领域。二是在适用规模上，战略地图和平衡计分卡通常在大规模组织中更容易实施和运用，因为这些组织通常有更多的资源和复杂的业务结构，需要更好地协调和平衡不同方面的目标和指标；关键绩效指标可以应用于任何层级的组织，无论规模大小，只要这些指标在实现组织的战略目标和愿景方面具有关键作用。三是在操作阶段上，战略地图和平衡计分卡适用于诠释战略；关键绩效指标适用于执行战略。因此，若注重整体战略，业务复杂且多样，则平衡计分卡更适用，尤其是可搭配使用战略地图；若关注特定领域，或需要精细管理，则关键绩效指标更适用。管理实践中要根据组织需求，综合应用两者或根据战略、文化、规模等因素量身定制方法，以实现管理绩效的最大化。

平衡计分卡应用中的一个误区是忽略战略地图分析，机械地将组织战略目标按照财务、客户、内部流程和学习与成长四个层面进行分析，从而忽视战略主题之间的逻辑关系。图 6 - 6 展示了战略地图和平衡计分卡的常见错误应用，即机械地应用鱼骨图进行分析。这种做法可能会导致制定的目标和指标脱离实际战略，缺乏关联性，失去战略导向，并且片面地看待绩效因素。因此，在应用平衡计分卡时，充分的战略地图分析和战略主题关系考量是关键，以确保绩效管理与组织战略有机融合，实现准确、全面的战略执行和绩效管理。

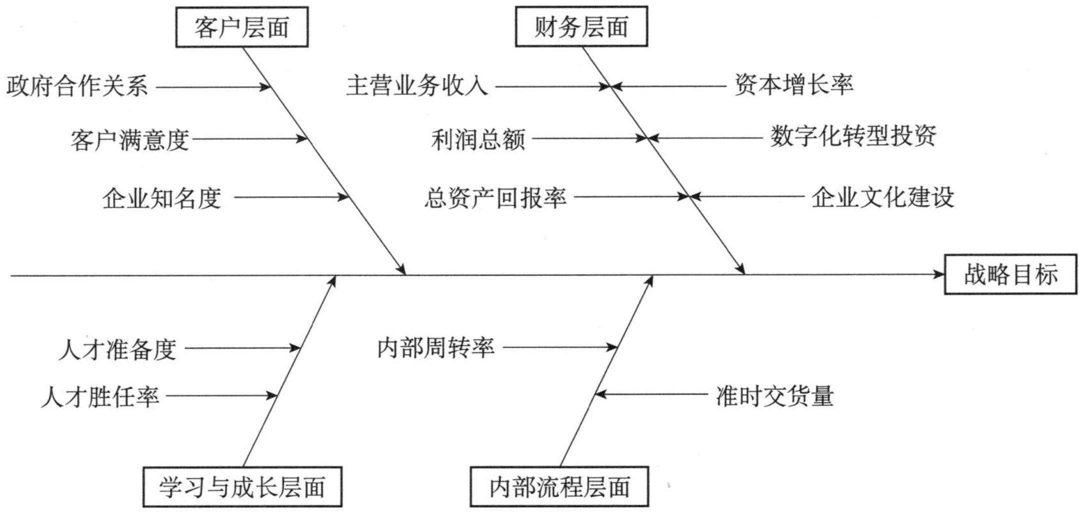

图 6 - 6　战略地图和平衡计分卡的错误应用

三、360 度绩效评价

伴随着激烈的市场竞争，参与式管理、团队协作、员工发展、客户关系等新型管理手段被国内外企业普遍接受和应用。在此背景下，关键绩效指标、战略地图和平衡计分卡等自上而下的绩效评价方式难以适应企业人力资源管理的需要，360 度绩效评价应运而生。

（一）360 度绩效评价概述

360 度绩效评价又称“全方位反馈评价”或“多源反馈评价”，它是一种从不同层面的人员中收集评价信息，从多个视角对员工进行综合反馈评价的方法，在被评价者自我评价及与其密切关系者（如上级、同事、下属和内外部客户等）分别对其进行全方位的匿名评价的基础上，由专业人员对比各方的评价结果，向被评价者提供信息反馈，以达到帮助被评价者改变行为、增强能力和提高绩效的目的①。

360 度绩效评价一般分四个步骤进行：第一步是评价项目设计，确定评价对象与考核内容、设计考核表单；第二步是确定打分人选和权重，并组织现场或线上评价；第三步是通过上级与被评价者就评价结果进行沟通确认，提出改进建议，第四步是评价结果

① 邓成超，唐德祥，张斗星. 360 度绩效评价体系主体选择方法探讨：基于 360 度绩效评价体系系统误差研究[J]. 经济问题，2011 (7).

的应用①。

例如，A 企业在实施 360 度绩效评价的过程中建立了包括上级评、同级评、下级评的多角度、多方面共同参与的 360 度绩效评价体系。具体实施情况如下：

(1) 上级评价。实行总经理—部门经理两级负责制，按照“谁任用谁评价”的原则考核，对项目负责人的绩效评价拥有较大的话语权。

(2) 下级评价。下级是在项目组内工作的普通职员，在工作中下级和项目负责人接触最多所以有较大发言权，特别对项目负责人的领导能力（主要包括组织领导能力、识才用才能力、人际交往能力、事件处理能力、激励能力等）有比较深刻的体会。

(3) 平级评价。平级评价是对项目组负责人之间、职能部门与业务部门之间工作协作关系的反映，在管理过程中各项目组之间彼此有业务往来，能否协调好项目组与其他职能部门之间的关系是同级评价所要体现的内容。

（二）360 度绩效评价的优缺点

在企业绩效管理中，360 度绩效评价的用途主要体现在个体发展性评价与绩效评价两个方面。个体发展性评价是对企业员工或组织成员的个人能力及其职业规划发展状况的评价，是改善个人绩效与制定个人职业规划的前提和基础；绩效评价则是对企业员工或组织成员的工作行为进行绩效考核，进而评价其工作进展程度并以此作为其薪酬调整和职位变更的依据。当 360 度绩效评价仅仅用于开发目的而不是用于管理目的时，其效果最好；而当应用于晋升和薪酬管理目的时，评价者很有可能会歪曲他们提供的反馈信息。

综合而言，360 度绩效评价存在以下优点：首先，360 度绩效评价的评价者来源广，评价信息全面，评价结果较为公正，使得评价结果误差小；其次，360 度绩效评价的层次较深，考核涉及深层次的胜任特征，能够全面深刻地反映被评价者的潜在特征。再次，360 度绩效评价充分尊重组织成员，评价的过程也是双向交流的过程，有助于创造互帮互助的工作氛围、提高员工的积极性。最后，360 度绩效评价更为注重面谈和反馈，还包括对员工的职业生涯的规划指导，有助于促进员工个人长期发展。

但是，360 度绩效评价存在较多缺陷。例如，在进行绩效评价时，情感因素和个人利益得失很可能渗透到评价过程中，从而使评价结果很难做到客观公正，被评价者也极易怀疑评价结果的准确性和公正性。许多企业在使用 360 度绩效评价的过程中，由于有意地选择评价主体、盲目扩大评价主体范围、不能有效选择评价工具等，不但导致了人力、财力资源的浪费，增加了企业管理成本，而且使被评价者往往受制于不准确的评价信息和不客观的反馈意见而无法改善自身行为，极大地影响了企业的绩效管理水平。

借助网络及数字技术开展 360 度绩效评价具有诸多优势，有助于弥补传统 360 度绩效评价存在的缺陷。第一，数字化工具能够快速收集并整合来自不同单位和部门的数据，确保信息的准确性和时效性；第二，网络平台可以为组织内不同层级的员工提供方便的访问渠道，鼓励他们积极参与绩效评价，促进跨部门的信息共享和协同合作；第三，数字化工具能够减少纸质化评价烦琐的过程，降低评价成本，同时能够提供更快速、更便捷的数据分析和反馈；第四，数字化手段可以提供更丰富的绩效数据，帮助组织深入分

---

① 360 度绩效考核法［EB/OL］.（2022-12-29）［2023-10-10］. https://mp.weixin.qq.com/s/D9xf4s39-9or1U3-Kg2_XQ.

析员工的绩效表现，发现潜在的问题并进行有针对性的改进；第五，借助网络平台可以轻松提升评价过程的透明度和公平性，减少人为干预和主观判断，使评价结果更具公信力和说服力。

第3节　目标管理和目标与关键结果

一、目标管理

目标管理（management by objectives，MBO）最早由美国管理学专家彼得·德鲁克提出。他认为，目标是激发员工工作动力的因素，将企业的愿景和使命转化为具体、明确的目标是非常重要的[①]。因此，领导者应该通过目标对员工进行引导和激励，将企业的愿景分解为员工层面的小目标，并依据小目标的完成程度对员工进行考核和评价。这种管理方式能够提高员工的责任感和成就感，推动组织向更高的目标发展。

因此，目标管理是将员工的目标与企业的目标挂钩的管理手段。这种管理手段能够激发员工内驱力，而非仅仅依赖具有控制性的强制性要求。相反地，它旨在提升员工的自主性，使员工的个人价值能够有机地融入企业价值创造中。基于这一理念，员工会以实现更高目标和完成更富有挑战性的任务为己任，不断学习提升，拓展工作的深度和广度，从而达到自我实现的目的[②]。然而，要实现这一切，管理者必须对目标进行准确设定。管理者需要明白，目标并非强硬的、必须刻板完成的指标。相反地，它应被视作激励手段，能够让员工自主地规划路径，不断靠近。若将目标仅作为强制性约束，就可能陷入传统绩效考核的误区[③]。毕竟，目标管理的真谛在于激发潜能，而非通过惩罚强制达成目标。在目标管理的各个环节中，保障员工具有自主权，坚持以人为本的管理策略，也是至关重要的。这样的管理模式能够创造出内部和谐的团队氛围，使共同创造价值成为可能。同时，它能够深化员工对目标重要性的认知，从而激发员工将个人价值与组织价值紧密联系起来的主动性。

在实施目标管理的过程中，最重要的一点是要将目标量化，把宏大的愿景细化为日常可以完成的具体产出。这种细化使得目标更具体、更可操作，有利于让每位员工清楚地了解自己需要做什么，以及未来还需要如何努力。同时，这种细化也使得员工能够及时将自己的实际情况与目标进行对比，更好地认识到自身不足之处。为了实现这一点，可以通过目标管理报告来与员工进行沟通和反馈。

目标管理报告通常包括以下内容（见图6-7）：第一，设定重点目标，明确具体的目标和达成标准，以便员工明白需要在哪方面进行努力。第二，制订当期计划，详细规划实现目标的步骤和时间表，确保各项任务有条不紊地推进。第三，对实施方法和项目实际进展进行描述，让员工清楚地了解项目的推进情况，以及是否存在偏差或问题。第四，针对问题点提出对策与措施，表明在面临挑战时如何应对，以保证目标的达成。第五，

① 许一．目标管理理论述评［J］．外国经济与管理，2006（9）．
② 许一．目标管理理论述评［J］．外国经济与管理，2006（9）．
③ 邱伟年，张兴贵，王斌．绩效考核方法的介绍、评价及选择［J］．现代管理科学，2008（3）．

对实际进展进行反思，员工对已完成部分进行总结和反思有助于从中吸取经验教训。第六，列出当期重点修正措施，根据实际情况对下个绩效周期的计划进行调整和改进。

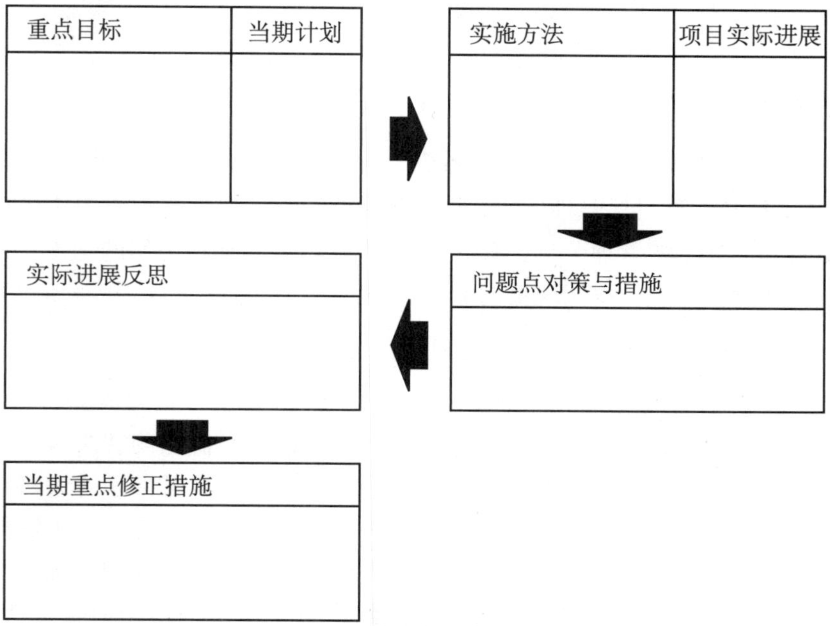

图 6－7　目标管理报告示例

通过这样的目标管理报告，员工不仅可以清楚地了解自己的任务和目标，还能更好地与管理者进行沟通，及时调整策略，保证目标的准确性和可实现性。这种透明的目标管理过程能够为员工提供明确的方向，帮助他们更好地理解自己的角色，并将个人努力与组织目标紧密结合起来。

在过去的经验中，“目标”一直是企业鼓励正向行为和评价绩效时的关键词。然而，随着数字经济时代的迅速发展，企业内外部环境的复杂性和多变性日益增强，这种传统的目标管理方式逐渐显露出无法适应的弊端。在这个充满变化的时代，没有人可以凭借完美的信息和未卜先知的洞察来预先定义一个静态的成功目标，也很难断定哪些行动可以确保企业获得成功。

传统的目标管理方法在数字经济时代的变革浪潮下显得越来越滞后：首先，目标被强制性地分解和指定，员工需要对那些他们无法完全控制的业绩结果负责。然而，这种方法忽视了外部环境的变化以及员工在不确定性下所需的灵活性。其次，这种传统方法缺乏对目标的持续跟踪和调整机制。在快速变化的市场中，最初制定的目标可能在执行过程中受到各种市场因素变化的影响，从而导致目标失效，使得整个绩效管理过程变得不切实际。绩效评价过于关注目标达成率，导致企业和员工之间陷入目标博弈，从而阻碍业务的持续发展。这种执着于结果的方式可能导致员工在追求短期目标的同时，忽视长期战略和创新的重要性。最后，传统的绩效评估方法主要关注最终结果，而缺乏对员工进行过程和方法的反馈。这使得员工无法获得有益的指导，难以在不断变化的环境中实现个人成长。

正是在这种背景下，目标与关键结果（objectives and key results，OKR）这种灵活、敏捷的目标管理方法应运而生。OKR 强调制定明确的目标，但允许在执行过程中根据情况的变化进行调整，使企业能够更好地适应充满变化的数字经济时代[①]。OKR 强调关键结果，着重衡量实际成果，同时也注重过程反馈，有助于员工全面发展。下面将详细介绍 OKR。

二、目标与关键结果

OKR 最早诞生于英特尔公司，经由谷歌、字节跳动等高科技企业的实践不断得以发展。首先，OKR 是一种目标管理方法，即一种聚焦于设定目标并以结果为导向设计过程和提高执行目标的效率的管理工具。其次，OKR 是一种激励和协作的理念，可为企业和团队提供一套明确的框架，以实现更高的绩效和创新[②]。

（一）OKR 是什么

OKR 中的 O 即目标。在企业层面，目标源于对战略和业务逻辑的深入思考。优秀的目标制定者不仅要准确捕捉主要矛盾，还需要在面临取舍时做出明智决策，进而明确执行策略，从而形成有力的战略聚焦。KR 即关键结果，既是实现目标的策略，也是跟踪目标实现过程的路径，同时也是衡量目标达成程度的关键标志。优秀的关键结果不仅能够引导达成目标的策略选择，还能够作为衡量目标进展的重要里程碑。优秀的关键结果应该能够兼顾长期利益和短期利益，有助于组织在竞争激烈的市场中保持持续的优势。在实现目标的过程中，不断优化和调整 O 和 KR，将会使组织能更加敏捷地应对变化，实现卓越的绩效。图 6－8 展示的是飞书对 OKR 的解释。

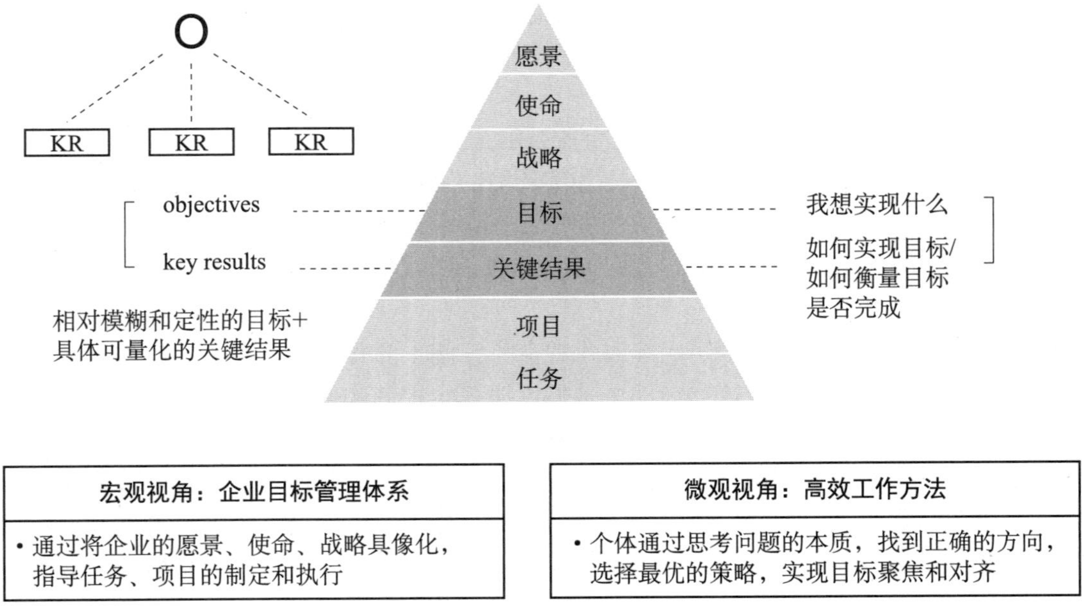

图 6－8　飞书对 OKR 的解释

资料来源：参见飞书《OKR＋绩效：一体化解决方案手册》。

---

① 陈德金 . OKR，追求卓越的管理工具 [J]. 清华管理评论，2015（12）.

② 参见飞书《OKR＋绩效：一体化解决方案手册》。

从宏观的视角来看，OKR 是一整套企业目标管理体系，旨在帮助企业基于战略构建一个目标网络，使组织能够围绕目标开展协作，朝着一致的方向高效前进。OKR 不仅是一种目标管理方法，更是一种思考和行动的方式，它强调目标的一致性和实现过程中的高效性。通过将企业的愿景、使命和战略具象化，OKR 可以指导任务和项目的制定和执行，使得企业的各个部门和员工都能够明确自己的目标和任务，从而更好地协同合作，实现企业的战略目标。

从微观的角度来看，OKR 也是一种高效的工作方法，它要求个体通过深入思考问题的本质，找到正确的方向，并选择最优策略，即具有更高投资回报率的策略，实现目标聚焦和对齐。这种工作方法可以帮助我们实现真正意义上的聚焦，将精力和资源集中到最重要的目标上，从而取得更好的结果。同时，它也可以帮助我们更好地对齐自己的目标和企业的战略目标，使得我们的工作更加符合企业的整体发展方向。

（二）OKR 的实施过程

OKR 是一组目标和关键结果的组合，O 通常是一个相对模糊和定性的目标，这个目标可以被分解为多个具体可量化的 KR，即关键结果。OKR 不提倡设定过多目标，通常一个员工会有 2～5 个 O，每个 O 由 2～4 个 KR 支撑。具体可用下面这个公式来表示：

$$OKR=n\times(O+KR)$$

在制定目标（O）时，一个重要的原则是确保它具有挑战性。这意味着目标应该超越当前的能力范围，让人感到有显著的增长空间，但同时又不能过于遥不可及。这样的目标有利于鼓励员工走出舒适区，挖掘内在潜力，从而在实现目标的过程中获得成就感。然而，无论目标多么具有挑战性，它都应该是切实可行的。在制定目标时，一个关键的原则是确保目标是切实可行的，避免设定过于离谱的目标。一旦实现了这样的目标，员工就将充满成就感和价值感，从而进一步激发员工的动力①。

在制定关键结果（KR）时，关注的应该是对目标实现具有重要影响的因素，而不能只是简单罗列任务清单。KR 是确定战略和评价进展的关键标志，应该体现对业务最有价值的驱动因素。一个有效的 KR 能够指引我们在实际工作中取得实际进展。要确保 KR 的有效性，首先应该使用积极正向的语言（充满前瞻性和激励性）进行描述。其次，在设置 KR 时，要尽量做到量化，从数字、质量、时间、成本和评价等多个维度来评判目标的实现程度。当然，有时候也会遇到难以量化的情况，这时可以通过细化 KR，将目标拆分成具体的任务，确保每个 KR 都能够为目标的实现做出贡献。

图 6－9 是飞书提供的人力资源经理的 OKR 示例。此人力资源经理共有 3 个 O，每个 O 又有 3 个 KR 做支撑。例如，O1“完成团队规模和结构升级，本月招聘计划完成率提升至 80％ 以上”的目标方向明确，KR1—KR3 是完成 O1 的三个关键结果，对 O1 的支撑逻辑清晰。每个 KR 均具体可量化，具有明确的时间限制。同时，对于无法量化的也设立了标志性事件以便衡量，例如 O2 下 KR1 和 KR2 中的“获得董事会批准通过”。

OKR 的建立不是一个孤立的过程，在建立的过程中要在确保每个层级的目标与整体

---

① 西楠，彭剑锋，曹毅，等 . OKR 是什么及为什么能提升团队绩效?：柔性导向绩效管理实践案例研究 [J]. 科学学与科学技术管理，2020，41 (7).

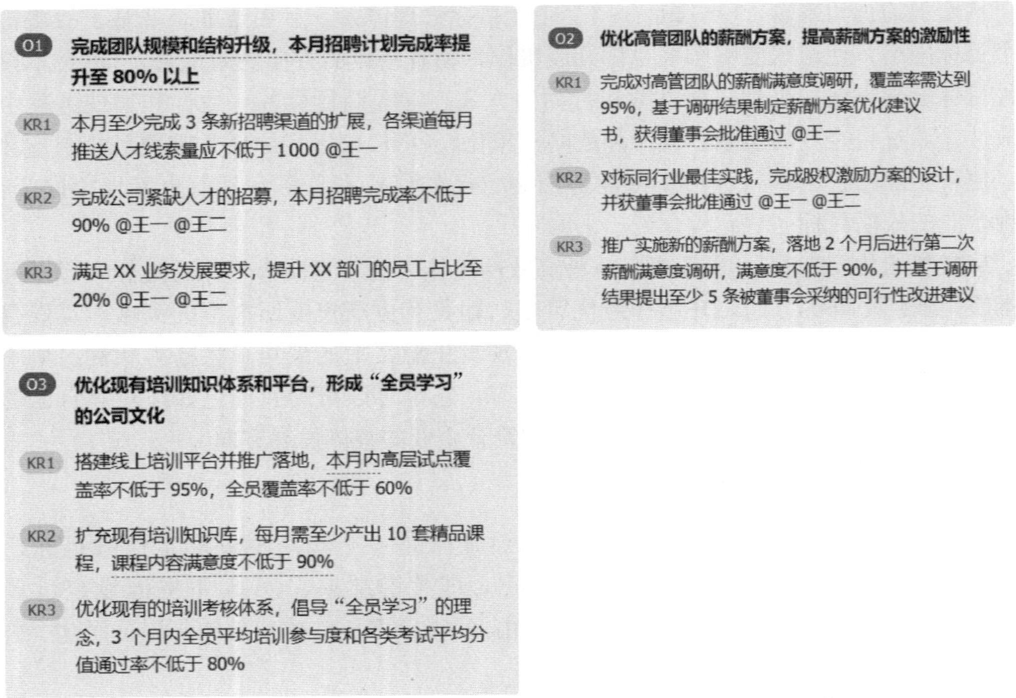

图 6－9　人力资源经理 OKR 示例

资料来源：飞书 OKR 演示 demo［EB/OL］.［2023－10－10］. https://okr.feishu.cn/demo.

战略保持一致的同时突显各个团队的独特贡献。不同于 KPI 是由上到下分解，指派部门或员工来完成，OKR 是自下而上的主动联结和对标，每个人或业务单元都应该主动寻找与公司整体 OKR 之间的联结。

在 OKR 对齐过程中，上一层级的目标和关键结果建立后，下一层级的团队就应思考如何实施上一层级的目标和关键结果，以建立自己的目标和具体关键结果。这需要将上一层级的目标与下一层级的目标相联结，以确保各级目标协同推进。下一层级的团队可以选择将自己的某个目标与上一层级的某个目标对齐，这有助于在整体战略框架下保持一致性。同时，也可以通过将某个具体关键结果与特定的下属员工关联，实现目标的分工和责任分配，进一步强化执行。这种双向对齐和分工协作的方式可确保不同层级的目标在整体战略中相互联结，共同推动组织朝着统一的愿景前进，同时也能加强团队之间的沟通和合作，确保每个团队或个人的独特贡献得到突显，最终推动实现整体战略目标。

（三）OKR 的评分及评分方式

1. OKR 的评分

需要明确的是，OKR 的评分和绩效评价通常是两套不同的评价体系。OKR 的评分体系是用来评估目标和关键结果的实际完成情况的。在这个体系中，通常使用一种量化的方法来衡量每个关键结果的完成度。这可能是一个百分比、分数或其他可衡量的指标。根据关键结果的实际完成情况，目标可能会获得相应的分数，从而确定该目标在一定时间内的实际达成程度。

OKR 的得分并非越高越好。在谷歌所采用的评分体系中，从 1.0 分到 0 分分为四个明确的等级，分别代表不同的成果水平和努力程度。例如：1.0 分所对应的是极致成就，虽然难以实现，但突显出追求卓越的精神；0.7 分则强调在目标未能完全实现的情况下，通过巨大的付出仍然获得了关键性的结果，这种坚韧和努力是值得肯定的；相反，0.3 分所代表的水平虽然取得了一定的结果，但只是基于常规努力而已，未能超越期望；最后，0 分象征着未能取得任何结果，需要对目标设定和实施过程进行反思。

在谷歌的 OKR 评分体系中，0.6 至 0.7 分之间的得分被视为理想状态，这代表了一个相对平衡的成就水平。这个区间内的得分意味着在正确的方向上取得了不俗的结果，展现出了全力以赴的态度。这个区间内的得分反映的既不是过于容易实现的目标，也不是过于苛刻的目标，而是一个合理且有挑战性的目标。过高的得分可能意味着目标设定得过于保守，缺乏足够的挑战性和成长空间；相反，过低的得分则可能提示目标设定得过于理想化或错误地将非核心领域当作重点。因此，得分在 0.6 至 0.7 分之间的 OKR 评分结果反映了在适当的方向上经过全力以赴取得了良好的结果，是一种均衡和有成就感的状态。这个区间内的得分展现了对目标的准确定位和充分投入，也强调了挑战与实际可行性之间的平衡。

2. 应用 OKR 的组织的员工绩效评价

OKR 作为目标管理工具，通过设定明确的目标和关键结果，促进组织目标的实现和整体效能的提升。然而，它并不是一个单纯的绩效考核工具，因为其侧重点不同于传统的绩效评价，而是更关注激发团队合作、推动创新和实现整体战略①。

绩效评价体系则被用来评估员工的综合表现，包括工作内容、合作能力、领导力、创新等方面。这个体系通常涵盖更多维度，可以通过上级、同事、下属的反馈，以及其他评价指标来形成员工的绩效评价。OKR 的实现情况可能是绩效评价中的一个重要指标，但并不是唯一的指标。组织可以根据其需求和文化，在绩效评价中综合考虑多个因素，包括 OKR 的实现、行为表现、领导力等，以全面评价员工的绩效。很多实施 OKR 的企业会采取具体的绩效评价方法，如 360 度绩效评价、定期的经理评估、关键结果的定量衡量等。选择何种评价方法取决于组织的文化、目标和特定需求。

谷歌在应用 OKR 时，将 360 度绩效评价（谷歌称之为“同伴评审”）与 OKR 评分结合，创造了一种综合性的绩效考核方法，以确保更全面地评价员工的表现。这种方法鼓励员工参与 360 度绩效评价，将对目标实现的贡献与努力程度结合在一起进行评价。

（1）员工在绩效周期内进行自我评价，详细记录主要工作内容、承担的角色、工作成果、能力提升情况以及待改进事项。这有助于员工主动审视自己的绩效，并促进自我认知和职业发展。

（2）同伴评审是该方法的关键环节，员工邀请上下级、合作伙伴或其他协作团队的同事就工作重要性、表现与成果，以及待改进事项等方面提供反馈和建议。这种多角度的反馈机制有助于员工更全面地了解自己的绩效，并从不同角度获取评价信息。

（3）经理进行初步评价，根据员工的季度 OKR 表现、自评和同伴评审的意见，综合考虑任务难度、领导力和任务影响力等维度为员工的绩效打分，并撰写评语。这种综合评价方法强调了 OKR 的实现情况，同时也考虑了员工在团队中的角色和影响力。

---

① 王嘉琦．OKR 绩效管理的应用与落地［J］．企业改革与管理，2018（14）．

(4) 绩效校准阶段由参与初评的经理组成校准委员会，他们彼此阐明打分理由，通过讨论来消除偏见，以确保评分的公正性和一致性。这种校准过程强化了评分的客观性和公正性。

(5) 经理将绩效评价结果通过面谈反馈给员工，同时提供必要的辅导，帮助员工理解评价结果，并提供指导以帮助其改进绩效表现。这种绩效面谈不仅完成了评价结果的反馈，更实现了员工与管理者的互动，有助于员工明确发展方向和目标。

综合而言，谷歌的绩效评价方法将 OKR 与同伴评审结合，通过自我评价、同伴评审、经理评价、绩效校准和绩效面谈等环节，实现了更全面、多角度的绩效评价，有利于促进员工在目标实现和团队合作方面不断提升。

(四) OKR 与 KPI 的区别和联系

OKR 与 KPI 在目标管理领域有着许多相似之处，但也存在一些关键的区别。在相同点方面，OKR 和 KPI 都是目标管理的工具，旨在对组织和团队进行指导，以实现既定的目标。两者的基本逻辑都涉及将高层目标分解为具体的指标，以衡量和评价实际的表现。OKR 中的目标（O）相当于 KPI 中的绩效（P），而关键结果（KR）则类似于 KPI 中的指标（I）[①]。而且，无论是 OKR 还是 KPI，都遵循 SMART 原则，即目标应是具体的、可衡量的、可实现的、相关的和有时限的。数量上，OKR 通常每个 O 会有 2～4 个 KR 来支撑，而 KPI 同样也需要明确的衡量指标，通常为 5～7 个。

然而，OKR 和 KPI 在实际应用中也有一些显著的不同之处。从实施上看，KPI 相对较为隐秘；而 OKR 则是公开透明的，所有人都能够看到其他人的目标设定，鼓励员工相互对齐、认可和协同合作。KPI 通常由上层制定并指派给下层，员工参与机会较少；而 OKR 更强调自下而上的方式，允许员工根据自己的能力和对企业的贡献来设定目标。此外，KPI 一旦确定，通常很难进行调整；而 OKR 则提供了较大的灵活性，可以每两个月或每季度进行一次调整。从激励机制上看，KPI 通常需要外部的激励，而 OKR 则更强调内部的自驱力。最核心的区别在于：KPI 更像是一个绩效考核工具，与员工的绩效奖金直接挂钩；而 OKR 是一个目标管理工具，它与奖金无关，而是鼓励员工设定更有挑战性的目标。从适用员工类型来看，KPI 更适合需要被动激励的员工，而 OKR 则更适合自我驱动型的员工。因此，企业在选择使用 OKR 还是 KPI 时，需要根据自身具体情况和员工类型进行考虑。

(五) OKR 的适用范围

当前，OKR 的实施在互联网公司和高科技公司中相对较为普遍，特别是那些追求创新、期望在不确定环境下取得突破性成果的企业。然而，OKR 是否只适用于互联网公司和高科技公司？这是一个值得探讨的问题。互联网行业，特别是其中的初创企业，因其特有的创新精神和高度的团队协作需求，使得 OKR 管理方法更容易取得成功。然而，这并不意味着传统行业和职能型企业不能或不应该采纳 OKR。事实上，在所谓的 VUCA 时代，所有行业都面临巨大的变革压力。OKR 作为一种目标管理工具，可以帮助企业在

---

① 田五星，王海凤．大数据时代的公共部门绩效管理模式创新：基于 KPI 与 OKR 比较的启示与借鉴 [J]. 经济体制改革，2017 (3).

这种纷繁复杂的环境中找到真正的核心问题，明确方向，并聚焦于关键目标。走在时代前沿的高科技企业之所以早早采纳 OKR，是因为它们更早地面临了这种由不确定性带来的挑战。但也值得注意的是，OKR 强调的自主目标设定与职能型岗位中常见的重复性工作确实存在一定的矛盾。在这种情境下，企业需要深入分析其组织文化、员工性质和业务需求，进而决定是否实施 OKR 以及如何实施。在这方面，飞书在一定程度上给出了解决方案，详见本章最后的案例分析内容。总的来说，OKR 并不是互联网公司和高科技公司的专利，其核心理念和方法论同样适用于许多其他类型的组织，关键在于如何根据自己的实际情况灵活调整和应用。

第 4 节　数字化绩效管理的最新应用

一、绩效管理数字化变革的必要性

（一）绩效管理数字化是必然趋势

在技术迅速发展的时代背景下，数字化绩效管理已成为现代企业管理的必然趋势和关键变革。全球领先的企业，如微软、谷歌、阿里巴巴和腾讯等，都已经认识到，为了跟上技术进步的步伐和市场变化，传统的绩效管理方法需要升级。绩效管理是企业经营和管理的核心环节，因此高质量的绩效管理是确保企业持续、健康发展的重要手段。数字化绩效管理不仅可以保障企业业务经营活动的高效运转，而且可以提供更多的数据洞察和反馈。这有助于企业在经营战略、人力资源配置和业务流程等方面做出更有效的决策。

（二）数字技术融入绩效管理是现实需要

随着企业经营环境的不断变化，数字化不再是一个可选项，而是企业提升竞争力、优化管理、降低成本和提高效益的必要手段。更具体地说，数字化管理可以大大节省企业的人力成本，而大数据技术的应用则可以实现多源数据的快速整合、处理和分析，极大地提高数据处理的准确性和效率，同时大大减少人为错误和管理的盲点。例如，通用电气为其全球数十万名员工引入了一种新的实时绩效管理系统——PD@GE（Performance Development at GE），旨在加强与员工之间的持续对话，并实时为其提供反馈。这样的系统可帮助通用电气及时了解员工的工作进度，挖掘其潜力，并及时调整工作目标。此外，数字化绩效管理能够确保企业管理过程透明和绩效评价公开公正。过程透明不仅有助于增强员工的信任感和归属感，还能促进企业内部的监督和管理，确保绩效评价结果公平公正。而公平公正的绩效评价体系则能够进一步提高员工的积极性和工作热情，形成良好的企业文化氛围。

（三）国际化和远程工作带来的绩效管理挑战

随着全球化的发展和远程工作的普及，企业面临如何评价分散在各地、跨时区工作的员工的绩效的挑战。例如，推特宣布其员工可以选择永久远程工作，这样的决策无疑给绩效管理带来了新的复杂性。在这样的环境中，数字化绩效管理工具成为关键，它们可以提供实时反馈、跟踪员工的工作进度并自动处理许多传统上需要大量人工参与的任务。这不仅提高了工作效率，还确保了员工不论身在何处，都能接收到及时、有针对性的反馈。国际化和远程工作的挑战强化了数字化绩效管理工具在确保企业适应这种新工作模式中的重要性。

因此，绩效管理的数字化不仅是为了适应时代的变化，更是为了更好地满足企业的发展需要、提高企业的管理效率和促进企业的文化建设。这种变革是每一个希望在竞争激烈的市场中立足的现代企业所必须进行的①。

二、企业绩效数字化管理的优势

（一）提升企业信息处理的效率

在绩效管理过程中，数字技术的应用可以大大提升信息处理的速度和效率。传统管理模式下，采用人工方式对信息进行处理需要耗费大量的人力成本和时间成本，效率低下。而通过将企业的经营管理过程与数字技术相融合，利用数字技术对相关信息进行处理，可以提升信息的处理效率，避免数据误差，进一步提高绩效管理的工作质量。例如，海尔建设的卡奥斯工业互联网平台在绩效管理方面表现出色，其通过全面数字化生产过程，提高了生产效率并降低了成本；同时，它通过提供准确的绩效评价，优化了管理方式，提高了员工的工作积极性和企业的竞争力。

（二）整合多样化员工数据来源

借助人力分析和数字技术，企业可以从多个数据层面实现对员工的综合分析以及对人才的精准定位，提高经营管理过程的效率。例如，人事管理系统软件 SAP Success Factors 允许企业集成多个数据来源，包括员工的培训、绩效和反馈，从多个角度综合分析员工，实现对人才的精准定位，同时结合相关人员的能力，合理配置人力资源，保障员工自我能力及价值得到充分发挥，提高人才与岗位的适配度，提升企业对人才的运用能力和效率，进一步提升管理质量②。

（三）使绩效管理工具更加智能化

数字技术在绩效管理工具方面的应用使得这些工具更加高效和智能化。首先，企业在开展绩效管理工作时需要与其他部门进行密切的沟通交流，而数字化绩效管理工具可以实现绩效管理部门与其他部门之间的融合，提供信息共享的路径，帮助企业在经营管理的过程中更好地识别管理中存在的问题，加强部门之间的有效沟通，减少部门之间的信息误差，进一步提升企业绩效管理的效率。其次，企业可以通过数字化绩效管理工具分解企业的战略目标、制定绩效考核指标、与员工保持及时的沟通，监督和控制绩效计划的实施，从而有效地规避工作误差，降低管理成本。最后，数字化绩效管理工具还可以实现智能化分析，对员工绩效数据进行深度挖掘和分析，为企业提供更有价值的决策支持。

（四）绩效管理过程更加透明化

在数字化背景下，绩效管理更加透明公开。通过线上的绩效管理系统，绩效计划从制订、实施到考核与反馈都可以在线进行，这样每个参与绩效管理的员工都可以在该系

---

① 王俊．企业绩效管理的数字化变革及应用策略探析［J］．全国流通经济，2022（35）．

② 王浩．数字化时代的中小企业绩效管理创新策略［J］．商场现代化，2022（13）．

统中看到自己的考核指标、进度以及结果等数据，并且使得绩效管理中的每个步骤都有迹可循。这种透明化的绩效管理过程可以增强员工对绩效管理的信任感和参与感，进一步激发员工的工作积极性，提高员工对企业的满意度和忠诚度。

（五）强化数据安全和隐私保护

随着我国《数据安全法》的出台，企业开始重视员工数据的安全和隐私保护。数字化绩效管理系统通常配备有先进的安全功能，确保数据被加密、备份，并受到多重防护。例如，微软的 Azure 和华为云均提供了高级安全功能，确保存储在其云服务器上的绩效数据安全可靠。通过这种方式，企业不仅可以保护员工的隐私，还可以规避潜在的合规风险①。

三、数字化时代绩效管理的应用

（一）自动化流程

数字化绩效管理系统可以自动化一些流程，如发送评价表、跟进评价结果、生成报告等，这些智能化的自动流程可以减少人工操作，提高企业的绩效管理效率。例如，阿里巴巴通过数字化绩效管理系统，实现了绩效管理流程的全面自动化，显著提高了管理效率并减少了人工干预可能导致的偏差。数字化绩效管理系统不仅可以自动发送评价表给员工，确保每位员工都能在规定时间内收到并完成自己的绩效评价，避免了传统的纸质评价表在传递过程中可能出现的遗漏或延误，而且能够智能地对收集到的评价结果进行分析，自动生成各类绩效报告——从个体到团队，再到部门和整个企业的绩效状况都可以清晰地展现出来。这为管理层提供了实时、精确的数据支撑，便于他们做出更加及时、正确的决策。

（二）实时反馈和数据分析

在数字化时代，绩效管理正迅速适应新的技术与变革。一个显著的趋势是实时反馈和数据分析的应用。为此，众多企业已经投入资源开发在线系统，旨在构建覆盖从目标设定、评价考核到绩效改进计划的全流程在线管理。这不仅使绩效管理与员工日常的在线工作模式相融合，而且使绩效数据的收集、分析和反馈更加精确和及时。以亚马逊为例，该公司采用了一种名为“Connections”的数字化绩效管理系统，彻底颠覆了传统的绩效评价方法。首先，该系统支持员工与管理层共同在线设定与管理工作目标，确保每一个目标都与公司的整体战略和业务目标保持紧密的对齐。其次，该系统的实时反馈与评价功能使每位员工和每个团队随时跟踪了解工作进展和绩效评价结果，确保目标的达成不再是一个长期等待的过程，而是可以及时调整和优化的。此外，该系统能够自动根据目标达成情况和员工的实际表现来评价绩效，并据此制定奖励与激励机制。最重要的是，该系统不仅关注短期的绩效，更着眼于员工的长期成长与发展，为员工提供持续的培训与发展机会。

（三）基于数据的决策

借助数字化绩效管理系统，企业能够收集到员工的各种工作数据，如工作完成率、

---

① 王俊．企业绩效管理的数字化变革及应用策略探析［J］．全国流通经济，2022（35）．

项目进度、团队合作效率等。这些数据不仅能够向管理层展示员工的工作情况，更可以揭示员工的工作习惯、合作风格和潜在问题。例如，通过数据分析，管理层可以发现某个团队在项目执行过程中经常出现延误，进一步分析可能发现是由团队内部沟通不畅问题导致的。针对这种情况，管理层就可以决定向该团队提供更多的团队协作培训。另外，数据还可以揭示哪些员工经常超额完成任务，哪些员工总是滞后于计划。这样，管理层就可以针对这些情况制定相应的奖励和激励措施，或者提供必要的辅导和支持。

（四）智能评价助手

智能评价助手是一个基于数字化绩效管理系统的工具，它的出现丰富了绩效管理体系中的评价方式，打破了传统的上级给员工打分、写评语的模式。这个工具的特点可以概括为以下四个方面：一是多角色参与。智能评价助手这一工具中，不仅上级主管能够提供反馈，而且协作同事和项目成员也可以通过反馈系统提供反馈。这有助于提供更全面、更客观的评价。二是员工主动邀请。智能评价助手还具备员工主动邀请合作方提供反馈的功能。这能让员工更加主动地参与到自我评价和反馈机制中，也能更好地促进团队合作和相互支持。三是立体评价。智能评价助手采用多种评价模型，设置了评分、评语、鼓励、建议等反馈形式。这种多元化的评价方式可以更好地反映员工的绩效表现，提供更全面的反馈和指导。四是在线反馈助手。这个工具为评价者做出高质量反馈提供了便利，它能够提供丰富的反馈形式和模板，帮助评价者更好地表达评价意见和建议，更有利于员工接受评价意见和建议并且改进自身的不足，促进其个人成长。

（五）使用人工智能和机器学习优化绩效

随着人工智能和机器学习技术的发展，它们已经被广泛应用于各个领域，包括绩效管理领域。使用这些技术可以帮助企业自动化和优化绩效评价过程，提高评价的准确性和效率。首先，人工智能和机器学习技术可以用于数据分析和预测。通过对员工的行为和绩效数据进行深入分析，可以预测其未来的绩效表现，并为其提供个性化的建议和指导。例如，根据员工的日常工作数据，机器学习技术可以预测其在未来几个月内的绩效趋势，并提供相应的改进建议。其次，人工智能和机器学习技术也可以用于自动化一些烦琐的任务。例如，通过自动化评估流程，可以减少人为错误和提高效率。再次，人工智能技术还可以用于智能推荐和排序，以便更快地找到重要的评价信息和相关人员。最后，使用人工智能和机器学习技术还可以提供更好的用户交互体验。通过智能提醒和自动化反馈，员工可以更好地了解自己的绩效表现，并及时采取行动进行改进。

在企业绩效管理与数字技术融合方面做得很好的一家国内企业是阿里巴巴，其推出了一个人工智能平台——阿里大脑。在数字化绩效管理方面，阿里大脑为企业提供了员工绩效管理平台，该平台采用基于数据分析的方法，通过对员工在工作中的行为、交流和工作成果等数据进行收集和分析，帮助企业更好地评价员工的绩效，进而为员工提供精细化的工作指导。同时，阿里大脑的智能客服解决方案也为企业提供了数字化绩效管理的应用。通过人工智能的支持，智能客服可以自动回复客户的问题，同时分析客户提出的问题并进行反馈，帮助企业更好地了解客户需求和提高客户满意度，并为客户提供个性化的服务。总之，阿里大脑作为一个综合性的人工智能平台，为企业提供了多种数字化绩效管理方面的应用和解决方案，帮助企业更好地管理和提升绩效。

试一试

飞书 OKR 的功能体验

你可以进入网址并登录体验：https://okr.feishu.cn/demo。

首先，创建 OKR。即建立一个目标 O，再给 O 添加相应的 KR。第一步，添加 O：点击 OKR 页面，点击“添加 Objective”，可以依次添加多个 O；第二步，添加 KR：点击“添加 Key Result”，也可以依次添加多个 KR，每个 O 和 KR 的顺序可以通过拖拽调整（示例见图 6-10）。

图 6-10　飞书 OKR 的演示版界面

资料来源：飞书 OKR 演示 demo [EB/OL]. [2023-10-10]. https://okr.feishu.cn/demo.

当然，你还可以点击右上角的小灯泡为你提供填写指南和最佳范例，如图 6-11 所示。填写指南提供了 OKR 填写的注意要点；最佳范例提供了包括市场、销售、人力资源、研发、产品、财务、运营等在内的多套模板。

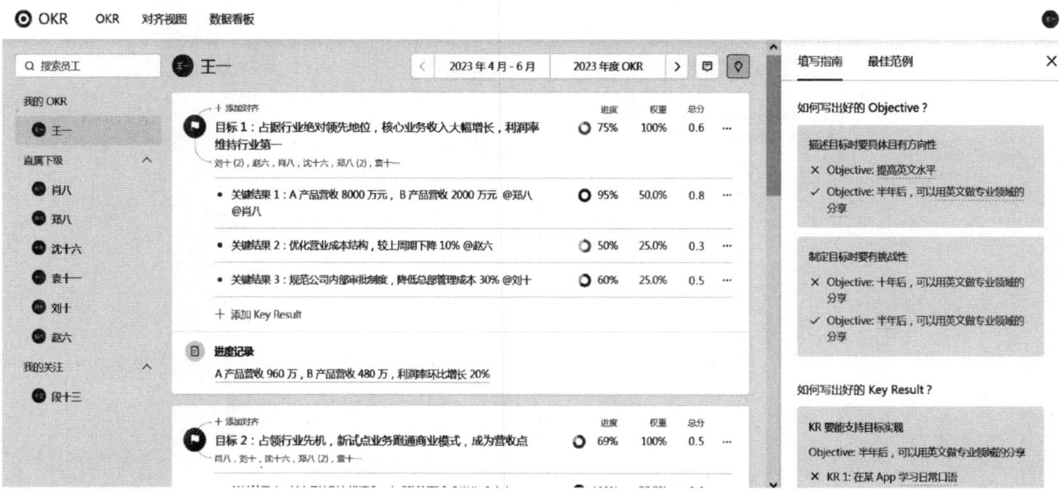

图 6-11　飞书 OKR 提供的填写指南和最佳范例

资料来源：飞书 OKR 演示 demo [EB/OL]. [2023-10-10]. https://okr.feishu.cn/demo.

其次，跟进 OKR。主要包括两个步骤：一是更新进度，在指定周期内可以更新你的各个 KR 的完成进度；二是查看评论，点击右上角的评论按钮可以看到大家对你 OKR 的评论详情（见图 6－12），根据评论你可以进行修正以和大家的 OKR 对齐。

图 6－12　飞书 OKR 提供的评论功能

资料来源：飞书 OKR 演示 demo [EB/OL]. [2023－10－10]. https://okr.feishu.cn/demo.

再次，在对齐视图中，你可以从多个视角去看 OKR 的对齐情况（见图 6－13）。以“自己”的视角为例，视图以思维导图的形式进行展现，你可以看到你的 OKR 与相关的所有 OKR 之间的联系。

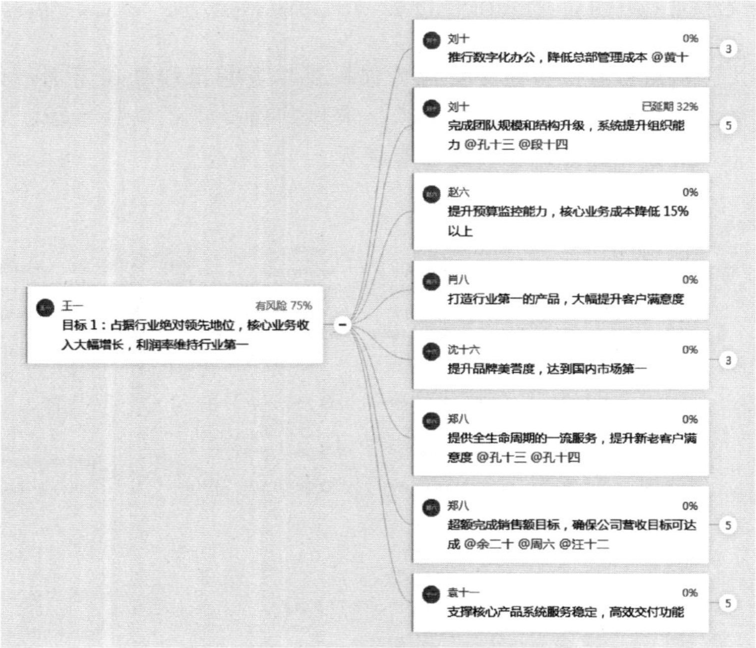

图 6－13　飞书 OKR 提供的对齐视图

资料来源：飞书 OKR 演示 demo [EB/OL]. [2023－10－10]. https://okr.feishu.cn/demo.

最后，查阅数据看板。数据看板一般是提供给系统管理员或部门领导使用的。管理员在各自的数据权限内可以看到所有员工的 OKR 填写、对齐、打分等情况，有利于及时发现异常并跟进（见图 6－14）。

图 6－14　飞书 OKR 提供的数据看板

资料来源：飞书 OKR 演示 demo [EB/OL]. [2023－10－10]. https://okr.feishu.cn/demo.

// 关键术语 //

绩效管理系统模型　　关键绩效指标　　平衡计分卡　　目标与关键结果
360 度绩效评价

// 复习思考题 //

1. 绩效管理系统模型包含哪些内容？
2. 绩效管理和绩效评价有什么区别和联系？
3. 关键绩效指标、平衡计分卡、目标与关键结果三者有什么异同？分别在什么条件下适用？
4. 数字化时代的绩效管理有哪些最新应用？

案例分析

飞书的“OKR＋绩效”数字化解决方案

飞书的“OKR＋绩效”数字化解决方案是字节跳动自主研发的一款覆盖目标制定、OKR 分解与对齐、绩效考核、面谈、绩效改进全流程的 SaaS 化协同办公工具，具体包括多个套件，旨在为企业提供一套先进、科学、有效的管理方法和工具，帮助企业解决长期困扰的管理问题①。

首先，飞书 OKR 套件提供了从目标制定到 OKR 分解、对齐的全流程管理。企业可以根据自身的战略和业务需求，使用飞书 OKR 制定清晰、具有挑战性的目标。在目标制定后，员工可以自下而上地分解目标，明确个人和团队的职责和任务。同时，通过飞书

① 参见飞书《“OKR＋绩效”一体化解决方案手册》。

OKR的双向对齐功能，员工和部门可以找到自身的角色定位，确保在实现企业目标的过程中形成合力。其次，飞书绩效管理套件支持多种考核模板，灵活配置考核周期、指标定义、评分方式等，让绩效考核更科学、更精细。企业可以根据不同的岗位和部门需求，选择适合的考核模板，制定个性化的考核方案。飞书绩效管理套件内置了绩效管理的最佳实践，提供绩效管理的标准操作流程（standard operating procedures，SOP）建议，帮助企业更好地落地绩效管理。再次，飞书绩效面谈套件支持多种面谈形式，如一对一、一对多，可以在日程中直接安排面谈，也可以按部门批量安排面谈。面谈中可以使用文档、表格、头脑风暴等多种工具，记录面谈结果，生成员工档案。飞书绩效面谈套件也内置了面谈的SOP建议，提供面谈模板、案例库等，帮助企业更好地落地绩效面谈。最后，飞书绩效改进套件支持多种改进形式，如培训课程、改进计划、OKR调整等，帮助员工提升能力、改进绩效。飞书绩效改进套件同样内置了绩效改进的SOP建议，提供改进模板等，帮助企业更好地落地绩效改进。

OKR在互联网行业得到了广泛应用，是因为互联网行业的发展速度较快，变化较为复杂，传统的绩效管理方法难以适应这种快速变化的环境。而OKR的灵活性和适应性，使得组织可以根据实际情况调整目标和关键结果，适应市场的变化和组织的发展需求。然而，飞书的“OKR＋绩效”并非仅仅适用于互联网公司，它是适用于各类组织的一种管理方法。无论组织规模大小、行业类型、发展阶段，都可以尝试引入“OKR＋绩效”来提升组织效率和绩效水平。飞书OKR从业务可预测性（业务可预测性强和业务可预测性弱）及管控特点（管控强和管控弱）两个维度将各类组织划分至四个象限（见图6－15）。飞书OKR这种一站式的目标管理和绩效解决方案，可以帮助组织找到适合自己的“OKR＋绩效”模式，实现OKR价值的最大化。

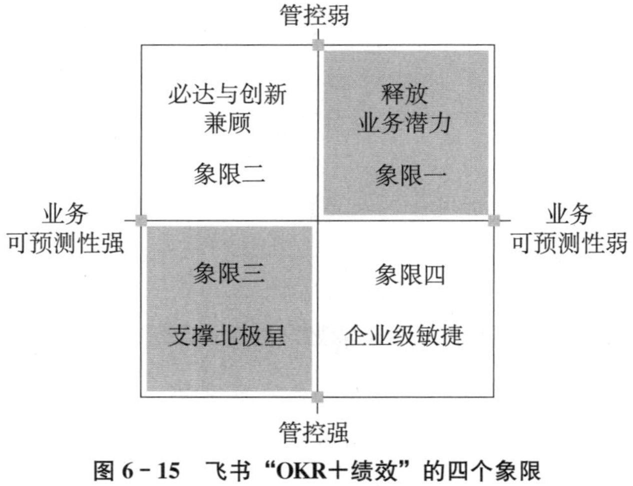

图6－15　飞书“OKR＋绩效”的四个象限

资料来源：参见飞书《“OKR＋绩效”一体化解决方案手册》。

下面详细介绍飞书“OKR＋绩效”的四个象限：

第一象限是业务可预测性弱且管控弱。划分到这一象限内的组织通常处于高度不确定的环境中，面临行业变化迅速、业务转型或新业务拓展等挑战。因此，组织的业务方向和实现程度难以预测，需要具备高度的灵活性和适应性。同时，这类组织往往不强调集权和管控，更注重分布式决策和放权管理，以激发员工的创造力和自主性。此象限的典型企业是互联网企业。对于放权式管理的模式要发挥其优势，鼓励员工协作并自主思考、与企业双向沟通后制定自己的 OKR，并鼓励员工通过 OKR 的设定聚焦企业目标，并最大程度激发员工的人才效能。例如，通过飞书 OKR 与上级领导就现阶段的企业战略目标达成共识，但是每个员工如何通过个人的最优路径实现这个目标，就需要自我思考并分解了。在实践这些路径的同时，再针对外部与内部的不确定性主动对 OKR 进行迭代。在绩效评价时，弱化 OKR 具体的内容，重点考虑 OKR 所带来的有效产出，协同 OKR 和绩效两个评价体系促进员工思考并激发创新最优路径，从而保证组织在不确定性中保持活力、持续发展。

第二象限是业务可预测性强但管控弱。该象限中的组织通常所处的行业比较成熟稳定，但是由于受到数字化时代的技术冲击，其内部管理需要改革来为组织创新提供动力。这一类企业的典型代表是高科技制造企业。在这类企业中，因为数字技术带来变革，企业需要在保持稳定的同时创造价值，以达到“破局”的效果。飞书 OKR 为这类企业提出了“承诺＋愿景”型 OKR，在保持不犯错的同时，也要求员工关注新的价值点、创新的“愿景”，即“使命必达＋创新探索”。例如，一位销售负责人所在企业的年度承诺型 OKR 为利润率达到 45%，那么该销售负责人面对这种承诺性的 OKR，可以将其拆解为两部分：一部分是确定如何完成市场营收目标，另一部分是探索如何从其他方面提升营收利润，如拓展海外市场等。此类绩效评价的重点在于完成必要目标，即承诺目标，除此之外还需要着重考虑员工实现 OKR 的过程中产生的其他新颖价值贡献，将其作为加分项，同时考虑二者并加以衡量得到绩效评价。

第三象限是业务可预测性强且管控强。该象限内的组织通常处于一个相对成熟和稳定的市场环境，其业务模式已经得到验证并且有着可预期的业务增长。由于市场环境较为稳定，组织对风险的容忍度相对较低，因此通常采取集中决策的方式，强调标准化和执行力。此象限的典型企业是传统制造业和零售业的企业。该象限的组织虽然不是 OKR 所倡导的“典型”组织环境，但仍然可以通过 OKR 进行目标管理。在实践中，组织的核心指标（通常可能被定义为 KPI）可以作为一个相对长期的目标（如年度目标），具有明确的目标值。通过 OKR 进行持续的目标管理，组织可以围绕该目标不断寻找并迭代实现路径。目标设定以自上而下分解为主，主要由上级指定、分配目标值及任务。在跟进过程中，重点关注当前进展是否正在逼近目标，并通过 OKR 不断聚焦解决阶段性的阻碍点，以保证目标必达。这种跟进方式可以帮助组织在实现长期目标的过程中，不断调整和优化短期行动，从而更好地适应市场变化和组织发展需求。

第四象限是业务可预测性弱但管控强。这一类组织通常处于一个相对成熟的行业，但面临市场环境不稳定的问题，如较大的行业政策调整或业务转型。因此，组织的业务方向和实现程度难以预测，需要具备高度的灵活性和适应性。同时，这类组织在管理理念上强调集权和管控，依赖集中决策的方式进行管理。此象限的典型企业如转型中的房地产企业。飞书 OKR 针对此类企业提出“小步快跑”模式，强调聚焦可以看得到的敏捷绩效，并重视“迭代”的重要性，要求企业关注“里程碑”（长期目标）和短期小目标，并通过协作和对齐来增强灵活性。在绩效环节需要评价的是员工的完成质量，需要分阶段、分层次回顾每一个阶段的里程碑和员工完成小目标的情况，并且将实际产出与预期目标对比，得出动态、分层次、客观的员工绩效。

综上所述，飞书“OKR＋绩效”数字化解决方案提供了一站式的管理工具，覆盖从目标制定到绩效改进全流程，可让管理更加高效、便捷。同时，该方案内置了许多的最佳实践，可以帮助企业更好地掌握管理方法和工具的使用技巧。此外，该方案还支持灵活的自定义配置，可以满足不同企业的个性化需求。通过飞书“OKR＋绩效”数字化解决方案的全面应用，企业可以提升组织效率和管理水平，更好地实现业务发展和优化。

讨论题

1. OKR 最适合哪种类型的企业？
2. 其他类型的企业如果也想采用 OKR，可以在哪些方面做出适应性调整？

// 第 7 章 //

数据驱动的薪酬管理

学习导图

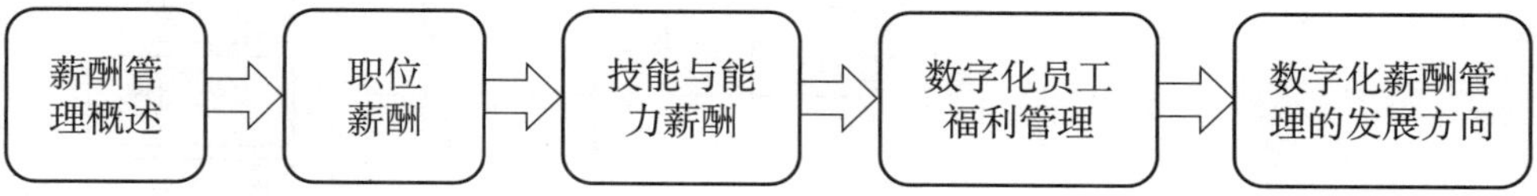

学习目标

通过本章的学习，你将：

1. 明确薪酬管理的相关概念；
2. 了解职位薪酬的基本框架；
3. 掌握技能与能力薪酬体系；
4. 熟悉数字化员工福利管理；
5. 了解数字化薪酬管理的发展方向。

第 1 节　薪酬管理概述

一、薪酬及相关概念

提及薪酬，人们首先想到的便是工资或薪水，它们是薪酬最直观的体现。然而，现代薪酬管理已经远远超越了简单的工资或薪水的概念。在今天的商业环境中，员工所获得的薪酬已经成为一个综合体，涵盖了多种形式，它不仅仅涉及直接的货币支付，还包括其他形式的经济报酬，例如福利和奖金，以及各类非经济报酬，例如认可、社会地位、学习与成长等。这些的总和便是全面薪酬（total compensation）。

全面薪酬是指员工完成工作过程中所获得的各种回报，反映组织对员工价值的认同，以及对员工忠诚度、满意度和绩效的重视。全面薪酬可以分为经济报酬和非经济报酬两大类。经济报酬可以进一步分为现金薪酬子类和福利子类，非经济报酬可以进一步分为固有报酬子类和关系报酬子类。每个子类可以再进行细分。例如，现金薪酬可以分为基本薪酬和变动薪酬，关系报酬可以分为认可、社会地位与组织亲和性。由此形成了

图 7－1 所示的全面薪酬体系的内容框架。

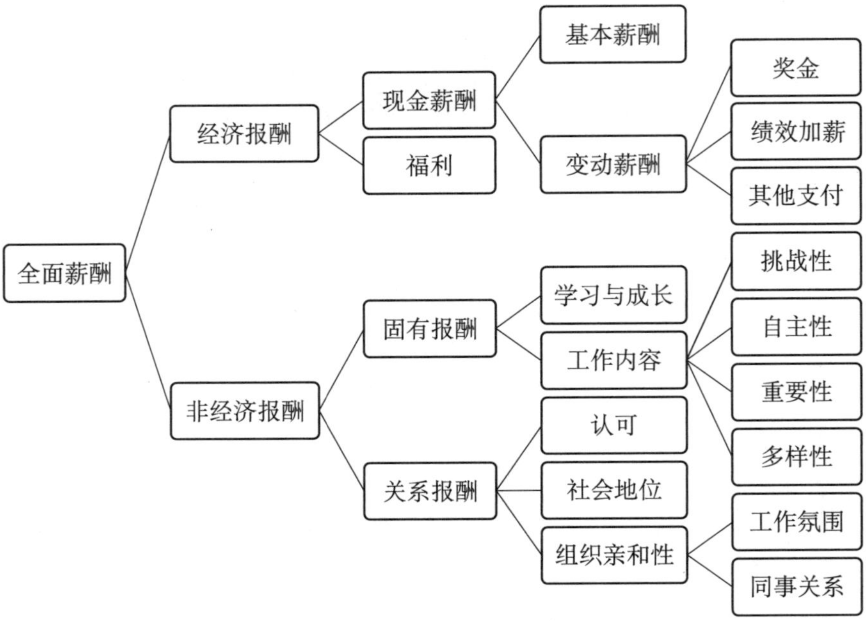

图 7－1　全面薪酬体系的内容框架

（一）经济报酬

经济报酬指员工作为雇佣关系的一方所得到的各种形式的现金薪酬与福利。

1. 现金薪酬

现金薪酬包括基本薪酬和变动薪酬两类。基本薪酬是员工预期的固定收入部分，通常根据他们的职位、职责、经验和教育背景来决定。变动薪酬包括奖金、绩效加薪和其他与绩效、目标达成或其他特定成果相关的支付。其中，奖金是基于员工或团队达到某个具体目标而给予的一次性支付，强调的是短期目标的实现。长期激励是为了鼓励员工长期为公司做贡献或留在公司而提供的，更侧重于长期的、与公司整体业绩相关的目标。它可以采用股票期权或股票购买计划等形式，也可以采用虚拟股份的形式。例如，华为公司采用的获取分享制是一种创新的长期激励，员工可以根据自己的贡献和公司的盈利状况获得虚拟股份，进而分享公司的利润。另一种特殊形式的变动薪酬是绩效加薪（merit increase），即基于员工表现或绩效的永久性的基本薪酬增长，而不是一次性的额外支付。

2. 福利

福利是指员工因为保持与企业之间的雇佣关系而获得的各种间接的经济报酬，是员工全面薪酬中一个非常重要的部分。福利可以大致分为传统福利和非传统福利两大类。传统福利主要包括那些历史上广泛被企业提供给员工的福利，如年节礼品、医疗保险、养老金、带薪休假等。这些福利在很大程度上已成为员工期望的标准待遇。而非传统福利则是为了适应现代企业文化和员工日益多样化的需求而出现的，包括健康与健身计划、子女看护服务、员工旅游或团队建设活动、心理咨询等。非传统福利更加注重满足员工的个性化和全面化需求。因此，福利是企业展现其对员工关怀的具体方式，能向员工传递积极情感，而在人才竞争日益激烈的环境中，有效和创新的福利策略成为企业留住和吸引顶尖人才的关键①。

（二）非经济报酬

1. 固有报酬

固有报酬（intrinsic rewards）是指个人从工作本身获得的满足感或成就感。一方面，在现代工作环境中，员工不仅追求物质回报，还渴望在工作中获得不断成长和发展的机会。当员工认为自己的技能和知识水平得到了提升，或者通过工作学到了新的知识和技能时，他们会产生一种自我实现的感觉。例如，当一个市场营销专员成功地应用了新学的策略并看到实际效果时，这种学习的成果会带给他巨大的固有满足感。另一方面，工作本身的性质、复杂性和意义也是固有报酬的核心来源。当工作内容能够挑战员工的智力或技能，使他们感到工作有深度和意义时，他们会产生强烈的满足感。例如，一个设计师在为一个公益项目设计标志时，可能会觉得这项工作不仅考验他的设计能力，还给他带来为社会做出贡献的成就感。同样，当员工有机会独立负责一个项目，并从头到尾看到它的完成时，独立完成工作的成就感也会给他带来丰厚的固有报酬。

2. 关系报酬

关系报酬（relational rewards）是指与工作环境、团队文化和人际关系有关的奖励。首先，被组织和同事认可是大多数员工深切的期望。这种认可可能是公开的，如颁发的荣誉证书、年终的杰出员工奖励，也可能是更私人的、日常的鼓励和赞美。当员工感受到他们的贡献被看见并被高度评价时，他们通常会感到更有动力、更有价值，从而更愿意投身于工作。其次，在组织内部，员工的职位、角色和他们所得到的尊重都与其社会地位有关。一位经理或团队领导可能会因其权力和影响力而获得更高的社会地位，但即使是基层员工，只要他们的工作得到了认可和尊重，他们也会感受到相应的社会地位提升。这种地位可以增强员工的自尊、自信和组织归属感。最后，友善的、支持性强的工作氛围和和谐的同事关系对于员工的工作满足度和留任率至关重要。在这样的环境中工作，员工更容易形成深厚的友情，共同努力克服工作中的困难。他们会更加愿意分享知识，互相学习，共同成长。同时，积极的工作氛围也能激发员工的创新思维并提高解决问题的能力。

（三）基于数字技术的新型报酬

1. 数字化激励与资产管理

企业内部的虚拟货币或积分系统可以有效地提高员工的工作积极性和忠诚度。例如，腾讯等公司内部系统中使用数字积分作为员工的奖励。员工可以通过完成任务、获得优秀业绩、参与内部竞赛等方式获取数字积分，并用于兑换各种奖品，如电子产品、旅游券、购物券等。除此之外，一些公司还开发出更加完善的数字积分系统，例如员工可以使用数字积分兑换公司午餐以及内部培训课程，从而更加有效地提高员工的工作积极性。部分企业还开始利用数字化平台和数字技术来设计、实施和管理股权激励计划，平台的自动化流程可以大大简化股权的授权、分配和交易等流程。

---

① 刘昕．薪酬管理［M］．5 版．北京：中国人民大学出版社，2017.

2. 工作模式与职业发展

经历过新冠疫情后，远程工作与灵活的工作制度成为趋势，许多中国企业如腾讯、阿里巴巴等开始实施远程工作制度，或为员工提供这种选择。数字技术在远程工作中发挥了关键作用。同时，企业可以建立内部在线学习平台，提供大量在线课程和学习资源，帮助员工提升专业技能。此外，领先企业正在探索虚拟现实和增强现实技术在培训和协作中的应用，例如海尔的智慧工厂在对维修工人的培训中使用虚拟现实技术增强员工的学习体验。在管理方面，一些企业在数字技术的支持下尝试了自主管理和团队自治的模式，以激发团队的创新意识和自主性。例如，Spotify 的团队管理模式[①]既提供了一种独特的方法来组织大型团队，又保持了敏捷性和灵活性。

3. 员工健康与社会责任

在数字化时代，一些大型科技企业如苹果和谷歌等，已经采用技术驱动的方法来关注员工健康。它们为员工提供健身追踪器和相关的健康应用。这不仅帮助员工跟踪和管理自己的健康状况，还使企业能够为员工提供更为个性化的福利待遇。一些企业通过提供在线心理咨询服务，有效地支持了员工的心理健康。这种方法不仅高效，还提高了访问性和便利性。此外，在数字化背景下，社会责任不再仅仅是企业的口号，而是深入到企业的日常运营中。一些企业如亚马逊和微软等都已经利用数字化工具和平台来明确和跟踪其环保目标，同时也鼓励员工参与其中。这些数字化的社会责任计划不仅有助于提升环境的可持续性，还能强化员工对企业的归属感和认同度，因为员工知道他们所在的企业是在为更好的未来努力。

二、薪酬管理

（一）薪酬管理概念及相关决策

薪酬管理在广义上是组织为达成其战略和经营目标，培育企业文化，吸引、留住、激励员工而制定和执行的薪酬战略、政策和制度。在更为狭窄的定义中，薪酬管理主要关注如何基于员工所提供的服务确定合适的薪酬体系、薪酬水平、薪酬结构和支付方式[②]。薪酬管理是为实现薪酬管理目标服务的，而薪酬管理目标的实现涉及三个最为重要的决策，即薪酬体系决策、薪酬水平决策、薪酬组合决策。

1. 薪酬体系决策

薪酬体系决策的第一步是明确组织的薪酬构成，即组织支付给员工的经济的或非经济的劳动报酬。经济报酬和非经济报酬各自的组成部分详见前文的相关介绍。薪酬体系决策的第二步是明确基本薪酬的决定方式。基本薪酬主要取决于员工所从事的工作岗位的性质、技能要求、劳动强度等因素。通常情况下，组织会根据市场薪酬水平、企业内部等级制度、员工个人技能水平等因素来决定基本薪酬。薪酬体系决策的第三步是使薪酬体系与经营战略相适应。薪酬体系需要与企业的经营战略相适应。企业的薪酬策略应该反映出其经营战略和目标，如表 7－1 所示。例如，对于采用成本领先战略的企业，其

---

① Spotify 是瑞典的一家音乐流媒体公司，它是当今上市公司之中第一家通过“直接上市”的方式在美国纽约证券交易所成功挂牌的公司。它所采用的高度自治和去中心化的团队管理模式被称为“Spotify 模型”，近年来引起了广泛的关注。

② 刘昕．薪酬管理［M］．5 版．北京：中国人民大学出版社，2017.

主要目标是确保最低的运营成本，提高生产和服务效率，并利用规模经济。为了响应这一经营策略，人力资源战略会聚焦于优化业务流程、提高生产效率，以及降低招聘和培训的成本，确保人力资源的使用效益最大化。在薪酬体系实施上，企业可能会提供一份有市场竞争力但仍然合理的基础工资，并设置与效率和绩效直接相关的奖金。为了控制成本，可能会减少高额的长期激励，确保薪酬与效率和绩效紧密相关。

表 7-1　薪酬决策体系第三步：使薪酬体系与经营战略相适应

战略	经营策略	人力资源战略	薪酬体系实施
成本领先	最低运营成本，提高效率，利用规模经济	优化流程，提高生产和服务效率，降低招聘和培训成本	开展薪酬调查，关注竞争对手的用工成本；采用具有竞争力但合理的基础工资；设置与绩效和效率直接相关的奖金；减少高额长期激励
差异化战略	创新产品/服务，强化品牌，增加客户价值	强化研发、市场和销售团队，培训和发展，招聘具有创新能力的人才	宽泛的职位描述，高于行业水平的基础薪酬，高额的长期激励，奖励创新和创造性表现
聚焦战略	在特定市场或细分市场上专注竞争	对特定市场有深入了解，招聘具有特定技能和知识的员工	基于市场细分进行薪酬调整，长期激励与特定市场绩效相关，奖励深入了解和掌握专业知识

2. 薪酬水平决策

在薪酬管理中，针对薪酬水平做出的决策是核心内容之一。薪酬水平是指企业在各个职位、部门或整体上为员工提供的平均薪酬。它反映了企业的支付意愿和支付能力，以及对员工贡献的认可程度。薪酬水平决策直接影响到企业的经营成本、市场竞争力、员工满意度和留任率。为了实现企业的长期战略目标，确保企业薪酬在市场中处于合理位置显得尤为重要。这不仅可以帮助企业吸引和留住关键人才，还能确保人力资源投入与公司的经济效益相匹配。

薪酬水平决策受多重因素影响。首先，同行业或所在地区的竞争对手支付的薪酬水平为企业提供了制定或调整薪酬策略的参考标准。其次，企业的支付能力和薪酬战略方向也决定着其薪酬水平，特别是在考虑企业的财务状况和战略目标时。再次，考虑员工所在地区的社会生活成本指数是必要的，特别是对于跨地区经营的企业而言。最后，员工的职位、技能、经验和绩效也是决定其薪酬水平的重要依据。不同的职位往往承担着不同的责任和风险，这也决定着其相应的薪酬档次。员工的特定技能和经验会影响他们在组织中的价值，而绩效评价则为组织提供一种奖励那些表现出色的员工的机制。

薪酬水平决策不仅是财务问题，更是战略问题。支付过高的薪酬可能会给企业带来不必要的财务压力，而过低的薪酬则可能导致关键人才流失，从而影响组织的整体绩效和稳定性。因此，企业需要综合考虑多种因素，确保其薪酬策略与企业的长期战略相一致，实现企业与员工的双赢。

3. 薪酬组合决策

薪酬组合主要涉及各种薪酬的组合及其比例。为简化起见，我们将经济报酬划分为基本薪酬、奖金、福利和长期激励四类。企业根据业务战略、文化差异、市场状况和员工需求进行配置。接下来，我们将深入探讨四种主要的薪酬组合策略，如图 7－2 所示。

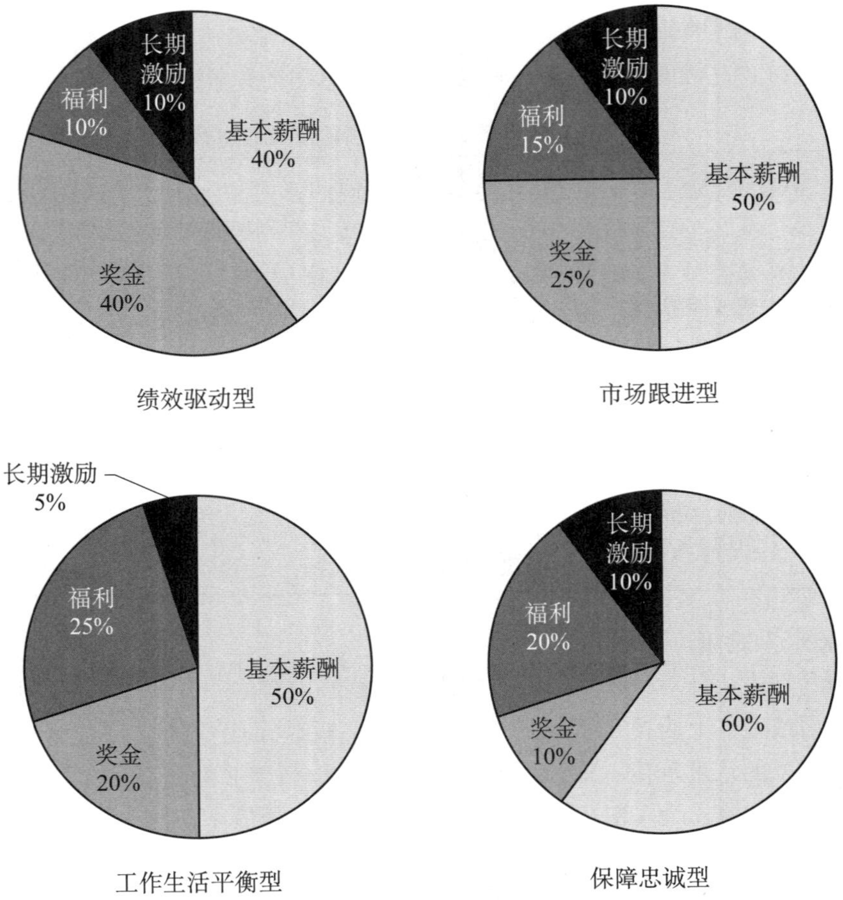

图 7－2　四种主要的薪酬组合策略

（1）绩效驱动型。绩效驱动型策略强调员工的业绩和结果。其主要特点是大部分薪酬与员工的绩效表现直接相关，基本薪酬占比相对较低。采用这种策略的企业强调员工的表现和贡献，通过绩效奖金来激励员工在工作中追求卓越。这种薪酬组合策略通常适用于崇尚绩效文化和具有较强竞争力的企业。

（2）市场跟进型。市场跟进型策略的核心在于对标市场上的薪酬标准，保证企业的薪酬水平与市场水平相当或稍有竞争优势。这种策略重视的是市场调研数据和竞争对手的薪酬实践，确保企业能够吸引并留住关键人才。此外，该策略还包括一些与绩效相关的奖金，但不像绩效驱动型那样突出。这种组合旨在吸引和留住具有竞争力的员工，同时确保企业在人才市场上的竞争力。

（3）工作生活平衡型。在这种策略中，除了基本薪酬外，奖金和福利扮演了重要角色。例如，灵活的工作时间、远程工作、额外的假期、健康保险和其他各种员工关怀计划都可能被纳入。该策略的目标是提高员工的满意度和忠诚度，同时保持其工作生活平衡，以推动其在工作中发挥最佳水平。

（4）保障忠诚型。保障忠诚型策略是一种以保障员工忠诚度和稳定性为目标的薪酬组合。在这种组合中，基本薪酬和福利占比相对较高，而绩效薪酬占比则较低。企业更注重员工的稳定性和忠诚度，通过提供较高的基本薪酬和福利来保障员工的权益和稳定性。

需要注意的是，不同的薪酬组合具有不同的优势、劣势和适用场景。因此，企业在设计薪酬组合时，应根据自身的战略目标、业务需求和员工特点综合考虑。同时，企业还需要关注薪酬组合的灵活性和激励性，以满足员工的多元化需求，并激发员工的积极性和创造力。

在实际应用中，企业可以根据不同的职位和层级设计不同的薪酬组合。例如，对于基层员工，企业可以提供较高的基本薪酬和福利，以保障员工的基本生活需求；对于中层管理者和关键员工，企业可以提高绩效薪酬的比重，以激励员工在追求企业目标的同时提高自身能力；对于高层管理者和股东，企业可以增加长期激励的比重，以实现企业长期利益和股东价值的最大化。

（二）薪酬模型

薪酬模型是组织设计薪酬体系的核心工具，它帮助组织将员工的薪酬与组织的战略目标联系起来。首先，薪酬模型需要考虑组织的薪酬战略，这决定了组织在薪酬体系设计上的方向和重点。其次，薪酬模型需要关注四个方面的策略，分别是内部一致性、外部竞争性、员工贡献和薪酬管理。每种策略又对应多种技术手段。最后，通过运用这些策略和技术手段，薪酬模型可以实现三个主要目标：效率、公平和合法。效率确保组织能够用最小的成本得到最好的效果，公平可保证员工的满意度和忠诚度，而合法则可确保整个薪酬模型在法律框架内运作，规避潜在的风险和纠纷。完整的薪酬模型如图 7－3 所示。

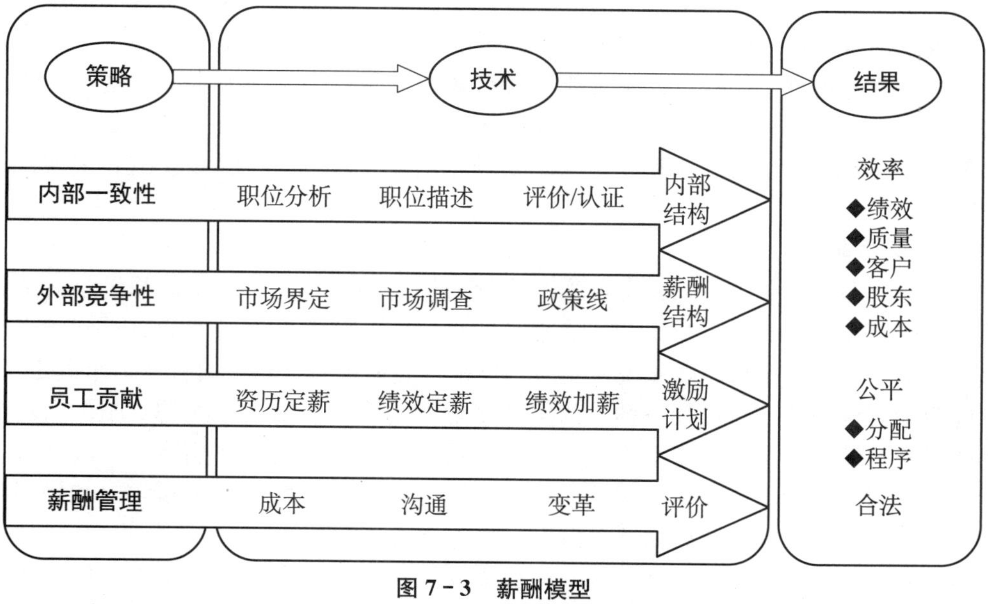

图 7－3　薪酬模型

资料来源：乔治・米尔科维奇，杰里・纽曼，巴里・格哈特．薪酬管理：第 11 版［M］．成得礼，译．北京：中国人民大学出版社，2014.

1. 内部一致性

内部一致性，又称内部公平性，强调关注组织内部不同职位薪酬之间的相对关系。内部一致性对于组织的薪酬体系至关重要，因为它能够确保组织内部员工薪酬标准的公平性，从而提高员工的工作积极性和满意度。

为明确内部一致性的重要意义，我们可以从横向比较和纵向比较两方面来考虑：横向比较主要关注组织内所有员工的薪酬标准和薪酬尺度是否公平。例如，两名在同一部门、具有相似技能和经验的员工而言，他们的薪酬应当是相当的。纵向比较主要关注员工的薪酬在其职业生涯中的延续性。员工的所得与付出的比值应该基本一致或随着时间和经验的积累而有所提高。这确保了员工长时间在组织中的努力和付出能得到相应的回报。

为了实现内部一致性，组织需要采用一些技术手段，如职位分析和职位评价等，通过对不同职位在组织中的重要程度、难度和责任等方面进行评估，来确定不同职位的相对价值。通过这些技术手段，组织可以确保同一层级的不同职位具有相似的薪酬水平，避免不合理的薪酬差距。

2. 外部竞争性

在薪酬模型中，外部竞争性是另一个重要方面。它关注的是组织整体的薪酬水平应定位在什么水平才能与竞争对手相抗衡。外部竞争性策略旨在吸引和留住优秀的员工，确保员工在将自己的所得付出比与外部劳动力市场或同行业中其他公司从事同样工作的员工的所得付出比进行比较时，感到是公平的。这样，员工才会不断提高自身的满意度，进而不断提高组织绩效①。

然而，外部竞争性并不仅仅是一个简单的与市场薪酬对标的问题。企业需要考虑整体的薪酬战略，即希望自己的薪酬水平相对于市场和竞争对手处于何种位置。一些企业可能选择支付高于市场平均水平的薪酬，以吸引和留住顶级的人才；而其他企业可能选择与市场平均水平持平的薪酬，在确保薪酬的竞争性同时也控制成本。

为了拥有一定竞争优势，组织需要了解市场和竞争对手的薪酬水平。这可以通过市场薪酬调研和竞争对手分析等途径来实现。通过了解市场和竞争对手的薪酬水平，组织可以制定相应的薪酬策略，以确保自己的薪酬体系具有吸引力，能够吸引和留住优秀的员工。

3. 员工贡献

在薪酬模型中，员工贡献指企业需要明确的加薪的依据，即加薪是基于个人或团队的绩效表现，还是基于员工知识和技能水平的提升。不同的企业可能会有不同的选择和侧重点。例如，对于销售团队来说，其薪酬体系可能更倾向于基于销售业绩来确定奖金。这可以激励销售团队不断提高业绩，为实现企业的销售目标做出更大的贡献。而对于研发团队来说，员工知识和技能水平的提高可能更加重要，因此其薪酬体系可能更倾向于基于员工知识和技能水平的提升来确定加薪。这可以激励研发团队不断学习和提高自身能力，为企业的技术创新和产品开发做出更大的贡献。

为了确定员工贡献对薪酬的影响，企业需要通过对员工在工作中所承担的职责、任务和项目等进行分析，计算出其实际完成的工作数量和质量，并据此确定薪酬水平。此

---

① 刘昕．薪酬管理［M］．5版．北京：中国人民大学出版社，2017．

外，企业还需要建立相应的绩效奖励制度，以激励员工提高绩效和贡献，从而增加加薪的机会。

在确定员工贡献对薪酬的影响时，企业还需要明确其价值观和文化，以确保薪酬政策与企业的整体战略和目标相匹配。企业的价值观和文化应该鼓励员工发挥自己的优势，提高知识和技能水平，同时也要鼓励团队合作和协同，以实现企业的整体目标。

4. 薪酬管理

薪酬管理作为薪酬模型的核心组成部分，集中解决两大关键问题：一是薪酬应如何公开和透明化，以获得员工的信任和认同；二是明确谁来负责整个薪酬体系的设计与管理。

首先，薪酬的公开和透明化是员工信任企业的基础。员工对薪酬制度的认知清晰度直接影响其对企业的满意度和忠诚度。但完全公开和透明化也可能带来一些问题，比如不满、误解或争议。因此，企业需要权衡并决定薪酬的透明度。在此过程中，企业不仅需要明确公开的程度，还需要为员工提供多样化的沟通渠道，使员工理解薪酬结构。这样，即使面临质疑或不满，企业也可以及时解答，维护员工的信任。

其次，薪酬制度的设计与管理通常由人力资源部门或专门的薪酬团队负责，但这并不意味着薪酬决策完全是它们的事务。相反，高层管理者，尤其是在制定薪酬策略时，应当参与其中，确保薪酬制度与企业的长远战略和目标相吻合，这样可以确保薪酬不仅在短期内合理，而且能够长久地支持企业的发展①。

5. 不同企业的薪酬模型比较

下面以华为、比亚迪和星巴克为例进行对比分析，比较这三家企业在薪酬战略和薪酬模型上的差异。从表 7-2 可以看出，华为、比亚迪和星巴克在薪酬策略上均注重平衡内部一致性和外部竞争性。华为强调技术与业务绩效，旨在驱动技术创新；比亚迪则聚焦于绿色出行和技术进步，为员工提供长期激励；而星巴克注重员工的个人成长和公司文化，确保其在服务行业中保持竞争优势。尽管这三家公司分属不同的行业，但它们都试图通过细致的薪酬管理策略来支持其薪酬战略目标落地。

表 7-2　不同类型企业的薪酬模型比较

	华为	比亚迪	星巴克
背景	华为是一家全球领先的信息与通信技术（ICT）解决方案供应商，其产品和解决方案已经应用于 170 多个国家。公司文化强调以客户为中心、持续创新和员工所有权	比亚迪是一家综合性的高科技公司，涉及多个领域，包括电池生产、电动汽车、太阳能及其他领域。在电动汽车市场，比亚迪正在与特斯拉等公司争夺市场份额	星巴克是一家全球知名的跨国连锁咖啡公司，自 1971 年创立以来，其一直致力于为员工提供公平、具有竞争力的薪酬和福利
薪酬战略目标	通过有竞争力的薪酬策略吸引和留住全球顶级的 ICT 人才，建立员工所有权文化，鼓励创新和强调客户取向	吸引和留住顶尖的电动汽车制造人才，鼓励研发和创新，推动电动汽车技术的发展，建立和维护相对于全球电动汽车制造商的优势竞争地位	吸引和留住顶级员工，保证公平薪酬，与企业文化一致，通过福利计划提升员工的整体幸福感

① 斯蒂芬·罗宾斯，玛丽·库尔特．管理学：第 13 版［M］．刘刚，程熙鎔，梁晗，等译．北京：中国人民大学出版，2017.

续表

	华为	比亚迪	星巴克
内部一致性	华为根据各个业务部门的特性和市场情况设定薪酬标准，确保公司内部各个职位和部门间存在合理的薪酬差距	比亚迪确保公司内部不同部门和层级之间的薪酬关系合理，并与职责和影响力相匹配。例如，研发团队的薪酬可能与他们的创新绩效挂钩，生产团队的薪酬可能与生产效率和质量挂钩	进行系统的职位评价和薪酬调查，确保在各级职位间保持合理的薪酬差距
外部竞争性	华为定期开展全球和地区的薪酬调查，以确保其薪酬在 ICT 行业中具有竞争力，特别是与全球的主要竞争对手相比较	为了与国内外的电动汽车制造商竞争，比亚迪会定期检查其薪酬水平，确保其在行业中具有竞争力，能够吸引和留住顶尖人才	关注行业薪酬趋势，提供与其他知名餐饮和零售公司相当或领先的薪酬及多种福利，如健康保险、退休计划和股票购买计划
员工贡献	薪酬与绩效和技能提升紧密相连。员工的薪酬部分由其绩效决定，同时，公司也为员工提供了广泛的培训和技能提升机会，以促进职业发展和薪酬增长	薪酬与绩效紧密相连，特别是在关键的研发部门。公司鼓励员工提高知识和技能水平，并可能为此提供额外的奖励或晋升机会	重视员工的表现和发展，提供各种培训计划，鼓励员工提升技能和知识水平。绩效优秀者可获得奖励和晋升机会
薪酬管理	华为的薪酬结构以公开和透明为原则。除了基础薪酬，华为还有股权激励计划，允许员工参与公司股票分红，从而分享公司的成功。这也是其员工所有权文化的一部分	薪酬信息可能不完全公开，但核心策略和基本原则会与员工共享。人力资源部门和管理团队共同负责薪酬管理，确保薪酬策略与整体战略和目标相匹配	提高薪酬决策的透明度，公开薪酬和福利的大致结构，定期与员工沟通。设有薪酬委员会，负责制定和监督执行薪酬策略
结论	华为通过其薪酬策略成功地建立了员工所有权文化，鼓励员工为公司的长期成功而努力工作。通过强调以客户为中心和创新，华为确保其在全球 ICT 市场中保持竞争力	作为中国的电动汽车制造业的领军企业，比亚迪通过其薪酬策略成功地吸引并留住了顶尖人才，鼓励了创新，同时保持了相对于全球主要电动汽车制造商的竞争力	通过薪酬策略和模型，为员工创造了公平、有竞争力的薪酬和福利环境，提升了员工的归属感和满意度，推动了公司长期目标的实现和文化理念的落实

第 2 节　基于职位的薪酬体系

一、基于职位的薪酬体系概述

基于职位的薪酬体系（job-based pay）是一种根据特定职位的责任要求和任职资格设定薪酬的方法。基于职位的薪酬体系根据组织中的职位确定相应的薪酬，薪酬的确定只与职位有关，与职位的任职者无关。换句话说，基于职位的薪酬体系是对事不对人的。职位薪酬确定后，无论谁担任这个职位，只要能正常完成工作任务，就都会获得这个职位对应的薪酬。当然，员工的薪酬中也有个人能够决定的部分，例如变动薪酬，其绩效表现好可以获得更多的奖金或长期激励，但通常不会改变职位薪酬。

二、薪酬调查

（一）薪酬调查的概念

薪酬调查是一个专门研究和分析工资和薪酬的过程，通常由组织或第三方进行，以确定某个行业、地区或特定工作职能的薪酬水平和变化趋势。薪酬调查的主要目的是帮助组织了解市场上同类职位的薪酬范围，确保其薪酬政策与市场竞争力相符，从而吸引、激励和留住人才。

调查可以是定性的，也可以是定量的，还可以将两者结合起来。调查方法可能包括问卷调查、访谈、在线研究等。大型企业和专业组织往往还会聘请第三方咨询公司进行更为详尽和客观的调查。收集的数据经过整理和分析后，组织会将其与其现有的薪酬结构进行比较，从而确定是否需要调整薪酬水平、福利计划或其他薪酬组成部分。

因为市场条件和经济环境不断变化，所以薪酬调查应定期进行以保持其相关性和准确性。通过数字技术，组织可以即时访问薪酬数据，而不再依赖周期性的、时间间隔较长的传统调查。这使得组织能够更快速地调整其薪酬策略以适应市场变化。此外，先进的数据分析工具允许人力资源部门深入挖掘薪酬数据，识别趋势、差异和潜在的问题。这种先进的数据分析工具为制定更为精确和个性化的薪酬策略提供了支持。

（二）薪酬调查的实施步骤

1. 准备阶段

在数字技术的帮助之下，审查已有的薪酬调查数据更为迅速和准确，可以利用大数据和人工智能预判调查的必要性和实施方式。在选择调查的职位和层次时，可依赖算法对市场中的高需求职位进行智能推荐。同时，在界定劳动力市场范围和明确调查的目标企业时，也可以利用数字技术对潜在的目标企业进行精准筛选。此外，选择所要收集的薪酬信息内容时可以借助数据分析平台，以确保信息的完整性和有效性。

2. 实施调查

在薪酬调查中，设计调查问卷是非常重要的一步。借助数字技术，我们可以将问卷设计得更加智能化和自动化。例如，通过使用人工智能技术，可以自动生成问卷，并根据被调查者的回答智能地调整问题。此外，数字技术还可以帮助我们更有效地实施调查，例如利用在线调查或数据采集系统。在选择参与调查的人、要调查的雇主、要调查的职位以及收集信息方面，数字技术也可以提供有效的支持。例如，利用数据分析工具，可以快速地筛选出符合要求的参与者和雇主，并提取相关的职位和薪酬信息。

3. 调查结果分析

在薪酬调查结束后，需要对收集到的数据进行核查和分析。数字技术可以帮助我们快速、准确地核查数据，例如可通过数据清洗和标准化技术来处理异常值和错误数据。在分析数据方面，数字技术也提供了多种分析方法，例如频度分析、趋中趋势分析、离散分析和回归分析等。这些分析方法可以帮助我们更好地理解薪酬数据的特征和变化趋势，从而得出更准确的分析结果。最后，数字技术还可以帮助我们将分析结果转化为可视化的报告，以便更好地分享。

三、基于职位的薪酬体系设计

在开展基于职位的薪酬体系设计之前，需要做好以下三方面的准备工作：首先，要明确组织的薪酬战略，尤其在竞争性薪酬策略选择上是采取领先策略、追随策略，还是采取延后策略。其次，要做好职位分析和职位评价。基于职位的薪酬体系依赖详细、精确的职位描述。同时，还要对所有职位进行评价以明确其相对价值或重要性。最好采取量化的职位评价方法，例如要素计点法或海氏职位评价法。最后，要对外部市场进行薪酬调查，以确保企业的薪酬具有竞争力，能够吸引并留住合格的员工。在此基础上，通过如下五个步骤开展基于职位的薪酬体系设计。

步骤 1：根据职位评价的结果，对所有职位进行排序，在此基础上划分多个职位点值区间；

步骤 2：借助基准职位，整合内部的职位价值信息和外部的市场薪酬调查信息，建立市场线和策略线；

步骤 3：将各职位点值区间的区间中值带入策略线，确定各薪酬区间的薪酬中值；

步骤 4：借助薪酬等级内部的区间变动比率和薪酬等级的区间中值级差等指标，确定各薪酬区间的最小值和最大值，进而确定各薪酬区间的交叉重叠情况；

步骤 5：调整和优化，最终建立完整的基于职位的薪酬体系。

下面将结合一个公司实例来详细介绍上述五个步骤。C 公司是一家专门研发人工智能产品的公司，公司有各类研发人员 200 余人。公司选取了 18 个基准职位，通过整合公司内部和外部对这些职位的价值判断，建立起覆盖所有职位的薪酬体系。

（一）对职位排序并划分区间

根据步骤 1，C 公司首先将 18 个基准职位按照职位评价点数从小到大进行排序，其中职位评价点值最低的 UI/UX 设计师为 240 点，最高的首席数据科学家为 980 点。公司结合实际情况将全部职位划分为 10 个区间，各区间的最低值、最高值和区间中值详见表 7-3。

表 7-3　C 公司研发职位序列的职位评价及薪酬调查结果

序号	职位	职位点值	薪酬调查结果（元）	职位点值区间	职位点值区间中值
1	UI/UX 设计师	240	4 580	区间 1：201～280	240
2	技术产品经理Ⅰ	305	7 850	区间 2：281～360	320
3	数据科学家 Ⅰ	330	8 360		
4	前端开发工程师	365	8 760	区间 3：361～440	400
5	后端开发工程师	395	10 270		
6	软件工程师 Ⅰ	415	11 940		
7	技术产品经理 Ⅲ	455	12 990	区间 4：441～520	480
8	数据科学家 Ⅱ	480	13 960		
9	软件工程师 Ⅲ	510	14 600		

续表

序号	职位	职位点值	薪酬调查结果（元）	职位点值区间	职位点值区间中值
10	软件工程师 Ⅳ	565	15 930	区间 5：521～600	560
11	技术产品经理 Ⅳ	590	17 660		
12	数据科学家 Ⅴ	640	19 380	区间 6：601～680	640
13	高级技术产品经理	695	21 500	区间 7：681～760	720
14	高级软件工程师	740	21 540		
15	系统架构师	815	23 830	区间 8：761～840	800
16	首席技术产品经理	865	28 030	区间 9：841～920	880
17	首席软件工程师	960	30 590	区间 10：921～1 000	960
18	首席数据科学家	980	32 560		

（二）建立市场线和策略线

根据步骤 2，C 公司基于表 7-3 中职位评价点值和薪酬调查结果，通过线性回归分析拟合得出市场线，即 $y=35.7x-3\,625.4$（见图 7-4）。其中 x 表示公司内部职位评价点值，y 表示通过薪酬调查获得的市场薪酬水平。公司整体上采用薪酬市场线作为薪酬策略线，但对区间 9 和区间 10 的三个首席职位，公司决定在市场线的基础上，分别乘以 1.2 和 1.4，设置高于市场平均水平的薪酬，以更好地留住和激励首席技术产品经理、首席软件工程师、首席数据科学家这三类高端人才，由此得到公司的薪酬策略线。获得策略线之后，公司可以将处于区间 1—8 的现有任意职位尤其是非基准职位的职位评价点值代入策略线从而获得相应职位的市场薪酬水平。

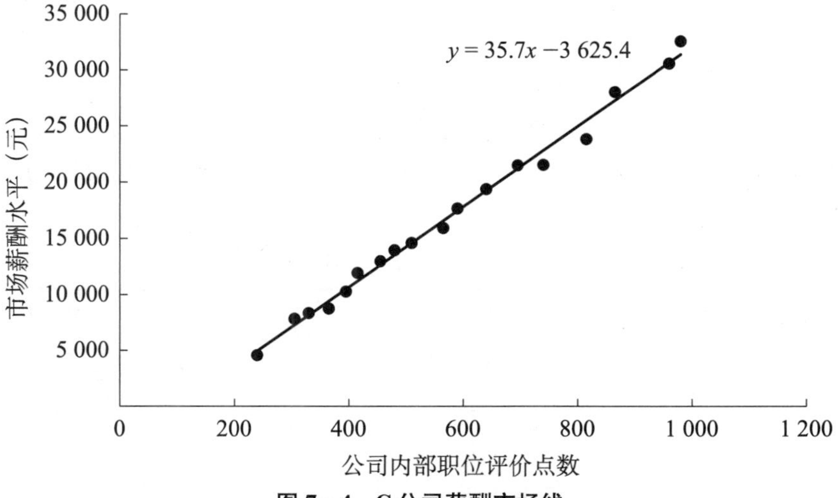

图 7-4　C 公司薪酬市场线

从图 7-4 中也可以看出，C 公司的内部职位评价点值与市场薪酬水平较为一致。然而，现实中完全可能出现公司内部职位评价点值与市场薪酬水平不一致的情况。例如某职位的内部评价点值较高，但此职位的市场薪酬水平相对较低，反之亦然。这就需要公司对薪酬模型中的内部一致性和外部竞争性两种策略谁占主导做出选择（见图 7-5）。职位评价点值反映了公司内部的价值判断，侧重反映内部一致性；市场薪酬水平是来自公司外部劳动力市场上的其他雇主的价值判断，侧重反映外部竞争性。从某种意义上说，薪酬结构决策是在内部一致性和外部竞争性这两种薪酬有效性标准之间进行平衡的结果。当内部一致性与外部竞争性之间发生冲突时，组织应该进行全面的分析，并基于其战略目标、员工需求、市场定位、财务状况和长期目标进行选择。不同的组织和情境可能需要不同的权衡和策略。

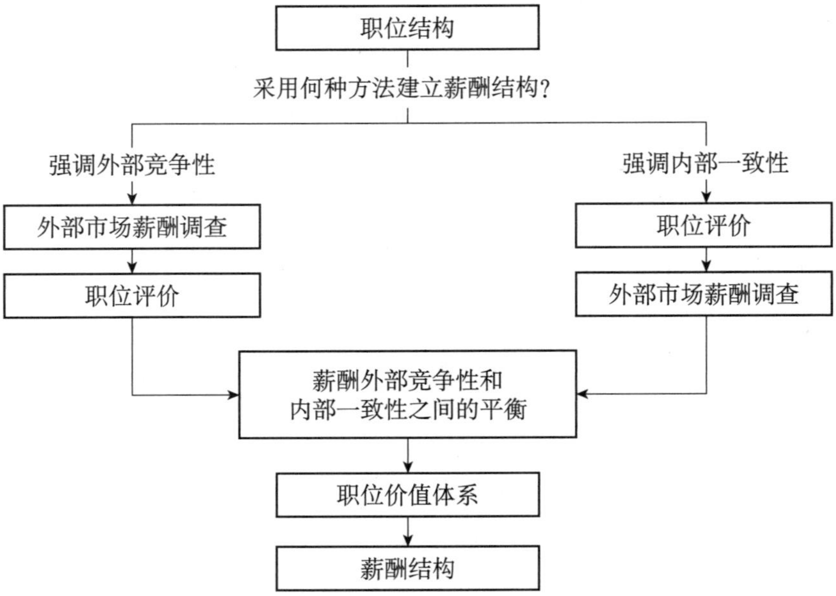

图 7-5 薪酬结构确定的流程

资料来源：刘昕．薪酬管理［M］．5 版．北京：中国人民大学出版社，2017.

（三）确定各薪酬区间的中值

根据步骤 3，C 公司将各职位点值区间的区间中值带入策略线，确定各薪酬区间的薪酬中值，具体如表 7-4 所示。其中区间 9 和区间 10 已在市场线计算得出结果的基础上分别乘以了 1.2 和 1.4。

表 7-4 C 公司研发职位序列的薪酬区间

职位点值区间/薪酬区间	区间职位评价点值中值	薪酬区间中值	区间变动比率	最低薪酬（元）	最高薪酬（元）
1	240	4 942.6	100%	3 295.1	6 590.1
2	320	7 798.6	100%	5 199.1	10 398.1
3	400	10 654.6	100%	7 103.1	14 206.1
4	480	13 510.6	100%	9 007.1	18 014.1
5	560	16 366.6	100%	10 911.1	21 822.1
6	640	19 222.6	120%	12 014.1	26 431.1

续表

职位点值区间/薪酬区间	区间职位评价点值中值	薪酬区间中值	区间变动比率	最低薪酬（元）	最高薪酬（元）
7	720	22 078.6	120%	13 799.1	30 358.1
8	800	24 934.6	120%	15 584.1	34 285.1
9	880	33 348.7	120%	20 843.0	45 854.5
10	960	42 905.2	120%	26 815.8	58 994.7

（四）薪酬区间的交叉重叠

根据步骤 4，C 公司借助薪酬等级内部的区间变动比率，确定各薪酬区间的最小值和最大值。区间变动比率通常是指同一薪酬等级内部的最高值和最低值之差与最低值之间的比率。C 公司将薪酬区间 1—5 的变动比率设置为 100%，将区间 6—10 的变动比率设置为 120%。由此可以计算出每个区间的最低薪酬和最高薪酬。具体如表 7 - 4 所示。薪酬区间的最低值和最高值也决定了各薪酬区间的交叉重叠情况。薪酬区间的变动比率越大，相邻薪酬区间的交叉重叠越多。

在理论上，同一薪酬体系的薪酬区间可以被设计成有交叉重叠的，也可以被设计成没有交叉重叠的（见图 7 - 6）。有交叉重叠可以更好地激励和留住员工，为管理层提供薪酬决策的灵活性，以及缓解因晋升而产生的薪酬不公平感，但缺点是可能导致员工感到混淆和薪酬管理上的复杂性提高；没有交叉重叠的薪酬区间的优势在于可为员工和管理层提供清晰的薪酬目标和预期，简化薪酬管理流程，但这也可能导致显著的薪酬不公平感和激励问题，尤其是当员工达到薪酬上限但无法晋升时。例如，大的薪酬等级差异会使新晋升者的薪资远超前一级的上限，而长期未晋升的老员工薪资可能低于新晋升的同事。如果晋升是基于明显的绩效差异，那么不公平的感觉可能较小。但绩效相近时，薪酬差距

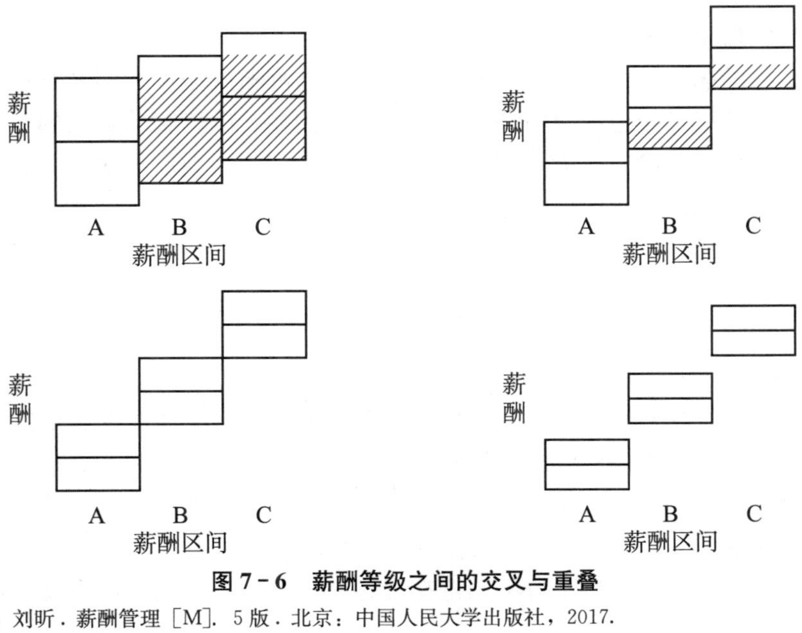

图 7 - 6　薪酬等级之间的交叉与重叠

资料来源：刘昕．薪酬管理［M］. 5 版．北京：中国人民大学出版社，2017.

会引发强烈的不满和激化企业内部的竞争与矛盾。因此，选择哪种方式取决于组织的具体需求。对于那些需要更大薪酬灵活性的组织，交叉重叠可能更合适；而对于希望简化薪酬管理和提供明确预期的组织，不重叠可能更为合适。重要的是确保薪酬结构与组织的战略目标和文化相一致，并且定期评估其有效性。

（五）建立基于职位的薪酬体系

根据步骤 5，经过多次调整和优化后，C 公司根据表 7－4 建立了完整的基于职位的薪酬体系，如图 7－7 所示。

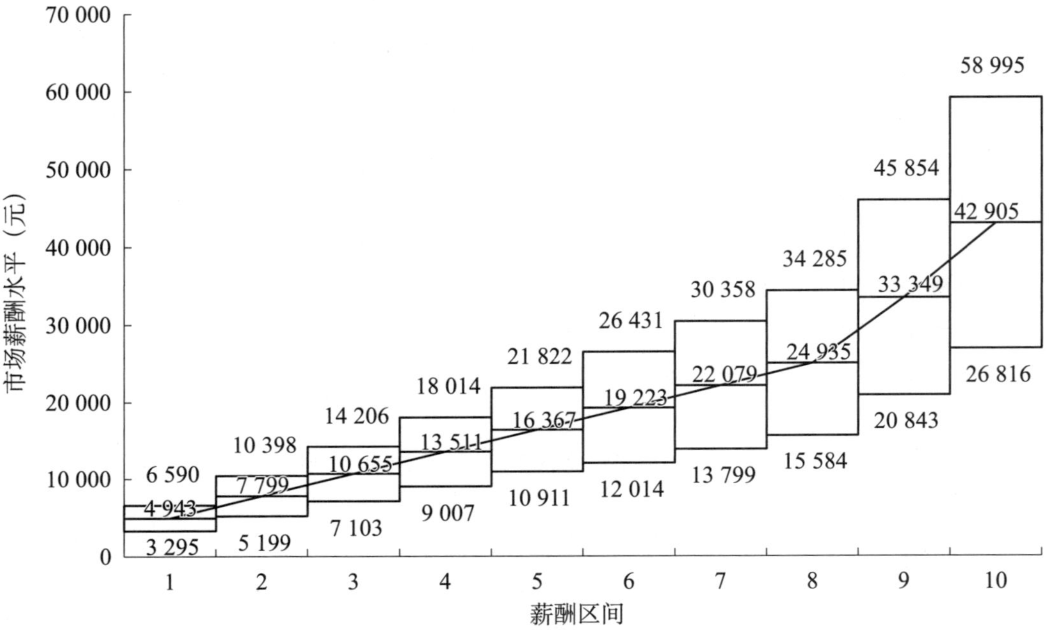

图 7－7　C 公司基于职位的薪酬体系

基于职位的薪酬体系是一种比较传统的确定员工基本薪酬的制度，它最大的特点是员工担任什么样的职位就得到什么样的薪酬。不过这种薪酬制度并不鼓励员工拥有跨职位的其他技能，所以可能会造成浪费技能的现象。例如，虽然有的员工的个人能力远超其现在担任的职位所要求的技能水平，但他们只能得到与当前职位对等的薪酬水平。而这正是基于人的薪酬体系要探讨的内容。

第 3 节　基于人的薪酬体系

不同于基于职位的薪酬体系，基于技能的薪酬体系和基于能力的薪酬体系都是“以人为基础”的，它们将掌握核心技能和核心能力的员工在薪酬上和不具备相关技能和能力的员工区别开来。基于人的薪酬体系是对人不对事的，一个人掌握的技能和能力越多其薪酬越高，与这个人从事什么职位无关，员工薪酬的增长取决于员工个人所掌握的技能或能力的提升。这些技能和能力不见得在工作中能够同时用到，但企业认可的是通过这些技能和能力在工作中做出有意义的贡献的潜能。本节将详细介绍基于技能的薪酬体系与基于能力的薪酬体系。

一、基于技能的薪酬体系

基于技能的薪酬体系（skill-based pay）是一种将员工的薪酬与其所掌握的技能直接关联的薪酬模式。不同于传统的基于职位的薪酬体系，基于技能的薪酬体系更多地强调员工所掌握的技能，而不是他们所承担的具体工作职责①。

（一）基于技能的薪酬体系的特点

1. 技能激励与成长动力

基于技能的薪酬体系在激励员工方面具有独特的优势。传统的薪酬体系往往根据职位级别或工作经验来设定，而基于技能的薪酬体系则直接将员工薪酬与员工的能力、知识和技术水平关联起来。这意味着，当员工通过培训和学习获得新的技能或提升现有技能时，他们可以预期其薪酬将相应增长。这种明确的关联为员工提供了强烈的学习和发展的动力，促使他们更加主动地参与各种培训和技能提升项目。

2. 灵活应对与组织效益

随着全球经济环境和业务场景的不断变化，组织对人才的需求也在持续演变。在基于技能的薪酬体系下，员工被鼓励去掌握多种技能，这为组织带来了显著的灵活性。当面对突发的市场变革或项目需求时，组织可以根据员工的技能背景快速进行人员调配，从而更高效地应对变化。此外，具备多种技能的员工也更可能参与跨部门或跨团队合作，这有利于推动组织内部的知识共享、提高组织的创新能力②。

3. 个人发展与职业规划

基于技能的薪酬体系不仅能给组织带来好处，而且对于员工个人而言，它也意味着更大的发展空间。在这样的体系下，员工的职业生涯不再完全依赖组织提供的晋升通道，而是与其个人的技能提升和学习能力紧密关联。员工可以根据自己的兴趣和职业目标选择学习方向，进一步塑造自己的专业价值和市场竞争力。这种以技能为导向的发展模式有助于员工获得职业满足感和更好地进行职业生涯规划，同时也有利于构建持续学习和自我提升的企业文化。

当然基于技能的薪酬体系也不可避免地存在一些弊端。首先就是技能的认定和培训都需要企业在前期追加必要的投资，如果企业不能及时将投资转化为员工更高的生产力或以更少的员工来完成工作任务，那么企业的利润就可能无法得到保证。其次，基于技能的薪酬体系作为因人而异的薪酬发放体系本身就比基于职位的薪酬体系更为复杂，设计难度也较高，因此基于技能的薪酬体系往往要求企业具备清晰的技能分类。

（二）深度技能与广度技能

基于技能的薪酬体系将员工的薪酬与员工所获得的与工作相关的技能的深度和广度

---

① GUPTA N，SHAW J D. Employee compensation：the neglected area of HRM research [J]. Human resource management review，2014，24 (1).

② DE MENEZES L M，KELLIHER C. Flexible working，individual performance，and employee attitudes：comparing formal and informal arrangements [J]. Human resource management，2017，56 (6).

相关联。深度技能指的是员工在某个领域的专业技能水平具有很高的水平和熟练程度，能够独立完成该领域的复杂和专业化工作。这通常需要员工在该领域积累数年的工作经验，进行持续不断的学习和实践，才能达到这种高深的技能水平。例如，专业的软件工程师在研发过程中应用深度技能来解决技术瓶颈和难题，能够使得软件研发流程更为高效和专业。广度技能则是指员工在不同领域具有一定的基础技能、知识和能力，能够实现多种类型任务的跨领域协作和处理。这种技能要求员工具备一定的通用技能和知识，能够适应不同的工作环境和任务的需要。例如，策划人员需要具有市场营销、传媒和商业策划等多种广度技能，才能够更好地把握市场趋势和领导一个团队完成多个项目。

深度技能和广度技能都是企业和员工需要掌握和发展的重要技能。在基于技能的薪酬体系中，深度技能通常与更难以开展的工作挂钩，因为这些技能往往更难掌握且在市场上更为稀缺。对于某些关键岗位，深度技能的价值会被额外强调，从而使该岗位的员工获得更多的薪酬。而广度技能可能与更多的职责和更广泛的工作机会关联。员工拥有广度技能意味着他们可以在多个岗位上工作，为组织带来更大的灵活性。为了鼓励员工发展广度技能，组织也会为这些技能确认薪酬或其他形式的认可。

（三）技能薪酬的实现案例

通用磨坊（General Mills）是一家主要生产食品的跨国公司，由于该公司大部分的生产过程都具有明确的阶段性，因此其选择将生产过程分为几个固定的阶段，每个生产阶段代表一个“技能区”。员工不会固定从事某一个技能区的工作，而是会在各个技能区轮岗。员工所处的技能等级代表了其技能水平和操作熟练度，技能第 1 级代表员工具备初步的技能；技能第 2 级代表员工的操作水平逐渐成熟；技能第 3 级代表员工可以完全胜任。新入职的员工属于入门级段位，在此阶段员工的薪酬水平比较低。随着入职时间的增加，员工的技能水平和操作熟练度也会提升，此时员工可以通过考核等方式提高自己的技能等级，证明自己能胜任更高阶的工作。获得技能认证后，员工的薪资随着技能段评级的提高而上涨（见图 7－8）。

（四）数字技术助力基于技能的薪酬体系

基于技能的薪酬体系中最重要的就是对员工技能的培养和认定。引入数字技术后，相关工作的效率大幅提升，成本也有所下降。一方面，在技能评估方面，运用数字技术可以实现对员工的工作绩效、能力和职业发展轨迹的全面和实时跟踪。数字技术可以为企业和员工提供更加个性化、灵活和有效的培训和发展机会。通过线上学习平台和自我评价机制，员工可以参加基于其个人能力和目标的定制化的培训和发展计划，从而更科学、更有针对性地提高技能深度和扩展能力广度，为薪酬增长和职业发展创造更多的机会和空间。例如微软利用其自有的人工智能，创建了名为“Microsoft Professional Program”（MPP）的在线学习计划，该计划不仅可以帮助员工提高技能，还可以对员工的技能和知识水平进行评估。该计划开设了各种课程，其中包括云计算、数据科学、人工智能等多个领域。数字技术可以帮助企业对员工的技能进行准确测评，并为员工提供更加个性化的学习计划和培训方案，提高员工的技能水平和生产力。同时通过建立数据库记录员工的工作表现、培训情况、技能证书和沟通记录等，企业可以更加准确、全面和客观地评估员工的能力和表现，并基于此来确定员工的薪酬水平。

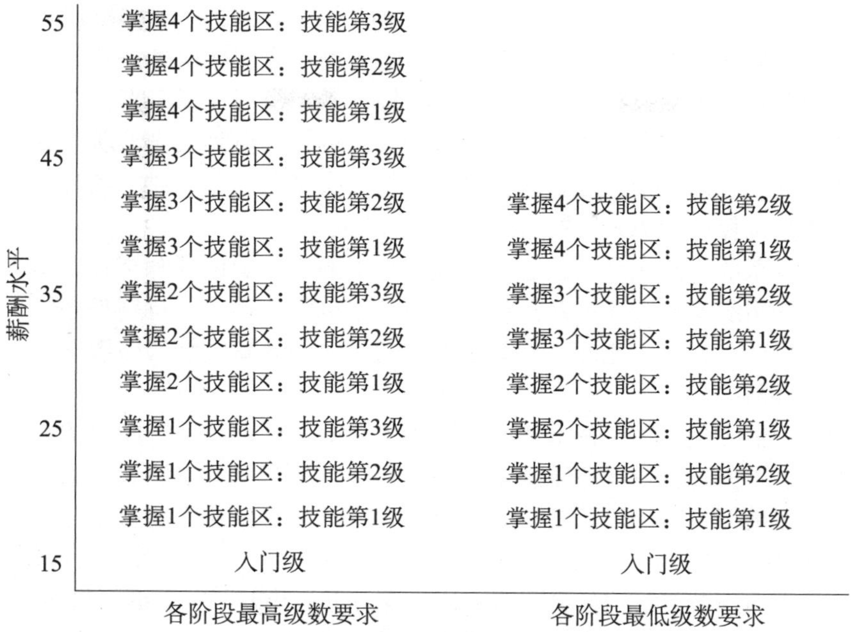

图 7－8　技能薪酬体系示意图

资料来源：LEDFORD J G E，BERGEL G. Skill-based pay case number 1：General Mills [J]. Compensation & benefits review，1991，23 (2).

另一方面，人工智能等技术的快速发展和广泛应用对基于技能的薪酬体系也产生了深远的影响：首先，人工智能技术的普及要求员工掌握新的技能和知识，特别是在数据分析、机器学习和其他人工智能相关领域。这些新技能常常被视为高价值技能，因此掌握这些技能可能会得到更高的薪酬待遇。其次，随着人工智能的综合应用，企业不仅需要技术人员，还需要那些能够跨领域工作的人才，如在技术、业务和伦理等多个领域都有深厚造诣的员工。因此，具备跨学科能力的员工可能会得到更高的薪酬。再次，尽管人工智能可以执行许多任务，但创意思维、人际交往和情感智慧等“软技能”仍然是人工智能难以替代的。随着机器越来越多地接管例行性任务，这些非常规技能可能会被更加重视并得到更好的薪酬回报。最后，人工智能的发展速度意味着技能和知识的寿命正在缩短。为了保持竞争力，员工必须持续学习和更新他们的技能。薪酬体系可能会更加偏向于那些致力于终身学习和持续技能更新的员工。

二、基于能力的薪酬体系

基于能力的薪酬体系是一种先进的薪酬策略，它强调员工的核心能力和潜在能力对组织价值的影响。这与传统的基于技能或职位的薪酬体系有很大的不同，因为它不仅关注员工的现有技能，更注重他们的综合能力，尤其是那些对组织的长期成功有关键影响的能力。

这种薪酬体系的核心思想是认为员工的综合能力，包括他们的潜在能力，是组织长远价值的关键驱动力。为了确保这种价值最大化，组织应该确立一个明确的能力分类：(1) 核心能力，这是每个员工都应该具备的，如沟通能力和团队协作能力；(2) 领导能力，这主要针对那些在管理和领导岗位上的员工，如战略规划能力和决策制定能力；(3) 专业能力，这是某些特定岗位或行业所要求的，如特定的技术知识或市场分析能力。

为了有效地实施这种薪酬体系，组织首先需要进行全面的能力评估，明确哪些能力是关键的，并确定员工在这些能力上的表现。接下来，组织可以根据评估结果设计相应的薪酬结构。例如，一个具有多种核心能力的员工可能会得到更高的基本薪酬，而那些展现出杰出领导能力的员工可能会获得更高的绩效奖金或其他激励。此外，持续的反馈和培训机会也是确保员工不断发展和提高能力的关键。

这种薪酬体系的主要优势在于它可以强化组织的核心价值观和文化，促进员工的持续发展，并帮助组织实现长期战略目标。然而，它也面临挑战，特别是在如何公正、准确地评估员工的能力方面。此外，组织还需要确保他们的薪酬结构能够适应不断变化的外部市场和内部战略需求。

进入数字经济时代，数字技术特别是人工智能的发展，对基于能力的薪酬体系产生了显著的影响。首先，企业需要重新定义关键能力。在数字经济时代，数据分析、数字化策略、人工智能开发与应用等变得尤为重要。这意味着企业需要重新定义什么是关键能力，并据此调整薪酬体系。其次，员工的能力需要持续更新。随着技术的快速迭代，员工需要持续学习新技能。这使得能力的评估变得更为动态，需要更频繁地更新和调整。最后，人工智能和机器学习可以用于自动评估员工的能力。例如，通过分析员工的工作输出、与同事的互动以及其他相关数据，人工智能可以对员工的能力和潜在能力做出更加准确和客观的评估。

第 4 节　数字化员工福利管理

一、传统福利管理

在薪酬体系中，福利作为经济报酬的重要形式，对于吸引、留住和激励员工具有重要意义。员工福利主要包括法定福利、企业补充保险计划和员工服务福利等多个方面[①]。福利已经成为当今商业领域中一个快速增长的市场。知名人力分析师贝辛的研究进一步证实了这一观点[②]。根据他的数据，现今薪酬中有 38%以上被用于保险、健康和其他福利。这意味着，对于许多员工来说，福利的价值已经接近或甚至超过了他们的基本薪酬。东方福利网的研究报告显示，中国员工激励与福利管理行业市场规模预计将以 9.8% 的年复合增长率持续上升，并于 2025 年达到 17 164.6 亿元[③]。2016 年，中共中央、国务院印发了《“健康中国 2030”规划纲要》。这一纲要不仅推动了国家的健康策略转变，还为企业提供了一个新的视角和动力，使其重新思考和设计员工福利管理体系，以使福利管理更加人性化、健康化和高效。

当前，员工对福利的期待已经超越了米面油盐之类的实物礼品，转向更加注重整体体验和精神层面的满足。随着福利管理理念和模式的升级，福利产品也越来越多样。以

---

① 刘昕．薪酬管理［M］．5 版．北京：中国人民大学出版社，2017.

② BERSIN J. HR technology 2021：the definitive guide［EB/OL］．［2023－08－23］．https://joshbersin.com/wp－content/uploads/2021/04/HR_TechMarket_2021_v7.pdf.

③ 参见东方福利网《数智化福利：塑造员工福利的幸福感——2022 员工福利研究报告》。

下是对福利五个主要方面的简要概述：

（1）佳节福利。为员工在关键时刻和各种节日提供特色的福利，强化企业与员工之间的纽带。这既包括春节、中秋节等传统节日的礼物或福利，也包括与其他行业合作，为员工提供的独特福利产品或服务。

（2）身体健康福利。在日常工作中，身体健康是员工最基本的需求之一。企业为员工提供了一系列的健康福利，如健身补贴、健康食品和饮食指导、定期体检以及其他预防保健措施，确保员工的身体健康。

（3）心理健康福利。除了身体健康，心理健康也越来越受到企业的关注。提供心理咨询、正念冥想、工作场所的特色支持如宠物友好环境等，都能帮助员工更好地应对压力，保持良好的心理状态。

（4）家庭福利。为了帮助员工更好地平衡工作和家庭，企业提供了一系列的家庭福利，包括育儿休假、托儿服务、家属保险以及其他家庭相关的咨询服务和支持。

（5）社会福利。企业鼓励员工参与社会活动，与同事建立深厚的友谊。这不仅包括团队建设和社交活动，还包括志愿者活动和其他社会活动参与机会，帮助员工实现自己的社会价值。

但是传统的福利管理不仅效率低下，而且容易出错。随着科技的进步和数字技术的应用，福利管理开始经历深刻的变革。自动化、实时更新、个性化和数据驱动的决策开始出现在福利管理的各个领域中，为企业和员工带来了前所未有的便捷与高效。

二、数字化福利管理

（一）数字化福利管理的概念

数字化福利管理是指利用数字技术，如云计算、人工智能、数据分析和移动应用等，实现员工福利管理的自动化、优化和个性化。

（二）数字化福利管理的特点

1. 效率与准确性

在传统的福利管理过程中，手工操作无疑是时间消耗巨大且容易出错的。每一次人为的输入、审核、修改和分发都可能导致错误，从而产生额外的修正工作和成本。而数字化福利管理工具可以自动化许多流程，大大减少这些冗余步骤和人为疏忽所带来的错误。通过数字化流程，企业不仅可以提高工作效率，还可以确保数据的准确性和一致性。

2. 实时更新

在快速变化的商业环境中，企业需要能够及时响应外部和内部的各种变化。数字化福利工具使企业能够在短时间内更新和调整福利策略，以适应市场条件与法规的变化、多样化的员工需求。此外，员工也可以通过数字平台实时查看和了解自己的福利状态，从而提升透明度和参与感。

3. 个性化体验

现代员工不再满足于“一刀切”的福利方案，他们渴望得到更加贴心和符合自己需求的福利体验。数字化工具可以收集和分析员工的数据和反馈，帮助企业更好地了解每个员工的独特需求和偏好。通过这些信息，企业可以为员工提供更加个性化的福利方案，从而提高员工满意度和忠诚度。

4. 数据驱动决策

数字化工具能够提供大量的数据和信息，这些数据可以为企业决策提供有力支持。利用数据分析，企业可以更好地了解福利项目的实际效果、预测未来的趋势，以及制定更加科学和合理的福利策略。这意味着企业不再是盲目地制定福利政策，而是基于数据和分析做出明智的决策。

5. 降低成本

尽管在初期数字化福利管理可能需要一定的投资，但从长远来看，自动化和优化的流程会为企业节省大量的时间和资源，从而降低总体成本。减少人为错误、提高流程效率、减少不必要的审批和沟通等都可以帮助企业在福利管理上实现成本优化。同时，通过更为精准的数据分析，企业还可以避免在无效或不受员工欢迎的福利项目上浪费资金。

三、数字化福利管理的主要类型

（一）电子健康与健身平台

在数字化时代，电子健康与健身平台成为企业福利管理的新趋势。此类平台集中管理所有健康与健身资源，提供一站式服务，让员工能够方便地在线预约体检、选择健身课程或获取专家建议。这一新趋势旨在通过数字化手段提供更加连续、完整的员工健康管理体验。例如，借助人工智能工具的智能分析，企业可以根据员工的具体健康数据为其推荐合适的健身课程或健康方案。数据分析则进一步允许企业了解员工的整体健康状况，从而提供更加精准和有针对性的福利措施。移动应用与员工自助服务平台也在这一过程中扮演着关键角色。员工可以随时随地通过移动设备参与健身活动、查看健康数据或与专家进行沟通，确保健康管理的灵活性和实时性。

（二）远程培训和学习工具

远程培训和学习工具日益受到企业的关注与重视。为了更好地支持远程工作与学习，企业需要集中管理所有相关资源，构建一个一体化的远程培训和学习平台。这不仅包括一站式培训平台，还涉及丰富的在线课程资源，为员工提供持续学习和成长的机会。此外，人工智能技术在这一领域中也发挥了关键作用。通过对员工的学习行为进行智能分析，人工智能可以为员工推荐最合适的在线课程，确保学习内容与员工的需求和兴趣相匹配。同时，数据分析可以为企业提供宝贵的反馈，使企业了解员工的学习进度和效果，进而有针对性地进行持续优化。移动应用的发展进一步增强了远程学习的便捷性。员工无论身处何地，都可以利用移动设备进行在线学习，查看自己的学习记录，与导师进行实时沟通，真正实现随时随地学习。

（三）数字化健康保险与退休规划工具

随着技术的进步，传统的保险和退休规划方式已经被更为智能、便捷的数字化工具替代，企业在这方面能够为员工提供更为个性化的服务。数字化健康保险使保险流程变得更为简便。员工可以在线选择合适的健康保险计划，进行自助报价，了解保单细节，并即时购买。通过人工智能技术，企业可以为员工提供个性化的保险建议，基于他们的健康状况和需求，为他们推荐最合适的保险产品。数据分析可以帮助企业监测员工的保险利用情况，及时调整福利策略，确保其符合员工的实际需求。退休规划工具则更为注重长期投资和规划。数字化的退休规划工具可以帮助员工制定合理的退休目标，根据他们的收入、支出、投资习惯等信息，为他们提供科学的退休储蓄策略。通过移动应用，员工可以随时查看自己的退休储蓄情况，调整投资策略，确保退休后的生活品质。

（四）虚拟团队活动与员工关怀

随着远程工作的日益普及，虚拟团队活动已逐渐成为重要的社会福利，它们对于增强团队凝聚力和员工归属感具有重要价值。特别是在全球化的背景下，虚拟团队活动，如线上游戏、工作坊和网络座谈会等，能有效地缩短物理空间的距离，让团队成员跨区域、跨时区地紧密互动，确保团队协作不受限制。同时，企业也越来越重视对员工的全方位关怀。其中，家庭关怀已被看作对员工福利的扩展，例如为员工家属提供的医疗福利、组织的家庭日活动，或针对新生儿父母的特别关照。此外，企业也充分考虑员工的情感需求，通过佳节福利，如特定节日的礼物或红包，来传达对员工的感激和关心。

四、数字化福利管理与实施

在数字化时代，福利管理不再仅仅是一个静态的福利分配过程，而是一个动态的、互动的和持续优化的过程。以下三个方面是福利管理数字化转型升级的核心和重点。

（一）提升员工对福利发放的感知

数字化不仅改变了福利管理的流程，更从根本上改变了员工对福利的感知和体验，让员工对企业所提供的福利有了更深的感知和认同。首先，福利信息的实时传达已经成为员工的基本期望。在互联网和移动技术的推动下，员工希望及时掌握与自己权益相关的一切信息。这意味着，当企业进行福利政策的调整或发放新的福利时，员工应能够通过各种数字化手段，如移动应用、电子邮件、企业内部社交平台等，迅速得知。其次，数字化工具也带来了使福利个性化的可能性。借助大数据分析工具，企业能够深入挖掘员工的福利需求与偏好，为不同的员工群体设计差异化的福利方案。这种基于数据的个性化方法，不但有助于提升员工的福利满意度，而且能确保企业在福利方面的投入得到最大的回报。最后，透明化作为数字化福利管理的另一核心特点，为员工提供了一个清晰、直观的视角来了解和管理自己的福利。例如，员工可以通过专门的平台实时查看其福利账户的状态，清楚了解自己的福利权益和其价值，以及如何更好地利用这些福利。

（二）提升组织福利管理能力

员工福利管理已不再依赖传统意义上的人工操作和经验决策。随着科技的进步和数字化转型，福利管理正在向智能化、自动化和持续优化的方向发展。首先，智能化决策正在改变企业对福利管理的认知。通过运用数据分析工具和先进的算法，人力资源部门能够深入洞察员工的福利需求和偏好，从而设计出更贴近员工需求的福利政策。此外，数据分析还可以为企业揭示福利政策的实际效果和回报率，帮助企业做出更加明智和经济有效的决策。其次，自动化流程正带来福利管理的效率革命。传统的福利管理流程往往存在许多人为的干预和烦琐的步骤，但现在，数字化工具使得从福利申请到审批，再到分配的每一个环节都可以实现自动化操作。这不仅显著提高了工作效率，还在很大程度上减少了由人为因素导致的错误。最后，持续优化是数字化带来的福利管理新理念。在过去，福利政策往往是固定的或长时间不变的。但在数字化的助力下，企业现在可以持续地收集、分析和解读与福利相关的数据，这使得福利政策可以随着员工需求的变化和市场动态及时地进行调整和优化。

（三）促使福利关怀转变为绩效

在数字化时代，传统的福利观念被重新塑造，企业开始更加注重如何实现福利关怀价值的最大化，从而实现从员工的幸福感到实际绩效的转变。首先，福利关怀的核心已从过去的“物质奖赏”逐渐转变为“从物质到精神的全方位关怀”。目前，员工的期待正在发生变化。他们当然关心物质福利，如年节礼品、医疗保险、带薪休假等。但与此同时，他们更加看重企业能为他们提供的精神关怀，如心理咨询和家庭关怀。这种精神关怀有助于员工形成对企业的归属感和认同感，从而提高他们的工作满意度和绩效。其次，数字化工具的应用使得绩效与福利的结合成为可能。在这种模式下，企业可以更精准地依据员工的实际绩效发放福利，确保那些为企业做出卓越贡献的高绩效员工获得更多的福利。这样的机制不仅公平，还能有效地激励员工持续提高自己的绩效。最后，持续的反馈与互动在数字化时代变得尤为重要。数字化平台如内部社交网络、专业的反馈工具等，都为员工提供了实时、直接的沟通渠道。员工可以通过这些渠道随时提出自己的建议和需求，而企业则能够收集这些建议和需求，及时对福利政策进行调整，确保其始终与员工的期望和需求保持一致。

总的来说，现代的员工福利管理正在从简单的“给予”转变为“关怀”。而关键的是，这种关怀需要企业基于对员工真实需求的了解，与员工形成真正的互动，从而真正实现福利关怀价值的最大化，并推动企业实现从员工的幸福感到绩效的转变。

第 5 节　数字化薪酬管理的发展方向

随着全球经济的蓬勃发展和技术的快速进步，薪酬管理正面临前所未有的机遇和挑战。其从传统的静态、线性的薪酬策略，逐渐转向更为动态、个性化和数据驱动的管理方式。这样的变化不仅反映了市场和员工需求的多样性，还标志着企业对薪酬管理重要性的深刻认识。为了帮助企业管理者深入理解这些趋势，本节将探讨数字化薪酬管理的五个核心发展方向。

一、薪酬数据的集成化管理

数据的管理已经成为企业中的关键要素，特别是在薪酬管理这一高度敏感的领域。要确保薪酬的公正、公平和准确，首先必须确保背后的数据管理系统的集成、一致和安全。

（一）一致、准确与实时的数据流动

多数现代企业会同时使用不同的人力资源管理工具和系统，其中的数据很可能产生不一致或重复。因此，集成化管理的核心就是确保所有数据流在系统间的同步，同时保证其一致与准确。例如，员工因为升职或调岗而发生的薪酬、职级等相关信息变更，应在涉及的所有系统中实时、准确地更新。

（二）人力资源系统间的自主数据同步

薪酬管理系统必须与其他人力资源子系统——如招聘系统、绩效考核系统等紧密结合。此类整合旨在简化数据的录入与更新，确保各个系统间的数据流动无缝且同步。例如，员工一旦完成某项认定的培训并满足晋升条件，相关信息就应自动在薪酬系统中得到反映，并相应调整其薪资待遇。

（三）薪酬数据的安全保障

薪酬数据无疑是企业中的敏感信息。为此，对这类数据的安全保障显得尤为关键。任何集成的数据管理系统都应采纳最先进的加密技术和安全策略，确保数据在整个传输、保存及处理过程中安全无泄露。同时，企业需设定严格的数据访问和查阅规范，确保只有授权员工才能获取薪酬数据，进而确保数据的绝对安全。

二、基于大数据的预测性分析

数字化薪酬管理的兴起使企业能够在一定程度上预见未来，尤其在预测性分析这一领域。通过对未来市场、员工期望以及薪酬变动的准确预测，企业可以为其薪酬策略提供有力的数据支撑。

（一）预测市场变化趋势

利用技术对数据进行深入的分析和解读可以预测市场变化趋势，帮助企业捕捉到宏观经济的微妙变化，如通货膨胀、经济增长率和贸易政策的调整等。此外，对于特定行业的发展趋势，如技术创新、市场需求以及行业内外部竞争环境的变化，都可以通过数据分析得到初步的预见。同时，考虑到全球化这一时代背景，对全球劳动力市场的动态如不同地区的薪酬标准、劳动法规的更新及跨国人才流动的模式等也需予以关注。这种对市场变化的细致观察和解读，可以为企业制定或调整薪酬策略提供有力的数据支撑。

（二）预测人才流失风险

随着技术的进步，人工智能和机器学习的应用使企业具备了对大量数据进行深入分析的能力，进而提取有价值的趋势和模式。例如，通过分析员工在绩效、满意度、职业发展情况等方面的数据，以及行业薪酬数据和其他可能影响员工留任的因素，企业可以预测到未来的人才流失风险，从而及时进行策略调整。

（三）数据引领的决策支持与策略优化

预测性分析的结果可为企业提供强大的数据支持，使其在薪酬决策过程中更具信心，使其薪酬决策更科学。这不仅涉及薪酬的设定，还包括如何分配薪酬预算、如何优化员工激励计划等。此外，数据驱动的决策还使企业能够更加合理地确定其人才开发策略，确保资源得到最佳利用。

三、以员工为中心的个性化薪酬

随着现代工作场所的变革和员工需求的多样化，个性化薪酬策略已经成为企业吸引、激励和留住人才的关键策略。这种策略突破了传统的“一刀切”薪酬模型，转向为员工提供更为定制化的薪酬方案，以满足他们独特的需求和期望。

（一）识别并理解员工的独特需求

每位员工都有自己的生活情境、职业期望和价值观。为了制定有效的个性化薪酬策略，企业首先需要深入了解员工的需求。这可能涉及对员工进行调查、与其面谈或使用高级数据分析技术来识别共同的需求模式。

（二）提供多样化的薪酬方案

在理解员工需求的基础上，企业可以提供多种薪酬方案供员工选择。这些方案可能包括差异化的基础薪酬、福利、奖金激励、工作时间安排以及职业发展机会等。例如，年轻的员工可能更倾向于选择高额的绩效奖金，而以家庭为重的员工则可能更看重稳定的基本薪资和良好的医疗保险。

（三）数字技术驱动的个性化薪酬

为了实现个性化薪酬，企业需要采用先进的技术和工具进行管理。这包括薪酬管理软件、人力资源信息系统以及其他数字化工具。它们可以帮助企业管理多种薪酬选项，确保薪酬的公平性，并提供员工自助服务功能，让员工能够自行选择和管理自己的薪酬方案。

（四）持续的沟通和反馈

随着市场和员工需求的不断变化，个性化薪酬策略也需要进行持续的更新和优化。为此，企业需要建立有效的沟通机制，及时收集员工的反馈，评估薪酬策略的实际效果，并根据反馈进行调整。

四、实时的薪酬调整机制

面对快速变化的商业环境和员工需求，许多企业正日益认识到建立薪酬调整机制的重要性，特别是要建立能够实时反映市场和员工需求的薪酬调整机制。这种机制可为企业提供更大的灵活性，帮助它们在吸引和留住关键人才方面保持竞争力。

（一）适应市场变化的薪酬策略

随着全球经济的不断变化，行业薪酬标准和人才市场也会随之波动。为了在这种环境中保持竞争力，企业需要建立可以快速响应市场变化的薪酬调整机制，以确保其薪酬体系与行业和地区标准保持一致。

（二）结合绩效和需求进行调整

实时的薪酬调整不仅要考虑外部市场条件，还需要结合员工的个人绩效和组织的战略需求。通过对员工绩效的持续评价和反馈，企业可以更准确地决定薪酬调整的方向和幅度，确保其与员工的贡献相匹配。

（三）技术支持的实时调整

利用现代技术如人力资源管理系统、数据分析工具和人工智能算法，企业可以更加高效地收集信息、做出分析和实施薪酬调整。数字化工具不仅能够自动跟踪行业和地区的薪酬趋势，还可以帮助企业预测未来的薪酬需求，并基于这些预测制定策略。

五、持续学习与自适应优化的薪酬策略

在数字化时代，薪酬管理不仅要对当前的市场和员工需求做出反应，还要为未来的挑战和机会做好准备。这就要求企业不断地学习和优化其薪酬策略和实践。

（一）跟踪市场和行业的最新趋势

为了确保薪酬体系的竞争力，企业需要密切关注市场和行业的最新的薪酬变化趋势。这包括参加相关研讨会、阅读行业报告、与同行交流以及定期进行薪酬基准调查。

（二）建立反馈循环和迭代过程

持续的学习和优化需要建立一个有效的反馈机制，使企业能够快速识别问题、制定解决方案并验证其效果。这可能涉及定期的员工调查、管理层评估以及与其他部门的紧密合作。

（三）强化人力资源团队的数字化能力

为了成功地实施持续学习和自适应优化，人力资源团队需要具备相关的知识、技能和工具。这可能需要进行持续的培训、引入新的技术解决方案以及与外部专家和咨询机构进行合作，利用新兴技术来进行更为精确和科学的薪酬决策。

总的来说，数字化薪酬管理正在重塑企业吸引、激励和留住员工的方式。从集成的数据管理到预测性的分析，再到以员工为中心的个性化薪酬设计，每一种发展都反映了现代企业对适应变化、提高效率和确保公正的追求。为了在这个快速变化的环境中取得成功，企业需要不断地学习、创新和适应，确保其薪酬策略和管理实践与时俱进，满足员工的需求，同时也符合组织的长期目标和愿景。

// 关键术语 //

全面薪酬　　基于职位的薪酬体系　　基于人的薪酬体系　　数字化福利管理

// 复习思考题 //

1. 全面薪酬体系中的非经济报酬能发挥什么作用？
2. 基于职位的薪酬体系与基于人的薪酬体系有哪些异同点？
3. 数字化薪酬管理的发展方向有哪些？

案例分析

阿里巴巴的薪酬体系与薪酬管理系统

作为互联网行业的巨头，阿里巴巴在数字化转型浪潮之下积极探索薪酬体系与数字化结合的可能，为薪酬体系升级进入新的阶段提供了众多可供参考的经验①。

首先，在薪酬体系构建上，阿里巴巴根据员工的个人愿景和成长方向制定了岗位序列，并以此为基础设计了相应的薪酬结构。阿里巴巴将员工的职业发展路径划分为 P 序

① 阿里发工资自研薪酬管理系统首次曝光［EB/OL］.（2020－10－15）［2023－10－10］. https://www.yjbys.com/hr/xinchouguanli/1467128.html.

列（专业序列）和 M 序列（管理序列），并分别设计差异化的薪酬结构。比如，在 P 序列中，员工晋升一级会带来显著的基本薪酬涨幅，并提高基本薪酬的占比。这使技术型员工享有较为稳定的基础薪酬。相对于管理人员，他们在掌握新技术或深化专业领域方面面临的挑战更为艰巨。因此，这种薪酬设计有助于鼓励技术团队深入挖掘自己的专业领域，进而产生更高的价值。而对于 M 序列员工，其薪酬结构主要侧重于奖金和提成，基础薪酬通常只占到总薪酬的 30%。这是考虑到管理人员在每个项目中需要展现出高度的灵活性，如制定策略、控制流程等，因此基于项目绩效来确定市场和项目管理人员的奖金，旨在最大限度地激发 M 序列员工的创新力和工作热情。近期，阿里巴巴启动了“1+6+N”内部组织架构重组与重大变革，预计一方面会对 P 序列进行改革以适应组织和个人的成长需要，推进员工绩效和层级体系制度合理化；另一方面会取消 P 序列，改为 14—28 级，对应 P4—P8，员工的工资和奖金不再与层级挂钩，逐步实现层级和奖金的分离，并支持优秀员工一年内实现多层级跨越①。可见随着组织的发展和团队规模的扩大，阿里巴巴的薪酬体系也更加灵活，不断摸索更加人性化的人力制度。此次取消 P 序列的方案虽然仍在调研阶段，但是肯定会对旧层级制度汇报困难、晋升困难、考核死板的几大问题对症下药，这将是薪酬体系的一次重大改革。

在奖励策略上，阿里巴巴极具创意，展现了高度的多样性。其不但在个人、团队至部门层面都设有全方位的奖金计划，而且设置了月度、季度及年度激励方式。此外，表现卓越的员工有机会收到来自首席执行官亲笔签名的“惊喜红包”。这种关心与认可增强了员工的归属感，进而鼓励他们以更大的热情投入到公司的事业中。在奖励类型上，阿里巴巴也给予员工选择权，允许他们在现金奖金和其他福利间做出选择。对于特定的员工群体，企业还提供了利润分享、员工持股计划以及专业发展机会如外部培训等激励。为了吸引和留住关键人才，阿里巴巴将员工划分为“271”三个类别：其中“2”代表那些贡献突出且践行阿里巴巴价值观的明星员工，占比约 20%；“7”则是主流员工，他们完全认同企业的价值观，绩效稳定，约占 70%；而“1”则代表那些不符合企业期望的员工，约占 10%。针对这三个类别，阿里巴巴按照工资、奖金、股权和发展机会进行了不同等级的区分与激励，确保每位员工均能找到与其绩效和职级相匹配的发展机会。这种策略进一步提高了核心人才对公司的忠诚度，推动他们与公司同步成长。

在福利方面，阿里巴巴充分考虑到了员工的个性化需求，实现了以人为本的福利管理。年节定制福利、员工福利点兑换等措施都能够帮助员工与企业建立价值连接，并提升员工归属感和体验感。例如阿里巴巴拿出 30 亿元向员工推出购房无息贷款计划，并向员工提供以 6 折的优惠价格购买阿里巴巴专享公寓的福利，专享公寓就在阿里巴巴园区附近，通勤距离不到 5 分钟。通过此类福利计划，阿里巴巴解决了员工住宿和通勤两个最重要的问题，给员工提供了充分的安全感。此外，向员工提供住房补贴、通勤补贴等福利也切实提升了员工的幸福感。

在数字化融入薪酬体系方面，阿里巴巴自主研发的人力资源系统取得了较好的效果。之前，阿里巴巴的薪酬体系依赖 Oracle PeopleSoft HCM 这款国外软件。但随着业务的

① 阿里或取消 P 序列，背后的人力资源管理思路你看懂了吗［EB/OL］.（2023-07-14）［2023-10-10］. https://www.sohu.com/a/700029143_121123748.

快速扩张，这款软件已无法满足其需求，且存在信息安全隐患。因此，阿里巴巴决定分步骤地自主研发更加先进的薪酬系统。

阿里巴巴集合众多薪酬专家，集思广益，在薪酬核算方面层层把关，从员工生命周期数据、公司组织、职务体系多个层面构建了一个完整的核算模型，并且完成了方案的方法论证以及数据加密。

在开发阶段，自主研发系统使用阿里云大数据技术实现薪酬核算，经济、高效地分析海量的数据，数据计算效率以及数据安全程度相较传统的系统有了较大的进步，并且考虑到人力资源管理结合数据证据的科学性和合理性，打造人力资源管理和数据人员都能理解和掌握的系统。经过多次逻辑开发和迭代，该系统完成了实习生薪资、股权计税、正式员工薪资等计算模块，突破了阿里员工休假晚提补报、出差、月中入离异、福利补贴、社保公积金基数变更、股权等薪资业务的计算效率和准确性瓶颈。

自主研发系统覆盖薪资项目、适用群组、计薪周期、计算规则与公式、发放审批流程、计算结果报表输出全链路，以及生态公司介入、并行管理等十几个应用场景，简洁易用、清晰明了，能够稳定高效地满足绩效评价的需要。此外，该系统的亮点在于具有支持追溯和分段计算的功能，整个计算链路的中间过程数据以及异常差异数据都可以被直观实时透视，无技术背景的业务方也可以快速了解整个系统的计算逻辑，快速定位并解决问题。自主研发系统的算力超过旧系统的6倍，计算时间稳定。该系统投入使用后每年可节省授权费用数百万元，其他相应的维护管理费用也将较大程度地降低。

此外更重要的是，企业薪资数据的安全性也得到了提升。开发人员和数据管理员都无法接触到数据，避免了之前因铭文存储导致的个人信息泄露风险，从而保护了员工的隐私。自主研发系统还支持手机端和个人电脑端集成员工基础档案、薪资档案、每月工资等，员工可以实时查看薪资发放结果、个税、福利补贴、销售佣金、社保等信息，一键报税等功能也优化了员工的体验。

讨论题

1. 从全面薪酬的内容框架来看，阿里巴巴的薪酬体系包括哪些内容？
2. 阿里巴巴的薪酬体系中采用了哪些数字技术和手段？

// 第 8 章 //

面向未来的数字化人才管理

学习导图

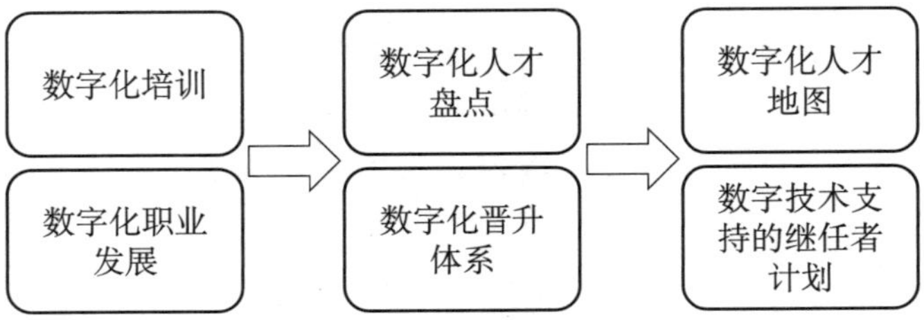

学习目标

通过本章的学习，你将：

1. 明确企业人才管理的内涵及其重要性；
2. 明确传统人才管理的弊病和数字化人才管理的优势；
3. 系统了解数字化人才管理的各个环节及数字技术实践；
4. 掌握数字化人才管理的实践意义和发展趋势。

随着技术的日益发展，我们进入了一个数字化时代。数字技术不仅重塑了我们的日常生活，还重塑了组织的运营方式。这种转变尤其表现在人力资源管理领域。数字化不再只是一种新兴趋势，它已经成为现代组织不可或缺的一部分。

数字化人才管理意味着我们不再仅仅依赖传统的、线下的管理方式。相反，我们开始借助先进的技术工具和平台来更加高效、准确地管理人才。这涉及从招聘到离职的每一个环节，旨在确保组织的人力资源活动与业务战略紧密结合。

本章将从人才生命周期管理视角展开分析。从员工个体层面来看，人才生命周期管理是对员工从入职到离职的整个过程的综合管理，这包括招聘、培训、发展、评价、晋升以及离职管理等关键环节[①]。而从组织层面看，人才生命周期是关于如何系统地发现、培养和留住关键人才，确保组织持续运营与创新的综合管理，包括人才培养、人才盘点、人才梯队建设及继任者计划等关键环节。在数字化转型的背景下，人才生命周期管理变

① 由于员工的招聘和评价等方面内容已在之前的章节中进行了介绍，本章侧重探讨其余的部分。

得更为重要。通过数字化工具和策略，组织可以在人才生命周期的每一个阶段获得深入的洞察，从而做出更明智、更有针对性的决策。

在本章中，我们将深入探讨如何在不同的人才管理环节实现数字化转型。无论是新员工的培训，还是高级领导的继任者计划，我们都将看到数字化如何帮助我们更好地理解、激励和管理人才。此外，我们还将了解数字化如何使人才管理流程更加透明、公正和个性化。

第 1 节　培训与职业发展

一、培训的概念与类型

（一）培训的概念与流程

培训是企业为员工提供的一种教育活动，旨在帮助他们获得完成工作所需的技能、提高能力水平、适应工作需求，并建立人才储备。培训可以采取不同的形式，包括简单的职位交接、课堂讲授或互联网课堂等，持续时间也可能从短短的几周到数月不等。它是提高员工能力水平、帮助员工适应工作需要、建立企业人才梯队和提升业务增长潜力的有效途径[①]。

培训的首要原则是要与组织战略保持一致。组织战略会对不同职位的员工提出期望，但现有员工的能力可能还无法满足需求，因此需要针对员工的薄弱环节提供相应的培训。换言之，组织战略为培训设定了目标，企业需要按照既定目标的要求开展培训活动。

培训的目标会根据企业的具体情况而变化。但从广义上说，企业培训的目标有两个，分别是员工学习和组织绩效。在个体层面，员工可以通过培训活动了解企业文化、明确职位职责、掌握工作流程并提升技术水平；在组织层面，通过有效的培训，组织文化得以深入人心，员工整体工作能力得以增强，最终促使组织绩效得以提升。

具体的培训流程分为三个阶段十个具体环节，如图 8－1 所示。

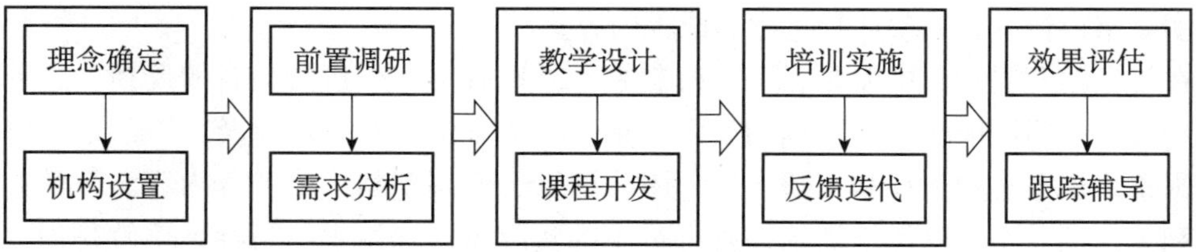

图 8－1　培训流程

1. 前期准备阶段

前期准备阶段包括理念确定、机构设置、前置调研，以及需求分析四个环节。

理念确定是指企业需要结合自身的战略和价值观，明确培训工作的战略定位和主导方向，以此指导培训工作的展开。例如，华为公司华为大学的定位是基于公司战略，作

---

① 加里·德斯勒．人力资源管理：第 14 版［M］．刘昕，译．北京：中国人民大学出版社，2017.

为人才与组织的使能器，传承企业文化、提取核心能力、总结萃取知识资产，助力公司持续取得商业成功。

机构设置需要明确组织架构和师资体系。在组织架构方面，需要确定培训业务的主管部门是隶属于业务部门、人力资源部门还是作为单独机构直接隶属于企业管理层。同时，还需要明确培训部门的人员构成和岗位职责等。在师资体系方面，需要关注专职讲师和兼职讲师两个群体，针对两者的不同特点进行培训管理和任务分配。对于专职讲师，需要关注其专业能力和授课技巧的提升；对于兼职讲师，需要注重其授课质量和课程设计的优化。通过合理的师资体系规划和管理，企业可以提高培训质量和效果，为机构的发展提供有力支持。

前置调研的目标是深入了解和捕获员工的培训需求、期望和现有的能力差距。为了获得这些信息，企业可以采用多种方法，如在线问卷、面对面或远程访谈、小组讨论等。这不仅可以帮助培训实施团队了解具体的学习内容和形式偏好，还可以揭示潜在的组织文化和沟通障碍，为后续的培训设计和内容制定提供宝贵的参考数据。此外，前置调研还可以提前与员工互动和沟通，增强他们对即将进行的培训的期待和参与感。

需求分析要面向组织运营需要，从企业内外部进行，明确企业在人才发展上面临的挑战，如业务类型、员工特点、行业竞争态势等，在此基础上聚焦到培训的关键人群和关键内容，明确培训的对象（入职时间、岗位类型）、时限、任务等。

2. 培训实施阶段

前期准备阶段包括教学设计、课程开发、培训实施以及反馈迭代四个环节。

教学设计首先要从员工和业务两个方面出发，针对不同类型员工的异质性确定培养路径，针对企业的战略发展需要确定核心业务。基于此，培训团队进一步设计教学形式、教学内容、时间分配方案、教学方法等。

课程开发主要在需求分析的基础上进行。首先，确定主题和方案，进行课程内容和教学程序设计；其次，对课程进行试点，开展试验评估工作；最后，进行课程交付，将课程投入使用。在此过程中，要注重知识库、知识管理平台等技术手段的应用。

培训实施需要严格按照培训方案和课程内容进行推进，注重培训过程的监督把控，根据实际培训情况，调整课程进度和课程内容。

在培训的开展过程中需要有一个机制来不断地收集和分析参与者的反馈。这种持续的互动让培训团队能够了解课程的实际效果、教学方法的有效性以及员工的学习体验等关键因素。根据这些建议和反馈，培训团队可以迅速调整和优化课程内容、教学方法或其他相关培训元素，确保培训始终符合员工的实际需求和组织的目标。也就是说，培训团队不仅在培训结束后评估效果，而且在培训过程中，根据员工的反馈和评价持续优化培训内容和方式。

3. 评估与辅导阶段

评估与辅导阶段包括效果评估和跟踪辅导两个环节。

效果评估主要依据柯氏四级评估模型，从反应层、学习层、行为层、成果层四个层次对培训效果进行评估。上述四个层次分别对被培训者的满意程度、被培训者的学习获得程度、被培训者的知识运用程度、培训产出的经济效益进行评估。

培训结束后，单纯的知识传授并不足以确保员工在实际工作中能成功应用。为此，后续的跟踪与辅导环节的主要目的是监测和支持员工将所学知识和技能转化为实际工作中的行为和成果。这通常涉及定期检查员工的工作表现、与直接上级进行沟通或通过一对一的辅导会议来提供个性化的建议和指导。通过这种方式，可以及时发现和解决员工在应用新知识或新技能时遇到的难题，同时也有助于强化他们所学内容的长期记忆和实际应用。同时，这种持续的支持和关注让员工感受到企业对其个人成长和成功的重视，从而提高其忠诚度和工作满意度①。

（二）数字化培训

数字化培训指的是企业采用包括云计算、大数据、人工智能和物联网在内的先进技术，对员工进行培训，其目的是使员工培训流程和内容实现数字化和个性化。以下是对数字化培训的背景和优势的详述。

1. 数字化培训的背景：传统培训具有局限性

过去，许多企业依赖传统的培训方法，例如主管领导带学、分发书籍资料和组织大型讲座。这些方法存在若干挑战：从成本方面看，线下培训需要更多的时间、场地和师资，对于相同的课程内容，可能需要反复教授；从效果上讲，密集的培训可能导致员工疲劳，难以长时间集中注意力，尤其是年轻员工，他们更重视工作中的趣味性和个性化；从监督角度看，传统的培训效果评估方法如签到、讲座笔记等并不能深入地评估员工的学习效果。

2. 数字化培训的优势

随着数字技术的发展，企业现在有更多的工具和方法来优化员工的培训体验。例如：在线培训不仅提供了时间和空间的灵活性，还可以大大减少人力和物力成本；通过人工智能技术，企业可以创建仿真的业务场景，为员工提供情景式的培训，使他们更好地理解和应用知识；大数据技术使企业能够实时跟踪员工的学习进度，评估他们的培训效果，从而确保培训的效率和质量。

随着技术的进一步发展，数字化培训将采纳更多创新的方法，如通过虚拟现实和增强现实技术为员工提供沉浸式的学习体验。此外，深度学习和机器学习也将被用来个性化每位员工的学习路径，确保他们获得最相关和最有用的知识。最后，实时的反馈和自适应学习将进一步优化员工的学习经验，确保他们在工作中能够有效地应用新知识和技能。

（三）数字化培训的类型

企业数字化培训随着数字技术的逐渐成熟，已经演化出远程化培训、智能化培训、数字情境化培训和个性化培训四种主要类型。

1. 远程化培训

远程化培训是指利用网络平台，为员工提供直播或录播的培训内容。它打破地理限制，使不同地区的员工都能同步接收知识。更进一步地，它还支持通过在线系统提交作业和完成培训考核，使得培训更为灵活，同时它也能迅速获取培训反馈，进而优化内容

---

① 华为大学人才培养与发展实践［EB/OL］.（2022－10－09）［2023－10－10］. https://www.renrendoc.com/paper/224463200.html.

与方法。

2. 智能化培训

通过将人工智能引入培训环节，智能化培训不仅渗透在教学测评中，还提供了如智能监考、智能陪练和智能推荐等多元化应用场景。随着企业数字学习的进一步深化，人工智能将通过更丰富的学习数据进行训练，为员工提供更贴近实际需求的培训体验。例如，人工智能可以模拟各种路况和意外情况，为学员提供一个真实的驾驶环境。此外，人工智能还可以分析学员的驾驶习惯，提供有针对性的反馈和建议，使培训更加有效。通过机器学习，人工智能可以从成千上万的医疗图像中识别出疾病迹象。医生可以利用这些系统进行模拟诊断，增强他们的诊断能力。

3. 数字情境化培训

一方面，企业将扩展现实（虚拟现实、增强现实和混合现实）技术引入培训环节，是对传统情境培训的进一步开发。传统情境培训主要是让员工处于特定工作场景和工作情境进行沉浸式体验，但存在时空局限大、成本投入多等问题。数字情境培训可以有效解决该问题，例如帮助培训者利用手机摄像功能扫描办公场景来提供行为指引，利用虚拟现实技术为培训者搭建虚拟的业务场景等，可以随时随地帮助培训者模拟工作情境，提供科学的解决方案，增强在具体情境中解决问题的能力。另一方面，通过数字孪生（digital twin）技术，企业可以实时地模拟、分析、优化物理对象的性能，呈现传统培训无法展示的内容。例如，在复杂的生产线和大型机械维修中，数字孪生技术能够为员工提供一个细致且高度真实的虚拟环境。员工可以在这个环境中模拟操作、诊断问题或进行维修，而不需要停机或影响实际生产。这样的培训方法不仅降低了风险，还提高了培训的效率和实用性。针对一个特定患者的心脏手术，数字孪生技术可以基于患者的医疗数据创建一个虚拟的心脏模型，医生可以在这个模型上进行模拟手术，从而提前了解可能遇到的挑战和风险。

4. 个性化培训

个性化培训主要指企业综合运用各种数字技术手段，推动培训和业务相贯通，监督员工的工作行为，发现员工的问题，制定个性化的培训方案，对培训效果进行追踪反馈等。例如，在培训与业务贯通融合的过程中，可以借助人才地图等动态定位每位员工的最近发展区，在员工现有技术和知识水平的基础上，将员工的学习与工作中已经、正在或将要发生的事情联系起来，便于员工在当前和未来的工作中将学习到的知识转化为经验和能力。在培训方案设计过程中，可以通过大数据技术，采集、整合、分析多维度的员工数据及海量内容数据，在此基础上经过训练和拟合为每位员工形成自动化的学习决策模型；也可以通过人工智能和机器学习分析学员的入场工作表现，并根据该学员的独特需求，利用课程库中的资源制作定制化课程，借此可以使培训计划和内容适应学员的需求、目标、偏好和当前的技能水平。通过个性化培训，企业可以节省课程设计的时间，为员工提供适应其理解能力和技能水平的培训方案，提升培训的效率。

二、数字化时代的培训场景

（一）应对数字化转型的培训

Cornerstone公司在一项调查中表示，我们现在正在进入第五次工业革命，在未来十年里，全球至少有 14%的劳动者需要转换职业以跟上市场的步伐[①]。在工业 4.0 时代，结合数字技术的工作形式逐渐崛起，以新的方式改变着各个行业。人工智能、物联网等数字技术的出现，使物体逐渐智慧化和高度连接化，将人类从“操控者”转变为数字技术的“合作者”甚至“依赖者”。传统制造行业不断与数字技术融合，服务业、互联网企业通过提供数字技术赋能诸多传统行业进行数字化转型，以实现降本增效。然而，在这样的背景下，越来越多的企业发现人才资源与企业需求出现不匹配的情况。企业缺乏适应数字化时代的新型人才，现有人才也出现转型难、断层的问题。

随着业务的扩张和数字化转型的推进，企业面临着巨大的人才管理挑战。为了适应数字化转型带来的市场变革，企业有两种方式来满足对新型人才的需求[②]。一种方式是招聘，另一种是培训。不过，劳动力市场上人才稀缺是常态，在短时间内招聘到目标数量的人才来满足组织需求十分困难。而且，由于企业普遍缺乏数字化人才，企业之间经常展开“抢人大战”，这在无形中造成了资源的浪费。因此，许多企业选择用第二种方式来满足对新型人才的需求，即对人才进行培训，通过组织学习提升人才、发展人才，进而打破员工任职过程中一成不变的工作现状，重塑企业的发展态势，打造高质量发展型团队，引领企业破局[③]。

为了应对数字化转型的挑战，企业需要开展有针对性的培训，以提高员工的技术水平和适应能力。首先，企业应该对现有员工进行评估，了解他们的技能水平、职业兴趣和潜力，然后根据数字化转型的需求制订个性化的培训计划。这包括提供数字技术的基础知识和应用培训，以及针对特定岗位的技能培训。此外，企业还可以与外部培训机构或专家进行合作，引入先进的培训课程和资源，提高培训的质量和效果。除了课堂式培训外，企业还可以利用数字技术发展在线学习，为员工提供更加灵活的学习方式。在线学习平台可以提供丰富的课程资源，员工可以根据自己的需求和时间安排进行自主学习。同时，企业可以通过在线学习平台对员工的学习进度和效果进行跟踪和评估，以便及时调整培训计划。此外，企业还可以通过实践项目来提高员工的实际操作能力。在实践中，员工可以将所学知识应用于实际工作，更好地理解和掌握数字技术。同时，实践项目还可以促进员工之间的交流和合作，增强团队的凝聚力和合作能力。

（二）专业性培训与工具性培训

因为不同员工所处的位置、岗位的特性以及个人情况不同，所以他们需要的培训内容也有所不同。培训的针对性越强，组织就越能有效地发展现有的人才，以弥补预期的新型人才缺口。个人职业发展和组织发展相互支持、相互促进。随着组织对新型人才的需求的变化调整，员工也会对自身的职业发展方向产生新的期待。企业应当通过一系列广泛的举措，帮助员工在职业道路上成长。借助数字技术，将培训与职业指导相结合，可以使员工轻松规划自己的职业道路。能在组织规划中看到自身未来的员工更愿意为组织尽力工作。在技能培训方面，一些企业会使用可视化的技能地图直观地为员工展示未

---

① The revolution is now：new skill your workforce to catalyze change [EB/OL]. (2020 - 09 - 08) [2023 - 10 - 10]. https://www.hci.org/system/files/2020 - 09/Cornerstone_New%20Skill-Report_v4.pdf.

② How to launch a skills-forward talent strategy [EB/OL]. [2023 - 10 - 10]. https://www.cornerstoneondemand.com/uk/resources/article/how-to-launch-a-skills-forward-talent-strategy/.

③ 参见北森《数字化人才管理，从现在到未来——2021 中国人力资源管理年度观察》。

来可能会获得的技能，以便员工更好地为自己未来的职业发展进行规划。

图 8-2 是产品经理的技能地图示例图，分初级技能、进阶技能和高级技能三组，每类技能又包括很多具体的技能。企业会据此为产品经理设置培训计划，确保每位产品经理都能根据自己的职业发展需求和企业的业务战略进行相应的技能提升。这样，企业可以确保其产品团队始终保持在行业的前沿，具备创新并满足市场需求的能力。同时，员工也更清晰地了解自己在职业发展中的方向和目标，从而更有针对性地进行自我提升，实现与企业共同成长的效果。

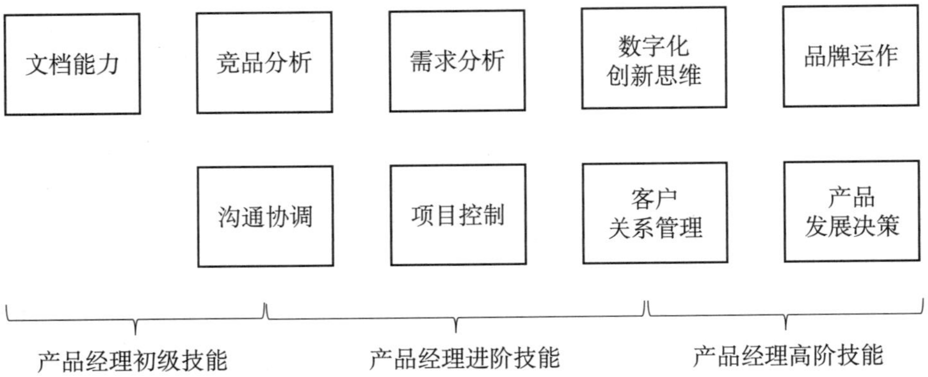

图 8-2　产品经理的技能地图示例图

因此，新时代的培训需要企业根据岗位的不同为员工提供多样化的发展路径，为每位员工提供灵活的学习路径。但是，由于资源和工具受限，很多时候这种“定制化”的培训对于企业来说比较难以实施。因此，企业不仅需要管理更多与员工个人需求相关的内容，而且需要考虑培训手段是否能够实现预期效果。企业可以结合数字技术，通过多种渠道、以多种形式进行培训。数字化培训可以打破时间、空间的方面限制，让员工能够随时随地进行学习，进而提高学习效率和培训效果。例如：将正式开发的学习材料与同伴学习、导师/教练指导等进行体验式融合，通过导师或同伴的引导进行日常化培训；允许员工自由安排学习时间，并使用虚拟现实技术、情景模拟平台等，营造沉浸式学习体验，帮助员工掌握培训内容。

根据培训内容，可以将培训分为专业性培训（管理技能、产品思维等）与工具性培训（软件使用、数据分析），并以此为依据分别进行培训流程的设计。

1. 专业性培训

专业性培训是针对性较强的培训，培训路径可能因不同岗位以及员工扮演的不同角色而存在差异。因此，业务经理的参与能够为培训组织者设计培训流程提供更多的帮助。同时，提高利益相关者的参与度可以平衡整个组织的发展需求。在针对一些层级较高的员工的培训中，高管也应该参与到培训流程控制中，对培训的目的以及培训内容优先次序进行总体的把控。针对专业性培训，需要强调情境性和实用性。目前可以较多地采用多媒体数字化培训的形式，通过视频、音频等刺激员工感官，进而创造更加深刻的学习印象，在传达知识的同时也激发员工的学习热情。

专业性培训往往旨在提升员工的“软实力”，传统的授课式培训很难对员工思维和处事方式产生深度影响①。因此可以在组织内部小范围组织培训，并强调学习的持续性，实时反馈学习评价。可以实施结果导向的情景体验培训，如小组项目模拟、情景体验培训等，通过培训者对员工长时间的影响，以及员工之间的互动和反馈，可以收到潜移默化的培训效果。例如，腾讯的“云启”培训课程通过让受训者共同合作设计游戏并参与游戏，来理解数字化时代的设计思维、产品思维；由此再引出产品场景与产品设计的课程教学实践，要求受训者分组设计数字化产品，最终使受训者能够站在用户角度去思考产品及解决方案，提升相关专业能力。

使用数字技术进行专业性培训的另一个优势在于可以在全球范围内进行，不受地域限制。此外由于专业性培训对高级培训师的需求较高，使用数字技术可以降低邀请培训师到场的时间成本，帮助企业节省培训成本。

2. 工具性培训

在工具性培训方面，要注重培训内容的趣味性和专业性。因为相较于旨在帮助员工“进阶”的专业性培训，工具性培训旨在帮助员工平稳度过新入职阶段或是转型阶段。考虑到员工工作时间的不同，可以使用数字技术助力工具性培训的实施。例如，通过人工智能帮助收集培训反馈、分析员工的培训考核数据，企业可以更好地了解员工的学习进度和学习成果，以及员工在学习过程中的困难点和需求。

为了提升员工培训的效果与参与度，越来越多的企业正创新性地将数字技术与游戏化学习相结合，创造出一种既高效又富有乐趣的培训新模式。游戏化的培训方式能让员工快速体验工作的全流程，通过轻松的游戏形式增强员工的代入感，提升培训的效率。例如，肯德基开发了一款“制作炸鸡”的虚拟现实游戏，员工需要戴上虚拟现实眼镜，来到虚拟的密闭操作间完成“密室逃脱”：在倒计时结束之前在“肯德基老爷爷”的帮助下快速地完成炸鸡制作并逃出生天②。这样的游戏设计在保留工具性培训目的的同时增添了乐趣，数字技术的融入更是提升了员工的体验感和代入感。

此外，结合终身学习的概念以及企业自身人才痛点，一些企业为员工提供了企业大学，将员工培训发展为以绩效为导向的精品课程与实践，强调让员工在学习中体会组织文化并在实践中学有所得、学有所用。华为大学就是一个非常好的例子，华为深知自己人才梯队存在年轻化、领导能力薄弱的情况，因此以实践导向为设计核心，秉承“从实践中来、到实践中去”的核心思想，让一线优秀管理者亲身讲述案例，贴近企业需求。此外，华为要求被培训者亲自带队进行管理实践，并且强调到最艰苦的一线去，在项目中摸爬滚打，进而真正达到与企业同进退③。此外，华为大学的学习平台也以一站式的自学为优势，在利用碎片化时间、提升教学弹性的同时，也能够培养员工的学习习惯，培养具有终身学习精神的人才。

---

① How to launch a skills-forward talent strategy [EB/OL]. [2023-10-10]. https://www.cornerstoneondemand.com/uk/resources/article/how-to-launch-a-skills-forward-talent-strategy/.

② 肯德基用 VR 游戏做培训，员工 10 分钟学会做炸鸡 [EB/OL]. (2017-08-25) [2023-10-10]. http://www.enet.com.cn/article/2017/0825/A20170825036033.html.

③ 华为大学人才培养与发展实践 [EB/OL]. (2022-10-09) [2023-10-10]. https://zl.hrloo.com/file/650350.

（三）基于数字技术的个性化培训

基于数字技术的个性化培训以大数据技术为基础，有助于实现管理的便捷化、定制化、精准化①。企业通过应用数字技术，可以降低工作的繁杂程度。机器学习技术的应用使得企业可以根据员工的特征及工作表现创建一种专门的算法，并依照算法提供建议。管理精准化要求定制的培训内容是精准有效的。精准化培训可以引导员工专门就不符合企业人才画像要求的方面进行学习，以实现低成本地查漏补缺。管理定制化是指组织结合员工需求和职位画像要求，为员工定制培训内容。定制化培训和淘宝等购物网站根据消费者需求推送数据的做法有异曲同工之处，本质上都是响应使用者的需求。企业可以利用大数据分析为员工定制培训和发展计划。例如，IBM 会参考以往员工的培训数据，利用数据分析算法为员工培训活动提供建议，最终培养出贴合人才画像形象的企业员工。IBM 认为，市场环境瞬息万变，企业可以利用新兴技术如人工智能等保证企业能够对市场变化做出及时响应。人工智能可以通过机器学习模仿人类的操作，批量处理非结构化信息。IBM 的人工智能培训系统可以根据受训员工的学习偏好，选择培训内容的提供方式。在学习内容的提供层面，人工智能培训系统可以同时结合人才画像对技能等方面的要求以及员工本人的学习情况，为员工推荐学习内容。

有数字技术加持的个性化培训与传统培训最大的区别在于前者可以更好地提升员工体验，主要通过以下途径实现。

1. 个性化学习路径

制订个性化的数字化技能学习计划，针对员工的职业规划、技能水平、学习习惯、兴趣爱好等因素，为每个员工设计适合的学习内容。企业可以运用数据分析技术对员工的学习习惯、学习成就以及未来职业发展需求进行分析，从而制订出适合其个人的学习计划；同时可以结合员工当前的技能水平、职业发展方向以及时间安排等因素，为每个人量身定制一条合适的学习路径。提升员工体验的关键是满足员工的需求，将个体现有的需求与个性化培训相结合，为员工提供实践知识、解决方案，在其工作中提供个性化的培训和支持，这么做可以提升员工对培训的满意度。培训期间，数据会被上传至云端，数据分析系统可以结合员工在学习过程中的表现和学习成果，实时反馈并帮助员工不断改进存在的不足，引导其加深对核心技能的理解。

2. 互动式的学习形式

采用更加生动、有趣、直观的学习形式，如在线互动课程、虚拟实验室、游戏学习等，能显著增强员工的学习兴趣和动力。传统的培训在形式上存在局限性，当需要培训的员工较多时，往往无法兼顾每位员工的需求。同时，传统的培训大部分无法实现与员工的全程互动，员工在培训期间可能会缺乏参与感。而个性化培训可以结合网络互动问答、讨论和 PPT 演示等多种形式，使学习更加具有互动性和实践性。部分企业在数字化技能培训中引入了游戏元素，让员工能够在更轻松、更有趣的氛围下学习技能，与此同时还能够激发员工的学习热情和动力。

3. 实践化学习环节

通过实际项目、模拟情境等实践化学习环节，提升员工的实际操作能力和应用能力，

---

① 李燕萍，李乐，胡翔．数字化人力资源管理：整合框架与研究展望［J］．科技进步与对策，2021，38（23）．

帮助员工将学习成果应用于实际工作中。当培训转入线上时，员工很容易缺乏应有的角色代入感，因而可以利用相关技术建立虚拟实验室或者模拟工作场景。通过模拟真实的工作场景，模拟员工的工作流程和挑战，让员工处于更真实的场景中，企业可以更好地评估员工所学的实际应用效果。同时企业可以结合网络互动问答、作业和测试等多种形式开展在线测评，实时对员工的掌握程度和能力水平进行反馈式学习评估，以检验员工学习的质量和效果。最后，企业通过学习管理系统可以实时记录员工学习的行为和进度，量化输出学习成效数据，进一步了解员工的学习情况和表现水平。通过定期开展反馈式学习评估，了解员工的学习进展，发现学习难点和问题，及时调整学习计划，提供有针对性的帮助和指导。

4. 社交媒体交流与合作

利用社交媒体平台搭建员工学习交流和合作的渠道，鼓励员工分享学习经验和心得，互相学习借鉴，以促进共同成长和提高效益。企业可以为员工提供一个内部社交平台，让员工通过讨论、交流和分享经验，学习新知识，扩展专业圈子，增强其学习体验和参与感。

从实践结果来看，面向未来的数字化技能培训在促进员工发展方面已经展现出了巨大的潜力。然而，在推进数字化的过程中，管理者仍然不能忽视对以下几个方面的把控和引导：首先，要强调核心知识与技能。在数字化时代，员工需要掌握多项技能，但在自我提升的过程中，他们可能无法确定需要掌握的关键内容。因此，在培训时，应该注重引导员工强化核心技能，促进员工对关键技能的掌握。其次，要关注行业前沿。未来数字化领域的发展速度非常快，因此培训内容应该与时俱进，关注行业前沿。通过持续更新和扩展内容，可以帮助员工保持竞争力和领先优势。再次，要提供多元化的课程。由于数字化领域的变化非常迅速，与时俱进的数字化技能培训需要提供多样的课程，采取短期课程、长期课程、线上培训和面授等多种形式，满足员工不同的学习需求。最后，要设置激励机制。在数字化技能培训中，管理者的参与较少。因此，员工在学习中可能会面临学非所用的情况，导致学习热情的削减。为了激励员工积极参与培训和学习，企业可以设置一定的引导机制，例如为工作设置技能需求说明和课程推荐内容。通过类似措施，企业可以更好地促进员工提升数字化技能，适应未来数字化领域的发展。

三、职业发展

（一）职业发展的概念

职业发展又称“职业生涯”或“职业生涯计划”，涉及个体在其整个职业生涯中的进步、增长和转变。它不仅仅涉及技能和知识的提升，还包括职位晋升、跨部门或跨领域的转移以及职业生涯规划。职业发展是一个持续的过程，涉及个体对自己职业兴趣、价值观和能力的认识，以及如何根据这些认识进行决策和行动[①]。尽管职业发展也涉及知识和技能的提升，但其与培训有一定的区别。职业发展注重的是长远的发展和规划，而培训更加注重短期的技能提升。培训通常指的是为员工提供的短期的、目的明确的教育，

① 加里·德斯勒．人力资源管理：第 14 版［M］．刘昕，译．北京：中国人民大学出版社，2017.

以提高其当前职位所需的技能或知识水平，例如新的软件工具的使用或特定的操作方法。

数字技术在人才的职业发展中发挥着至关重要的作用，具体体现在以下几个方面：首先，它使得企业能够以人才为中心来设计个性化的发展路径，这包括为各种岗位和不同级别的员工提供数字化的学习和培训资源。其次，通过数字化平台，员工可以更容易地在企业内部发现新的工作机会，这有助于延长他们在企业中的留任时间①。企业应利用数字技术分析每位员工的优劣势，确保资源合理分配，赋予员工更多的自主权，从而实现他们的最大潜力②。

（二）内部人才市场

数字化助力企业建立内部人才市场，推动企业内部人才流动，重新部署现有人才，确保顶尖人才总是先在企业内部寻找下一个机会。德勤《2019 全球人力资本趋势报告》显示，增长最快的公司比增速低的公司更可能拥有较好的人才流动机制。

1. 企业内部人才市场的特点

企业内部人才市场具有以下几个方面的特点：首先，企业内部人才市场可以实现职位空缺的可视化。与传统的招聘方式不同，企业内部的职位空缺和项目机会都会在一个数字化的平台上集中公开发布。这使得员工能够轻松搜索和申请自己感兴趣的职位。其次，企业内部人才市场可以使员工的技能与兴趣匹配。当今的企业内部人才市场平台通常都内置了先进的算法或匹配工具。这些工具可以根据员工的技能、工作经验和兴趣，为他们推荐最适合的内部工作机会。再次，企业内部人才市场可以充分发挥导师制的优势。为了支持员工的职业发展，许多企业内部人才市场都采用了导师制度。通过这一机制，新员工或那些寻求职业转变的员工可以得到资深同事的职业建议和指导。最后，企业内部人才市场极大提高了透明度。公开发布的内部职位空缺确保所有合格的员工都有机会看到、了解并申请这些机会，从而鼓励了公平竞争。

2. 企业内部人才市场促进人才流动

企业内部人才市场不仅为员工提供了寻找新机会的平台，还为企业带来了多种益处，推动了内部人才的流动：首先，这一市场为员工打开了一个广阔的机会窗口，因为所有的职位和项目都在此平台上集中展示，使员工能够根据自己的技能和兴趣轻松找到合适的长期职位或短期项目。其次，从企业的角度看，通过内部人才市场进行人才流动显著降低了招聘成本。这种流动方式利用了员工已有的对企业文化、流程的了解，使其成为更加经济和高效的选择。再次，通过提供内部发展机会，员工的归属感得到了增强，他们在企业中看到了更大的发展空间，从而提高了满意度和留存率。不仅如此，员工还可以通过在不同部门或项目中的工作机会来发展和完善自己的技能，这种多样性的经验有助于他们的职业发展。最后，这种内部流动还有助于加强组织内部的网络。员工在不同团队的合作中可以建立更广泛的人脉，进一步促进团队间的交流和协作，为企业培育更为和谐和统一的文化。

越来越多的企业开始认识到内部人才市场的价值，从而致力于通过数字化平台和技术帮助员工在组织内部发展新的能力、发现新的工作机会。“活水计划”是腾讯推出的一

---

① 参见北森《数字化人才管理，从现在到未来——2021 中国人力资源管理年度观察》。

② 参见艾瑞咨询、阿里云《企业数字化人才发展白皮书》。

项内部员工流动与成长的计划。该计划主要是为了鼓励员工的跨部门、跨业务线的流动，从而帮助员工寻找到更适合自己的发展方向和机会。腾讯“活水计划”的内部运营流程如图 8－3 所示。一方面，为提升岗位匹配度，腾讯通过线上的学习与测评系统，让员工能够更快、更准确地掌握与兴趣岗位相关的知识技能。同时人力资源管理者可以迅速全面地对应聘者进行适配度分析，有利于招聘工作的科学完成。另一方面，腾讯注重内部人才库的动态实时更新，以使供需精准匹配。腾讯“活水计划”促进了企业人才在内部的有效流动，使核心员工的职业生涯得以延长，进而盘活了内部人才。

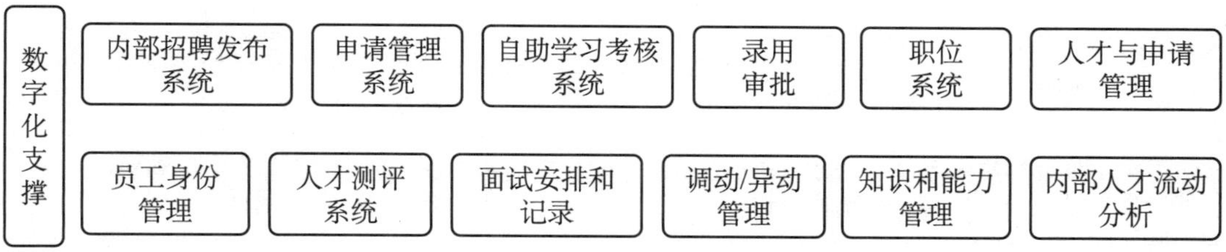

图 8－3　腾讯“活水计划”的内部运营流程

资料来源：参见北森《数字化人才管理，从现在到未来——2021 中国人力资源管理年度观察》。

3. 企业内部人才市场的实施步骤

企业内部人才市场是一个复杂且综合的体系，它的核心并不局限于发布和查看内部职位空缺。实际上，这个市场旨在促进组织内部的人才流动，为员工提供更多的职业发展机会，同时也为企业提供更为灵活和高效的人力资源配置方案。该体系涵盖了从发布机会到最终录用的整个流程，确保了招聘活动的透明、高效和公正。这一流程可以归结为九个关键步骤（见表 8－1）。这些步骤旨在确保员工的技能、经验和职业愿景都与内部的职位机会相匹配，同时也确保企业的业务需求得到满足。从部门或项目负责人识别需要填补的职位或角色开始，再到发布职位描述、收集和筛选申请、进行面试，最后确定并录用合适的人选，每一个步骤都会借助一些数字化工具或手段。这个体系不仅提供了一种策略性的方式来管理和发展人才，还强调了员工在组织内部的价值和潜力。

表 8－1　企业内部人才市场途径人才流动的步骤

步骤	关键步骤	描述	数字化工具/手段
1	机会识别	部门或项目负责人识别需要填补的职位或角色。考虑内外部招聘方式	数据分析工具（如人力分析）
2	招聘广告的制作与发布	描述职位责任、要求、预期结果。在内部平台或通信渠道上发布职位	内部招聘平台、邮件通知系统、社交网络工具
3	应聘	员工查看内部机会，提交简历或内部申请。可能需与上级沟通转职意愿	内部招聘平台、电子简历数据库、即时通信工具（如企业微信或钉钉）
4	评估与初步筛选	评估收到的申请资料，确保满足要求。进行初步的电话或视频筛选	应聘者跟踪系统（ATS）、视频面试工具

续表

步骤	关键步骤	描述	数字化工具/手段
5	面试	员工进行面试，可能包括技能测试或评估。面试团队包括上级、团队成员等	视频面试工具、在线评估和测试工具
6	评估与决策	根据面试反馈评估候选人。做出聘用决策	决策支持系统、反馈收集和分析工具
7	提供机会	向选定的员工正式提供职位。定义与沟通待遇变化	电子合同和协议工具、电子薪酬和福利平台
8	过渡期	定义过渡期。包括交接任务、与新团队的初步会议和必要培训	项目管理工具（如 Trello，Jira）、在线培训平台
9	反馈与持续评估	员工开始新角色后，进行定期的反馈和评估，确保成功融入	360 度反馈工具、员工满意度调查、在线绩效管理系统

（三）数字化时代的职业发展

员工在不同岗位之间的流动构成了不同的职业发展路径①。职业生涯规划（career planning）是指帮助一个人意识到自己的技能、兴趣、知识、动机和其他特征，获得关于各种机会和选择的信息，确定与职业相关的目标，以及制订行动计划来实现这些特定目标的正式过程②。这一规划旨在确保个人的职业发展与其自身愿望和市场需求相匹配，从而在职业生涯中获得满足感和成功。为了有效地进行职业生涯规划，需要个人进行自我评估、探索不同的职业路径、设定目标、制定策略，并持续地评估和调整其规划。

1. 优化员工的职业发展路径

在现代企业中，明确员工的职业发展路径对于提高员工的满意度、忠诚度和生产率至关重要。此过程涉及对个体的技能、兴趣和职业倾向的理解和应用，以确保他们能够最大限度地实现其潜能。

首先，企业应充分利用数字化手段来扩展任职资格体系。这种体系不仅可以帮助员工明确自己在组织中的位置，从而制定实现自身职业发展目标的策略，而且可以作为员工绩效和进度的考核依据。在这一过程中，经典的职业发展理论和方法是非常有用的。以职业发展咨询专家约翰·霍兰德（John Holland）为例，他的研究揭示了六类基本的人格类型或倾向，并认为人格特点，如价值观、动机和需求等，是决定职业选择的关键因素。对于那些具有强烈社交倾向的人来说，他们可能更适合与人交往的工作③。

其次，数字技术的兴起为企业提供了一个绝佳的机会来进一步优化职业发展路径的设计和应用。利用机器学习、数字技术和人工智能等工具，企业可以根据员工的兴趣、工作方式和经验，为他们推荐匹配的导师、学习课程、社交机会，甚至是任职资格和临时工作机会。这样，企业不仅可以帮助员工找到与其能力和兴趣相匹配的机会，还可以

① 石金涛，颜世富．培训与开发［M］．4 版．北京：中国人民大学出版社，2020.

② 加里·德斯勒．人力资源管理：第 14 版［M］．刘昕，译．北京：中国人民大学出版社，2017.

③ 石金涛，颜世富．培训与开发［M］．4 版．北京：中国人民大学出版社，2020.

鼓励员工之间分享知识和最佳实践，从而提高团队的整体效能①。例如，企业可以利用数字化平台为初级员工找到合适的导师，并为员工提供一个平台，他们可以分享经验、知识和最佳实践。此外，内部项目匹配平台可以根据员工的技能和兴趣，帮助他们找到合适的项目，从而促进跨部门的合作和员工的职业发展。

2. 数字技术在职业发展中的应用

当前，企业越来越依赖数字技术来有效地管理和发展他们的人才。其中，数字化人才发展档案的形成是这一变革的核心部分。数字化人才发展档案为企业提供了一个全面的视角，涉及员工的技能、能力、专业知识、工作风格、动力和志向等。此外，该档案还纳入了员工的兴趣爱好、长期愿景和短期目标。这样的档案不仅记录了员工当前的状态，还随着时间不断更新和完善，使得企业可以更有针对性地为员工提供发展资源。利用这些数字化工具，企业能更加明确地为每位员工配置合适的资源，从而实现人才的最优化培养。同时，管理者可以利用这些档案，更全面地洞察和理解他们的团队，确保每位员工的职业发展与团队和企业的目标紧密相连。

个人发展计划工具更进一步地为员工提供了制定和追踪职业目标的途径。这种工具的核心是帮助员工进行自我反思和识别个人成长的潜在领域。员工可以通过多种方式使用这些工具，如自我评估和 360 度评价。特别是，360 度评价从多个角度收集反馈，如同事、上级、下属和客户，能为员工提供一个全面的技能和表现评估。识别出的技能差距可以使员工更有针对性地制定自己的学习和发展计划。

此外，在线个人发展计划（individual development plan，IDP）和绩效改进计划（performance improvement plan，PIP）等在线工具不仅使员工和管理层能够实时跟踪发展情况和员工绩效，还可为企业收集大量的数据。IDP 是一个数字平台，允许员工在线制定、调整和追踪自己的发展目标和计划。这种在线系统使员工和管理层都能实时查看进度，从而确保目标得到实现。PIP 与 IDP 相似，但更侧重于帮助那些在某些领域中表现不佳的员工。PIP 明确指出需要改进的地方，为员工提供具体的步骤和资源来提高其绩效。二者不仅提供了一个跟踪员工发展情况和绩效的平台，而且这些过程中收集的数据也为数字化人才发展档案提供了宝贵的补充，进一步优化了人才培养策略。

3. 数字化全职业生涯能力提升

当前，全职业生涯能力提升已成为一种核心理念，它超越了短期的培训和发展计划，意味着从员工入职的第一天开始，直到他们职业生涯的最后一刻，其所在的组织都在持续地投资于他们的学习和成长。这就要求我们在探讨能力提升时，必须从一个更广阔的视角出发，考虑员工在其整个职业生涯中可能遇到的各种挑战和机会。

在这种条件下，能力的定义变得更为重要。企业真正注重的不仅是员工目前所具备的技能，还包括他们未来具有的能力。例如，当我们提及“项目管理”这个术语时，它似乎是一个简单的能力标签。但深入探索，我们会发现，要成功地管理一个项目，员工实际上需要整合和运用多种技能，如时间管理、团队合作、风险评估和沟通技巧等。这种综合性的认识使得关于能力的定义和培训变得更为丰富和多元。与此同时，为了确保员工的发展与组织的未来目标一致，我们必须重新思考如何将能力需求与职业发展路径

---

① 参见思爱普《DHR 星球进化论：重塑人才与组织发展的技术和体验》。

相结合。这意味着企业不仅要为员工提供当前所需的技能培训，还要为他们的未来职业发展做好规划。当员工可以明确地看到他们的职业目标，并了解如何通过学习和发展来实现这一目标时，他们往往会更有动力，以更大的热情投身于个人和企业的发展。

贝辛在《人力资源科技 2021：权威指南》中提到的能力学院模式，正是这种思维的体现[①]。传统的企业培训中心往往强调标准化的课程和内容，而能力学院则为企业提供了一个独特的学习模式，它认为每家企业和每位员工都有自己的独特需求。能力学院将不断提升员工达成业务目标所需的能力。因此，学习内容应该由内部的业务专家与外部的讲师共同设计、搭建，并根据需要不断地优化。这种灵活和个性化的方法确保学习不仅与企业的当前战略和业务需求相一致，而且可以随着时间的推移持续地适应和演进，以支持员工实现全职业生涯能力提升。

第 2 节　人才盘点与晋升体系

一、人才盘点

（一）人才盘点概述

1. 人才盘点的概念

人才盘点（talent review）是企业用以对自身人力资源状况进行评估的一种管理工具。企业在自身的扩张过程中开始意识到仅凭直觉和传统方法来管理人才是远远不够的。因此，人才盘点起初作为一种系统化的方法应运而生，旨在通过对员工技能、经验、潜力和表现的评估，为企业提供一个更加客观和全面的人才资源概览。

2. 人才盘点的外部动因

企业进行人才盘点，主要是出于外部变化和内部需要两个方面的考虑。外部环境的变化对企业人才管理提出了新的要求。首先，党的二十大报告明确指出，必须坚持科技是第一生产力、人才是第一资源、创新是第一动力，深入实施科教兴国战略、人才强国战略、创新驱动发展战略，开辟发展新领域新赛道，不断塑造发展新动能新优势。这要求企业紧紧围绕国家战略要求，积极进行人才的培养和开发。其次，随着经济增长方式变化、行业增速放缓以及竞争逐步加剧，企业如何提升自己在品牌、运营效率、管理能力等方面的综合竞争力成为核心关注点。而这些竞争的本质是人才的竞争。最后，在数字化转型、平台化与生态化、大数据与人工智能广泛应用的背景下，市场上新型人才紧缺，倒逼企业重视内部人才培养，对内做好人才的全面升级。这对企业的人才管理成熟度、人才储备质量提出了新的要求。为了适应新的变化，对现有人才资源进行盘点以明确其技能和知识结构变得至关重要。这既能帮助企业有针对性地进行内部培训，促进人才的全面升级，也能确保企业与时俱进，满足市场的新要求。此外，外部环境对企业人才管理提出了前所未有的要求，企业不仅要看重人才的储备质量，还需要对人才管理策略进行细致打磨。深入的人才盘点使企业能够更为准确地把握人才的能力、潜力和需求，进而制定出

---

① BERSIN J. HR technology 2021：the definitive guide［EB/OL］．［2023－08－23］．https://joshbersin.com/wp-content/uploads/2021/04/HR_TechMarket_2021_v7.pdf.

更加合适的管理策略，增强企业的竞争力，更好地应对外部环境的变化。

3. 人才盘点的内部动因

从内部管理角度来看，随着企业的发展和规模的扩大，企业所雇用的员工数量会不断上升，辨识与管理人才的难度也会随之增大。在这种情况下，人才盘点可以帮助企业把握内部人才的实际情况，为企业战略的推进提供有力的人力支撑。人才盘点的任务是对企业内部的每一名员工进行全面的评价。这包括员工的技能、知识、经验以及与企业文化的契合程度等各个方面。这样的盘点可以帮助企业明确人才的优势，了解其待发展领域，为员工规划合适的职业发展路径，并评估职业空缺风险。此外，通过人才盘点，企业可以更加准确地掌握现有人才的数量、质量和结构。这不仅能够为企业提供一份详尽的“人才账本”，而且可以将员工的能力和表现透明化、数据化和结构化。这种透明的、数据驱动的方式，不仅可以增强员工的自我认知，帮助他们明确自己的优势和待发展领域，同时也可以为企业管理层提供制定战略决策的重要依据。人才盘点也可被视为一个对内部人才的综合审查会议。在这个过程中，管理者通过考量多方数据（如员工的履历、工作经验、绩效表现、胜任情况以及多方面的评价等）来进行讨论和决策。这种深度的讨论和沟通，有助于管理团队对关键岗位上的关键人才进行更为明确的任用评价，并为其制定更为合适的管理建议和发展路径。

总的来说，人才盘点是企业对其人力资源进行精确管理的重要手段，它可以帮助企业对其关键岗位的人才进行系统的评估和匹配，从而制定更为明确和有针对性的晋升、淘汰、发展和激励策略。它不仅可以确保企业在关键时刻拥有合适的人才供给，更重要的是可以帮助企业更为有效地实现长远的战略目标。

（二）人才盘点与企业生命周期

根据企业生命周期理论，从创立到发展，再到稳定，甚至衰退，企业会经历不同的阶段，每个阶段对人才的需求和管理方式也会有所不同。这意味着，企业所处的生命周期阶段对其人才管理策略有着重要影响，而其中的一个关键环节便是人才盘点。从表 8-2 可以看出，虽然初创企业可能不需要进行人才盘点，但随着企业的成长和转型，人才盘点逐渐显示出其重要性。特别是在企业需要应对快速增长、管理效率低下和战略转型等挑战时，人才盘点就成为关键的人才管理工具。

表 8-2　企业内部人才市场途径人才流动的步骤

企业生命周期阶段	生命周期特点	人才管理的特点	人才盘点的适应性
孕育期和婴儿期	处于建立市场地位的阶段，此时面临的最大问题是生存	没有明确的人才标准，员工结构相对简单，企业文化和价值观正在形成	很少进行人才盘点，因为企业尚处于建立阶段，人才管理制度和企业文化等尚未稳定
青春期	业务快速扩张，组织结构经历裂变	快速补充一线作战单元，从内部提拔“业务能手”，通过培训使他们成为基层管理者，保证内部文化不被稀释	适合人才盘点。践行“小步快跑”的策略：人才部门通过人才盘点定位高潜人才，倾斜资源，使用关键人才以快速获得业务产出，并在此过程中做动态调整

续表

企业生命周期阶段	生命周期特点	人才管理的特点	人才盘点的适应性
盛年期和稳定期	企业进入稳定增长阶段，从“向规模要效益”逐渐转向“向管理要效益”	之前快速提拔的管理者可能暴露出管理能力不足的问题，责权定位可能不明确，可能导致编制冗余，业务优化需要人员结构持续调整	适合人才盘点。需要明确管理层级和重点岗位的用人标准，优化人员结构，搭建人才梯队，有效地激活和留住关键人才
贵族期和官僚期	业务需要转型和升级，需要变革以适应新的商业环境	需要能够自上而下推动变革的领导者，同时也需要能够实施变革的高效执行者，领导者需要重塑和优化组织结构与企业文化	适合人才盘点。可以帮助定位能够推动变革的关键人才，并推动变革文化在组织中的宣导和穿透，以此来支持企业应对在业务转型和升级中面临的挑战

资料来源：参见北森人才管理研究院《2020 中国企业人才盘点白皮书——聚焦中型企业盘点实践》。

（三）人才盘点的实施

1. 人才盘点流程

人才盘点的实施流程可以归结为以下八个环节：

（1）确定盘点目标。在人才盘点的初始阶段，最首要的是明确人才盘点的目标、范围和预期结果。企业需要理解盘点目标的长远意义并回答如何与整体战略对齐这一问题。这可能涉及确定企业中的关键岗位、预测未来的人才需求，或是找出具有领导潜力的员工。此环节的成功实施，决定着整个人才盘点项目的方向。

（2）数据收集。数据是人才盘点的基石。首先，要收集员工的基本信息，包括但不限于工作经历、教育背景、技能和证书等。其次，为了更全面地理解员工的实际工作能力和贡献，还需要收集关于他们的工作表现数据，如绩效评价结果、项目完成情况以及奖励和纪律记录。最后，可能还包括员工的工作态度、价值观、人格匹配等方面的软性因素。此环节的准确性直接影响到后续的评价和分析的质量。

（3）选择评价方法。评价方法是决定如何对员工进行评价的关键。根据前两个环节确定的目标和数据，组织需要选择最适合的评价工具。例如，面试可以深入了解员工的经验和见解，而 360 度反馈可以为员工提供一个全面的工作表现评价，涵盖同事、上级和下属的反馈。

（4）实施人才评价。此环节关键在于如何有效地应用所选择的评价方法。企业应确保评价的一致性和公正性，避免偏见。例如，进行一对一的面谈，不仅可以了解员工的技能和成就，还可以深入了解他们的职业规划、期望和关切。此环节要求人力资源团队具备较高水平的交流和评价技巧。

（5）数据分析。有了数据，接下来就是对这些数据进行深入、系统的分析。首先，找出员工的优点和不足，这有助于为员工提供个性化的培训和发展机会。然后，识别那些关键的、高潜力的员工，为他们制订培养计划或继任计划，确保组织未来的领导连续性和稳定性。

（6）制定人才策略。在对数据进行分析后，基于所得到的分析结果，组织需要制定有针对性的人才策略。这可能包括加强招聘以填补人才空缺、提供培训和发展机会、晋升有潜力的员工，或是为优秀表现者提供奖励和激励。

（7）实施人才计划。有了明确的人才策略，接下来的挑战是如何将这些策略付诸实践。这意味着组织可能需要改进招聘流程，加强培训项目，或是建立更加有效的激励机制。此环节的实施效果的好坏直接决定企业人才策略的成功与否。

（8）定期评价与优化。人才盘点并不是一次性的项目，而是一个持续的过程。企业需要在实施人才策略后，定期对其效果进行评价。如果某些策略或实践未能达到预期效果，那么就需要及时调整和优化。这样，企业才能保证其人才管理始终与业务目标保持一致，持续推动企业向前发展。

人才盘点不仅是对员工能力和潜力的评价，更是对组织未来发展方向的明确和对现有资源的最大化利用。通过这一结构化、系统化的流程，企业可以更好地理解和应对其人才需求，为未来的挑战做好准备，并持续推动业务增长和创新。

2. 阿里巴巴的人才盘点

作为全球知名的互联网企业，阿里巴巴一直致力于发掘和培养优秀人才，以支持其持续发展和创新。人才盘点是阿里巴巴人力资源管理的重要环节之一，每年的 2—5 月定期开展这项工作。通过人才盘点，阿里巴巴能够了解内部人才的储备情况，制定有针对性的人力资源策略，从而更好地支持业务的发展。

阿里巴巴人才盘点的内容涉及企业、团队和个人三个层面，包括业务布局、整体结构、关键人才发展、人才梯队、管理动作、人才潜力等方面。阿里巴巴的人才盘点工作遵循四个流程：人才盘点、人才分析、人才策略和人才发展。这项工作由各级主管和人力资源业务伙伴负责，形成对所属部门的盘点表和人才地图。

在人才盘点的过程中，除了发现和提拔明星员工、淘汰绩效不佳员工，阿里巴巴特别关注那些在企业服务多年但没有晋升潜力的员工。这部分人的数量会随着企业的发展而逐渐增多，如果不加以处理，就会对企业的新人产生负面影响，甚至会占用原本属于更有潜力员工的晋升机会。因此，阿里巴巴在人才盘点后，会有针对性地采取措施，优化对这部分员工的管理。

总的来说，阿里巴巴的人才盘点是一项全面、立体的工作，通过对企业内部人才的深入了解和分析，制定出符合实际情况的人才策略，以支持企业的业务发展。同时，通过对不同类型员工的关注和管理，阿里巴巴能够更好地激发员工的潜力，提高企业的整体竞争力。

（四）数字技术助力人才盘点

数字技术的采用也带来了人才盘点的革新。未引入数字技术时，企业经营过程中对员工的评价主要通过上级评分、晋升考试等开展，能够考察的方面和范围都十分有限。在对人才的识别方面，主要是依靠管理人员的主观经验进行判断。同时，对人才需求的响应和对人才的培养也无法达到面面俱到，只能用同一套模式培养有不同需求、不同类型的人才。数字技术使得考核得以升级为“盘点”，可以说人才盘点的出现与数字技术的发展和引入有着密切的关系。数字技术提升了盘点工作的效率、准确性和全面性。具体来说，数字技术的引入和应用可以从以下几个方面助力人才盘点。

1. 自动化的数据收集

传统的人才盘点方法常常依赖烦琐的手工作业，这种方式很容易导致数据遗失、错误或冗余。在一个竞争激烈的业务环境中，这种低效率的方式可能会导致重要的决策失误。人力资源信息系统（human resource information system，HRIS）等数字工具可以自动地、持续地更新员工信息。它们还能整合各种来源的数据，包括绩效管理、学习管理和人才管理系统，确保数据的完整性和一致性。更重要的是，这样的系统能够实时提供必要的数据，从而支持快速决策。

2. 高级数据分析

在过去，人才盘点的分析往往基于简单的统计，这可能无法捕捉到员工潜在的价值或风险。现代的人工智能和机器学习技术能够对大数据集进行深入的分析，识别出员工的潜在能力、职业发展路径和可能的离职风险。这不仅可以帮助人力资源专家更精准地识别关键人才，还可以提前预测和应对潜在的人才流失。

3. 数据驱动的决策制定

在传统环境下，许多人力资源决策基于直觉或经验，这可能导致偏见或过度依赖某些变量。数字化工具可提供大量实时数据和历史数据，使得决策过程更加客观和系统化。例如，通过对过去的晋升历程进行数据分析，企业可以更精准地确定哪些员工培训项目最有可能成功。同样，对于激励策略，可以根据员工的反馈和绩效数据来定制和优化。

4. 更好的员工体验

传统的人才盘点方法可能导致员工感到被动、不受控制，这可能影响他们的参与度和满意度。数字技术可提供互动性强和用户友好的界面，使员工能够更方便地参与人才盘点过程[①]。例如，员工可以使用移动应用在任何时间、任何地点完成评价，查看其职业发展建议，并与其上级或人力资源专家进行实时互动。这有利于提高员工的参与度和人才盘点的有效性和准确性。

二、晋升体系

（一）晋升的概念

晋升是企业将员工提升到承担更大责任的职位上的行为。它不仅涉及职位的提升，还可能伴随着薪酬、福利的增长和权力的扩大，同时也可能意味着更大的责任和工作压力。企业的目标往往是将其优秀的员工晋升至更高的职级，这代表了对员工的认同和信任。然而，不公平或不合理的晋升决策可能会降低员工的满意度，导致工作场所的冲突，甚至增强员工的离职倾向[②]。

为确保晋升决策的公正性和透明性，企业在做出决策前应该深入考虑以下几个关键问题：

（1）我们期望员工晋升到什么样的职位上？

---

① LEWIS R E，HECKMAN R J. Talent management：a critical review [J]. Human resource management review，2006，16 (2).

② 加里·德斯勒．人力资源管理：第 14 版［M］．刘昕，译．北京：中国人民大学出版社，2017.

（2）晋升的主要依据是什么？是基于绩效、资历、知识技能、领导能力，还是其他如员工的潜力和忠诚度？

（3）我们如何客观地衡量和评估员工满足晋升标准的程度？

（4）关于我们的晋升流程是否已经形成了正式且公正的制度和程序？

此外，晋升的方式也是一个重要的考量因素。一般来说，晋升可以分为垂直晋升和水平晋升。垂直晋升通常是指员工从现有的职位晋升到一个级别更高的职位，通常伴随着更多的责任和管理任务。但是，并不是所有的员工都有意向或能力担任管理职位。对于这些员工而言，水平晋升可能是一个更好的选择。这意味着员工在同一级别上，但在更关键或更具挑战性的部门或职位上获得了新的职责。为了满足这部分员工的职业发展需求，企业可以考虑提高其经济报酬、增加头衔或将其调动至企业的核心部门。

（二）晋升评价标准

在数字化时代，晋升体系的构成变得更为丰富和复杂。尽管许多企业已经开始关注数字化转型，但在“人”的要素方面仍存在盲区。事实上，数字化时代的晋升决策需要考虑的内容更多。晋升的评价标准除了包括传统的绩效和资历等因素外，还包括更多与战略息息相关的技能，这其中“软技能”的地位不断攀升。但是目前企业关于人才的晋升标准的定义的清晰度仍未有明显提高，只有 12.3%的企业对人才晋升有清晰评价标准，这一比例在数字化转型的背景下亟待提高，人才晋升评价标准需要更多的关注①。目前，对人才的晋升评价往往从以下几个方面进行②。

1. 工作绩效

员工的工作绩效是评价其能否晋升的首要依据。这不仅要考核员工是否完成了他们的工作任务，还要看他们完成任务的质量和效率。高绩效的员工通常会主动承担额外的责任，持续超越期望，并且在困难和压力下也能保持高水平的表现。具体来说，我们可以从以下几个方面评价员工的工作绩效：（1）任务达成率，即员工完成工作任务的百分比。这是一个重要的指标，因为它直接反映员工在实现组织目标方面的贡献。（2）质量标准，即员工完成的工作是否达到或超过公司的质量标准。这是一个关键的评价因素，因为它体现了员工对组织质量的重视程度和关注度。（3）创新与解决问题，即员工是否能够提出新的方法或解决方案来提高效率或解决问题。这是一种重要的能力，因为晋升通常需要员工具备解决更复杂和更具挑战性问题的方法和能力。（4）反馈与自我改进，即员工是否能够根据反馈进行自我改进。这是一个关键的品质，因为晋升通常需要员工具备自我反思和不断改进的能力。

2. 知识技能水平

知识技能水平是另外一个重要的评价维度。在评价员工的知识和技能时，我们不仅要看他们所拥有的知识体量，更要关注他们如何将这些知识和技能实际运用到工作中，来达成工作目标和推进项目落地。首先，我们要确保员工真正精通其专业领域的核心知识，因为只有深厚的专业知识才能确保员工在日常工作中的决策和行动是准确和高效的。其次，仅仅掌握知识是不够的，员工还需要展现出能够灵活运用所学技能解决实际工作

---

① 参见北森《数字化人才管理，从现在到未来——2021 中国人力资源管理年度观察》。

② 参见艾瑞咨询《2022 年中国人力资源数字化研究报告》。

中遇到的问题的能力。再次，一个希望晋升的员工，应该持续地对新知识和技能保持学习的欲望，并能够迅速将所学融入日常工作中，展现出他的学习和适应能力。最后，真正优秀的员工不仅应拥有出众的个人能力，还应善于将自己的知识和技能分享给团队成员，帮助提高整个团队的技能水平。这也是考虑他们晋升的重要因素。这样的员工不仅自身知识和技能水平高，而且能对团队和企业的整体发展做出积极的贡献。

数字技术对工作方式的冲击使得员工的数字素养变得更加重要。置身于数字化的工作环境中，就算是不直接使用数字技术工作的员工，也需要在当前的业务场景下具备理解数字技术、使用数字化工具的能力。比如，管理人员要掌握基础的数据分析能力并具备使用企业的数字化系统的能力，此外还要具备基础的数据安全知识。具备良好的数字素养能够使员工更好地适应数字化转型，更容易掌握和应用数字化工具。此外，数字技术对于企业数字化人才晋升也同样重要①。数字化人才是企业数字化转型的直接参与者。数字化人才会参与企业数字化架构、应用的开发和运维，开发人员的数字技术掌握程度决定了企业数字化转型的成败，因此晋升开发人员需要重点考察数字技术的水平。

3. 能力和潜力

决定员工晋升与否的不仅仅是他们工作表现的好坏，更重要的是他们是否具备应对未来更大挑战的能力和成长的潜力。首先，学习能力是一个基本的指标，它反映了员工在面临新的挑战和任务时，其适应新情境的速度，这是评价一个员工能否够跟上企业发展步伐、持续为企业创造价值的关键指标。其次，一个有潜力的员工在面对复杂问题时，不仅能找到有效的方法，而且常常能提出创新的解决方案，这种问题解决能力在当今快速变化的商业环境中尤为重要。再次，对于担任高级职位的员工来说，领导力是不可或缺的。这意味着员工不仅要在自己的岗位上表现出色，还要展现出管理团队或项目的领导力和管理技巧。其中，数字化领导力是近年探讨较多的方面。数字化领导力是指在数字化转型背景下管理者所需要具备的能力，它是做晋升决策时应该关注的关键能力。在数字化时代，管理者需要经常使用数字化工具来协助解决业务问题。在领导数字技术人员的场景下，管理者还需要基本掌握下属使用的数字技术，以降低沟通成本等。最后，前瞻性是一个很好的衡量员工是否具有远见的标准。能够预见未来的发展和趋势并据此制定策略的员工，往往能够更好地为公司的长远发展做出贡献。

4. 团队合作

任何一名员工，无论其个人能力多么出众，如果不能很好地与团队或其他部门同事协同工作，那么其对企业的整体贡献都将会大打折扣。首先，沟通能力是衡量团队合作能力的基本因素。员工是否能够清晰、及时地与团队或其他部门同事交流信息、想法，直接影响到工作的效率和结果。一个能够有效沟通的员工，通常能够更快地推进项目进度并避免不必要的误解。其次，协作态度也是考量的重要方面。员工在参与团队工作时，是否展现出积极的态度和真正的合作精神，对团队的整体氛围和效率有着深远的影响。再次，能够建立并维持与团队或其他部门同事的良好关系，是每一位希望晋升的员工必须具备的能力。这样的关系能够帮助员工更好地完成任务、获得支持，并为企业创造更多的价值。最后，冲突在团队合作中是不可避免的，而员工在面对这些冲突时采取的解

---

① 参见北森《2022年人才盘点特辑》。

决方法及其效果，很好地体现了他的团队合作能力和为企业创造和谐工作环境的意愿。

5. 公司价值观和文化适应性

决定晋升与否的最后一个重要评估维度是看员工能否与企业的核心价值观和文化深度融合。员工是否真正理解、接受并展现出与企业核心价值观相符的行为是重要的评判标准。这意味着员工不但要在言语上认同企业的价值观，而且要在实际行动中表现出来。除此之外，员工参与企业文化活动的积极性也是一个衡量标准。比如，他们是否热衷于参与企业的聚会、培训和其他的文化活动，这些都直接展现了员工对企业文化的认同和接受程度。更进一步地，一个理想的晋升候选人不仅要能够融入企业文化，还应该是企业文化的积极传播者和倡导者。这样的员工不仅能够为团队带来正能量，还能够帮助团队成员更好地理解和实践企业文化。最后，员工在日常工作和决策中，能否确保其行为与企业的价值观保持一致，是评价其是否适合晋升的关键。这确保了企业的核心价值观并非仅仅是一句口号，而是真正渗透到每一个决策和行动中，确保企业的稳健和持续发展。综上所述，企业价值观和文化适应性不仅是评判员工晋升与否的重要标准，更是企业长远发展的关键所在。

当然，决定晋升的因素不限于上述内容。例如，虽然资历的重要性相较于过去有所下降，但在某些传统企业中，员工在企业的服务年数和他们的忠诚度仍然被视为晋升的一个影响因素。此外，上面仅探讨了一些通用的标准，晋升决策有时也可能基于企业的战略需求，例如某个部门需要特定的知识或经验。不同的企业可能会根据其特定的业务需求和文化来调整这些标准。最佳的做法是确保晋升决策是基于客观、透明和公正的标准，并且与企业的长期目标和战略相一致。

（三）数字技术辅助晋升评价

1. 人工智能测评赋能个性化晋升

传统的晋升体系往往忽视员工的能力和相关特征，因此，不少员工晋升过后陷入“彼得陷阱”：被提拔的人员不能适应该岗位，导致自身压力上升，同时也影响下属对领导和企业的认同。目前一些企业在传统晋升路径的基础上，参照基于技能的薪酬体系，将晋升评价与员工拥有的相关技能、能力及知识的广度和深度相关联。员工的晋升以及薪酬的提升不再只看绩效与职位说明，还要考量员工的技能深度等因素①。例如，一名专家级工程师在工程师的技能序列中掌握了比较有深度的技能，比如独一无二的创造力、极强的开发能力，那么这名工程师就应当获得晋升。相较于进入管理层，“高级顾问工程师”这样的晋升发展路径更适合技能深度高的优秀员工。因此，需要构建以个人能力特征评价为核心的职级体系，形成管理、市场、技术三类职级序列。这样的晋升通道可为员工提供最适合自己的职业发展通道，回应不同类型人员的发展诉求，也能突显企业对员工个性化发展的尊重，为不同类型的人才做出清晰的发展规划与指引。

借助人工智能测评，企业可以更精准地评价员工的能力和相关特征。例如，通过询问性格相关的问题以明确员工最适合的晋升方向，如外倾性人格更适合从事市场营销领域的工作，成熟稳重的人更适合深耕技术。此外，还有一些游戏化的测评可以得出员工

---

① 如何构建数字化人才激励发展与薪酬考核机制？以某数智公司为例［EB/OL］.（2023-03-12）［2023-10-10］. https://m.163.com/dy/article/HVLPB1QV0519CUGP.html.

最真实的心理状态，例如毕马威的“毕胜牌局”等，让员工在游戏中解决问题，侧面反映员工的合作能力和性格特征。事实上，多家大型企业，如德瑞和腾讯等，已经将性格测评与能力测评列入关于晋升的重要决策体系中。当晋升答辩与测评结果不一致时，企业会延长时间来收集补充信息和考察，最终做出更加科学合理的判断。

当然，我们也应意识到人工智能测评并不是万能的，它不能完全代替晋升答辩、面试等。目前一些员工会采取一些伪装行为，通过对人工智能测评算法的解析，故意回答出符合测评需求的答案以通过测评。这样的伪装行为也是企业需要了解并采取相应对策的。例如，企业可以通过重复题项、反知觉测评等方法识别和淘汰背答案的员工，或是在性格测评后再对员工进行面试访谈。

2. 机器学习助力发掘高潜员工

随着机器学习技术的进步，企业能够对大量的员工行为和绩效数据进行深入分析，从而更精确地评价员工的潜力和能力。例如，通过机器学习算法，企业可以预测哪些员工在未来更有可能展现出卓越的领导能力或专业技能。一些企业甚至已经开始利用这些算法来指导制定其人才发展和晋升策略。例如，通过分析员工的日常工作记录、与同事的互动、项目完成情况和其他相关数据，企业可以得出关于员工潜在能力的深刻见解。当这些数据与员工的自我评价和上级评价相结合时，企业将获得一个全面且有深度的员工评价体系。

然而，同样需要注意的是，过度依赖算法可能会导致某些宝贵的人性化因素被忽视。尽管算法可以提供有价值的见解，但面对面的交流仍然是评价员工综合能力的关键方式。因此，将传统评价方法和现代数字技术相结合是确保晋升评价公正性和准确性的最佳方法。

3. 多元大数据给予员工客观评价

在竞争激烈、技术迅速演进的今天，员工晋升路径不应成为无意义的官僚化竞赛。为了获得晋升，有些员工可能会过度包装自己的经历。针对这一现象，腾讯在晋升体系中扩大了用人部门、直接上级的话语权，让更了解员工工作的人参与评审。同时，腾讯打破了论资排辈的常规，员工在晋升后也需要经过综合表现考核才能够享受晋升后的待遇。腾讯还提高了创造力、沟通能力的价值占比，以成果为评价标准，创造了一个更加彰显长期主义的人才管理体系①。此外，数字化工具的应用也为晋升评价的公正、科学提供了更多助力。例如，阿里巴巴使用内部应用“阿里大脑”记录员工在过往的一年中，与哪些业务部门联系最为紧密参与了哪些项目的协作、解决了哪些问题，以及如何完成产出。这些信息都被阿里大脑以大数据形式被记录下来，并形成点线图，进而做出数据分析，让员工的功劳不会被忽视，也能够避免夸夸其谈者过度包装自己，从而使晋升决策有据可依，更加公正、科学②。

---

① 详解腾讯人才评估体系调整：为了反内卷，鹅厂下狠手［EB/OL］.（2022－06－10）［2023－10－10］. https://business.sohu.com/a/555814124_120725920.

② 阿里巴巴叶军重磅分享：为什么数字化是CEO的第一战略？｜创思享［EB/OL］.（2022－11－08）［2023－10－10］. https://baijiahao.baidu.com/s?id=1748893813048487459&wfr=spider&for=pc.

第 3 节　人才地图与人才梯队建设

一、数字化人才地图

（一）人才地图的概念

人才地图是以关键人才信息数据为基础，通过整合和分析员工绩效、人员流动、职业发展、环境情报、企业舆论情报、竞争对手情报、行业情报等内外部数据，建立人才标签、人才梯队、继任者计划等，从而绘制而成的“地图”。人才地图是一种数据驱动的方法，用于帮助组织更好地了解其人才资源。它不仅可以展示人才的位置和分布，还可以提供更深入的分析和洞察，例如员工的技能、绩效、流动性和发展需求，以及员工最适合的关键角色或未来的领导职位等①。

人才地图是数字化时代企业人才管理的重要内容，是企业激活和承载核心人才和高潜人才的业务流程，也是面向未来的工作储备资源。通过人才地图，企业可以明确内部关键人才的发展现状、储备状况和需求状况等，了解外部行业人才市场特点、竞争对手人才储备状况、潜在的关键人才来源等，为员工的盘点与发展提供科学依据，从而建立起有效的人才发展机制。

（二）人才地图的分类

人才地图分为内部人才地图和外部人才地图。这两类地图的信息来源和绘制目的存在差异，二者共同构成了企业的全景人才地图，服务于企业的人才管理。

1. 内部人才地图——对内盘点，明确发展脉络

内部人才地图是指能够帮助企业明确关键人才发展的现状，了解关键人才的整体优势、弱势的战略地图。内部人才地图的目的是方便企业构建人才发展体系，为确定内部人才的发展路径提供标准及依据②。

内部人才地图的绘制是基于数字化人才盘点展开的。通过进行人才盘点工作，企业对内部人才的优势、待发展领域、职业发展的可能路径、职业空缺风险以及现在和未来的继任者进行整理与分析，能够明确企业内部关键岗位的员工储备、供需状况、发展路径等关键信息③。基于相关信息，管理者可以明确企业人岗匹配状况、员工晋升路径和未来岗位需求。进一步地，管理者可以完善内部员工的晋升和培训路径，在人才招聘、管理、保留等方面做出正确且具有前瞻性的决策。

2. 外部人才地图——对外洞察，发现专业人才

外部人才地图通过调查行业的发展前景和竞争对手的人才储备，系统了解、绘制、

---

① 如何从运营的角度提升组织招聘的能力：人才 Mapping、人才库运营、人才活水［EB/OL］．（2023－02－27）［2023－10－10］．https：//www. beisen. com/special/78. html.

② 最高的招聘境界：猎头公司内幕——HR 人手一张人才地图［EB/OL］．（2023－03－13）［2023－10－10］．https://mp. weixin. qq. com/s/tW2Vf52ivRPsywUgAfPwCA.

③ 2020 中国企业人才盘点白皮书［EB/OL］．（2022－12－27）［2023－10－10］．https://www. beisen. com/special/57. html.

掌握外部关键人才的区域分布。外部人才地图的目的主要有两点：一是为人才引进提供人才库资源；二是为人才的发展方向提供外部依据。

外部人才地图可以有效解决当前企业招聘环节和人才市场的冲突，包括企业急需关键人才和人才市场流动性极强的冲突，以及企业缺少前瞻性人才布局和行业发展需要人才升级的冲突。企业通过系统了解并掌握外部人才市场的关键信息，绘制对标行业、企业的人才地图，可以明确所处的行业对人才的要求，对标竞争企业的人才布局。基于此，企业可以完善员工发展路径，前瞻性地发现和积累高水平的专业人才。

（三）人才地图的绘制流程

企业的全景人才地图的绘制要从企业战略出发，综合内外部人才地图来进行，具体分为以下几个步骤。

1. 立足战略和组织能力，定义企业关键人才

人才地图对标的是企业关键人才，而关键人才与企业的发展方向和战略定位密不可分。因此需要结合企业的战略布局，建设符合企业战略目标的组织能力，通过人才管理体系，使人才不断涌现，满足企业未来发展的需求。具体而言，企业要明确中长期战略目标，搭建匹配的组织架构，人力资源部门需要基于战略目标和组织架构设计工作岗位和分配岗位职责。在此过程中，人力资源部门需要对战略规划进行细分，分析提取实现战略规划所需的关键组织能力，按照关键组织能力的要求确定关键岗位。

2. 绘制内外部人才地图，获得人才发展数据

内外部人才地图的绘制可为制定人才发展规划提供数据支撑。在绘制内部人才地图的过程中，需要从以下两点开展人才盘点：一是考虑现有岗位和现有人员的匹配情况，完成岗位评估；二是考虑企业未来发展计划，规划中长期有可能新增的岗位，明确供给状况。在绘制外部人才地图的过程中，需要对竞争对手情报、企业舆论情报、环境情报、行业情报等进行深入的整理和分析。在行业调研方面，企业应分析所在行业应聘者的数量、质量、分布、来源渠道等情况，明确行业人才获取渠道。同时把握行业发展的趋势，将其与企业的战略相结合，进一步优化对企业未来关键岗位的认识；在针对竞争对手的调研方面，应当明确竞争对手提前进行的人才和岗位布局，将其作为企业人才战略的参考（见图 8－4）。

3. 结合内外部人才地图，完善人才发展体系

随着数字技术的应用日益广泛、关键人才的竞争日趋激烈，人才盘点应当更加精准有效，且符合企业的中长期战略规划。

第一，综合考虑企业战略和外部环境，明确内部岗位需要。通过将行业发展前景、竞争企业人才部署、内部企业发展战略三者相结合，企业可以透视组织人才发展现状和人才缺口，明确符合未来战略发展要求的岗位设计、人才培养需要、人才发展路径。

第二，基于人才盘点和岗位规划，为关键人才制定人才标签。人才标签体系是人才画像的核心，其依据岗位需求目标对特定人群的特点进行数学建模，抽取、分析特定人才的一系列共同特征，最终形成精炼的短语。人才标签可以展示员工的能力和发展方向，既为企业的人才发展工作提供依据，又为员工个人的主动学习提供借鉴。

第三，结合内外部人才地图，明确人才梯队。通过人才标签，企业可以从关键人才

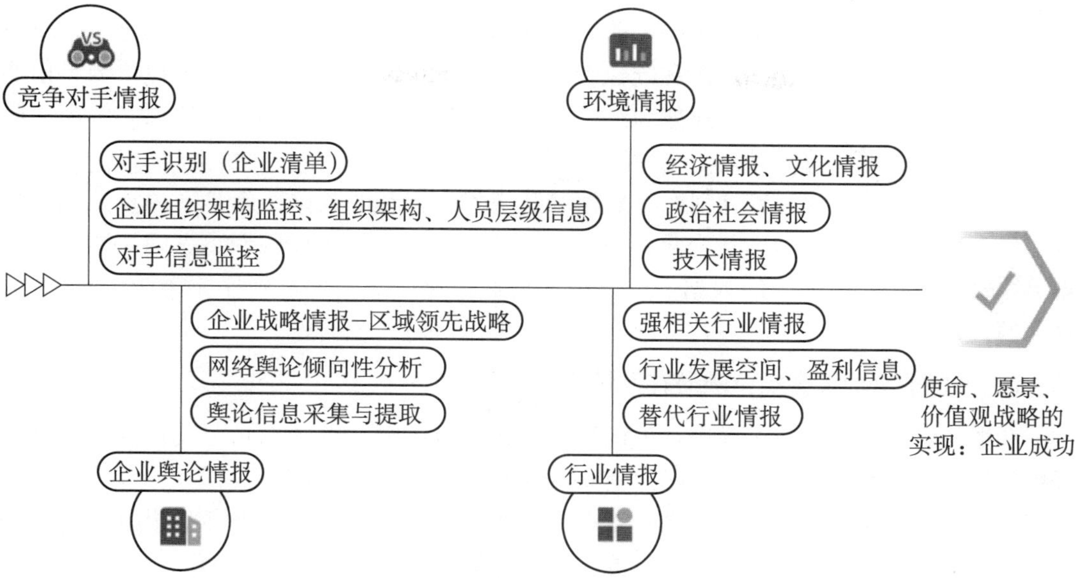

图 8-4　外部人才地图的情报来源

资料来源：如何从运营的角度提升组织招聘的能力：人才 Mapping、人才库运营、人才活水［EB/OL］.（2023-02-27）［2023-10-10］. https://www.beisen.com/special/78.html.

的年龄、身体状况、离职可能性等方面分析关键人才的离退休可能，并基于此为关键岗位的人才培养梳理时间线。在人才培养和发展方面，企业可以按照内外部人才地图识别出符合关键岗位需要的内部人才，建立关键人才档案，对其职业发展进行专业规划，例如制订个性化工作与发展计划、开展体验式培训、提供定制课程等。在此基础上，企业可以明确制订继任者计划，将其贯通于人才规划、招聘、培养、激励、保留的全流程，塑造企业人才管理体系。继任者计划可以明确企业关键人才的晋升路径，帮助企业着重关注关键人才的个性化需求，确保企业的稳定运营。例如，通过绘制内部人才地图，通用电气对人才储备和晋升路径具有清晰明确的理解，并制订了清晰的继任者计划。由此，通用电气可以保证其在全球任何一家子公司出现首席执行官离职情况时，都能在 24 小时之内宣布继任人选。

二、继任者计划

上面探讨人才地图时已经初步提及了继任者计划，但在数字化时代，继任者计划的实施需要充分借助数字技术，以确保企业的领导层和关键职位具有持续、合格的人才供应。

（一）使用数据支持的继任策略

随着技术的进步，尤其是大数据和人工智能的发展，继任者计划已经从传统的直觉和经验驱动转变为数据驱动，为企业提供了更加精确和客观的决策依据。

首先，数据驱动的人才评估为继任者计划提供了坚实的基础。利用大数据和人工智能技术，企业可以对员工的绩效、技能、潜力和职业发展情况进行综合评价。这种评价不仅基于员工的过去表现，还考虑了他们的潜在能力和未来的职业发展路径。这确保了对继任者的选择更加客观和准确，从而提高了组织领导的连续性和稳定性。

其次，预测性分析为企业提供了前瞻性视角。通过对历史数据进行深入分析，企业可以预测关键职位的空缺率、潜在继任者的准备情况以及可能的风险。这种预测不仅能帮助企业识别潜在的继任者，还能为继任者提供足够的时间参加必要的培训和学习，确保他们在接任关键职位时做好了充分的准备。

最后，为了确保继任者计划的有效性和适应性，持续的数据更新是至关重要的。随着业务环境和人才市场的不断变化，继任者计划也需要进行相应的调整。确保继任者计划始终基于最新、最准确的数据，可以帮助企业快速适应变化，确保关键职位具持续、合格的人才供应。

（二）提前培养关键职位的潜在继任者

在继任者计划的实施过程中，提前培养关键职位的潜在继任者是至关重要的。这不仅可确保组织的领导连续性，还能为企业的长远发展打下坚实的基础。

首先，识别关键职位是整个继任者计划的出发点。企业需要明确哪些职位对其发展至关重要。这些关键职位通常涉及决策权，对企业的战略方向和日常运营有直接的影响。通过数据分析，企业可以更加精确地确定这些关键职位，确保它们并非基于直觉或传统观念，而是真正地与企业的目标和战略相一致。此外，关键职位通常需要特定的技能和经验，这也为继任者的选择和培养提供了明确的方向。

其次，早期潜力识别是确保继任者计划成功的关键。通过对员工的绩效、技能、职业兴趣和其他相关指标进行数据分析，企业可以识别出那些具有潜质成为关键职位继任者的员工。这种早期的识别不仅可为这些潜在继任者提供更多的时间进行准备，还能确保企业在关键职位出现空缺时具有足够的备选人选。

最后，为了确保这些潜在继任者能够成功地接任关键职位，企业需要为他们制订个性化的发展计划。这些计划应该根据每位潜在继任者的个人特点和需求进行定制，确保他们获得所需的技能和经验。这可能包括特定的培训课程、导师制度、跨部门的轮岗经验等。

（三）利用数字化工具进行继任者培训

随着数字技术的发展，对潜在继任者进行培训的方法也发生了深刻的变革。这些先进的工具为潜在继任者提供了更加真实、个性化和高效的学习体验，可确保他们为未来的角色做好充分的准备。

首先，虚拟现实与增强现实的应用可为潜在继任者提供一个沉浸式的学习环境。通过虚拟现实和增强现实技术，潜在继任者可以在模拟的真实工作环境中体验各种可能的情境和问题。这种沉浸式的体验不仅能帮助他们更好地理解和掌握关键职位的要求，还能增强他们的适应能力和应对挑战的信心。

其次，在线学习平台可为潜在继任者提供灵活多样的学习资源。这些平台通常包括各种课程视频、模拟测试和其他学习资料，使潜在继任者可以根据自己的时间和需求进行学习。这种自主学习的方式不仅可提高潜在继任者的学习效率，还能帮助他们培养自主学习和持续发展的习惯。

最后，模拟决策工具可为潜在继任者提供一个无风险的决策环境。通过这些数字化工具，他们可以模拟各种业务场景，进行决策练习。这种模拟不仅可帮助他们提高决策能力，还能培养他们的领导力和团队合作能力。

总之，数字化时代为继任者计划提供了更多的工具和机会，使其更加精确、高效和个性化。企业需要充分利用这些工具和数据，确保关键职位人才供应的持续、合格。

// 试一试 //

亲身感受华为企业培训 App——《时习知》

《时习知》是华为旗下一款面向企业的覆盖学习、培训、知识管理全场景的学习平台。它秉承华为数字化转型优秀实践，致力于帮助企业迅速开办安全可靠的数字学堂。《时习知》拥有多元化的培训配置，企业培训负责人可以在上面创建专属学堂、自由添加学员、调整页面布局等；《时习知》拥有个性化的培养方式，能够通过设计学习课程、捆绑学习地图和能力雷达等为学员的能力培养指明方向；《时习知》拥有有效的自主学习激励措施，可通过发布短视频和知识文章、设置学习积分和学习礼包等引导学员主动学习；《时习知》拥有完善的资产保护方案，通过防截屏、防录屏、加水印等手段为企业资产保驾护航。假如你是一家企业的培训负责人，请你尝试通过《时习知》App（界面示例见图 8－5）为企业打造个性化的培训平台。

图 8－5　《时习知》App 公开学堂界面

资料来源：时习知［EB/OL］.［2023－08－22］. https://shixizhi. huawei. com/.

// 关键术语 //

数字化培训　　人才盘点　　人才地图　　继任者计划

// 复习思考题 //

1. 什么是企业人才管理？其与企业人力资源管理有什么异同？
2. 培训包括哪几个阶段？每个阶段包括哪些环节？
3. 什么是人才盘点？人才盘点包括哪些具体环节？
4. 什么是人才地图？绘制人才地图包括哪些具体流程？

案例分析

科技赋能华为数字化人才管理

华为正朝着“将一个数字化的世界带给每一个人、每一个家庭、每一个组织，建立一个一切都可以互联的智能世界”的目标前进。华为为员工制定了一套完整的培训方案，使员工能够在不同的成长时期得到不同程度的提升。例如，华为针对新员工，推出了“新员工入职指导培训”“导师制培训”等，以使新员工能够更好地了解企业，掌握所需技能，完成角色转换，快速成长。华为还提供专业线和管理线双通道发展路径，员工可以沿着专业或管理单路线发展，也可以沿着专业到管理再到专业的“之”字形路线成长——在不同的岗位上大放异彩。此外，华为始终坚持“用最好的人才造就最好的人才”的理念，在华为的每一个培训计划中，老师都是从各行各业中挑选出来的精英和骨干。华为坚持“学中用，用中学”的理念，通过训战结合，实践发展，不断提高员工的综合素质。

一、华为大学、iLearning 早班车、OA 平台：数字化平台助力员工学习

华为大学虽然是一个服务型业务群，但与其他业务群并列，并且与华为人力资源部（尤其是人力资源部的人才管理部）保持密切合作，共同负责华为各个业务部门的人才盘点、选拔、职级岗位的晋升等事务，在人才管理上形成一个循环。

“iLearning”是由华为集团提供的一个面向内部员工和合作方员工的数字化专业学习平台，意为“学习是自我进行的”。在 2021 年底之前，华为 iLearning 在线上有超过一万个主题的课程，这给一些员工造成了选择困难症。因此 iLearning 专门开设了“iLearning 早班车”，即每日从上述课程中挑选最佳视频。每天早晨 6 点，华为通过“iLearning 早班车”，将课程推荐给全国各地的员工。课程内容覆盖商业、管理、技术、行业观察、个人成长等不同类型。

此外，华为还开发了一个 OA 平台，供研发人员进行编程练习和题库测试，且导师会给出错误提示和解决方案。新员工可利用课余时间练习、测试，以提升工作技能。

二、华为推出“实验云”系列，赋能数字化人才培养

2022 年 5 月 10 日，华为正式发布实验云产品族，旨在构建一个融合多技术（如 5G、人工智能等）、贯通多专业、衔接产业链的平台，开创产业人才培养新模式。具体来说，它的目的是在企业与学校、学校与学校、教师与学生之间搭建一座桥梁，推动资源和技能有效共享和传递，并形成一个良性循环，全面地为 ICT 专业群的建设提供服务，加速 ICT 专业人才的布局，为产业发展注入强大的动能。同时，华为将自己在“千行百业”中积累的产业实践经验与实例应用于教学，以提升教学的针对性与实效性，提升学员根据实际工作需要进行操作的能力，搭建产业需求与人才供应的“桥梁”。

三、华为数字化技术人才培养金字塔模型

华为在对技术人才进行培训的基础上，建立了有三个层次的金字塔（见图8-6）。金字塔从下往上，三个层次的人才分别是基层及新员工、业务骨干和专家。

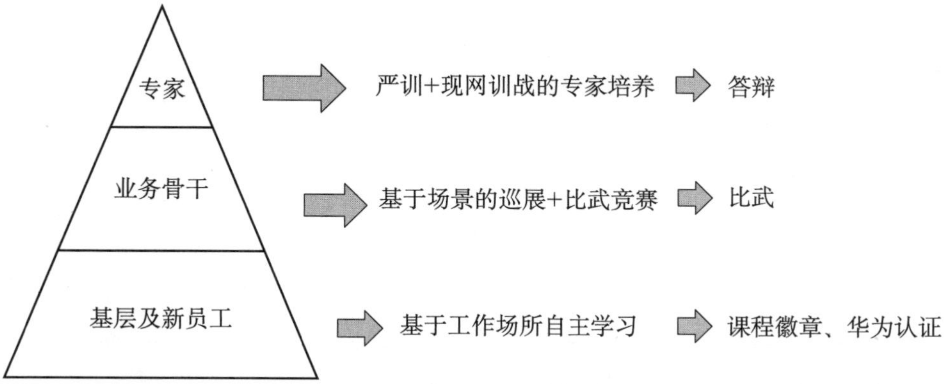

图8-6　华为数字化技术人才培养方案

资料来源：数字化人才丨华为的数字化人才培养之路［EB/OL］.（2021-09-26）［2023-10-10］. https://zhuanlan.zhihu.com/p/414263669.

华为对这三个层次的人才实行三个阶段的培训，构成一个人才培养闭环。对于基层及新员工，华为推出了自主学习平台，通过线上线下结合的形式，对第一层次人才进行“全覆盖”式的培养。对于业务骨干，采用实训、特训和实战比赛等形式去培养。专家则是华为的中坚力量，其主要任务是研究和开发新的产品。对于专家层面，华为将通过严格的选拔、训练、考试、实战以及研修等五个方面来培养专业的人才，最终通过答辩、论文报告等方式来实现整个过程的效果评估。华为培训服务部对效果评估环节也进行了深入的探索和研究，为不同专业方向的人才提供专业和职业认证，以便于评估待培训人员。

华为完善的培训体系为员工提供了成长的快车道，为企业的发展和创新赢得了竞争优势。其成功经验表明，数字化培训是企业革新的重要动力。企业通过有目的、有计划地培养每一位员工，不断更新和完善人才的知识和能力结构，能更好地应对经济社会层出不穷的挑战。

讨论题

1. 华为如何利用数字化平台和工具来培养员工？这些工具和策略如何帮助华为保持竞争力？

2. 数字技术使华为的人才管理和培训策略发生了什么变革？这种变革对企业的长期发展有何影响？

// 第9章 //

人力分析

学习导图

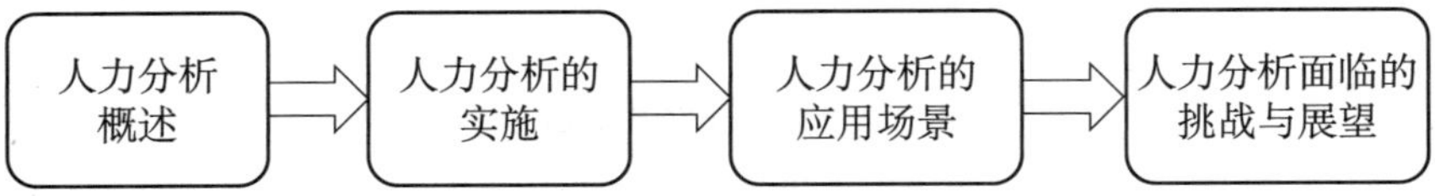

学习目标

通过本章的学习，你将：

1. 了解人力分析的相关概念；
2. 掌握人力分析的实施过程；
3. 熟悉人力分析的技术与应用场景；
4. 了解人力分析面临的挑战与展望。

第1节　人力分析概述

一、人力分析的定义与背景

（一）人力分析的定义

人力分析（people analytics，PA），也被称为“人才数据分析”或“人力资本分析”，它利用数据挖掘、预测分析和情境分析等分析技术，收集、分析和解释大量关于员工的数据，改进人力资源决策、提高员工绩效和增强组织的整体效益，以使管理者能够更好地做出与员工相关的决策①。

人力分析并不是一个全新的概念，它最早可以追溯到几十年前的工业与组织心理学，但其在全球范围内被广泛关注和应用却是近些年的事情。2014 年前后，知名行业分析师

① SHRIVASTAVA S，NAGDEV K，RAJESH A. Redefining HR using people analytics：the case of Google [J]. Human resource management international digest，2018，26（2）.

贝辛提出人力分析的概念[①]。大约从 2017 年开始，人力分析在国际上开始受到广泛关注。随着大数据、人工智能和机器学习技术的发展，企业开始认识到数据在人才管理中的巨大价值，人力分析提供了一种基于数据的、客观和精确的方法。在国内，有关人力分析的探讨略晚，大约从 2018 年开始，我们可以在国内的各种专业媒体和论坛上看到与之相关的零星文章。随着时间的推移，这一概念在国内的讨论热度也逐渐上升。尤其是在数字化转型和技术创新成为企业核心竞争力的背景下，数据驱动的人才管理策略为越来越多的企业所重视。

（二）人力分析的重要性

人力分析的重要性在于，在收集和整理人才数据的基础上有效利用和分析这些数据，从中提炼出趋势洞见，为关键业务决策提供数据支撑。换句话说，人力分析的价值不仅在于提供数据，更在于如何解读和应用这些数据支持决策。之所以说这一趋势对管理变革至关重要，是因为它代表了一种重要的思维转变。在传统的人才管理中，很多决策都是基于直觉或经验进行的，这带有一定的随机性和不确定性。而人力分析的引入改变了这一现状，它确保了组织关于人的决策更加严谨、客观、慎重，同时也更加高效和精准。这种基于数据的决策方法，无疑为组织带来了更强的竞争力和更好的业务成果。正如麦肯锡公司指出的，先进的分析可以极大地改善组织识别、吸引、发展和保留人才的方式。然而，许多组织仍然依据本能和直觉做出这些决定。人力分析帮助管理人员和高级经理释放数据的力量——增强严谨性，减少偏见，提高绩效[②]。

不少国内外知名组织已经开始实践人力分析，并取得了显著的成果。这些知名组织通常拥有丰富的人才数据和先进的技术平台，从而能够更好地进行人力分析。例如，通过人力分析，这些组织可以更准确地预测员工流失的可能性、优化招聘策略、提高培训效果等。这些成功的实践不仅为其他组织提供了有益的参考，也进一步推动了人力分析的发展和普及。随着技术的进步和组织对数据价值的进一步认识，人力分析在未来仍然有巨大的发展潜力。可以预见，更多的组织，无论大小，都会开始实践人力分析，而这一领域的工具和方法也会更加先进和多样化。

当前，人力分析已经从一种单一、局限于人力资源部门的数据收集活动发展成一个跨职能、多维度的分析过程。人力分析不再局限于传统的人力资源指标，如招聘、培训、绩效评估和员工满意度等，而是已经将关注对象扩展到了其他关键业务领域的数据，如财务、营销和客户数据等。例如，通过结合财务数据，我们可以更准确地计算员工的产出价值和投资回报率；通过结合营销数据，我们可以了解员工对品牌形象和客户满意度的影响；通过结合客户数据，我们可以评估员工对客户忠诚度和终身价值的贡献。此外，人力分析现在采取了一种更全面、更深入的方法来描述和理解作为劳动力的人。它不仅关注员工的技能和经验，还关注他们的动机、价值观和文化适应性。这意味着，当我们谈论员工或劳动力时，不再只谈论他们的简历或工作职责，而是谈论他们作为一个完整的人展现出的全部能力、潜力和价值。因此，人力分析已经从一种相对单一的数据收集

---

① 参见北森《重塑 HR 的业务影响力——北森 HR SaaS People Analytics 解决方案》。

② People analytics [EB/OL]. [2023-10-10]. https://www.mckinsey.com/solutions/orgsolutions/overview/people-analytics.

活动，发展成为一个全面深入的分析过程。它不仅可提供更丰富、更准确的洞察，还能帮助组织更好地理解、管理和发展其最宝贵的资产——人。

（三）与人力资源管理的区别和联系

人力分析与人力资源管理是两个既有区别又紧密相关的领域。人力分析作为一个新兴的领域，主要利用数据分析技术来深入理解、管理和优化员工及其与组织的关系。人力分析应该被视为人力资源管理的一个重要工具，它可以为传统的人力资源管理实践提供数据支持，使决策更加明智和有根据。它不仅关注员工的行为、满意度、参与度和绩效，还涉及预测分析，例如预测员工流失的可能性。此外，人力分析还会进行组织网络分析，探索员工在组织内部的互动和合作模式，以及如何支持战略性的人力资源决策，如招聘策略、培训需求和人才管理。

而人力资源管理是一个更为传统且宽泛的领域，涉及包括招聘、培训、评价、激励和保留员工在内的整个流程。它的核心是如何最有效地管理和利用组织的人力资源。从招聘和选拔到培训和发展，再到薪酬和福利管理，以及绩效评价和员工关系管理，人力资源管理都有所涉及。此外，它还关注人力资源策略和制度的制定，确保组织的人力资源实践与其整体战略和目标相一致。

尽管人力分析和人力资源管理在焦点和方法上存在明显的差异，但它们之间的联系也是不可忽视的。人力分析可以为人力资源管理提供数据驱动的洞察，使得人力资源决策更为明智和有根据。例如，通过人力分析，组织可以更准确地预测哪些员工可能会离职，从而采取预防措施。相应地，人力资源管理为人力分析提供了实际应用的背景和需求，使得人力分析结果切实可行。在现代组织中，人力分析与人力资源管理的结合被视为实现最佳人力资源策略和决策的关键。

（四）对人力分析的认识误区

人力分析是一个强大的工具，可以为组织的人才管理实践提供有价值的洞察。然而，为了充分发挥其潜力，我们需要纠正人们对人力分析的误解，确保人力分析在所有组织中得到广泛和正确的应用。人们关于人力分析常见的认识误区有以下几个方面。

1. 只有大型企业才能做人力分析

有些人认为，只有大型企业才能做人力分析，因为只有大型企业才有数量可观的可供分析的数据资源。这种认识可能会阻碍小型企业或初创企业尝试使用人力分析。对于小型企业和初创企业来说，它们可能没有大型企业那样的数据积累，但这并不意味着它们不能从人力分析中受益。人力分析的关键不在于数据的数量而在于数据的质量，其目的是提供关于员工和组织的有意义的洞察，而不是简单地积累和处理数据。有时，一个简单的员工满意度调查或部门间的绩效对比就足以揭示组织中存在的问题和机会。这些简单的分析往往不需要复杂的工具或大量的数据，却可以为决策者提供关键的信息，帮助他们更好地管理和发展人才。此外，小型组织往往更加灵活，更容易实施变革，因此它们可以更快地利用人力分析的结果来做出改变。对于那些刚开始实施人力分析的组织来说，从小做起、逐步积累经验和数据往往是一个更为明智的策略。随着时间的推移，这些组织可以逐渐扩大分析的范围和深度，但关键是始终保持对数据质量和相关性的关注，确保分析的结果是准确和有意义的。总之，人力分析并不是只有大型企业才能进行的活动。任何规模的组织，只要关注数据的质量和相关性，都可以从中受益。而对于那些担心自己没有足够数据的组织来说，始终保持对数据质量的关注，是成功进行人力分析的关键。

2. 人力分析需要高级分析工具

一些企业认为，要进行人力分析，就必须拥有高级的、复杂的分析工具和软件。但实际上，许多基本的人力分析任务可以使用简单的工具，如 Excel 或开源软件来完成。人力分析的最大收益并不是来自先进的算法、技术或人工智能工具。

当然，随着组织对人力分析要求的提高，可能会需要更高级的工具，但关键在于如何使用数据，而不仅仅是使用什么工具。过于高端的技术往往是华而不实的，可能转移我们对分析所能带来的真正影响的关注。在许多情况下，简单的数据可视化或基本的统计分析就足以为组织提供深入的洞察和有价值的建议。更重要的是，人力分析的核心目的是帮助组织做出更明智、更有根据的决策。这并不意味着我们需要最先进的技术或最复杂的算法，而是需要一个对数据敏感、理解业务需求和员工需求的分析团队。这样的团队可以确保分析的结果是实用的、相关的，并能够为组织带来实际的价值。此外，人力分析最重要的增值是创造一种基于符合道德指导原则和价值观的最佳可用证据的决策文化。这意味着，我们不仅要关注数据和技术，还要关注人和组织的价值观、文化和伦理。在这个过程中，人工智能和高端技术很少发挥作用，而关键在于如何将数据与人和组织的真实需求相结合，为决策者提供有意义的、可行的建议。

3. 人力分析将员工简化为数据

虽然人力分析高度依赖数据，但它的最终目标是使组织更好地理解和管理员工。人力分析不能只关注数据而忽略人的因素。数据只是手段，而不是目的。人力分析不意味着忽视员工的价值和他们为组织所带来的独特贡献。在数字化时代，我们不能简单地将员工视为数据点或算法的输出，把人重新视为奴隶或当作数字化的工具。相反地，人力分析应该被当作一种能帮助我们更深入地了解每一位员工的需求、期望和潜在成长空间的工具，从而为他们创造一个更好的工作环境。当然，我们需要警惕过度依赖数据——这可能导致组织丧失对员工的同情和理解，这是任何成功的人力资源策略的核心原则。正确使用人力分析不仅不会削弱员工的价值，反而会使员工更加受益，因为它可以帮助组织为员工提供更好的职业发展机会、更有意义的工作和更好的福利。掌握数据并不意味着会忽视人的价值，相反，掌握数据可以为我们提供一个机会——更全面、更客观地了解组织中的人的整体体验。因此，组织应该用以更多的证据为基础的方法来管理员工，但同时也要确保这些方法是以人为中心的，帮助组织更好地满足员工的需求，提高员工的满意度和绩效，真正关心每一位员工的福祉和发展。

二、人力分析团队的发展阶段

全球知名咨询公司麦肯锡总结了人力分析团队在发展过程中通常会经历的五个阶段[①]。这五个阶段从低到高分别是糟糕数据阶段、良好数据阶段、强力数据阶段、高级分析阶段和可靠预测阶段。

① LEDET E, MCNULTYK, MORALES D, et al. How to be great at people analytics [EB/OL]. (2020-10-02) [2023-10-10]. https://www.mckinsey.com/capabilities/people-and-organizational-performance/our-insights/how-to-be-great-at-people-analytics.

（一）糟糕数据阶段

许多组织的人力分析团队处于起步阶段，其数据的质量可能并不高，这种数据可能是不完整、不准确的，或者是结构不清晰的。这种质量的数据使得分析工作变得困难，甚至有时是不可能的。为了从只有“糟糕数据”的第一阶段转变到拥有“良好数据”的第二阶段，组织必须重视建立高质量数据的基础。这通常意味着需要从输入数据的事务系统中提取数据，然后将其重塑、清理和重新编码为更易于管理、更易于理解的结构——该结构应与人力分析团队的目标保持一致。这是一个迭代的过程，没有明确的解决方案。相反地，随着内部和外部人才环境的变化、系统退役和更新，以及在人力资源团队之间建立联系（例如招聘、培训和发展以及员工福利），流程及其结果会发生变化。

这一阶段可能是整个人力分析团队发展过程中最具挑战性的时期。分析师和数据科学家越需要清理和重新编码数据，以便使其可用于简单的分析，分析团队的效率就越低，发展其技能和能力所需的时间就越长。因此，建立一个坚实的数据基础是至关重要的，它可为后续的分析工作提供支持，确保分析的准确性和可靠性。

（二）良好数据阶段

在数据基础建立之后，组织面临的挑战是如何有效地管理、转换和利用这些数据。随着操作环境以越来越快的速度变化，用于管理和转换数据的技术也需要越来越灵活。这不仅仅是一个技术问题，更是一个组织文化和工作方式问题。

在人力分析中，与许多其他技术支持的领域一样，采用敏捷方法现在是一项基本要求。敏捷方法强调的是快速响应、持续改进和跨功能团队协作。这意味着人力分析团队不仅需要与数据科学家合作，还需要与 IT 部门、业务部门和其他相关团队紧密合作，确保数据和分析工具能够满足组织的实际需求。人力分析团队必须以快速灵活的方式与企业内部的技术团队合作，以建立新技术平台、优化现有基础架构并保持一致的企业级标准。这不仅仅是为了满足当前的需求，更是为了确保组织在未来能够应对新的挑战和抓住新的机会。例如，随着新的数据来源和分析工具出现，人力分析团队可能需要迅速调整其工作流程和方法，确保能够有效地利用这些新的资源。同时，随着组织结构和策略的变化，人力分析团队也需要能够迅速调整其分析模型和方法，确保其分析结果仍然与组织的目标和策略保持一致。

良好数据阶段强调的是人力分析团队的灵活性和应变能力。在这一阶段，组织不仅需要拥有先进的技术和工具，还需要培养一种敏捷的文化和工作方式，确保人力分析能够持续为组织创造价值。

（三）强力数据阶段

在成功地构建了良好数据基础之后，人力分析团队可以进入强力数据阶段，即组织能够访问有用的数据，并开始尝试运用新技术来分析和传播这些数据。这一阶段的核心是确保数据不是仅仅被存储和管理，而是被有效地利用，从而为组织提供有价值的洞察。

在这个阶段，组织可能会开始使用各种工具和平台来自动化和可视化其人力资源数据。例如，团队可能会使用标准的商业智能平台如 Tableau 等来创建人力资源仪表板，生成标准报告或响应特定的数据请求。这些工具可以帮助组织更直观、更快速地了解其人力资源的现状和趋势。但在这一阶段，人力分析并不仅仅被用于提供描述性的报告和可视化人力资源数据。更先进的团队可能会进一步探索自助服务应用程序的自定义构建和软件开发，甚至可能会使用他们自己的前端开发人员来创建定制化程度更高的分析工具和平台。值得注意的是，不同的组织在这一阶段可能会采取不同的方法和策略。一些组织可能会选择使用现成的商业解决方案，而其他组织可能会选择自主开发或与第三方供应商合作。无论选择哪种方法，关键都是确保数据能够被有效地利用，为决策者提供有价值的洞察。

强力数据阶段是人力分析从基础建设向高级应用过渡的关键阶段。在这一阶段，组织不仅需要确保数据的质量和完整性，还需要探索如何将这些数据转化为有价值的洞察和建议，为组织的决策提供支持。

（四）高级分析阶段

在前面的阶段，组织主要关注的是数据的收集、整理和初步应用。但到了这一阶段，重点转向了如何使用这些数据进行更深入、更复杂的分析，以提供更高级的洞察和建议。

在这一阶段，数据科学家和高级分析师开始发挥关键作用。与传统的业务信息专家不同，他们使用 R、Python 和 Julia 等编程语言，连接不同的数据源，构建模型来帮助理解复杂的现象，并为需要做出复杂和战略性业务决策的领导者提供具有可操作性的建议。

这一阶段的核心是整合跨数据源、进行高级统计分析和构建预测模型。例如，团队可能会使用自然语言处理技术来分析员工的反馈和评论，或使用网络分析来理解组织内部的合作和沟通模式。此外，心理测量学和其他高级统计方法也可能被用来深入了解员工的行为、态度和绩效。

高级分析能力的构建阶段是人力分析团队从初步应用人力分析向真正展现人力分析的战略价值转变的关键阶段。在这一阶段，组织不仅需要拥有先进的技术和工具，还需要培养和吸引高级的数据科学和分析人才，确保人力分析能够为组织的战略决策提供有力的支持。

（五）可靠预测阶段

进入高级分析阶段，组织已经拥有了坚实的数据基础、高级的分析工具和技能，以及对数据驱动决策的深入理解。现在，重点转向了如何使用这些资源来预测未来的事件和结果，从而为组织提供具有前瞻性的洞察和建议。

预测分析的核心是使用历史数据来预测未来的事件。例如，组织可能会使用预测模型来估计未来的员工流失率、招聘需求或员工绩效。这些预测可以帮助组织更好地规划其人力资源策略，提前应对潜在的挑战。然而，实现有效的预测分析并不容易。首先，这需要大量的高质量数据，这些数据通常被称为“非常大数据”（very big data）。这些数据不仅包括传统的人力资源数据，还可能包括其他相关的业务数据，如销售、财务或客户数据。此外，预测分析还需要使用尖端的算法技术，如机器学习或深度学习，这些技术可以帮助组织从大量的数据中提取有价值的洞察。除了技术和数据挑战外，预测分析还面临着其他挑战。例如，组织需要确保其预测模型是公正的，不会导致任何形式的偏见或歧视。此外，组织还需要确保其员工和领导者对预测分析的结果有足够的信心，并愿意根据这些结果做出决策。

综上，组织的人力分析团队在发展过程中，会经历上述五个关键阶段，从建立数据基础开始，逐渐深化技术和增强敏捷性，提高数据的可访问性和初步应用人力分析，培养高级分析能力，最终实现可靠的预测分析。一方面，这一过程并不是一蹴而就的。北森的报告显示，超过 80%的企业仍然处于最初的收集零散数据阶段和巩固建设阶段，距离真正能够为战略决策提供支持的阶段还有很大距离①。另一方面，这一过程也并不是线性的。成功的人力分析团队认识到，它们在这五个阶段的每一个阶段都需要不断地迭代和完善。它们可能会在某个阶段遇到挑战，需要回溯并重新审视之前的步骤，确保其基础是坚实的，然后再次前进。这种不断的迭代和反思确保了它们在通往顶峰的过程中始终保持最佳状态。这也提醒我们人力分析并不是一个静态的目标，而是一个持续的、动态的过程，需要团队持续地学习、适应和进步。

第 2 节　人力分析的实施

一、人力分析的实施步骤

针对人力分析的实施步骤，北森提出了人力分析七步法。

（一）战略解码和人力指标体系建立

第一步“战略解码和人力指标体系建立”是整个人力分析实施过程的基石。只有当企业清晰地了解其战略目标，并建立了与这些目标相对应的指标体系，才能确保人力分析的有效性和相关性。这一步骤不仅确立了分析的方向，而且为后续的所有分析活动提供了明确的框架和参考。首先，战略解码是整个人力分析的起点。在这个阶段，企业需要深入理解其整体战略，然后将这一战略分解为具体的人力资源目标。例如，如果企业的战略是扩大市场份额，那么人力资源的目标可能是吸引和保留顶级销售人才。通过战略解码，人力资源团队可以确保其活动与企业的整体目标保持一致。一旦明确了人力资源的具体目标，接下来的任务就是构建一个与这些目标相对应的指标体系。这些指标应该是可衡量的、具有可操作性的，并能够为决策者提供有关人力资源绩效的清晰信息。例如，为了衡量吸引和保留顶级销售人才的能力，可能的指标包括新员工的来源、员工流失率、员工满意度等。有了明确的指标后，企业需要通过报表和其他可视化工具来跟踪这些指标的表现。这不仅可以帮助决策者快速了解人力资源的当前状况，而且可以及时发现问题并采取相应的行动。为了确保指标的有效落地，企业需要拥有一个强大的数据分析平台。这个平台应该能够收集、整合和分析来自不同来源的数据，从而为决策者提供准确、及时和有洞察力的信息。此外，平台还应该具有足够的灵活性，以适应不断变化的业务环境和需求。

（二）人力分析关键环节和成熟度诊断

麦肯锡将人力分析团队的发展过程分为糟糕数据阶段、良好数据阶段、强力数据阶段、高级分析阶段和可靠预测阶段五个阶段。德勤的报告显示，人力分析的成熟度可以分为四个阶段，分别是信息化建设阶段、数据治理阶段、指标定义与主题分析阶段、相

① 参见北森《重塑 HR 的业务影响力——北森 HR SaaS People Analytics 解决方案》。

关性和预测性分析阶段。无论是哪种划分，都表明人力分析是有阶段性的。每个阶段的人力分析重点动作是不同的，企业需要定位自身所处的阶段，不同阶段有不同的关键环节。

在人力分析的实施过程中，了解并诊断企业当前的成熟度是至关重要的。这不仅有助于企业明确自己在人力分析发展阶梯上的位置，还能够为接下来的工作提供明确的方向并找到重点。首先，企业需要进行自我评估，明确自己在数据质量、分析能力、技术应用等方面的现状。这可以通过内部问卷调查、团队讨论或第三方咨询机构的帮助来完成。根据自我评估的结果，企业可以识别出当前阶段的关键环节，这些环节可能是制约企业进一步发展的瓶颈。例如，如果企业处于信息化建设阶段，那么数据的采集、存储和管理可能是关键环节；而如果企业处于数据治理阶段，那么数据的清洗、整合和标准化可能是重点。企业还需要与行业内的其他企业进行对比，了解自己在人力分析成熟度上的相对位置。这可以帮助企业了解自己的优势和劣势，为未来的发展提供参考。基于上述诊断结果，企业可以制定短、中、长期的人力分析发展计划。短期计划可能聚焦于解决当前的瓶颈问题；中期计划可能聚焦于提升某一方面的能力；而长期计划则可能聚焦于达到行业的先进水平或实现某一战略目标。最后，人力分析是一个持续的过程，企业需要定期进行成熟度诊断，根据外部环境的变化和内部需求的调整，对分析策略和方法进行迭代和优化。

（三）系统架构和技术支持

在人力分析的实施过程中，系统架构和技术支持起着至关重要的作用。一个合适的系统不仅可以提高数据分析的效率，还能确保数据的准确性和安全性。从企业的实际需求出发，选择合适的系统是关键。无论企业是选择外部系统还是自研系统，信息平台都需要具备以下三种能力。

1. 业务数据层的能力

业务数据层是系统的基础，它确保企业可以直接从系统中生成和积累业务数据。这种直接性可避免通过外部接口或 Excel 导入衍生的复杂性和可能出现的错误。这一层的数据通常包括员工的基本信息、工作经历、绩效评价等，它们是后续分析的基础。

2. 数据处理和建模的能力

数据处理是将原始数据转化为有用信息的过程。系统需要具备强大的数据处理能力，能够对数据进行抽取、转换和加载，从而为分析提供所需的数据。此外，建模能力也很关键，它允许企业根据自己的需求建立数据分析模型，从而更好地理解和预测人力资源的趋势和问题。

3. 报表和主题等可视化工具

数据的可视化是确保数据能够被正确理解和使用的关键。系统需要提供强大的可视化工具，允许企业直接配置报表，生成主题看板。这些可视化工具不仅可提供对数据的直观理解，还可以通过订阅的方式，定时将重要的数据和分析结果推送给人力资源部门和管理者，从而确保数据能够在决策过程中发挥其价值。

（四）数据治理和数据标准

在人力分析的实施过程中，数据治理和数据标准化是至关重要的环节。这一步骤确保了数据的质量、一致性和准确性，为后续的分析和决策提供了坚实的基础。

1. 定义字段和数据标准

数据的标准化是确保数据质量的第一步。每个字段的定义都需要明确和一致。这包括字段的名称、数据类型、是否必填、可能的取值范围等。例如，员工的入职日期应该是一个日期字段，而不应是文本字段。在建立信息系统之初，就需要建立这些数据标准，确保数据的一致性和准确性。

2. 明确数据维护职责和权限

数据的收集和维护是一个复杂的过程，涉及企业的各个业务模块。因此，需要明确每个数据字段的维护职责和权限。例如，员工的基本信息可能由人事部门维护，而工资和奖金信息则由薪酬和福利部门维护。明确这些职责和权限可以确保数据的准确性和及时性。

3. 制定数据治理标准和核检机制

即使在明确了数据标准和维护职责后，也需要定期检查数据的完整性和准确性。这需要制定一套数据治理标准，明确数据的质量要求和核检机制。例如，可以定期检查是否有员工的入职日期在其离职日期之后，或者是否有员工的工资为负数。这些核检机制有助于及时发现和纠正数据问题，确保数据的质量。

（五）主题报表和分析实现

随着人力资源信息平台的完善和数据治理工作的深入，人力分析进入了一个更为深入和具体的阶段：主题报表和分析实现。这一步骤并不是对数据的简单呈现，而是要通过多维度、多角度的分析，为企业提供有深度的洞察和建议。

1. 时间维度的分析

通过时间序列分析，企业可以了解人力资源的变化趋势和模式。例如，通过同比分析，企业可以了解今年与去年相比，员工的流失率、招聘速度、培训效果等关键指标有何变化。通过环比分析，企业可以了解近期的变化趋势，例如本季度与上季度相比，员工满意度、绩效评分等指标的变化。

2. 空间维度的分析

除了时间维度的分析，企业还需要从空间维度进行分析。这包括不同部门、不同级别、不同地区等的比较。例如，企业可以比较不同部门的员工满意度，找出满意度较低的部门并进行深入分析；或者比较不同级别员工的流失率，了解是否有特定级别的员工流失问题较为严重。

3. 行业对标分析

除了内部的比较分析，企业还需要与行业标准进行对比，了解自己在行业中的位置和自身的竞争力。例如，企业可以参考行业平均水平，了解自己的员工流失率、招聘速度、培训投入等是否达到行业标准，是否有优势。

4. 主题报表的形成

基于上述的分析，企业需要形成相关的主题报表，为决策者提供清晰、直观的数据支持。这些报表并不是数据的简单呈现，而是要通过图表、指标、解读等方式，为决策者提供有深度的洞察和建议（见图 9－1）。

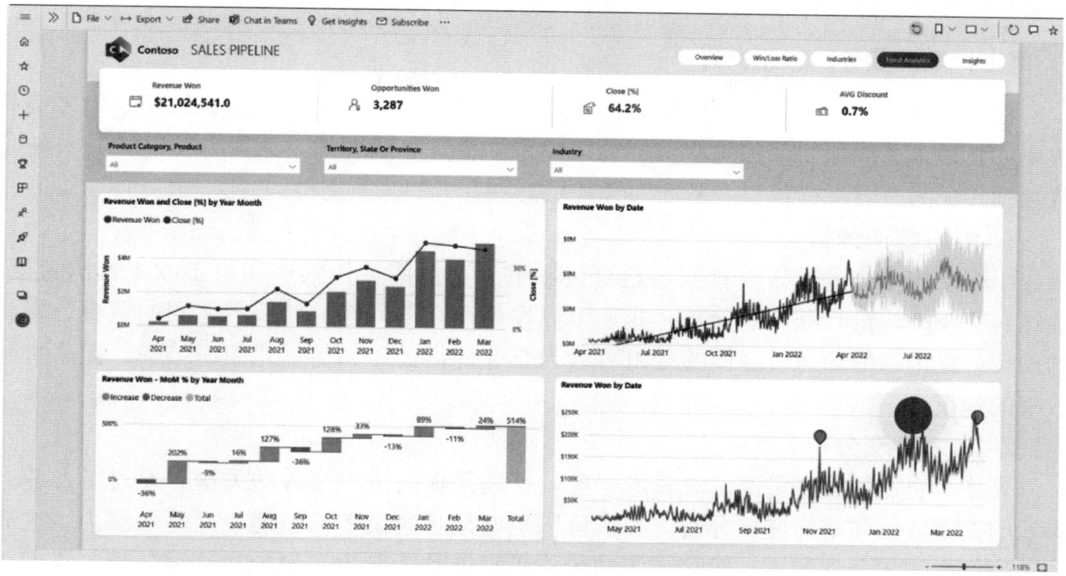

图 9-1　Power BI 软件中的人力分析仪表盘

（六）数据监测、预警与报告

数据监测、预警与报告是人力分析中至关重要的环节，其可确保企业在人力资源管理上始终保持敏锐的洞察力和快速反应的能力。

1. 实时数据监测

在现代企业中，人力资源数据是实时变化的。员工的入职、离职、晋升、培训等各种活动都会实时产生数据。因此，企业需要有一个强大的系统来实时监测这些数据，确保数据的准确性和时效性。实时数据监测不仅可以帮助企业及时了解人力资源的现状，还可以为企业提供即时的决策支持。

2. 数据预警机制

除了实时数据监测，企业还需要建立数据预警机制。这意味着当某些关键指标超出预定的范围或达到某个阈值时，系统会自动发出预警。例如，如果某个部门的员工流失率突然上升，系统就会自动发出预警，提醒相关负责人及时采取措施。这种预警机制可以帮助企业及时发现问题，防止小问题变成大问题。

3. 报告生成与分发

数据监测和预警的结果需要通过报告的形式传达给相关的决策者。此报告不仅需要包含数据，还需要包含对数据的解读、建议和相应的行动计划。此报告可以通过授权、订阅、发现等方式分发给人力资源总监、人力资源业务伙伴、部门负责人等各类管理角色。这样，不同的管理角色可以根据自己的职责和需要，获取到相关的数据支持，为自己的决策提供有力的依据。

4. 业务洞察与决策支持

数据监测、预警与报告的最终目的是为企业提供业务洞察和决策支持。通过对数据的深入分析，企业可以了解人力资源的现状、变化趋势和存在的问题，从而为企业的战略决策提供有力的支持。例如，通过分析员工的流失率、满意度和绩效数据，企业可以了解哪些部门或岗位存在问题，从而采取针对性的措施。

（七）赋能业务、加速决策

在人力资源管理实践中，赋能业务并加速决策是至关重要的。这不仅仅是为了提高效率，更是为了确保组织的战略目标得以实现。在这一步骤中，人力分析的核心目的是将数据转化为有意义的信息，从而为管理层提供有力的决策支持。

1. 组织结构分析

组织结构是企业运作的骨架，它直接影响到企业的运作效率和员工的工作满意度。通过对组织结构进行深入的分析，我们可以发现潜在的问题，如部门之间的重叠、资源的浪费或是沟通的障碍。这样的分析可以为企业提供关于如何优化组织结构、提高协同效率的建议。

2. 人才管理分析

人才是企业的核心资产，对其进行有效管理是提高组织绩效的关键。通过对各业务单元的人才队伍和结构进行分析，我们可以更好地了解员工的技能、经验和潜力。这有助于确保人才的合理配置，提高员工的工作满意度和生产力。例如，通过分析，我们可能会发现某个部门的员工流失率较高，这可能是因为该部门的工作压力过大或是管理方面出现了问题。有了这些信息，人力资源部门可以采取相应的措施来解决问题。

3. 经营业绩分析

企业的最终目标是创造价值。通过对各业务单元和负责人的业绩进行分析，我们可以明确地看到人力资源投资与组织收益之间的关系。这不仅可以帮助企业更好地分配资源，还可以为员工提供明确的绩效反馈，从而激励他们更好地工作。

总的来说，人力分析的目的是为企业提供有价值的洞察，帮助其做出更明智的决策。在这一过程中，数据是基础，但真正的价值在于将这些数据转化为实际的行动建议。只有当企业能够有效地利用这些洞察来优化其运作时，人力分析才能真正发挥其价值。

二、人力分析的实施要素

（一）数据和数据治理

在现代人力资源管理中，数据已经从一个辅助要素转化为决策的核心。准确和及时的数据为人力分析提供了识别趋势、预测未来需求并制定策略的能力。

1. 数据来源

数据来源是人力分析所用数据的起源或获取处。人力分析不仅会从传统的人力资源系统中获取数据，还会综合利用其他内部数据源。例如，财务数据可以为人力分析团队提供有关员工成本和投资回报的宝贵信息。运营数据，如生产线的效率、产品质量控制和供应链管理等，可以与人力资源数据相结合，用于确定哪些团队或个人在日常运营中表现出色。此外，外部数据源，如社交媒体和员工调查，可以为组织提供有关员工满意度、参与度和品牌形象的见解。一些领先的人力分析团队甚至开始使用关系数据库之外的技术，如图形数据库，进行高级网络分析。这种多维度的数据集成可为组织提供更全面、更深入的员工视图，从而使人力分析团队能够更好地理解和满足员工的需求。

2. 数据工程

数据工程涉及数据的收集、存储、清洗、转换和优化，以便为分析师和数据科学家提供高质量、可用的数据。没有有效的数据工程，数据可能会出现散乱、不完整或格式错误等问题，这会影响分析的准确性和效率。领先的人力分析团队拥有专门的数据工程资源，这些资源可以用于快速测试新想法、进行迭代，并减少对企业级技术资源的依赖。拥有自己的数据存储库可以确保数据的一致性和质量。此外，数据工程师深入了解组织的战略背景，可以从一开始就更加全面细致和有目的地设计数据基础设施和制定解决方案。

3. 数据治理

数据治理关系到数据的质量、一致性、安全性和合规性。首先，需要定义字段和数据标准，确保数据的一致性和准确性。其次，明确数据维护的职责和权限，确保数据的完整性和安全性。最后，定期检查数据完善度，确保数据的时效性和准确性。领先的人力分析团队会制定数据治理标准和核查机制，确保数据的质量，并及时识别和纠正任何问题。有效的数据治理不仅可以确保数据的准确性和可靠性，还可以增强员工和管理层对数据和分析结果的信心。

综上所述，随着技术的进步和数据分析方法的不断创新，数据和数据管理在人力分析中的作用日益突显。只有确保数据的质量、来源的多样性和数据治理的有效性，组织才能从人力分析中获得真正的价值，进而做出具有战略意义的人力资源决策。

（二）技术与分析方法

人力分析涉及一系列技术，这些技术并不局限于统计和数据分析，还包括现代的数据处理、存储和可视化技术。以下是人力分析中常用的一些技术。

1. 统计分析

统计分析是人力分析的基础方法，包括描述性统计和推断性统计两大类别。描述性统计，如平均值、中位数和标准差，帮助我们描述和总结数据集的主要特征；而推断性统计，如 t 检验、方差分析、卡方检验，使我们能够从样本数据推断总体的特性或进行假设检验。回归分析用于评估某一变量对另一变量的影响程度，使我们能够预测未来的趋势；而聚类分析则帮助我们将数据分为几个相似的组或类别，为后续的分析和决策提供基础。

2. 机器学习与人工智能

随着技术的进步，机器学习和人工智能在人力分析中的应用也日益增多。预测模型，如随机森林、支持向量机和神经网络，使我们能够预测员工流失率和招聘成功率等关键指标。自然语言处理技术则用于分析员工的反馈、调查问卷等文本数据，可为我们提供更加深入的洞察。此外，推荐系统可以为员工推荐最合适的培训课程或职业发展路径，从而提高员工的满意度和绩效。

3. 数据可视化

数据可视化是人力分析中不可或缺的一部分。通过使用仪表板工具，如 Tableau、Power BI 和北森 Ocean 等，我们可以创建交互式的、可视化的报告和仪表板，使数据更加直观和易于理解。信息图表，如柱状图、饼图和热力图等，可进一步帮助我们直观地展示数据和洞察，为决策者提供有力的支持。

4. 大数据技术

随着数据量的增长，大数据技术在人力分析中的重要性也日益显著。数据存储技术，如 Hadoop 和 Spark，为我们提供了存储和处理大量人力资源数据的能力；而数据处理技术，如 MapReduce 和 Spark 的核心组件——弹性分布式数据集（RDD），使处理和分析大数据变得更加高效，为分析师提供了强大的工具。

5. 数据集成与 ETL

数据集成与 ETL（数据的清洗、转换和加载）是确保数据质量和一致性的关键。数据清洗帮助我们消除数据中的错误和不一致性，确保数据的准确性。数据转换则将数据从一种格式转换为另一种格式，使其更适合分析。数据加载则将数据导入分析工具或数据库中，为后续的分析和决策提供基础。

6. 云计算与 APIs

云计算与 APIs（应用程序接口）为人力分析提供了强大的支持。云存储与计算工具，如 AWS、阿里云和华为云等，可为我们提供弹性、可扩展的存储和计算能力，使我们能够更加灵活地处理和分析数据；而 APIs 则允许不同的系统和工具之间进行数据交换和集成，为数据的集成和共享提供了便利。

总的来说，人力分析是一个跨学科的领域，它综合运用了统计学、数据科学、机器学习和信息技术等多个领域的技术和方法。随着技术的发展，人力分析的工具和方法也在不断进化，从而为组织提供更加深入、准确和高效的人才管理洞察。

（三）文化与领导力

文化与领导力在人力分析中的重要性不容忽视。成功的人力分析固然依赖先进的技术和精确的数据，但更重要的是组织文化和领导力的支持。首先，组织文化是推动数据驱动决策的基石。一个鼓励开放、透明和基于事实的决策制定文化能够确保员工信任并采纳数据分析的结果。在这样的文化中，员工更愿意分享信息、提出问题并寻求基于数据的解决方案，而不是仅仅依赖直觉或照搬传统的做法。其次，领导力在人力分析的成功实施中起着决定性的作用。领导者的态度、行为和决策方式直接影响下属的行为模式。当领导者支持并信任分析结果时，他们不仅可为团队树立一个积极的榜样，还有助于建设基于数据的决策制定文化。这意味着，当面临复杂的人力资源挑战时，领导者会优先考虑数据分析提供的洞察，而不是仅仅依赖个人经验或直觉。此外，领导力还能够为人力分析团队提供必要的资源和支持，确保其能够有效地执行其职责。这包括为分析团队提供足够的时间、工具和培训，以及确保他们能够访问和使用关键的数据源。

三、一个简单的人力分析

虽然上文列出了许多人力分析的先进技术与方法，但是我们还是要再次回到人力分析的初衷。人力分析的目的并不是追求这些先进方法，而是要通过这些方法更好地理解、管理和发展组织内的人才。它的核心在于为组织创造价值，通过数据驱动的决策来优化人才管理策略，从而提高员工满意度、忠诚度、生产效率并促进组织的整体发展。因此，只要能实现上述目标的人力分析就是一个好的人力分析，哪怕只应用了最基本的描述性统计分析。下面我们将通过一个简单的例子，来重新理解一下人力分析。

（一）人力分析的背景

近期，一家中型企业观察到员工的离职率呈上升趋势，这一变化引起了管理层的关注。尽管他们意识到了这一问题，但具体的原因尚不明确。为了深入了解并有效应对，人力资源部门决定针对员工流失率展开一次人力分析。

（二）人力分析的实施

1. 数据收集

首先，人力分析团队收集了过去 12 个月内所有离职员工的相关数据，这些数据包括了员工的姓名、所在部门、入职日期、离职日期以及离职原因等。12 个月前，公司的员工总数为 100 人。

2. 数据整理

接着，人力分析团队使用 Excel 工具将这些数据整合成一个清晰的表格（见表 9－1），确保每一行都代表一个离职员工，每一列则代表一个特定的数据字段。

表 9－1　一家中型企业过去 12 个月离职员工数据

姓名	部门	入职日期	离职日期	离职原因
张三	销售	2019－01－15	2020－02－20	薪酬不满
李四	技术	2018－11－10	2020－03－05	职业发展
王五	销售	2019－05－20	2020－04－10	薪酬不满
赵六	人力	2017－08－12	2020－05－15	个人原因
钱七	技术	2019－07－14	2020－06－30	职业发展
孙八	销售	2018－09－05	2020－07－20	薪酬不满
周九	财务	2016－12－20	2020－08－10	退休
吴十	销售	2019－02－28	2020－09－05	工作压力
郑十一	技术	2018－04－15	2020－10－12	职业发展
冯十二	人力	2019－03－10	2020－11－25	个人原因

3. 计算流失率

利用 Excel 的公式功能，人力分析团队计算了每个月的员工流失率，流失率的计算公式为：流失率＝(该月离职员工数÷该月开始的总员工数)×100%。

4. 结果分析

通过这个简单的分析，我们可以看到销售部门的流失率是最高的。这意味着公司可能需要重点关注销售部门的员工满意度和保留策略。根据分析结果，公司开展了深入调查，发现员工最主要的离职原因是对现行薪酬制度不满，而这一点在销售部门表现得最为突出。

（三）人力分析的效果

这样一个操作简单且未使用任何高端技术的项目，就是一个完整的人力分析项目。仅仅使用了 Excel 软件，公司就能够清晰地发现员工流失问题以及流失最严重的部门。沿着这一线索，公司发现了员工流失的主要原因，并决定对销售部门的薪酬结构进行调整，并增加一些员工福利，以降低流失率。采取措施后，公司的员工流失率逐渐下降，员工满意度也有所提高。

由此可见，即使是使用简单的工具，如 Excel，人力分析也可以为组织提供有价值的洞察，帮助其更好地管理和留住人才。人力资本分析的最大收益并不是来自先进的算法、技术或人工智能工具。事实上，如果使用不当，那么那些先进技术往往让人陷入技术迷雾，从而掩盖人力分析所能带来的真正影响。

第 3 节　人力分析的应用场景

一、人力分析的常见应用场景

（一）招聘与选拔：利用数据预测候选人的成功率

在现代企业的招聘与选拔过程中，人力分析已经成为一个不可或缺的工具，尤其在预测候选人的成功率方面。以一家全球知名的科技公司为例，该公司面临着如何更加精准地选拔软件工程师的挑战。过去，它主要依赖面试官的经验和直觉来评估候选人，但这种方法存在一定的偏见和不确定性。为了克服这些局限性，公司决定采用一种更加科学的数据驱动的方法。

首先，人力分析团队开始收集公司过去五年内所有应聘上岗的软件工程师的详细数据。这些数据包括候选人的简历信息、面试评分、技能测试成绩，以及他们在公司的实际工作表现和绩效评价。然后，基于这一庞大的数据集，他们开始识别可能影响候选人成功率的关键特征。通过使用先进的机器学习算法（如随机森林、逻辑回归等），团队构建了一个预测模型，该模型旨在预测候选人在特定职位上的成功率。最后，经过多次交叉验证，这个模型在预测准确性和鲁棒性方面都表现得相当出色。值得注意的是，数据分析揭示了一些非常有趣的发现。例如，尽管学校背景在传统招聘中被高度重视，但在模型中，它与成功率的关联性并不强；相反地，一些特定的技能和项目经验，以及与团队的文化契合度，成为更为关键的预测指标。

采用这种基于数据的招聘方法，公司不但大大提高了招聘效率，而且显著提高了招聘质量。预测模型使公司能够更加精准地筛选和评估候选人，从而减少了不必要的面试和培训成本。更重要的是，这种方法确保了公司能够找到真正与其文化和业务需求相匹配的候选人，从而提高了员工的保留率和满意度。随着数据和反馈的积累，公司还有望进一步完善和优化其招聘流程，确保其始终处于行业的前沿。

（二）培训与发展：评估培训项目的效果和投资回报率

在人力资源管理中，培训与发展是关键的组成部分，旨在提高员工的技能和知识水平，从而提高其工作绩效和满意度。人力分析在评估培训效果和投资回报率方面可以起到至关重要的作用。以一家大型制造公司为例，该公司将大量资金投在了一个新的员工领导力培训计划上。在培训结束后，公司希望了解这个项目是否真正带来了预期的效果，以及是否值得进一步投资。

首先，为了评估培训的效果，人力分析团队设计了一套综合的评估工具，包括前后测评、360 度反馈以及与直接上级的面对面访谈。通过对比培训前后的数据，人力分析团队能够清晰地看到员工在关键领导技能上的进步，例如决策能力、团队合作意识和沟通技巧。其次，为了评估培训的投资回报率，人力分析团队采集了与培训相关的所有成本数据，包括培训费用、员工的时间成本以及其他相关开销。然后，他们估算了培训带来的直接和间接收益，例如提高的工作效率、降低的员工流失率以及提高的客户满意度。通过对比收益和成本，人力分析团队得出了培训的净投资回报率。分析结果显示，虽然培训项目的初期成本较高，但由于其带来的长期收益可观，其投资回报率是正的。这意味着公司在这个培训项目上的投资是划算的，值得进一步的扩展。

因此，人力分析为企业提供了一个科学、系统的方法来评估培训与发展项目的效果和投资回报率。通过对数据的深入分析，企业不仅可以确保其培训项目的有效性，还可以确保其培训投资带来了实际的、可衡量的回报。

（三）绩效管理：使用数据支持绩效评价和反馈

绩效管理是人力资源管理的核心组成部分，它关乎员工的工作满意度、职业发展和组织的整体绩效。在这个过程中，人力分析为绩效评价和反馈提供了数据支持，使其更为客观、公正和有针对性。以一家跨国科技公司为例，该公司采用了一套综合的绩效管理系统，其中包括目标设定、中期检查、年终评价和反馈环节。为了确保这一系统的公正性和有效性，公司决定引入人力分析来支持其绩效评价和反馈。

首先，在目标设定阶段，人力分析团队使用历史数据和业务预测来帮助各个部门和团队设定合理、可实现的目标。例如，销售团队的销售目标不仅基于上年的销售数据，还考虑了市场趋势、竞争对手的动态和公司的业务策略。其次，在中期检查和年终评估阶段，人力分析团队使用数据分析工具来收集和分析员工的绩效数据，如项目完成情况、销售额、客户满意度等。这些数据不仅来自内部系统，还包括客户反馈、同事评价等多种来源。通过对这些数据进行综合分析，人力分析团队可以得出每个员工的绩效得分，这一得分是基于事实和数据的，而不是单纯的主观判断。最后，在反馈环节，人力分析团队使用数据可视化工具，如仪表板和图表，来呈现员工的绩效数据。这不仅使得反馈更为直观和易于理解，还为员工提供了一个全面的、基于数据的绩效概览。此外，数据还可以帮助经理和员工识别绩效方面的强项和弱项，从而为下一步的职业发展和培训提供有针对性的建议。

人力分析为绩效管理提供了强大的数据支持，使得绩效评价和反馈更为客观、公正和有针对性。通过对数据的深入分析，企业不仅可以确保其绩效管理的有效性，还可以为员工提供有价值的、基于数据的反馈和建议，从而促进其职业发展和提高组织的整体绩效。

（四）员工满意度与参与度：通过数据洞察员工的需求和期望

员工满意度与参与度是衡量组织健康水平和文化的关键指标，它们直接影响到员工的生产力、忠诚度和保留率。人力分析在这方面为组织提供了深入了解员工需求和期望的关键工具，从而帮助组织制定更为精准和有效的人力资源策略。以一家全球知名的消费品公司为例，该公司在全球范围内拥有数万名员工。近年来，尽管公司业绩稳定，但员工满意度调查显示，员工的参与度和满意度都有所下降。为了解决这一问题，公司决定进行一次深入的人力分析。

首先，人力分析团队设计了一份详细的员工满意度调查问卷，涵盖薪酬、福利、工作环境、职业发展、培训、领导力、团队合作等多个方面。然后，通过在线平台，这份问卷被发送给所有员工。接着，在收集到数据后，人力分析团队使用统计分析和机器学习技术对数据进行深入分析。最后，结果显示，虽然大多数员工对薪酬和福利表示满意，但他们对职业发展和培训机会表示关切。特别是身处非洲和拉丁美洲的员工，他们普遍认为公司提供的培训机会不足，而且晋升机会有限。此外，文本分析技术还帮助人力分析团队从开放式问题中提取出员工的具体需求和期望。例如，许多员工希望公司能提供更多的在线培训课程，以便他们能够在工作之余进行自我提升。基于这些数据洞察，公司决定采取一系列措施来提高员工满意度和参与度。例如，公司增加了在线培训课程的数量，还推出了一系列的领导力发展项目，特别是针对在非洲和拉丁美洲工作的员工。

通过人力分析，公司能够深入了解员工的需求和期望，从而制定更为精准和有效的人力资源策略。这不仅帮助公司提高了员工满意度和参与度，还为公司的长远发展奠定了坚实的基础。

（五）员工流失预测：识别可能离职的员工并采取预防措施

员工流失预测是人力资源管理中的一个核心议题，因为高员工流失率不仅会导致招聘和培训成本的增加，还可能影响团队的稳定性和组织的文化。通过人力分析，我们可以更早地识别可能离职的员工，并采取预防措施，从而降低流失率。以一家大型金融机构为例，近年来，该公司面临着较高的员工流失率，尤其是在初级岗位和中级管理岗位上。为了解决这一问题，人力分析团队决定进行一次深入的人力分析。

首先，人力分析团队收集了过去三年所有员工的数据，包括基本信息、工作表现、薪酬、晋升历程、培训记录、请假记录、员工满意度调查结果等。然后，团队使用机器学习技术，如随机森林和逻辑回归，对这些数据进行分析，以预测哪些员工最有可能离职。最后，分析结果显示，除了薪酬和晋升机会之外，员工的工作满意度、与上级的关系、工作压力和工作生活平衡都是影响员工流失的关键因素。特别是那些连续工作超过10个小时、经常加班和请病假的员工，他们的离职风险更高。基于这些数据洞察，公司决定采取一系列预防措施。例如，为员工提供更多的培训和发展机会，增加团队活动，加强上下级之间的沟通，提供更加灵活的工作时间，以及提供心理健康咨询服务。此外，人力分析团队还定期与可能离职的员工进行一对一的沟通，了解他们的需求和期望，以及可能导致他们离职的原因。通过这种方式，公司不仅能够及时解决员工的问题，还能够提前预防潜在的员工流失风险。

通过人力分析，公司能够更早地识别出可能离职的员工，并采取有效的预防措施，从而降低员工流失率，提高组织的稳定性和生产力。

二、人力分析的综合应用案例

（一）分析背景

一家在全球拥有数千家分店的快餐连锁公司开始使用人力分析，目标是提高客户满意度并增加收入①。该公司特别关注一线员工，希望通过人力分析提高整体业务绩效。最

---

① ARELLANO C，DILEONARDO A，FELIX I. Using people analytics to drive business performance：a case study［EB/OL］.（2017-07-27）［2023-10-10］. https://www.mckinsey.com/capabilities/quantumblack/our-insights/using-people-analytics-to-drive-business-performance-a-case-study.

终，经过努力，该公司在客户满意度、服务绩效和整体业务结果上都取得了显著的改进，包括在试点市场的销售额增长了 5%。

（二）问题界定

该公司采取直营餐厅和特许加盟店两种经营模式，面临的主要问题是年度员工流失率高于竞争对手。为了提高客户体验和收入，公司领导层相信减少员工流失是关键。要实现这一目标，首先需要更好地了解员工。因此，公司开始定义这一努力的目标，并将一线员工的行为和经验转化为数据，以便可以根据实际结果进行建模。在这个过程中，公司的高级管理者经过严格的数据探索和讨论，最终在三个目标指标上达成一致：每家店的收入增长、平均客户满意度和平均服务速度（按班次计算）。

（三）数据收集

尽管公司的内部数据源提供了一些相关数据，例如通勤距离，但他们仍然需要补充现有的数据。特别是在三个方面：首先是甄选员工和员工入职过程中的数据，公司与心理测量评估专家合作，使用在线游戏来了解员工的性格和认知能力。其次，为了衡量日常管理质量，公司使用了麦肯锡的组织健康指数（OHI）来了解对组织健康和长期绩效最有贡献的 37 种管理实践。最后，他们使用传感器监测员工在餐厅的行为和互动，跟踪他们与同事之间的互动、对话的语气以及与同事和客户交谈与倾听的时间。

（四）数据分析

收集到足够的数据后，公司开始寻找与店铺成功最相关的变量。公司使用这些数据构建了一系列的逻辑回归和无监督学习模型，以确定驱动因素与期望结果（按班次的客户满意度和服务速度，以及按店铺的收入增长）之间的关系。然后，公司开始检验 100 多个假设，其中许多假设基于高级管理者多年经验的观察和直觉。这部分工作尤为有力，因为它向高级管理者展示了一些与他们深信不疑的观念相矛盾的证据。

（五）分析结果

经过人力分析，四个关键的发现逐渐浮现出来。

1. 性格很重要

在零售业中，某些性格特质对期望的结果有更大的影响。公司识别出每天工作的一线员工中有四个群体或原型：一个群体是“潜在的领导者”，他们展现出与店铺经理相似的特点；另一个群体是“社交者”，他们非常友好并具有高度的情感智慧；还有两个不同的“任务执行者”群体，他们专注于工作执行。但与预期相反，数据并不支持“社交者”能最大化绩效的假设。实际上，绩效与员工集中精力工作和减少分心的能力之间存在更紧密的关联，这本质上正是完成任务的表现。

2. 职业生涯很关键

公司发现，以往经常用来激励店铺经理和员工的变动薪酬实际上效果不佳。数据显示，更高和更频繁的变动性财务奖励（对公司来说很重要，但对个人来说不太重要）与更优秀的店铺或个人绩效之间的关联并不强烈。相反地，职业发展和文化规范对结果产生了更大的影响。

3. 管理是一项接触性运动

有一组高级管理者坚信员工的管理经验是关键变量，但数据并不支持这一观点。数据显示，关键结果变量与服务年限或性格类型没有关联。这一洞察鼓励公司更精确地识别其优秀的店铺经理在做什么，然后能够培训他们的助手和其他当地管理者以相同的方式行事（例如，授权和激励员工、认可成就和创建更强大的团队）。

4. 班次有所不同

在8～10小时的班次中，绩效明显较差。这样的班次与需求模式和员工的体力并不相符，因为员工在工作6小时后精力明显下降。长时间的班次在许多餐厅已经成为常态，其目的是简化通勤和排班（每周工作的天数减少，但每天的工作时间增加）。数据分析向经理们展示，这一政策尽管简化了管理责任，实际上却降低了生产率。

（六）效果显现

试点进行了四个月后，结果令人鼓舞：客户满意度提高了100%以上，服务速度（以订单和交易完成之间的时间衡量）提高了30秒，新员工的流失率大幅下降，销售额增长了5%。这一案例强调了人力分析驱动决策的变革力量及其对业务结果的直接影响。

第4节　人力分析面临的挑战与展望

一、人力分析的挑战

（一）数据质量和完整性

数据管理始终是人力分析中的核心挑战。首先，许多组织的人力资源系统可能是多次迭代的，导致数据不一致、不完整或过时，需要大量的时间和资源来进行数据清洗和整理。其次，随着数据隐私法规的日益严格，如何在收集和处理员工数据时确保其隐私和安全，同时遵守各种法规和标准，成为一个亟待解决的问题。这不仅涉及技术和流程上的挑战，还涉及如何在维护员工信任的同时进行有效的数据管理。更进一步地，组织内部的“部门墙”也为数据的获取带来了难题。尽管人力资源部门的数据需要与其他部门（如财务和运营）的数据进行交叉分析以获得更深入的洞察，但由于部门间的隔离和数据所有权问题，获取这些数据往往充满挑战。这种部门间的数据孤岛现象可能会限制人力分析的深度和广度，降低其在组织决策中的价值。

（二）技能和能力

人力分析需要一系列跨学科的技能，传统的人力资源团队可能在这方面存在不足。尽管许多人力资源专业人员对人力资源领域有深入的了解，但他们可能缺乏必要的数据分析和统计技能。这意味着人力资源团队需要与数据科学家紧密合作，或者培训自己的团队来掌握这些技能。此外，即使数据得到了正确分析，也需要运用专业知识来正确解释结果，并将其应用于实际的人力资源决策中，这也是一个不小的挑战。

（三）组织文化和接受度

人力分析的成功不仅取决于技术和数据，还与组织文化和员工的接受度密切相关。在许多组织中，人力资源部门可能被视为只具有行政或支持功能，而不是战略合作伙伴。这可能导致其他部门对人力分析的价值和重要性持怀疑态度，从而限制其在组织中的影响力。此外，员工可能会对人力分析产生担忧，认为这是组织在“监视”他们。这种担忧可能导致一种不信任和不健康的文化，员工可能会对提供的数据或反馈持保留态度，或者对分析结果表示怀疑。为了克服这些挑战，人力资源专家需要与组织内的各个层级建立合作关系，确保透明度，并积极传达人力分析的目的和价值。

（四）实际应用和战略对齐

人力分析的最终目的是支持组织战略和目标的实现。因此，如何将分析结果转化为实际的行动计划，并确保这些行动与组织的整体战略和目标对齐，是一个关键的挑战。此外，人力分析不应该是一次性的项目，而应该是一个持续的过程。这意味着人力资源团队需要定期更新和调整分析方法和工具，以适应组织和市场的变化，确保其具有持续的相关性和有效性。

二、人力分析的未来展望

（一）集成的数据生态系统

未来的人力分析不仅仅包括对内部数据的集成，还包括对外部数据源的集成。人力资源部门将不再是孤立的数据岛。随着技术的进步，各种内部数据源，如财务数据、运营数据、销售数据等，都将与人力资源数据融合。此外，外部数据源，如社交媒体、行业报告、经济指标和地理信息，也将被纳入分析中，为组织提供一个关于员工和业务的全面的视图。这种集成将使人力资源部门能够更好地理解员工如何在更广泛的背景下影响业务结果，并据此制定策略。这意味着跨部门和跨数据源的合作将变得更加紧密，为组织提供更全面、更准确的人力资本洞察。

（二）预测性分析应用更广泛

人力分析未来将更加侧重于预测性分析。这意味着不是简单地回顾和描述过去的数据，而是利用这些数据来预测未来的趋势和结果。从员工的招聘、入职、培训、发展、晋升，直到最终的离职，每一个阶段都产生了大量的数据。这些数据经过恰当分析和解读后，可以为组织提供关于哪些员工最可能成功、谁可能需要更多的支持、哪些团队可能面临流失风险等宝贵的洞察。例如，通过分析员工在入职前的背景、教育和经验，与他们在职业生涯中的表现和满意度数据相结合，组织可以预测哪些新员工最有可能成为高绩效者或领导者。同样，通过分析员工的工作满意度、绩效评价和培训数据，可以预测哪些员工可能会在未来几个月内离职。这种预测性的洞察可以为组织提供一个前所未有的机会，使其能够更加主动地管理人力资本，优化人才管理策略，并确保业务成功。

（三）人工智能和机器学习融合

在人力分析领域，人工智能和机器学习的应用正迅速扩展，为数据解读和策略制定带来了前所未有的深度和精度。这些先进的技术不仅可以处理和分析大量数据，还可以从中学习并自动调整其算法以提供更准确的洞察。例如，机器学习可以自动分析员工的反馈和评价，深入挖掘员工的情感和情绪，这有助于组织及时识别和解决潜在的工作环境问题或团队冲突，从而为决策者提供有关如何改善员工满意度和绩效的建议。另外，人工智能在人力分析中的应用还包括自动筛选和评估求职者的资质与能力，帮助分析师更快速、更有效地识别那些最有可能成功的候选人，同时减少潜在的偏见和主观性的影响。随着技术的进步，人工智能和机器学习将在人力分析中扮演越来越重要的角色，除了数据处理和初步分析方面，还将深入扩展至更复杂的预测、模式识别和策略规划方面。

（四）重视隐私和伦理问题

随着人力分析的深入和数据收集行为的增加，隐私和伦理问题已经成为一个核心议题。为应对这一挑战，未来的趋势将强调数据的加密和匿名化，确保数据传输和存储的安全性，同时通过数据匿名化保护员工隐私。组织也将制定清晰、透明的数据制度，让员工了解并同意数据的使用方式，从而增强信任。差分隐私技术也将被广泛应用，它允许在保护个人隐私的同时从数据中提取有用信息。此外，组织将为员工提供持续的伦理培训，确保他们随时了解并遵循最新的伦理标准，从而在人力分析中做出合理和合法的决策。

// 关键术语 //

人力分析　　　人力分析成熟度　　　人力分析仪表盘

// 复习思考题 //

1. 人力分析与人力资源管理有什么异同?
2. 人力分析包含哪几个发展阶段? 分别有什么特点?
3. 人力分析的实施包含哪些步骤? 每个步骤主要解决哪些问题?
4. 人力分析有哪些典型应用场景?

案例分析

谷歌的人力分析实践

谷歌因其前沿的技术和独树一帜的公司文化而著称。其数据驱动的文化为人力分析提供了良好的土壤。在早期，谷歌已经在企业内部建立了众多数据点，用于追踪员工在其职业生涯中的工作表现、态度、信仰、解决问题的策略、所面临的挑战及抗压能力等，尽管那时并未明确这些数据将如何应用，以及它们未来的价值所在。谷歌坚信，数据的收集和分析是科学地研究人力资源问题的前提。

2007 年，谷歌建立了人力分析团队，明确其核心职责为收集和应用数据，以推动、预测并支持公司的管理实践，其使命是基于数据分析做出人力资源决策。谷歌不仅期望人力分析团队深入研究数据和开发算法，更希望他们能够展现数据的真正价值，并使全体员工都能认识到这一点。这样，管理者在决策时会更多地依赖数据，而不是仅仅依赖直觉或经验。人力分析团队的工作重点分为两个方面：一是关注企业内部，如离职率、团队领导力等；二是关注企业外部的人才市场。

以招聘为例，管理者可能会不自觉地偏好那些与自己背景和经验相似的候选人。然而，谷歌深知这种潜在的偏见可能会妨碍到人才的多样性和整体的包容性。为了确保招聘的公正性和客观性，谷歌的人力分析团队为每位候选人精心创建了详尽的档案，其中不仅涵盖了他们的职业背景和技能，还包括其他多维度的信息。这确保了在评估候选人时，决策者能够从多个角度全面了解候选人，而不是仅仅基于有限的信息或个人先入为主之见。这种策略旨在确保谷歌能够吸引并录用最适合、最有潜力的人才，避免受不必要的偏见干扰。

此外，以晋升为例，当谷歌意识到工程师的晋升流程显得过于烦琐，涉及众多的审查环节时，人力分析团队便开始探索新算法，希望通过自动化来简化晋升流程。虽然这一算法经过了严格的验证并被认为是高度可靠的，在实际应用中工程师们却对此表示了不满，他们更希望能够进行自主的决策，而不是过度依赖算法。这一出人意料的反馈让人力分析团队深刻认识到，预测模型和算法应当被作为决策者的辅助工具，它们不能完全取代人的判断。基于这一洞察，人力分析团队进一步推动并完善了多种数据驱动的人力资源策略，如“氧气项目”和“亚里士多德项目”等。

一、氧气项目

2008年左右，谷歌内部的部分高层领导开始对经理在公司中的作用表示怀疑。他们觉得，谷歌的成功更多地是建立在技术人才的基础上，而非经理层。为了探究这一观点，谷歌的人力分析团队启动了一项名为“氧气项目”的深度研究。

氧气项目的核心目标是探索经理的能力是否真正影响到团队的表现和员工的满意度。为了实现这一目标，人力分析团队开始大规模收集关于经理绩效的各种数据，如员工满意度调查数据、绩效评价结果等数据。随后，团队利用先进的数据分析方法对这些数据进行了细致的解读。分析结果清晰地表明，高效的经理与其团队的出色表现及员工的高满意度之间有着密切的联系。更进一步地，通过深入访谈谷歌的经理，人力分析团队识别出了8个与高效经理相关的关键行为特点，包括：

（1）成为一个好的教练；

（2）给予团队成员有关工作的明确指导，同时也关心他们的个人生活；

（3）不过度微管理，给予团队成员自由度；

（4）为团队成员提供明确的期望和目标；

（5）为团队成员的成功和福利提供必要的资源；

（6）帮助团队成员在职业生涯中获得发展；

（7）有清晰的沟通能力；

（8）具有技术专长，可以帮助团队解决技术问题。

基于这些发现，谷歌实施了一系列的改进措施。首先，公司为经理提供了培训和发展计划，以帮助他们培养上述的关键行为特征。其次，经理的绩效评价流程被调整，以反映这些新的发现。最后，谷歌创建了一个反馈工具，允许团队成员为其经理提供匿名反馈。这些措施带来了显著的效果。接受培训的经理所带领的团队在绩效和员工满意度上都有所提升。氧气项目为谷歌敲响了警钟，即便在一个技术导向的公司，出色的管理仍然是关键的成功因素。

二、亚里士多德项目

2012年，谷歌决定深入研究其内部的各个团队，试图回答如下问题：为何某些团队表现出色，而其他团队却步履蹒跚？这项研究被命名为“亚里士多德项目”。项目组由公司内的顶尖统计学家、组织心理学家、社会学家和工程师组成，他们的任务是深入探索团队的运作习惯和成员的行为倾向。

研究团队首先回顾了近半个世纪有关团队工作原理的学术研究，探讨了各种基本假设，如最佳团队是否由兴趣相投的人组成，以及团队成员是否在同一奖励机制下工作更为高效。基于这些前期研究，他们进一步分析了谷歌内部团队的构成和行为，例如团队成员之间的互动频率、团队成员的性格特点、团队的绩效等。

然而，尽管收集了大量数据，研究团队仍难以确定哪些特定的人格组合或背景因素导致某个团队表现出色。他们观察到，即使是由好友组成的团队，其绩效也与那些成员之间几乎不认识的团队无异。此外，团队的领导风格也各不相同，有的团队领导风格强势，有的则更为民主。

为了进一步深入研究，研究团队开始探索团队的群体规范，这些规范描述了团队成员如何互动和合作。他们发现，尽管许多高效团队的规范与其他同样成功的团队截然不同，但所有高效团队都有两个共同点：一是团队成员之间的发言机会均等；二是团队成员具有高度的社交敏感性，能够敏锐地捕捉到他人的情感和需求。

基于这些发现，亚里士多德项目得出的结论是：提高团队的效率的关键在于理解和塑造团队的群体规范。这一研究为谷歌提供了宝贵的见解，强调了即使在技术驱动的公司，人与人之间的互动和合作也是至关重要的。

总的来说，谷歌的人力分析团队通过其数据驱动的方法和深入的研究，为公司提供了宝贵的见解和策略建议，帮助谷歌优化了人力资源管理、加强了团队合作、提高了整体绩效。

讨论题

1. 谷歌的数据驱动文化如何为谷歌的人力分析实践提供支持？在没有这种文化支持的组织中，人力分析的实施会面临哪些挑战，又该如何克服？

2. 谷歌在企业内部建立了众多数据点，用于追踪员工在其职业生涯中的各种信息。请讨论在进行如此深入的人力分析时，组织应如何平衡数据收集与员工隐私的关系？谷歌可能采取了哪些措施来确保员工数据的安全和隐私？

// 第 10 章 //

人力资源 SaaS

学习导图

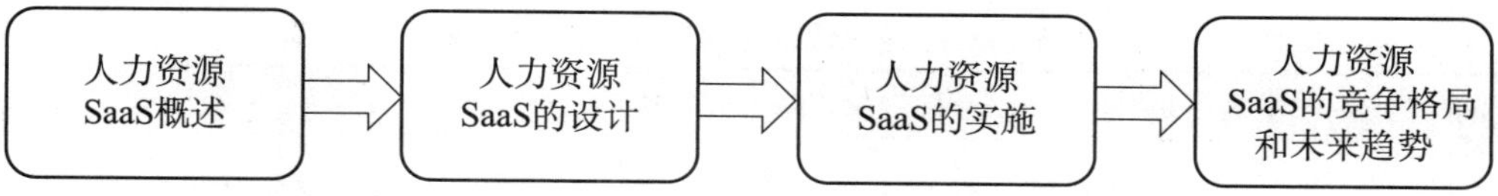

学习目标

通过本章的学习，你将：

1. 了解人力资源 SaaS 的相关概念及特点；
2. 熟悉人力资源 SaaS 的设计过程；
3. 熟悉人力资源 SaaS 的实施要点；
4. 了解人力资源 SaaS 的竞争格局和未来趋势。

第 1 节　人力资源 SaaS 概述

一、SaaS

（一）SaaS 的概念及特点

在了解人力资源 SaaS 之前，我们先来了解一下 SaaS 的概念。SaaS 是 software-as-a-service 的缩写，意思是软件即服务，即通过网络提供软件服务。SaaS 是随着互联网技术的发展和应用软件的完善而兴起的一种全新的云计算服务模型。在这种模型中，应用程序由第三方提供商托管并通过互联网提供给用户。与传统的软件购买和部署模式不同，SaaS 用户不需要在本地服务器或计算机上安装软件。相反，他们可以基于订阅模式访问和使用这些应用程序，通常按月或按年支付费用。

SaaS 应用程序完全在云上运行，用户只需通过浏览器或应用程序接口（application programming interface，API）访问[1]。这种模型的一个关键特点是其采用多租户架构，

---

[1] 当你在手机上的天气应用中查看天气预报时，这个应用可能使用 API 访问来请求一个远程服务器上的天气数据。服务器处理这个请求，查询其数据库或其他数据源，然后返回相关的天气信息。应用程序接收这些信息并显示给用户。

其中一个应用实例可以服务于多个客户，但每个客户的数据和配置都是隔离的。由于所有的维护和升级都由 SaaS 提供商负责，因此用户始终可以访问到最新的功能和安全补丁。此外，由于 SaaS 应用程序在云上，因此用户可以从任何地方、任何设备上访问它，只要有互联网连接。

（二）常见的云计算服务模式

SaaS 本质上是一种云计算服务模式。其他几种常见的服务模式还包括 IaaS、PaaS、混合云等。本地部署（on-premises）虽然不属于云计算范畴，但也是一种相关的部署方式，因此一并整理在表 10－1 中。每种服务模式都有其独特的优势，具体采用哪种模式取决于企业的具体需求、预算、技术能力和战略目标。例如，一个对数据安全性有严格要求的金融机构可能会选择本地部署或混合云，而一个初创公司可能会选择 SaaS 或 PaaS 以减少前期投资并快速上市。

表 10－1　云计算的典型及相关服务模式

部署方式	中文名称	定义	特点	形象比喻
on-premises	本地部署	软件在客户的物理位置（如数据中心）上安装和运行，不属于云计算范畴	● 完全的数据和系统控制； ● 需要购买和维护硬件； ● 负责软件升级、维护和安全性	想象一家公司拥有自己的图书馆，所有的书都在这个图书馆里。员工想要借书，就必须亲自去图书馆。公司负责图书馆的维护、购买新书和确保书的安全
IaaS（infrastructure as a service）	基础设施即服务	企业在云提供商的基础设施上租用虚拟化的硬件资源，但管理操作系统、数据库和应用程序	● 硬件级别的灵活性和可扩展性； ● 需要管理软件和操作系统	公司租用了一个空仓库来存放书籍，但仍然需要自己购买书架、分类书籍并管理整个仓库的秩序。仓库的维护（如电、水）由仓库的提供者负责
PaaS（platform as a service）	平台即服务	云提供商提供一个平台，企业可以开发、运行和管理应用程序，无须处理基础设施	● 关注应用程序开发； ● 包括开发工具、数据库管理系统和应用程序主机	公司租用了一个已经配备书架和分类系统的图书馆空间。公司只需要放入自己的书籍，不必担心图书馆的维护和管理，只需关心书籍内容
SaaS（software as a service）	软件即服务	软件作为服务提供，部署在云端。用户通过互联网访问和使用，不在本地安装	● 基于订阅模式； ● 无须维护、升级，也不必担心安全性； ● 随时随地访问	员工想要读书时不需要亲自去图书馆。他们可以在线访问一个巨大的数字图书馆，随时随地阅读。这个数字图书馆的维护和书籍更新都由服务提供者负责
hybrid cloud	混合云	结合私有云和公共云的特点，允许数据和应用程序在两者之间流动	● 灵活选择私有云和公共云； ● 满足特定的合规性和安全性需求； ● 需要复杂的管理和集成	公司有自己的小型图书馆，但同时也订阅了数字图书馆服务。对于常用的书籍，他们可能会购买实体书存放在自己的图书馆中，而特定的或偶尔需要的书籍，他们会通过数字图书馆在线访问

近年来，SaaS 在企业和个人用户中的普及确实呈现出上升趋势。其背后有多种驱动因素。首先，从经济的角度看，SaaS 模式通常采用订阅制，使企业无须进行大额的前期投资，同时还能节省与 IT 相关的维护和升级开支，因为这些都由 SaaS 提供商负责。SaaS 另一个吸引人的地方在于其快速部署的特性。与传统的软件安装相比，SaaS 应用程序可以迅速启动和使用，能为企业提供即时的价值。其次，应用程序托管在云中，它们为用户提供了随时随地的访问能力，这种灵活性在今天的移动化和全球化工作环境中尤为重要。安全性也是 SaaS 越来越受欢迎的一个重要原因。随着技术的进步，许多顶级 SaaS 提供商都在安全性上进行了大量投资，为用户提供了数据加密、身份验证和定期安全审计等功能。再次，SaaS 模式的可扩展性允许企业根据其变化的需求轻松增加或减少资源。新冠疫情也为 SaaS 的增长提供了推动力。随着许多企业转向远程工作，SaaS 解决方案因其能够轻松支持分散的工作团队而受到青睐。最后，SaaS 提供商通常提供 API 和集成工具，使其产品能够与其他应用程序和服务轻松集成，进一步增强了其在现代商业环境中的吸引力。

二、人力资源 SaaS

（一）人力资源 SaaS 的概念

人力资源 SaaS 是基于 SaaS 模式的人力资源服务平台，可以看作集合了软件技术和人力资源管理能力的管理工具①。人力资源 SaaS 提供商将应用软件统一部署在自己的服务器上，客户可以按需购买，并通过互联网获得相应服务。简单来说，人力资源 SaaS 就是人力资源服务软件，在应用场景方面，它涵盖了招聘管理、培训发展、人才管理、组织发展等各个环节。

（二）人力资源系统的发展脉络

自 20 世纪 90 年代起，人力资源系统开始应用于中国市场。发展至今，人力资源系统共经历了四个阶段。人力资源 SaaS 是数字人力资源管理的典型工具。随着技术的进步和云计算的普及，企业越来越多地转向利用 SaaS 解决方案来满足其人力资源管理需求。

1. 传统人事管理转型阶段

20 世纪 90 年代，中国企业信息化的认知开始建立，人力资源软件的使用理念传播开来，人力资源系统进入传统人事管理转型期，进行事务型管理是当时人力资源管理的主要目标。

传统人事管理转型阶段的主要特征是实现人力资源管理线上化，即人力资源事务由线下手工记录转向线上 Excel 报表软件管理，部分原本需要手动计算的工作可以交由计算机自动处理②。采用计算机自动处理的方式来代替一些原来需要手工处理的工作，从而明显提高工作质量及效率，进一步控制处理成本③。但此时企业对人力资源系统的应用尚处于初级阶段，大多数企业只是用了一些事务性的管理模块以保证人员和劳动工资有账

① 参见艾瑞咨询《2020 年中国 HR SaaS 行业研究报告》。

② SaaS 应用与实践研究报告：数字化工具与数字化服务并驾齐驱［EB/OL］.（2022－09－09）［2023－10－10］. https://m.sohu.com/a/583587377_121123869/?pvid=000115_3w_a&_trans_=000019_wzwza.

③ 黄小梅．信息化技术在企业人力资源管理中的应用［J］. 中国管理信息化，2021，24（18）.

可查。在此阶段，企业并未将数据和信息纳入线上人力资源管理之中，人力资源管理数字化概念较为模糊，人力资源管理面临顶层战略规划不清、业务流程再塑较难、组织部门协同推进受阻、信息化程度不一等问题。

2. e-HR 阶段

自 2001 年中国加入世界贸易组织后，国内企业深切感受到了全球化的影响。这使得企业开始重新审视员工，将其视为宝贵的资源。企业从过去简单的“计算人数、支付薪资”模式逐渐转向“以人为核心”的管理策略。在这一背景下，信息化管理逐渐成为人力资源管理的核心目标，标志着人力资源系统步入了 e-HR 时代。

e-HR 即电子人力资源管理，代表了基于信息技术和互联网的现代人力资源管理模式。它通过与企业资源计划、客户关系管理、供应链管理以及应用服务提供商的融合，不仅推动了企业人力资源管理的信息化和自动化，还确保了与财务、物流、供应链和客户关系等核心业务系统的紧密整合①。e-HR 阶段的主要特征是实现人力资源管理自动化，将基础人事、薪酬、假勤等主要模块聚合起来②。e-HR 系统通过整合企业内外的人力资源信息，与企业的人力资本策略相协同，从而推动了人力资源部门的角色转换，提升了其工作效率，促进了知识型员工的自主管理，并为企业高层的人才决策提供了数据支持，进一步优化了公司内部的沟通流程。尽管这一阶段以流程自动化为核心目标，但仍面临一些挑战，如后期运维被忽视、数字化人才建设不足以及业务流程优化困难等。

3. 人力资源 SaaS 阶段

随着人力资源管理数字化进程不断深化，部分人力资源软件企业开始推进人力资源系统 SaaS 化。这种转变不仅是为了满足市场对云计算和即插即用解决方案日益增长的需求，而且是为了提供更加灵活、可扩展和更具成本效益的人力资源解决方案。因此，人力资源系统行业逐渐形成两大体系并存的局面：一是本地安装部署的 e-HR 系统；另一个是基于订阅模式的人力资源 SaaS。e-HR 系统经过不断的发展，成为企业长期以来采用的模式，不少本地部署厂商的产品经过多年研发迭代已经非常成熟。其虽然能显著提升企业的运营效率，但也逐渐暴露出系统集成难度大、用户接受度和使用意愿低、存在用户数据安全和隐私泄露风险等问题。为此，另一些软件供应商开始探索云计算解决方案，其中具有代表性的包括 Workday、SAP SuccessFactors、北森、肯耐珂萨等③。

尽管人力资源 SaaS 相比 e-HR 系统具有多方面优势，但其成为主流模式仍经历了一个长时间的过程④。我国最早的人力资源 SaaS 可以追溯至 2013 年，但直到 2015 年国内企业级 SaaS 领域的资本风口来临，人力资源 SaaS 领域才开始受到关注，各路资本涌入，并在 2016 年形成一个投资小高峰。然而，与此同时，资本催熟的市场出现了诸如产品严重同质化、对大中型企业和中小型企业的定位不明确、产品定价混乱等难题。随着行业

---

① 什么是 e-HR 系统？[EB/OL].（2021 - 01 - 01）[2023 - 10 - 10]. https://mp.weixin.qq.com/s/eUlpk9byFMwCS7MPMLyH-g.

② 人资信息化三十余年，从行业冰点至星星之火，人力资源 SaaS 做对了什么？[EB/OL].（2022 - 10 - 09）[2023 - 10 - 10]. https://36kr.com/p/1950393137889921.

③ 人力资源 SaaS 上市热，人才数字化道阻且长？[EB/OL].（2022 - 11 - 17）[2023 - 10 - 10]. https://baijiahao.baidu.com/s?id=1749747468133567785&wfr=spider&for=pc.

④ 为什么说“业人一体化”是人力资源 SaaS 的新赛点？[EB/OL].（2022 - 11 - 15）[2023 - 10 - 10]. https://www.hrtechchina.com/Org/view/term/16579/id/57209.html.

短期内无法解决这些问题，资本市场逐渐冷静，人力资源 SaaS 在接下来的四年间进行了持续的洗牌，一批缺乏核心竞争力的中小厂商逐渐退出市场。

直到 2020 年，受新冠疫情影响，越来越多的企业开始关注和接受人力资源 SaaS 模式，该行业迎来了一个新的发展阶段。一些留存下来的厂商获得了新一轮融资，并且过去几年的口碑积累使得行业开始出现一些领先厂商。此外，一些在细分领域精耕细作的厂商也越做越好，人力资源 SaaS 领域的厂商竞争格局初步形成。深耕单品的代表厂商主要有盖雅工场、Moka、薪人薪事等①。近几年，企业普遍强调降本增效，开始精细化运营。企业对人力资源 SaaS 的需求也随之爆发，行业进入"一键加速"新阶段。我国人力资源 SaaS 的整体渗透水平在持续提升，2020—2025 年，国内人力资源 SaaS 市场规模预计增长 39.5%，2025 年，我国人力资源 SaaS 市场规模预计达到 142 亿元②。

4. 一体化人力资源 SaaS 阶段

人力资源 SaaS 发展之初，人力资源服务厂商普遍采取单品 SaaS 的发展路径，即一个产品只提供一个主要功能，因为对于大部分 SaaS 创业公司而言，人力资源、财力资源都是有限的，需要遵从"集中力量办大事"的原则③。此时，SaaS 模式的招聘管理、SaaS 模式的绩效管理、SaaS 模式的 eLearning 等软件作为单个模块切入人力资源软件市场。

尽管人力资源 SaaS 具有广泛的业务范围和深入的细分领域，允许专业化的企业在特定领域内做到极致，但单品 SaaS 往往标准化程度较低，互操作性不强④。这导致企业在实际应用中遇到了整合和分析各领域信息的挑战。事实上，无论是国内还是国外的人力资源 SaaS 市场反馈都凸显了单品 SaaS 的这一局限性。例如，2010 年美国的人力资源 SaaS 供应商试图创建一个涵盖员工全生命周期的完整系统，但并未完全成功。许多美国企业更倾向于从同一供应商购买整套解决方案，即使这意味着放弃某些功能。在 2010—2020 年期间，中国的企业也面临着类似的挑战，它们购买了来自不同供应商的多个模块，在集成时却难以实现预期的效果。这种碎片化的解决方案导致了业务流程中的断点，阻碍了以员工为中心的数据分析，并降低了员工的使用体验。因此，市场上对一体化人力资源 SaaS 的需求日益增强，这也逐渐成为行业的主要发展趋势。

一体化人力资源 SaaS 代表了人力资源管理的新时代，它在云端提供全套的人力资源功能和服务，为企业带来了前所未有的便利和效率。这种综合性的系统不仅涵盖了人力资源管理从招聘、入职、培训、绩效评价到薪酬管理、福利、人才发展和离职管理等的所有关键环节，而且确保了数据的流动性和一致性。所有的数据都在一个统一的平台上，可以轻松地进行交叉分析和报告，避免了数据重复、不一致和难以分析的问题。

---

① 洗牌无声：人力资源 SaaS 窗口关闭前的微妙时刻［EB/OL］.（2022-11-18）［2023-10-10］. https://m.sohu.com/a/607182249_376476.

② 2020 年中国 HR SaaS 行业研究报告［EB/OL］.（2020-11-05）［2023-10-10］. https://report.iresearch.cn/report/202011/3677.shtml.

③ 为什么说"业人一体化"是人力资源 SaaS 的新赛点？［EB/OL］.（2022-11-15）［2023-10-10］. https://www.hrtechchina.com/Org/view/term/16579/id/57209.html.

④ 人力资源 SaaS 新阶段：业务人力一体化［EB/OL］.（2022-08-23）［2023-10-10］. https://me.mbd.baidu.com/r/SnSKISN3O0?f=cp&rs=4266320057&ruk=wwlkX9FOP54f1Agk9fJ47Q&u=c639a45ca412ea8d&urlext=%7B%22cuid%22%3A%22_iSaagiwHu_YiBuugaSZujOWSa_juvuq_8vtalu0SuKu0qqSB%22%7D.

此外，一体化的系统还意味着各个人力资源流程之间的连接更为紧密，可以实现流程的自动化和优化。例如，一旦一个候选人被录用，他的信息可以自动流入人事和薪酬系统，无须重复输入。员工、管理者和人力资源团队都在同一个平台上操作，这确保了统一和高效的用户体验。无论是进行绩效评价、查看薪酬明细，还是申请假期，用户都可以在同一个界面上完成。

随着数字人力资源管理对业务部门的赋能，业务经理和业务部门员工在人力资源业务伙伴的指导下成为人力资源 SaaS 的重要用户，代表了人力资源 SaaS 与业务的紧密融合，形成了业务与人力资源一体化的新趋势。例如，招聘、新员工入职和预算编制等业务需求的主导权将从人力资源部门转移到业务部门负责人。因此，新一代的人力资源 SaaS 不仅仅是人力资源部门的工具，还是为业务经理和业务部门员工提供的生产力工具，旨在打破“人力资源与业务运营是两回事”的传统观念。一体化人力资源 SaaS 不仅要体现人力资源部门内部工作的一体化，而且要从企业的整体视角出发，将人力资源管理与企业战略和业务完美融合。简而言之，一体化人力资源 SaaS 为企业提供了一个全面、集成和自动化的解决方案，它将人力资源管理及所有相关方面整合在一个统一的平台上，从而提高效率、减少错误，并为决策提供更好的数据支持。

（三）人力资源 SaaS 的主要优势

人力资源 SaaS 在当前的人力资源管理领域越来越受欢迎。以下是人力资源 SaaS 的一些主要优势。

1. 无须大规模前期投资

传统的人力资源系统往往涉及昂贵的硬件购买、软件许可证费用以及实施和培训成本。这对于许多中小企业来说是一个沉重的财务负担。人力资源 SaaS 基于订阅模式，这意味着企业只需根据所需的用户数量或功能集按月或按年支付费用。这种模型不仅降低了初始投资，还使得预算规划更为简单和可预测。

2. 灵活性与可扩展性

传统系统通常是静态的，需要额外的时间和资源来扩展或修改。人力资源 SaaS 则将解决方案设计为模块化和可配置的，这使得企业可以根据其特定的需求和预算选择功能模块。随着企业的发展或需求的变化，可以轻松添加更多的功能或用户。例如一家中型企业在扩张时，能够轻松地为新员工增加许可证，并添加新的功能模块，而不需要进行大规模的系统升级。这种灵活性确保了解决方案能够与企业一同成长，而不是成为其发展的障碍。

3. 实时更新与维护

传统的软件解决方案需要定期进行手动更新和维护，这往往涉及停机时间和额外成本。而人力资源 SaaS 提供商通常会在后台自动、定期地进行更新，确保所有用户都能够访问到最新的功能和安全补丁。例如在新冠疫情期间，许多人力资源 SaaS 提供商迅速推出了新功能，如远程工作跟踪和健康检查，而传统系统可能需要较长的更新周期。这种自动化的更新方式减少了中断，确保了系统的持续可用性。

4. 无缝集成与 API 连接

现代企业使用的系统和应用日益增多，因此数据的无缝流动和集成变得至关重要。

传统系统可能难以与其他企业系统集成，而人力资源 SaaS 通常提供开放的 API 和预构建的集成，使其能够轻松与其他关键系统（如财务系统、生产运营系统或客户关系管理系统）连接。例如，一家大型企业使用人力资源 SaaS 的 API 成功地与其财务系统和客户关系管理系统集成，实现自动同步员工数据和销售业绩。这种集成确保了数据的一致性，减少了重复输入和错误。

5. 数据安全与合规性

数据安全和隐私保护是任何企业的首要关注点。传统系统的数据安全和合规性需要企业自己负责，可能涉及额外的成本和风险。优秀的人力资源 SaaS 提供商会采用最先进的安全技术和实践，如端到端加密、多因素认证和定期的安全审计。此外，它们还会确保其服务符合国际和地区的数据保护法规，如《通用数据保护条例》① 或《加利福尼亚州消费者隐私法案》②，从而降低企业的合规风险。例如，一家跨国公司使用人力资源 SaaS 确保其全球所有分支机构都符合《通用数据保护条例》和其他地区的数据保护法规。

6. 全球访问与移动优化

传统系统的访问可能受限于企业内部网络。随着远程工作和全球化团队的兴起，能够从任何地方访问人力资源系统变得越来越重要。人力资源 SaaS 解决方案基于云，这意味着只要有互联网连接，员工和管理者就可以访问系统。此外，许多提供商还提供移动应用或移动优化的网页界面，使得员工在外出时也能轻松完成任务。例如，一家跨国公司的员工在全球各地工作，他们使用人力资源 SaaS 轻松提交假期申请、查看工资单和完成培训，无论他们身在何处。

7. 数据驱动的决策支持

数据是现代企业的生命线。传统系统的分析和报告功能可能受限，需要额外的商业智能（business intelligence，BI）工具。而人力资源 SaaS 解决方案通常配备了强大的分析和报告工具，这些工具可以提供关于招聘、员工满意度、培训效果等方面的洞察。这些数据驱动的洞察为人力资源团队和高层管理者提供了有价值的信息，帮助他们做出更明智的策略决策。例如，人力资源团队使用人力资源 SaaS 的分析工具，识别出招聘流程中的瓶颈，从而优化招聘策略，提高招聘效率。

8. 用户友好的界面

为了确保较高的用户接受度和系统利用率，人力资源 SaaS 解决方案通常注重用户体验。这意味着它们提供直观、简洁的界面，以及清晰的工作流程和提示。这种以用户为中心的设计减少了培训需求，加速了新系统的采纳过程。例如，新员工在加入公司后，只需用几个小时就可熟悉人力资源 SaaS，而传统系统可能需要几天的培训。

总之，人力资源 SaaS 以其经济、灵活、实时更新和高度可扩展等优点，为企业提供了更智能和高效的人力资源管理方案，满足了数字化时代企业的需求，逐渐成为人力资源系统的主流模式。

---

① 《通用数据保护条例》（GDPR）为欧盟的条例。

② 《加利福尼亚州消费者隐私法案》（CCPA）是继欧盟《通用数据保护条例》颁布后又一部数据隐私领域的重要法律，是美国首部关于数据隐私的全面立法。

第 2 节　人力资源 SaaS 的设计

一、人力资源 SaaS 的整体架构

在现代企业中，人力资源 SaaS 已经成为人力资源管理的核心。这种系统不仅提供了传统的人力资源管理功能，还集成了先进的数据处理和分析工具，以支持数据驱动的决策制定。人力资源 SaaS 的整体架构可以分为用户界面层、应用服务层、数据存储与处理层、基础设施层，如图 10－1 所示。下面对各层及组成部分做深入介绍。

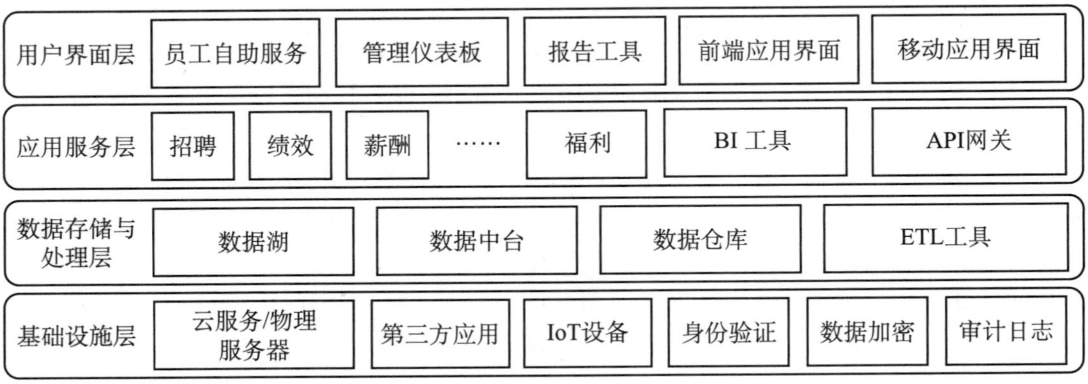

图 10－1　人力资源 SaaS 的整体架构

（一）用户界面层

这一层为用户提供与系统交互的平台。其中，前端应用提供员工自助服务、管理仪表板和报告工具等功能。这些功能使员工能够自行管理他们的个人信息、假期、薪酬等，同时也为管理层提供了员工绩效、出勤和其他关键指标的实时视图。同时，为了满足现代移动办公的需求，特定的移动应用被开发出来，以适应各种移动设备，如智能手机和平板，确保员工和管理者随时随地都能轻松访问这些服务。

（二）应用服务层

这一层是系统的核心，提供各种业务功能。人力资源核心模块包括招聘、绩效管理、薪酬、福利等，支持企业的日常人力资源管理活动。为了支持数据驱动的决策制定，BI 工具提供数据可视化和深度分析功能。API 网关则确保人力资源 SaaS 可以与其他企业系统（如财务、企业资源计划或客户关系管理系统）轻松集成，实现数据的无缝流动。

（三）数据存储与处理层

数据在人力资源 SaaS 中起着核心的作用。数据湖作为一个多功能的存储平台，能够集纳大规模的结构化和非结构化数据。而数据中台则确保为各种应用提供经过清洗、统一和优化的数据，从而保障数据的准确性和连贯性。数据仓库专为深度分析和查询而设计，确保 BI 工具能够迅速并准确地获取所需信息。在整个流程中，ETL 工具扮演着至关重要的角色，它从不同的源系统中提取数据，然后进行适当的转换和整合，以适应数

据湖和数据仓库的结构和格式要求。

（四）基础设施层

这一层为整个系统提供必要的硬件和软件支持。云服务/物理服务器提供计算和存储资源，确保系统的高可用性和性能。安全与合规是这一层的另一个关键组成部分，包括身份验证、数据加密、审计日志等功能，确保数据的安全性和企业的合规性。此外，第三方应用和 IoT 设备（如考勤机、健康监测设备等）也在这一层与人力资源 SaaS 集成，提供额外的功能和数据源。

总的来说，人力资源 SaaS 是一个多层次、高度集成的解决方案，支持企业的人力资源管理和数据驱动的决策制定。每一层都有其独特的功能和组成部分，共同确保了系统高效、安全和可靠。

二、人力资源 SaaS 数据流

（一）数据收集

从各种源头收集数据是第一步。这些源头可能包括社交媒体、电子邮件、在线表单、IoT 设备等。在人力资源 SaaS 中，这可能涉及从招聘网站收集的求职者简历、员工反馈调查的结果、时间跟踪工具中的工时数据等。例如，当一个求职者在公司的招聘网站上提交简历时，这些数据会被捕获并存储。

（二）数据存储

一旦收集到数据，它们首先被存储在数据湖中。数据湖是一个能够容纳大量非结构化和结构化数据的存储系统，并保留其原始格式。例如，员工的社交媒体反馈、视频面试记录和电子邮件通信都可以原封不动地存储在数据湖中。

（三）数据清洗与预处理

在这一步，对数据进行质量检查以识别并纠正错误或不一致性。例如，可能会检测到重复的求职者简历或不完整的员工反馈。此外，数据可能需要进行转换，例如将非结构化的视频面试记录转换为文本摘要。

（四）数据整合

经过清洗和预处理的数据被加载到数据中台。数据中台是一个集中的数据仓库或数据库，它整合了来自不同来源的数据，并为上层应用提供统一、清洗过的、可用的数据。这可确保数据的一致性和准确性。例如，所有员工的基本信息、工资、绩效评分和培训记录都可以在数据中台中集中查看。

（五）数据分析与转换

在这一步，数据可能会经过进一步的分析和转换。例如，人力资源团队可能使用机器学习模型来分析员工满意度的趋势，或使用统计方法来预测未来的招聘需求。数据聚合也可能在此步骤进行，例如，对所有部门的员工满意度进行平均，以得到公司整体的满意度得分。

（六）数据提供

为了满足特定的 BI 工具需求，经过分析和转换的数据可能会被加载到数据仓库中。

例如，一个经过优化的数据仓库可能会存储每月的员工招聘、离职和晋升数据，以支持高效的历史趋势分析。此外，数据中台可能还提供 API 或其他数据服务，允许上层应用直接访问和查询数据。

（七）数据消费

最后，上层应用如 BI 工具使用来自数据仓库或数据中台的数据进行报告、可视化和深入分析。例如，公司的领导层可能使用仪表板工具来查看员工的整体满意度、部门之间的比较情况以及其随时间的变化趋势，从而做出更准确的决策。

三、人力资源 SaaS 中的数据存储与管理

在现代的人力资源 SaaS 中，数据并非仅仅被存储和查询，还是推动智能决策、优化流程和增强员工体验的核心。为了满足这些复杂的需求，数据的存储和管理变得尤为关键。其中，数据湖、数据中台和数据仓库是三个核心组件。它们各自扮演着独特的角色，但又相互协作，确保数据从采集到分析再到应用的整个流程都是流畅和高效的，详见表 10－2。这三者如何深入地融合在人力资源 SaaS 中？我们接下来详细探讨。

表 10－2　人力资源 SaaS 中的关键数据库

特点/组件	数据湖	数据中台	数据仓库
数据类型	结构化、半结构化、非结构化	通常是结构化和半结构化	主要是结构化
数据存储	原始格式	整合、清洗后的格式	高度优化、经过转换的格式
目的	数据的集中存储	数据的整合、清洗和提供	数据的查询和分析
查询性能	通常较低	中等	高（为快速查询而优化）
处理工具	Hadoop、Spark 等	ETL 工具、数据集成工具	OLAP 工具、数据库查询工具
数据更新	频繁、实时	定期、批处理	批处理、定期
用户	数据科学家、开发者	数据工程师、开发者	业务分析师、决策者
典型用例	数据探索、机器学习	数据服务、API 提供	报告、仪表板、历史数据分析
数据历史	长期存储、不经常删除	有时会有历史数据，但焦点在当前数据	通常存储历史数据，支持时间维度的分析
数据质量	可能包含低质量数据	重点在数据质量和一致性	高质量、经过验证和清洗的数据

（一）数据湖

数据湖是一个集中的存储库，专门用于存储大量的结构化和非结构化数据，并保留其原始格式[①]。与传统的关系型数据库不同，数据湖的设计允许企业在不预先定义数据结构的情况下存储数据，这为后续的数据处理和分析提供了极大的灵活性。这种灵活性源于数据湖的几个核心特点：它可以存储各种类型的数据，如文本、日志、图像、声音和视频；由于其分布式架构，它可以轻松扩展以容纳更多的数据；它通常基于低成本的存

① 了解云数据存储技术：数据湖和数据仓库［EB/OL］.（2021－08－06）［2023－10－10］. https://www.sohu.com/a/481843927_120222471.

储解决方案，如 Hadoop 或云存储，使其成为大数据存储的经济选择。

在人力资源 SaaS 中，数据湖扮演关键的角色。首先，它是原始数据的存储库，无论这些数据是结构化的、半结构化的还是非结构化的。其次，数据可以在数据湖内部经过简单的清洗、转换和融合，为进一步的分析和应用做好准备。数据中台从数据湖中提取、转换和加载数据，然后将其整合到一个集中的数据仓库或数据库中，确保数据的一致性和准确性。而数据仓库则为分析而优化从数据中台加载的经过处理和整合的数据，支持快速的查询和报告。

（二）数据中台

数据中台是现代企业数据架构中的关键组件，特别是在人力资源 SaaS 中。它是一个集中的数据平台，专门用于整合来自不同来源的数据，并为上层应用提供统一、清洗过的、可用的数据。这种集中的数据处理和整合功能可确保数据的一致性和准确性，为企业提供一个可靠的数据基础。

数据中台的核心特点包括从多个源头整合数据，进行数据质量管理以确保数据的准确性、完整性和一致性，提供 API 和其他数据服务，以及允许上层应用直接访问和查询数据。此外，数据治理也是数据中台的重要功能，支持数据目录、数据血统和数据权限管理，确保数据的安全和合规性。

（三）数据仓库

数据仓库是企业 IT 架构中的核心组件，尤其在人力资源 SaaS 中。它是一个集中的数据存储系统，专为支持企业的分析和报告需求而设计。与常见的操作型数据库相比，数据仓库的特点在于它是为查询和分析而优化的，通常包含经过清洗、转换和整合的历史数据，从而为决策制定提供支持。

在数据仓库中，数据往往按照不同的业务领域进行分类和组织，如销售、库存或人力资源，以确保数据的高度一致性和准确性。它不仅存储丰富的历史数据，还支持时间序列的深度分析。值得注意的是，一旦数据被成功加载到数据仓库，它就将具有持久性，这意味着数据不会被轻易修改或删除。

由此可见，数据仓库为人力资源 SaaS 构建了一个集中、稳定且高效的数据基石，确保了数据的完整性、一致性和高质量。这种集中化的数据管理方式为企业提供了一个强大的分析工具，助力企业实现数据驱动的决策，从而带来更为精准和高效的业务报告和分析。

第 3 节　人力资源 SaaS 的实施

实施人力资源 SaaS 是一个复杂而关键的过程，涉及多方面的考量和决策。以下几个方面是企业在实施人力资源 SaaS 时需要尤其重视的。

一、明确需求与目标

明确需求与目标是实施人力资源 SaaS 的第一步。这一阶段的目的是确保企业能够选择到适合的系统，满足当前和未来的需求，从而实现最大的投资回报。具体来说，企业需要明确企业的规模、业务模式、员工结构、未来发展计划等。首先，不同规模的企业，其人力资源管理的需求和面临的挑战是不同的。例如，大型企业可能需要更复杂的组织结构管理和多语言、多币种支持，而中小型企业则可能更关心基本的人事、薪酬和绩效管理功能。其次，不同的业务模式，如制造业、服务业或技术行业，对人力资源 SaaS 的功能有不同的需求。再次，企业的员工结构，包括员工的年龄、教育背景、技能和经验等，都会影响到人力资源 SaaS 的选择。例如，对于年轻、技术熟练的员工群体，企业可能需要一个具有高度数字化、移动化和社交化功能的系统。而对于传统的、非技术型的员工，系统的易用性和培训支持可能更为关键。最后，企业的未来发展计划，如扩张、并购或进入新市场，都会对人力资源 SaaS 的需求产生影响。企业需要选择一个具有足够的可扩展性和灵活性的系统，以确保在未来可以轻松地添加新功能或模块。

在明确需求与目标的过程中，与企业内的关键利益相关者，如业务部门负责人、IT 部门和员工代表进行深入的沟通是非常关键的。这可以确保所收集的需求是全面和准确的，也可以提高各方对新系统的接受度从而获得其支持。基于上述分析和沟通，企业需要编写一份详细的需求文档，明确列出所需的功能、性能、安全和合规性等要求。这份文档将为后续的系统选择、定制和实施提供明确的指导。

二、确立核心功能与可扩展性

在选择和实施人力资源 SaaS 时，首先需要确立系统的核心功能。这些核心功能应该能够全面覆盖企业的基本人力资源管理需求。一般来说，人力资源 SaaS 的核心功能包括基础人事管理、招聘管理、薪酬管理、绩效管理等。

（一）基础人事管理

人力资源 SaaS 中的基础人事管理功能首先应该能够集中管理员工的个人信息，包括基本信息、职位历程、教育背景和技能证书等。其次，应该具备假期申请和审批、出勤记录和时间跟踪等功能。它还应该能够支持多种假期政策和工作时间安排，以适应不同的企业文化和工作环境。此外，应该能够生成各种出勤和假期报告，以支持企业的人力资源决策。最后，应该提供一个用户友好的自助服务门户，使员工和管理者能够轻松访问和使用其各种功能。门户应该支持个性化的用户界面和多种访问方式，包括网页和移动应用等。

（二）招聘管理

人力资源 SaaS 中的招聘管理功能应该能够支持整个招聘流程，包括职位发布、简历筛选、面试安排和候选人跟踪等。首先，招聘管理功能应该具备强大的职位发布能力。它应该支持多种格式的职位描述和要求，以吸引不同类型的候选人，而且能够与主流的招聘平台进行集成，以扩宽招聘渠道和提高招聘效率。这样可以帮助企业更好地利用外部资源，扩大招聘的覆盖范围和影响力。其次，简历筛选应该是智能和高效的。招聘管理功能应该能够自动识别和提取简历中的关键信息，如教育背景、工作经历和技能等，并根据企业的招聘标准进行初步筛选。此外，它还应该提供一套强大的搜索和筛选工具，以帮助招聘人员快速找到合适的候选人。面试安排也是一个关键环节。招聘管理功能应该能够自动化地安排面试，包括面试时间、地点和面试官的安排。它还应该提供一个用户友好的界面，使候选人能够轻松地确认面试时间和地点。最后，候选人跟踪是招聘管理的另一个重要环节。招聘管理功能应该能够记录和跟踪候选人在招聘流程中的所有活动和状态，包括面试结果、反馈和职位匹配度等。这样可以帮助企业更好地了解候选人的情况，从而做出更有根据的招聘决策。

（三）薪酬管理

薪酬管理是企业吸引和留住人才的关键环节。人力资源 SaaS 需要具备强大的薪酬管理功能，包括薪资结构设计、薪资计算和发放、奖金和福利管理等。首先，薪资结构设计是薪酬管理的基础。薪酬管理功能应该提供灵活的工具和模板，帮助企业设计出符合市场趋势和企业文化的薪资结构。这包括基本工资、绩效奖金、长期激励等多个方面，确保企业能够根据不同职位和级别提供合理的薪酬。其次，薪资计算和发放是薪酬管理的核心环节。薪酬管理功能应该能够自动化地进行薪资计算，减少人工错误和时间消耗。同时，它还应该提供多种薪资发放方式，包括银行转账、第三方支付等，确保薪资能够准时、准确地发放到员工手中。奖金和福利管理也是薪酬管理的重要组成部分。薪酬管理功能应该能够支持多种奖金和福利方案，包括年终奖、绩效奖金、员工福利等。这样可以帮助企业更好地激励和奖励员工，提升员工的工作积极性和满意度。此外，一个先进的人力资源 SaaS 还应该能够支持多种薪酬政策和方案，以适应不同的员工群体和业务需求。这包括支持多种薪酬调整方式，如市场调整、绩效调整等，以及提供多种薪酬分析和报告工具，帮助企业更好地了解和控制薪酬成本。

（四）绩效管理

绩效管理是人力资源管理的核心环节。人力资源 SaaS 应该提供灵活的绩效管理功能，支持目标设定、绩效评价、反馈和沟通等。首先，目标设定是绩效管理的起点。绩效管理功能应该能够支持企业和员工共同确定明确、可衡量的工作目标，确保员工的工作方向与企业的战略目标一致。此外，绩效管理功能还应该提供工具和方法，帮助员工将年度或季度目标细化到日常工作中，形成一个清晰的工作计划和路径。其次，绩效评价是绩效管理的核心。绩效管理功能应该提供灵活的绩效考核模块，支持多维度、多层次的绩效评价。这包括自我评价、上级评价、同事评价等多种评价方式，以及关键绩效指标、OKR 等多种评价方法，确保绩效评价的公正性和准确性。反馈和沟通是绩效管理的关键环节。绩效管理功能应该提供方便的反馈和沟通工具，支持实时的绩效反馈和沟通。这可以帮助员工及时了解自己的工作表现，找到工作中的问题和改进点，从而更好地调整自己的工作策略和方法。此外，绩效管理还应该与薪酬和培训模块紧密集成，以实现绩效的全面管理。这意味着绩效评价结果应该能够直接影响员工的薪酬和奖励，同时也应该能够指导员工的个人发展和培训。例如，可以根据绩效评价结果自动调整员工的薪酬和奖金，也可以根据绩效评价结果推荐相应的培训和发展计划。

（五）扩展性功能

在实现上述核心功能的基础上，人力资源 SaaS 的可扩展性成为一个非常关键的因素。企业应该选择一个可以方便地添加新功能或模块的系统，以适应企业的持续发展和变化。一方面，企业要关注人力资源 SaaS 的模块化能力。通过模块化设计，企业可以方便地添加新的功能或模块，例如培训发展、人才盘点、继任者计划等，以适应企业的发展和变化；另一方面，人力资源 SaaS 应该具备强大的集成能力，能够与企业的其他系统和平台（如财务、企业资源计划等）进行无缝集成，确保数据的流畅传输和一致性。这需要系统具有良好的 API 支持和集成工具。最后，在实施人力资源 SaaS 时，企业还需要从更长远的视角来进行规划。这包括技术更新和升级是否及时，以及用户体验与优化是否到位等。例如，一个直观、易于使用的界面可以大大提高员工的接受度和使用效率。

三、确保数据安全与合规性

保护员工的个人信息和企业的敏感数据是至关重要的。因此，人力资源 SaaS 应具备强大的安全机制，以保护数据不被未授权访问或泄露。这包括数据传输和存储的加密技术，以确保数据在传输过程中和存储时的安全。此外，系统还应该提供访问控制功能，确保只有授权用户才能访问敏感数据。审计日志是另一个重要的安全功能。通过审计日志，企业可以追踪数据的访问和修改历史，从而及时发现和消除潜在的安全威胁。例如，如果一个员工试图访问其不应该访问的数据，那么系统应该能够记录这个行为，并提供相应的警告和报告。除了技术措施，合规性也是数据安全的重要组成部分。企业需要确保其人力资源 SaaS 符合相关的法律和行业标准。这包括数据保护法律、员工隐私权法律和行业特定的合规要求。企业应该与法律顾问和行业专家合作，以确保系统的合规性。此外，企业还应该提供相应的培训和教育，以提高员工的数据安全意识和能力。这包括教育员工如何识别和防止网络钓鱼攻击、如何正确使用密码和多因素认证等。

四、计算成本与投资回报率

在实施人力资源 SaaS 时，成本和投资回报率是两个需要考虑的非常重要的因素。首先，企业需要明确人力资源 SaaS 的初始投资。这包括购买或订阅的费用、系统定制和集成的费用、员工培训和项目管理的费用。企业应该根据自己的业务需求和预算，选择一个性价比高的系统。其次，企业还需要考虑长期运营成本。这包括系统维护和升级的费用、数据存储和管理的费用、系统使用和支持的费用。选择一个能够提供高效和稳定服务的系统，以降低企业长期的运营成本。投资回报率是另一个需要考虑的重要因素。企业应该评估系统能够为企业带来的经济效益和价值。这包括提高员工的工作效率和满意度、降低人力资源管理的时间和成本、提高企业的决策效率和准确性。此外，企业还应该考虑系统的风险和挑战。这包括系统的安全风险、数据迁移和集成的挑战以及系统的用户接受度和适应性。企业应该有一个全面和深入的风险评估和管理计划，以确保系统的顺利实施和高效运行。

五、考察供应商的信誉

选择一个有良好口碑和丰富经验的供应商是人力资源 SaaS 实施的关键要点之一。企业应该深入研究和考察供应商的行业声誉、客户评价、经验和专业知识、技术支持和服务以及研发和创新能力，以选择一个最适合的供应商。通过与一个优秀的供应商合作，企业可以更好地推动人力资源 SaaS 的成功实施和高效运行，从而实现人力资源管理的数字化和智能化。

总之，选择和实施人力资源 SaaS 是一个涉及多方面的综合决策过程。企业需要根据自己的实际情况，进行深入的分析和评估，确保所选系统能够为企业带来长期的效益。

第 4 节　人力资源 SaaS 的竞争格局和未来趋势

一、人力资源 SaaS 的竞争格局

（一）全球市场的竞争格局

在全球人力资源 SaaS 市场，我们可以将主要的市场参与者分为三个梯队，每个梯队都有其独特的特点和优势。第一梯队是全球领先企业，代表性企业包括 Workday、Oracle HCM Cloud、SAP SuccessFactors 等。这些企业通常具有强大的技术背景和全球化的服务网络，能够为大型企业提供全面和高度集成的解决方案。第二梯队是区域领先企业，代表性企业包括 ADP、Ceridian 等。这些企业则更加专注于特定的区域或细分市场，提供更为专业和定制化的服务。第三梯队是新兴和利基市场（缝隙市场）参与者，代表性企业包括 BambooHR 和 Zenefits。这些企业则更具灵活性和创新性，特别适合中小企业和新兴市场的需求。

（二）中国人力资源 SaaS 的竞争格局

近年来，人力资源 SaaS 在我国的快速崛起可以归因于多方面的因素：首先，我国政府大力推动企业数字化转型，促使企业寻找更高效和智能的人力资源解决方案。尤其是在激烈的市场竞争环境下，企业更加注重提高运营效率和降低成本，而人力资源 SaaS 可以帮助企业实现这一目标，从而推动了人力资源 SaaS 市场的增长。其次，劳动力市场的变化，尤其是第三产业就业人口逐年增加，使人力资源 SaaS 成为解决人员流动性强等问题的有效手段。而劳动力成本的上升和年轻劳动力的变化，为人力资源 SaaS 提供了良好的基础设施和庞大的用户基础，促使企业寻求更灵活和自动化的解决方案。

根据厂商营业收入、付费客户数量、品牌影响三个维度的横向比较，可以将国内人力资源 SaaS 厂商分为三个梯队①：第一梯队是以一体化人力资源 SaaS 为主要商业模式的北森和肯耐珂萨。一体化的管理可以帮助中大型企业实现人才全生命周期数字化，产品丰富，注重个性化，因此在全维度均有一定优势。第二梯队以 Moka 和用友等厂商为代表，这些厂商在某一特定模块上具有丰厚的专业知识和经验，并以该优势模块为核心，不断探索并延伸至其他相关模块，以进一步扩大其竞争优势。第三梯队厂商入场较晚，受限于资源和技术，整体发展缓慢，品牌影响力较弱。因此，人力资源 SaaS 领域厂商竞争格局初步形成，一体化人力资源 SaaS 成为当前的主要趋势②。

二、人力资源 SaaS 的未来趋势

（一）人力资源 SaaS 的技术演进

在当前及未来一段相当长的时间里，我们可以预见数字经济将在国民经济中占据更为显著的地位。企业数字化转型对管理软件的需求产生了新的变化，随之而来的是，人

---

① 参见艾瑞咨询《2020 年中国 HR SaaS 行业研究报告》。

② 何己派，周琦 . HR SaaS 新玩法 [J]. 21 世纪商业评论，2022（3）.

力资源 SaaS 应用市场也将在新一轮的需求中展现出更高阶的特征。

在数字化初期，企业主要关注如何将传统的人力资源管理流程和数据迁移到线上平台[①]，以提高效率和减少错误。这时期的人力资源 SaaS 主要是为了满足企业的基本需求，如信息线上化、办公自动化和流程规范化。它提供了一套标准化的解决方案，帮助企业快速实现数字化转型。随着企业的进一步发展和复杂化，单一的人力资源 SaaS 已无法满足企业的多元化需求。企业开始寻求更加灵活和集成的解决方案，这就催生了一体化人力资源 SaaS。一体化人力资源 SaaS 不仅仅提供基本的人力资源管理功能，还整合了多个业务模块，如招聘、薪酬、绩效管理和培训等，实现了数据和流程的一体化。在企业数字化转型的更高阶段，企业不仅需要一体化的解决方案，还需要更加灵活和敏捷的平台来支持其快速变化的业务需求。这是因为，当企业的需求快速发生变化的时候，频繁整体修改代码和业务逻辑无疑会造成巨大的资源浪费。为此，元数据驱动的低代码 PaaS 平台应运而生。这种平台可提供更强的灵活性和更高的定制化水平，能通过元数据和低代码技术，使企业能够更快速地开发和部署应用程序，满足其个性化和多元化的需求。例如，北森提出了“无 PaaS 不 SaaS”的口号，于 2019 年开始逐渐构建基于低代码 PaaS 平台的 SaaS 产品。目前市面的 PaaS 平台基础层主要采用开源体系，能力层主要分为无代码、低代码以及全代码。其中，无代码部分不经过任何代码就可以扩展整个系统，一些视图、组件等可以通过一些简单的操作自由配置；而低代码是对无代码的补充，通过页面触发、ETL 等技术进行扩展；同时还有全代码扩展，进行自主开发，并通过微服务托管代码应用。在未来，基于 PaaS 的平台还会不断朝着功能丰富、性能强大的目标发展[②]。

从人力资源 SaaS 到 PaaS 元数据驱动的低代码平台的演进，是企业数字化转型的必然趋势。这一演进过程不仅仅是技术的升级，更是企业管理理念和方法的升级和变革。在未来，可以预见，企业将更加依赖这些先进的平台和技术来支持其业务的发展和创新。

（二）人力资源 SaaS 的市场趋势

1. 灵活、统一、高可配的一体化人力资源 SaaS 成为企业的核心诉求

过去 20 年间，人力资源软件受云计算和人才管理的双重影响，逐渐演变出包含人事、薪酬、假勤在内独立的安装版 e-HR 软件、独立的招聘系统软件、独立的 e-Learning 软件、独立的人才测评软件等[③]。企业不得不购买多个软件，并在不同的软件之间进行集成，其效果无法保证，而且数据难以统一，造成数据孤岛现象。随着一体化人力资源 SaaS 的出现，上述痛点得到有效缓解，大幅提高了运营效率并降低了企业内部的管理成本[④]。因此，人力资源 SaaS 一体化逐渐成为行业发展的重要趋势，具体表现为：首先，一体化的不断深入协同将持续扩大各行业场景覆盖面，为增强行业场景渗透、拓展服务范围、获得更大的商业价值奠定基础。其次，人力资源 SaaS 在场景和功能上实现一体化的覆盖后，人力资源数据的孤岛现象可以得到一定程度的解决；通过一体化的人力资源 SaaS 得到的一致性数据可以为人力分析奠定基础，降低统一和分析数据的成本，进一步

---

① 李艳，周天翔 . SaaS 平台，构筑灵活劳动力管理能力 [J]. 人力资源，2021 (17).

② 纪伟国 . 三大要素，引领 HR 数字化变革 [J]. 人力资源，2021 (13).

③ 何己派，周琦 . HR SaaS 新玩法 [J]. 21 世纪商业评论，2022 (3).

④ 纪伟国 . 人力资源数字化的五大趋势 [J]. 人力资源，2021 (1).

得到更加规范的分析结果，促进整个企业业务发展，赋能人力资源变革。

然而，由于人力资源管理数字化转型仍处在初级阶段，企业与厂商的认识不足，厂商对于一体化的人力资源 SaaS 仍在摸着石头过河。一些一体化人力资源 SaaS 产品只是单纯实现了人力资源模块的整合，但是底层逻辑并未匹配数字人力资源管理的要求，停留在表面的“一体化”层面，缺乏与业务的协同，信息孤岛现象依旧，打通不同人力资源 SaaS 产品仍面临困难①。因此，未来人力资源 SaaS 的一体化仍有很长的路要走。厂商需要将数字化转型、人力资源管理和各部门业务间的协调放在首位，从关注业务流程转变为关注业务效率，并以更全局的视角看待人力资源管理。同时，也可以尝试融入更多数字技术，深耕人工智能、大数据分析在管理领域的应用，使一体化的人力资源 SaaS 更“聪明”。自然语言处理、微表情处理、情感计算、虚拟现实、生物识别、职场 IoT 等人力资源相关的智能技术，也可被应用于人力资源 SaaS 的不同场景，使后者更智能②。

2. 柔性化、人性化解决方案推动企业深入理解员工需求

人力资源 SaaS 具有“数字化系统应用＋底层人力资源管理理念”的特征，在结合新兴技术的同时也利用了多种人力资源管理的理论。这就要求人力资源 SaaS 在保证系统功能完备、灵活高效的同时，关注管理过程能否满足“以人为本”的要求③。尤其是在当前时代，新世代员工进入职场并参与企业管理，他们除了关注工作本身之外，还追求意义和个性，注重自我价值的实现以及生活与工作的平衡。传统的企业管理软件很难满足作为互联网原住民的新世代员工的需求，因此无论是软件的交互方式还是功能性，都需要进行改变和升级④。面向新世代的人力资源 SaaS 需要打通个人电脑端和移动端平台，全面覆盖人力资源、员工、管理者等多种身份场景，通过便捷的操作、美观的界面设计等提供高效、愉悦的使用体验⑤。此外，一些厂商也开始使用社交化、游戏化、互联网化的沟通方式构建员工的互动系统，并设置 AI 员工服务机器人为员工解答人力资源系统的操作问题，让员工在工作中体会到贴心、温暖的组织关怀。一些企业配置的 SaaS 系统会以在生日、入职周年等时点给员工送祝福、节日礼物等方式实现数字化的员工关怀，整个过程就是希望员工感到温暖、关爱，而不是被粗暴对待，从而提升员工工作的体验和工作满意度。

3. 安全、合规、多维防护：构建未来人力资源 SaaS 的核心要素

在数字人力资源管理领域，我们处理着大量的敏感个人信息和企业数据。因此，未来人力资源 SaaS 在数据安全和合规性方面的强化将是一项至关重要的任务。首先，未来的人力资源 SaaS 将采用多层防护机制来确保数据安全。这包括但不限于使用先进的加密技术来保护数据传输的安全，以及使用安全的数据存储解决方案来防止数据泄露或被非法访问。此外，系统还将实施严格的访问控制政策，确保只有授权用户才能访问敏感数据。其次，合规性也将成为人力资源 SaaS 的一个重要焦点。系统将遵循各种国际和地区

---

① 邢健坤，聂学明，王会来，等．基于 SaaS 模式的集团型企业人力资源管理系统研究［J］．科技创新与应用，2021（1）．

② 齐向宇．SaaS＋AI，让人力资源更简单：对话金柚网 CTO 邬学宁［J］．人力资源，2021（23）．

③ 参见艾瑞咨询《2020 年中国 HR SaaS 行业研究报告》。

④ 纪伟国．人力资源数字化的五大趋势［J］．人力资源，2021（1）．

⑤ 一体化人力资源 SaaS 及人才管理平台解决方案［EB/OL］．［2023－10－10］．https://www.beisen.com/product/hrsaas/．

的数据保护法律和规定，确保企业能够合法合规地处理和存储个人数据。此外，系统还将提供各种工具和资源，帮助企业更好地遵守这些法律和规定。再次，未来的人力资源SaaS将实施持续的安全监控和评估。这意味着系统将不断监控可能的安全威胁和漏洞，并及时采取措施来消除或减轻这些威胁和漏洞的影响。此外，系统还将定期进行安全评估，以确保其安全措施的有效性和适用性。最后，未来的人力资源SaaS还将致力于通过培训增强员工的数据安全和合规意识。系统将提供各种培训和教育资源，帮助员工了解数据安全和合规性的重要性，并教授他们如何在日常工作中保护数据安全和遵守相关法律和规定。因此，未来的人力资源SaaS将在数据安全和合规性方面做出更多的努力。通过采用更加先进的安全技术和措施，以及强化合规性保障和员工培训，我们可以期待未来将形成一个更加安全和合规的人力资源SaaS市场。

// 关键术语 //

人力资源SaaS　　人力资源SaaS的数据流　　人力资源SaaS的数据存储

// 复习思考题 //

1. 人力资源SaaS的系统架构包括哪几个层面？
2. 人力资源SaaS中的数据湖、数据中台和数据仓库分别存储何种数据？
3. 人力资源SaaS实施过程中需要关注哪些方面？

案例分析

北森的一体化人力资源SaaS

北森拥有国内领先的一体化人力资源SaaS及人才管理平台——iTalentX，同时，其一直致力于为国内企业提供云端HCM解决方案。北森借助iTalentX，为企业提供人力资源管理场景中所有技术和产品，如人力资源软件、人才管理技术、员工服务生态等，从而覆盖企业各类HCM业务的使用场景①。北森将iTalentX发展的主要战略方向聚焦于一体化、平台化、生态化，其集合了人力资源管理技术、方法论以及SaaS、PaaS、人工智能方面的能力。核心人力云、招聘云、测评云、绩效云、学习云、继任云、调查云七大产品线一站式为企业提供从员工招募、入职、管理到离职的全生命周期的数字人力资源管理，提供一体化的员工体验和全景数据②，提升人力资源管理效率和人才管理能力。北森PaaS平台内置了完整的业务逻辑，采用平台化和组件化的方式，使开发人员只需要通过简单的拖拽就可以搭建个性化的应用程序。截至2022年12月，北森已累计帮助超过6 000家中大型企业获得业务提升，每天有超过15万名HR和2 000万名企业员工使用iTalentX，北森的iTalentX受到广泛认可。

自2016年以来，北森已连续多年位列中国HCM SaaS整体市场的第一名。让其在人

① 北森迎来20周年：领跑HCM SaaS市场，助力企业数字化管理［EB/OL］.（2022-12-15）［2023-10-10］. https://new.qq.com/rain/a/20221215A04AIY00.

② 北森人力资源SaaS凭什么成为大企业人力资源的“宠儿”？［EB/OL］.（2021-07-01）［2023-10-10］. https://zhuanlan.zhihu.com/p/385737032.

力资源 SaaS 领域“独占鳌头”的竞争优势在于以下几个方面①：

第一，北森拥有一体化人力资源 SaaS——iTalentX 软件，它能够以一体化的解决方案帮助企业形成全生命周期的人才管理。同时，它还能通过一体化方案来构建跨平台、全应用的全景数据，避免多个软件数据集成的额外成本。

第二，iTalentX 可以减少多个系统间的切换，做到一站式满足客户需求。

第三，iTalentX 收费模式比较灵活，它可以按照功能和使用人数收费，而且新增功能不附加收费。

第四，iTalentX 通过 PaaS 平台完成定制化开发，可满足企业的个性化需求。

iTalentX 以“专业方法论＋前沿科技＋客户成功服务”为企业升级赋能，使人力资源 SaaS 更加智能和敏捷，推动企业业务变革和战略转型。基于大量的咨询经验和成功实践，北森提炼了能力技术、评估技术与发展技术三大人才管理核心技术。同时，北森面向人力资源全场景打造了一系列人工智能应用，涉及人岗匹配、员工服务、业务洞察、流程自动化等领域，如图 10－2 所示。

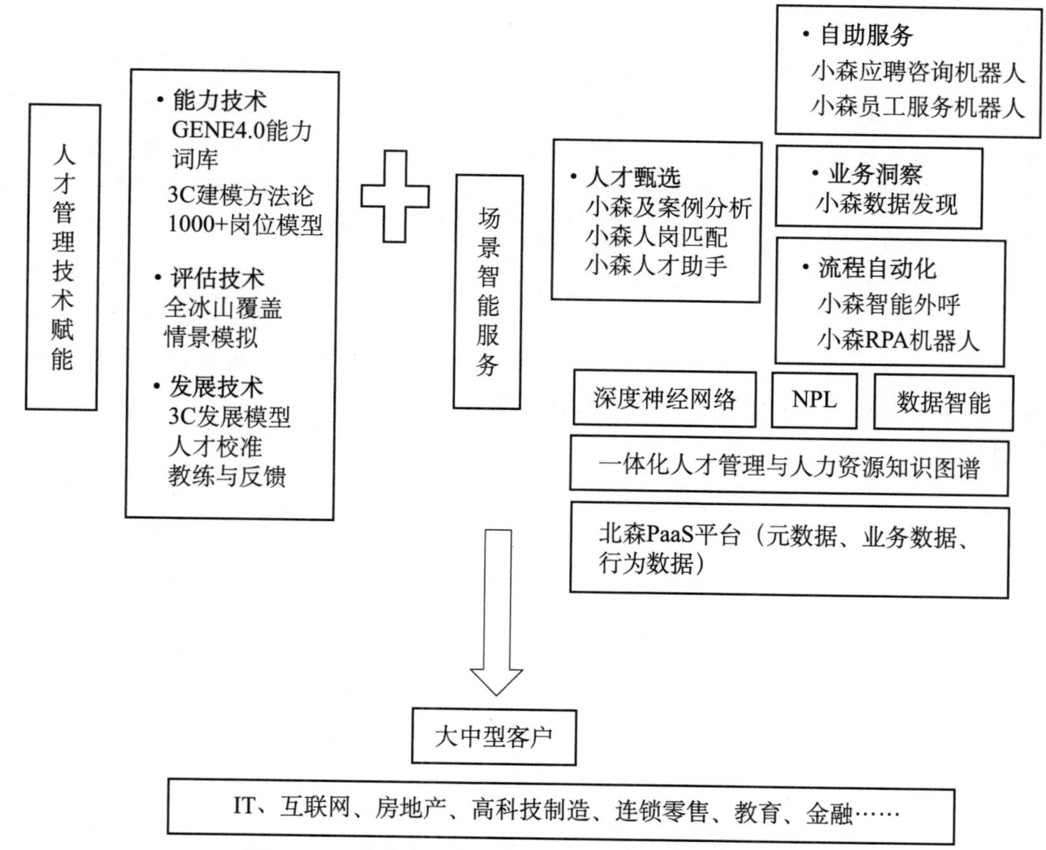

图 10－2 北森人才管理方法论与人工智能场景化应用

资料来源：参见艾瑞咨询《2020 年中国 HR SaaS 行业研究报告》。

① 人力资源 SaaS 领域独占鳌头，北森靠什么？｜甲子光［EB/OL］．（2021－12－08）［2023－10－10］. https://zhuanlan.zhihu.com/p/442728541.

2023 年 5 月 25 日，北森发布了 iTalentX 7.0，这是一款以“业人一体，为员工而设计”为核心理念的人力资源软件。该设计理念将非人力资源角色纳入设计对象，让业务角色获得相关的人力资源管理权限，从而使人力资源软件成为全员的软件，扩大了人力资源软件的范围和边界。这与传统人力资源软件主要围绕人力资源部门的工作场景而设计以提升人力资源的工作和管理效率的目标有所不同。北森的首席执行官纪伟国认为，iTalentX 7.0 将员工等业务角色纳入人力资源软件的场景设计范畴中，扩大了人力资源软件的定义范畴，从 HR Tech 走向了 People Tech。此次发布展现了全新的设计理念，重新定义了人力资源管理数字化未来的趋势。

在发布前的一年中，北森的 iTalentX 6.0 平台也取得了不错的成绩，员工考勤次数达 5.6 亿次，同比增长 60%；系统日访问最高量达 4.4 亿次，同比增长 46%；PaaS 平台元数据配置量达 204 万次，同比增长 109%。

纪伟国表示，一直以来，人力资源软件的购买者和使用者都是人力资源专业人员，人力资源软件也是聚焦于提升人力资源工作的效率，北森也一直如此。然而，人力资源的大趋势正在发生改变，一些人力资源职能正在从后台划归业务一线，因此，对于人才的识别和发展的职责，更强调由业务经理而非人力资源部门承担。

在疫情期间，一家 IT 公司的总裁向北森提出了新的需求：“如果我将编制、成本、人效等职责下放到各个业务单元，你们能否把人力成本、预算等人力资源分析数据展示在各个业务单元负责人的桌面上，让他们可以自己管理自己业务单元的编制？因为业务单元最熟悉自己业务的进展，他们能够快速地通过人力资源策略响应外部环境变化，以保证公司年底的利润水平。”这让北森意识到：人力资源管理者关注的是工作效率，而总裁则关注人效、利润等业务效率；人力资源管理者关注的是人力资源流程，而总裁关注的是人才及文化。这是一种完全不同的从业务角度看人力资源的视角：业务和人力要一体，以驱动业务。因此，北森的 iTalentX 7.0“业人一体，为员工而设计”的理念应运而生，其本质是为员工、管理者等业务角色提供人力资源生产力工具。

讨论题

1. 北森的 iTalentX 如何实现一体化、平台化和生态化的人力资源管理？与传统的人力资源管理工具相比，人力资源 SaaS 是如何提高企业的人力资源管理效率的？

2. 北森的 PaaS 平台如何为企业提供个性化的应用程序开发？这种方法与传统的软件开发方法有何不同？

3. 根据北森的管理实践，如何通过人工智能技术提高人力资源管理的智能化和敏捷化水平？

参考文献

2020年中国HR SaaS行业研究报告［EB/OL］.（2020－11－05）［2023－10－10］. https://report.iresearch.cn/report/202011/3677.shtml.

2020中国企业人才盘点白皮书［EB/OL］.（2022－12－27）［2023－10－10］. https://www.beisen.com/special/57.html.

360度绩效考核法［EB/OL］.（2022－12－29）［2023－10－10］. https://mp.weixin.qq.com/s/D9xf4s39－9or1U3－Kg2_XQ.

AI阅卷“翻车”其实是“翻”在了自然语言处理［EB/OL］.（2020－10－14）［2023－10－10］. https://baijiahao.baidu.com/s? id=1680492491554039215&wfr=spider&for=pc.

get“人才画像”，锁定你想招的人［EB/OL］.（2020－04－20）［2023－10－10］. https://www.toutiao.com/article/6817627231116853773/?&source=m_redirect.

SaaS应用与实践研究报告：数字化工具与数字化服务并驾齐驱［EB/OL］.（2022－09－09）［2023－10－10］. https://m.sohu.com/a/583587377_121123869/?pvid=000115_3w_a&_trans_=000019_wzwza.

阿里巴巴叶军重磅分享：为什么数字化是CEO的第一战略？｜创思享［EB/OL］.（2022－11－08）［2023－10－10］. https://baijiahao.baidu.com/s? id=1748893813048487459&wfr=spider&for=pc.

阿里发工资自研薪酬管理系统首次曝光［EB/OL］.（2020－10－15）［2023－10－10］. https://www.yjbys.com/hr/xinchouguanli/1467128.html.

阿里或取消P序列，背后的人力资源管理思路你看懂了吗［EB/OL］.（2023－07－14）［2023－10－10］. https://www.sohu.com/a/700029143_121123748.

阿里职位层级（附P级详细要求）［EB/OL］.（2018－12－21）［2023－10－10］. http://www.360doc.com/content/18/1221/09/32513804_803301038.shtml.

百度大脑推出智能招聘解决方案，助力节省招聘成本［EB/OL］.（2020－07－08）［2023－10－10］. https://zhuanlan.zhihu.com/p/157847600.

百度智能招聘技术和应用实践［EB/OL］.（2020－09－10）［2023－10－10］. https://www.sohu.com/a/417457809_100118081.

北森：从效率到智能，招聘数字化请从这四点入手［EB/OL］.（2021－03－09）［2023－10－10］. http://www.techweb.com.cn/it/2021－03－09/2829331.shtml.

北森迎来 20 周年：领跑 HCM SaaS 市场，助力企业数字化管理［EB/OL］.（2022－12－15）［2023－10－10］. https://new.qq.com/rain/a/20221215A04AIY00.

边文霞．岗位分析与岗位评价：实务、案例、游戏［M］. 2 版．北京：首都经济贸易大学出版社，2011.

陈德金．OKR，追求卓越的管理工具［J］. 清华管理评论，2015（12）.

陈剑，刘运辉．数智化使能运营管理变革：从供应链到供应链生态系统［J］. 管理世界，2021（11）.

陈堂，陈光，陈鹏羽．中国数字化转型：发展历程、运行机制与展望［J］. 中国科技论坛，2022（1）.

陈晓红，李杨扬，宋丽洁，等．数字经济理论体系与研究展望［J］. 管理世界，2022，38（2）.

褚晓．美国数字经济发展历程及对我国数字经济发展的启示［J］. 新经济导刊，2022（3）.

邓成超，唐德祥，张斗星．360 度绩效评价体系主体选择方法探讨：基于 360 度绩效评价体系系统误差研究［J］. 经济问题，2011（7）.

董晓宏，郭爱英．大数据技术在网络招聘中的应用研究：以 K 企业为例［J］. 中国人力资源开发，2014（18）.

董云先，郝光辉．电力企业推进职位序列管理的研究与探讨［J］. 企业管理，2019（S1）.

豆莹莹，张文喜．数字劳动的内涵界定、双重维度及异化机制［J］. 北京社会科学，2022（4）.

方雯．工作分析与职位评价［M］. 西安：西安电子科技大学出版社，2017.

方振邦，罗海元．战略性绩效管理［M］. 3 版. 北京：中国人民大学出版社，2010.

高艳．工作分析与职位评价［M］. 2 版．西安：西安交通大学出版社，2012.

何己派，周琦．HR SaaS 新玩法［J］. 21 世纪商业评论，2022（3）.

何筠，陈洪玮．人力资源管理理论、方法与案例分析［M］. 北京：科学出版社，2014.

后疫情时代，HR 如何借 AI 告别招聘内卷？［EB/OL］.（2022－04－07）［2023－10－10］. https://www.hrtechchina.com/51293.html.

胡拥军，关乐宁．数字经济的就业创造效应与就业替代效应探究［J］. 改革，2022（4）.

华为大学人才培养与发展实践［EB/OL］.（2022－10－09）［2023－10－10］. https://www.renrendoc.com/paper/224463200.html.

华为发布实验云产品族，赋能数字化人才培养［EB/OL］.（2022－05－10）［2023－10－10］. http://k.sina.com.cn/article_2361419131_8cc0657b01900yce7.html.

黄小梅．信息化技术在企业人力资源管理中的应用［J］. 中国管理信息化，2021，24（18）.

基于关键成功因素分析法设计绩效管理指标．（2020－04－29）［2023－10－10］. https://mp.weixin.qq.com/s/1iL5TOHbuRvADO5vpPJmHw.

纪伟国．人力资源数字化的五大趋势［J］．人力资源，2021（1）．

纪伟国．三大要素，引领HR数字化变革［J］．人力资源，2021（13）．

加里·德斯勒．人力资源管理：第12版［M］．刘昕，译．北京：中国人民大学出版社，2012．

加里·德斯勒．人力资源管理：第14版［M］．刘昕，译．北京：中国人民大学出版社，2017．

荆文君，孙宝文．数字经济促进经济高质量发展：一个理论分析框架［J］．经济学家，2019（2）．

荆晓蕾．中国互联网招聘发展史话［J］．互联网经济，2017（3）．

雷蒙德·诺伊，约翰·霍伦贝克，巴里·格哈特，等．人力资源管理：赢得竞争优势：第5版［M］．刘昕，译．北京：中国人民大学出版社，2005．

李宁，潘静洲．遇见未来：组织进化与人才管理的指路针［J］．清华管理评论，2022（Z2）．

李亚楠．人力资源三支柱模型在国内的应用与启示［J］．现代营销（下旬刊），2013（1）．

李艳，周天翔．SaaS平台，构筑灵活劳动力管理能力［J］．人力资源，2021（17）．

李宇庆．SMART原则及其与绩效管理关系研究［J］．商场现代化，2007（19）．

厉伟，樊传浩，张恒杰．人才学研究的学科定位：从人力资源管理到人才管理［J］．中国人事科学，2022（5）．

了解云数据存储技术：数据湖和数据仓库［EB/OL］．（2021-08-06）［2023-10-10］．https://www.sohu.com/a/481843927_120222471．

刘海，王晓钰，王政为，等．基于Hadoop的大数据职位分析系统的设计与实现［J］．信息与电脑（理论版），2022，34（1）．

刘婷．我国高校实行绩效工资的难点［J］．人力资源管理，2011（1）．

刘昕．薪酬管理［M］．5版．北京：中国人民大学出版社，2017．

陆晓光，朱东华．基于案例推理的领导干部公选职位分析［J］．经济与管理研究，2015（7）．

罗伯特·卡普兰，大卫·诺顿．战略地图：化无形资产为有形成果［M］．刘俊勇，孙薇，译．广州：广东经济出版社，2005．

罗文豪．数字化转型中的人力资源管理变革［J］．中国人力资源开发，2020（7）．

马海刚，彭剑锋，西楠．HR＋三支柱：人力资源管理转型升级与实践创新［M］．北京：中国人民大学出版社，2017．

马海刚．HR＋数字化：人力资源管理认知升级与系统创新［M］．北京：中国人民大学出版社，2021．

马浩，侯宏，刘昶．数字经济时代的生态系统战略：一个ECO框架［J］．清华管理评论，2021（3）．

马煜珂，康玉梅．事业单位绩效评价优化探讨［J］．财务管理研究，2022（9）．

马越．“互联网＋”时代下人力资源管理变革策略研究［J］．市场研究，2016（4）．

牛端，张敏强．高校教师职位O＊NET工作分析研究［J］．心理科学，2008（5）．

庞磊，丁文丽．数字经济提升了产业链关键环节的控制能力吗?：基于数字产业化和产业数字化的对比研究［J］．科学学研究，2024，42（3）.

戚聿东，肖旭．数字经济时代的企业管理变革［J］．管理世界，2020，36（6）.

戚聿东，张天硕．党的十八大以来我国数字经济发展的成就、经验与展望［J］．北京师范大学学报（社会科学版），2023（2）.

齐向宇．SaaS＋AI，让人力资源更简单：对话金柚网 CTO 邬学宁［J］．人力资源，2021（23）.

乔治·米尔科维奇，杰里·纽曼，巴里·格哈特．薪酬管理：第 11 版［M］．成得礼，译．北京：中国人民大学出版社，2014.

秦国荣．网络用工与劳动法的理论革新及实践应对［J］．南通大学学报（社会科学版），2018（4）.

秦佳良，余学梅．数字创新中的领导力与管理研究：基于 CiteSpace 知识图谱分析［J］．技术经济，2023（3）.

邱伟年，张兴贵，王斌．绩效考核方法的介绍、评价及选择［J］．现代管理科学，2008（3）.

人力资源 SaaS 凭什么成为大企业人力资源的“宠儿”?［EB/OL］．（2021-07-01）［2023-08-10］．https://zhuanlan.zhihu.com/p/385737032.

人力资源 SaaS 上市热，人才数字化道阻且长?［EB/OL］．（2022-11-17）［2023-10-10］．https://baijiahao.baidu.com/s?id=1749747468133567785&wfr=spider&for=pc.

人资信息化三十余年，从行业冰点至星星之火，人力资源 SaaS 做对了什么?［EB/OL］．（2022-10-09）［2023-10-10］．https://36kr.com/p/1950393137889921.

任盼盼．人力资源管理数字化转型：要素、模式与路径［J］．产业创新研究，2022（22）.

如何从运营的角度提升组织招聘的能力：人才 Mapping、人才库运营、人才活水．（2023-02-27）［2023-10-10］．https://www.beisen.com/special/78.html.

如何构建数字化人才激励发展与薪酬考核机制? 以某数智公司为例［EB/OL］．（2023-03-12）［2023-10-10］．https://m.163.com/dy/article/HVLPB1QV0519CUGP.html.

如何用产品思维做人力资源管理［EB/OL］．（2017-11-16）［2023-10-10］．https://mp.weixin.qq.com/s/N2HRHbKRONjSNcgFIRJ1gw.

石金涛，颜世富．培训与开发［M］．4 版．北京：中国人民大学出版社，2020.

石玉堂，王晓丹．大数据综合试验区设立能否驱动企业数字化转型?：基于准自然实验的实证研究［J］．科学学研究，2024（7）.

苏杰．人人都是产品经理［M］．北京：电子工业出版社，2010.

苏勇，王淼，李辉．工作设计对员工知识共享行为影响研究：以心理资本为中介变量［J］．软科学，2011，25（9）.

孙涛，郑秋鹛，王炜，等．BSC＋KPI 视阈下高校教师绩效考核体系构建：基于德尔菲法和层次分析法的应用［J］．中国高校科技，2020（6）.

孙宗虎，郭蓉．岗位分析评价与职务说明书编写实务手册［M］．3 版．北京：人民邮电出版社，2012.

谭长春．“向华为学管理”系列（十七）华为如何管干部[J]．企业管理，2021（3）.

田五星，王海凤．大数据时代的公共部门绩效管理模式创新：基于 KPI 与 OKR 比较的启示与借鉴［J］．经济体制改革，2017（3）.

田永坡，王琦．数字经济时代网络招聘政策与搜寻渠道选择［J］．北京工商大学学报（社会科学版），2022，37（2）.

田永坡．人力资源服务业四十年：创新与发展［J］．中国人力资源开发，2019，36（1）.

王豪杰，李怡．数字经济中劳动样态的发展趋势及对策研究［J］．技术经济与管理研究，2022（11）.

王浩．数字化时代的中小企业绩效管理创新策略［J］．商场现代化，2022（13）.

王嘉琦．OKR 绩效管理的应用与落地［J］．企业改革与管理，2018（14）.

王俊．企业绩效管理的数字化变革及应用策略探析［J］．全国流通经济，2022（35）.

王满，沙秀娟，叶香君．企业价值链的价值创造评价鱼骨图构建研究［J］．经济问题探索，2017（6）.

王瑞永．房地产企业人力资源规范化管理［M］．北京：人民邮电出版社，2010.

王胜桥．信息新技术时代下的组织变革［J］．人力资源，2021（24）.

王永贵，汪淋淋．传统企业数字化转型战略的类型识别与转型模式选择研究［J］．管理评论，2021，33（11）.

王悦，李建军．企业招聘，从容应对变革与挑战［J］．人力资源，2021（24）.

王正新，刘俊．从传统营商环境走向“数智化”营商环境［J］．理论探索，2023（2）.

韦恩·卡肖．人力资源管理：原书第 8 版［M］．刘善仕，张春阳，邱林，等译．北京：机械工业出版社，2013.

为什么说“业人一体化”是人力资源 SaaS 的新赛点？［EB/OL］．（2022－11－15）［2023－10－10］．https://www.hrtechchina.com/Org/view/term/16579/id/57209.html.

西楠，彭剑锋，曹毅，等．OKR 是什么及为什么能提升团队绩效？：柔性导向绩效管理实践案例研究［J］．科学学与科学技术管理，2020，41（7）.

洗牌无声：人力资源 SaaS 窗口关闭前的微妙时刻［EB/OL］．（2022－11－18）［2023－10－10］．https://m.sohu.com/a/607182249_376476.

相华．XC 公司绩效管理水平提升对策研究［D］．昆明：昆明理工大学，2014.

肖土盛，孙瑞琦，袁淳，等．企业数字化转型、人力资本结构调整与劳动收入份额［J］．管理世界，2022，38（12）.

谢小云，左玉涵，胡琼晶．数字化时代的人力资源管理：基于人与技术交互的视角［J］．管理世界，2021，37（1）.

谢意群．供电企业实施绩效管理考核的若干思考［J］．中国高新技术企业，2011（1）.

邢健坤，聂学明，王会来，等．基于 SaaS 模式的集团型企业人力资源管理系统研究

[J]. 科技创新与应用，2021（1）.

许一. 目标管理理论述评 [J]. 外国经济与管理，2006（9）.

杨河清. 人力资源管理 [M]. 北京：高等教育出版社，2017.

杨皖苏，杨善林. 分布式领导、组织支持感与新生代员工主动性-被动性创新行为：基于上下级关系和价值观匹配的交互调节效应 [J]. 管理工程学报，2020，34（3）.

杨真，陈建安. 招聘有效性研究招聘面试人工智能系统的框架与模块研究 [J]. 江苏大学学报（社会科学版），2017（6）.

云绍辉. 互联网时代职位分析新思路 [J]. 企业管理，2016（4）.

在线监考程序引发广泛争议 [EB/OL].（2020-11-13）[2023-10-10]. https://www.163.com/dy/article/FRAKNC4C0511ALHJ.html.

张辉，石琳. 数字经济：新时代的新动力 [J]. 北京交通大学学报（社会科学版），2019，18（2）.

张一鸣. 如何让公司吸引到顶级人才？[J]. 中国企业家，2016（10）.

张正堂. HR 三支柱转型：人力资源管理的新逻辑 [M]. 北京：机械工业出版社，2018.

赵晨，高中华，吴春波，等. 人力资源管理角色：研究综述与本土化启示 [J]. 中国人力资源开发，2013（17）.

赵晨，林晨，周锦来，等. 工作场所伙伴关系：数字经济时代员工与组织共赢的逻辑基础 [J]. 南开管理评论，2024（4）.

赵晨，林晨，周锦来，等. 新就业形态劳动者的数字素养：概念、内涵及培育路径 [J]. 图书情报知识，2023，40（3）.

赵君，廖建桥，文鹏. 绩效考核目的的维度与影响效果 [J]. 中南财经政法大学学报，2013（1）.

周禹. 新合伙主义管理论：共生共享时代的企业制度升级 [J]. 中国人力资源开发，2016（24）.

朱军，童夏雨，旷开源. 招聘有效性研究 [J]. 企业经济，2006（7）.

邹静，王强，鄢慧丽，等. 数字经济如何影响绿色全要素生产率?：来自中国地级市证据 [J]. 软科学，2024（3）.

最高的招聘境界：猎头公司内幕：HR 人手一张人才地图 [EB/OL].（2023-03-13）[2023-10-10]. https://mp.weixin.qq.com/s/tW2Vf52iv RPsywUgAfPwCA.

BORGES A F S，LAURINDO F J B，SPINOLA M M，et al. The strategic use of artificial intelligence in the digital era：systematic literature review and future research directions [J]. International journal of information management，2021（57）.

BUDHWAR P，MALIK A，SILVA T D，et al. Artificial intelligence-challenges and opportunities for international HRM：a review and research agenda [J]. International journal of human resource management，2022，33（6）.

CAPPELLI P. Why we love to hate HR... and what HR can do about it [J]. Harvard business review，2015，93（7/8）.

CHARAN R. It's time to split HR [J]. Harvard business review，2014，92（7）.

CHOWDHURY S, DEY P, EDGAR S J, et al. Unlocking the value of artificial intelligence in human resource management through AI capability framework [J]. Human resource management review, 2023 (1).

DE MENEZES L M, KELLIHER C. Flexible working, individual performance, and employee attitudes: comparing formal and informal arrangements [J]. Human resource management, 2017, 57 (6).

GAO Z H, ZHANG Y Y, ZHAO C, et al. Expectations, effectiveness and discrepancies: exploring multiple HR roles in the Chinese business context [J]. International journal of human resource management, 2015 (10).

GUPTA N, SHAW J D. Employee compensation: the neglected area of HRM research [J]. Human resource management review, 2014, 24 (1).

HEDENUS A, BACKMAN C, HAKANSSON P. Whom do you know? Recruiters' motives for assessing jobseekers' online networks [J]. International journal of human resource management, 2021 (8).

How to be great at people analytics [EB/OL]. (2020-10-02) [2023-10-10]. https://www.mckinsey.com/capabilities/people-and-organizational-performance/our-insights/how-to-be-great-at-people-analytics.

HUANG M H, RUST R T. Artificial intelligence in service [J]. Journal of service research, 2018 (2).

MIROWSKA A, MESNET L. Preferring the devil you know: potential applicant reactions to artificial intelligence evaluation of interviews [J]. Human resource management journal, 2021 (2).

MORGESON F P, CAMPION M A. Minimizing tradeoffs when redesigning work: evidence from a longitudinal quasi-experiment. Personnel psychology, 2002, 55 (3).

OZMEN GARIBAY O, WINSLOW B, ANDOLINA S, et al. Six human-centered artificial intelligence grand challenges [J]. International journal of human-computer interaction, 2023 (3).

QIN C, ZHU H, XU T, et al. Enhancing person-job fit for talent recruitment: an ability-aware neural network approach [EB/OL]. [2023-10-10]. https://arxiv.org/pdf/1812.08947.

RUDOLPH C W, KATZ I M, LAVIGNE K N, et al. Job crafting: a meta-analysis of relationships with individual differences, job characteristics, and work outcomes [J]. Journal of vocational behavior, 2017 (102).

SHRIVASTAVA S, NAGDEV K, RAJESH A. Redefining HR using people analytics: the case of Google [J]. Human resource management international digest, 2018, 26 (2).

STEWART T A, MARTIN M H. Human resources bites back [J]. Fortune, 1996, 133 (9).

ULRICH D, BROCKBANK W, JOHNSON D, et al. HR competencies: mastery at the intersection of people and business [M]. Provo, UT: The Society for HRM, 2008.

ULRICH D, BROCKBANK W. Role call [J]. People management, 2005, 16 (6).

VRONTIS D, CHRISTOFI M, PEREIRA V, et al. Artificial intelligence, robotics, advanced technologies and human resource management: a systematic review [J]. International journal of human resource management, 2022 (6).

图书在版编目（CIP）数据

数字人力资源管理／赵晨编著．--北京：中国人民大学出版社，2024.7．--（高等学校新文科教材）．
ISBN 978-7-300-32916-1

Ⅰ．F243－39

中国国家版本馆 CIP 数据核字第 2024MS5678 号

高等学校新文科教材·数字化管理系列

数字人力资源管理

赵　晨　编著

Shuzi Renli Ziyuan Guanli

出版发行	中国人民大学出版社		
社　　址	北京中关村大街 31 号	**邮政编码**	100080
电　　话	010－62511242（总编室）		010－62511770（质管部）
	010－82501766（邮购部）		010－62514148（门市部）
	010－62511173（发行公司）		010－62515275（盗版举报）
网　　址	http://www.crup.com.cn		
经　　销	新华书店		
印　　刷	天津中印联印务有限公司		
开　　本	787 mm×1092 mm　1/16	**版　　次**	2024 年 7 月第 1 版
印　　张	19 插页 1	**印　　次**	2025 年 8 月第 2 次印刷
字　　数	443 000	**定　　价**	59.00 元

中国人民大学出版社　管理分社

教师教学服务说明

中国人民大学出版社管理分社以出版工商管理和公共管理类精品图书为宗旨。为更好地服务一线教师，我们着力建设了一批数字化、立体化的网络教学资源。教师可以通过以下方式获得免费下载教学资源的权限：

★ 在中国人民大学出版社网站 www.crup.com.cn 进行注册，注册后进入“会员中心”，在左侧点击“我的教师认证”，填写相关信息，提交后等待审核。我们将在一个工作日内为您开通相关资源的下载权限。

★ 如您急需教学资源或需要其他帮助，请加入教师 QQ 群或在工作时间与我们联络。

中国人民大学出版社　管理分社

教师 QQ 群： 648333426(工商管理)　114970332(财会)　648117133(公共管理)
教师群仅限教师加入，入群请备注（学校+姓名）

联系电话： 010-62515782，82501868，82501048，62514760

电子邮箱： glcbfs@crup.com.cn

通讯地址： 北京市海淀区中关村大街甲 59 号文化大厦 1501 室（100872）

管理书社　　人大社财会　　公共管理与政治学悦读坊